Kompetenzentwicklung im Schulpraktikum

AF211280

Waxmann Verlag GmbH
Steinfurter Straße 555, 48159 Münster
info@waxmann.com

Pädagogische Psychologie und Entwicklungspsychologie

herausgegeben von Detlef H. Rost

Editorial

Pädagogische Psychologie und Entwicklungspsychologie sind seit jeher zwei miteinander eng verzahnte Teildisziplinen der Psychologie. Beide haben einen festen Platz im Rahmen der Psychologenausbildung: Pädagogische Psychologie als wichtiges Anwendungsfach im zweiten Studienabschnitt, Entwicklungspsychologie als bedeutsames Grundlagenfach in der ersten und als Forschungsvertiefung in der zweiten Studienphase. Neue Zielsetzungen, neue thematische Schwerpunkte und Fragestellungen sowie umfassendere Forschungsansätze und ein erweitertes Methodenspektrum haben zu einer weiteren Annäherung beider Fächer geführt und sie nicht nur für Studierende, sondern auch für die wissenschaftliche Forschung zunehmend attraktiver werden lassen. „Pädagogische Psychologie und Entwicklungspsychologie" nimmt dies auf, fördert die Rezeption einschlägiger guter und interessanter Forschungsarbeiten, stimuliert die theoretische, empirische und methodische Entfaltung beider Fächer und gibt fruchtbare Impulse zu ihrer Weiterentwicklung einerseits und zu ihrer gegenseitigen Annäherung andererseits.

Der Beirat der Reihe „Pädagogische Psychologie und Entwicklungspsychologie" repräsentiert ein breites Spektrum entwicklungspsychologischen und pädagogisch-psychologischen Denkens und setzt Akzente, indem er auf Forschungsarbeiten aufmerksam macht, die den wissenschaftlichen Diskussionsprozess beleben können. Es ist selbstverständlich, dass zur Sicherung des Qualitätsstandards dieser Reihe jedes Manuskript – wie bei Begutachtungsverfahren in anerkannten wissenschaftlichen Zeitschriften – einem Auswahlverfahren unterzogen wird („peer review"). Nur qualitätsvolle Arbeiten werden der zunehmenden Bedeutung der Pädagogischen Psychologie und Entwicklungspsychologie für die Sozialisation und Lebensbewältigung von Individuen und Gruppen in einer immer komplexer werdenden Umwelt gerecht.

Andreas Bach

Kompetenzentwicklung im Schulpraktikum

Ausmaß und zeitliche Stabilität von Lerneffekten
hochschulischer Praxisphasen

Waxmann 2013
Münster / New York / München / Berlin

Bibliografische Informationen der Deutschen Nationalbibliothek
Die Deutsche Nationalbibliothek verzeichnet diese Publikation in
der Deutschen Nationalbibliografie; detaillierte bibliografische
Daten sind im Internet über http://dnb.d-nb.de abrufbar.

Diese Arbeit wurde 2012 von der Universität Hildesheim
als Dissertation angenommen.

Pädagogische Psychologie und Entwicklungspsychologie; Bd. 87
herausgegeben von Prof. Dr. Detlef H. Rost
Philipps-Universität Marburg
Fon: 0 64 21 / 2 82 17 27
Fax: 0 64 21 / 2 82 39 10
E-Mail: rost@mailer.uni-marburg.de

ISSN 1430-2977
ISBN 978-3-8309-2834-8

© Waxmann Verlag GmbH, 2013
Postfach 8603, D-48046 Münster

www.waxmann.com
info@waxmann.com

Umschlaggestaltung: Pleßmann Design, Ascheberg
Druck: Books on Demand, Noderstedt
Gedruckt auf alterungsbeständigem Papier, DIN 9706

Printed in Germany

Danksagung

Zahlreiche Personen haben die vorliegende Studie begleitet und unterstützt. Einigen von ihnen sei an dieser Stelle besonders gedankt. Ich danke Prof. Dr. Karl-Heinz Arnold für seine hervorragende fachliche Betreuung während der Promotion. Prof. Dr. Dr. h.c. Olga Graumann danke ich für ihre Bereitschaft, die Dissertation gutachterlich zu betreuen, und für ihre weiterführenden Anregungen zu der Arbeit.

Mein Dank gilt darüber hinaus den Mitgliedern des Forschungsprojekts ESIS (Entwicklung Studierender in Schulpraktika) an der Universität Hildesheim, in dessen Kontext die Studie entstanden ist. Die Zusammenarbeit war stets bereichernd und von einem konstruktiven Austausch geprägt.

Weiterhin möchte ich meinen ehemaligen Kolleginnen und Kollegen Kris-Stephen Besa, Carsten John und Dr. Yvonne Rechter vom Institut für Erziehungswissenschaft der Universität Hildesheim für ihre vielfältige Unterstützung bei der Entstehung der Studie danken.

Ein Dank geht nicht zuletzt an das Promotionskolleg Unterrichtsforschung am Centrum für Bildungs- und Unterrichtsforschung (CeBU) der Universität Hildesheim. Den Kollegiatinnen und Kollegiaten als auch der damaligen Koordinatorin des Promotionskollegs, Dr. Britta Schmidt, sei für die intensive gemeinsame Promotionszeit und die interdisziplinären Diskussionen gedankt.

Inhalt

Einleitung 13

1   Kompetenzen 15
1.1   Kompetenzbegriff 15
1.1.1   Begriffshistorische und begriffstheoretische Entwicklungen 15
1.1.2   Kompetenzbegriff aus pädagogischer und psychologischer Perspektive 18
1.2   Kompetenzmodelle 21
1.2.1   Kompetenzstrukturmodelle 22
1.2.1.1 Hierarchisches Strukturmodell von Handlungskompetenz nach Frey 22
1.2.1.2 Modell professioneller Handlungskompetenz nach Baumert und Kunter ... 24
1.2.2   Kompetenzniveaumodelle 26
1.2.3   Kompetenzentwicklungsmodelle 27
1.3   Standards und Kompetenzen in der Lehrerbildung 28
1.3.1   Standards nach Oser 29
1.3.2   Standards der KMK: Bildungswissenschaften 31
1.3.3   Kompetenzen zur Unterrichtsplanung, -durchführung und -analyse 35
1.3.3.1 Planung von Unterricht 36
1.3.3.2 Durchführung von Unterricht 40
1.3.3.3 Analyse und Reflexion von Unterricht 41
1.3.4   Ziele und Herausforderungen der Kompetenzmessung 43
1.3.5   Methoden der Kompetenzmessung 44
1.4   Kompetenzforschung in der Lehrerbildungsforschung 47
1.4.1   Studien zum Kompetenzerwerb im Lehramtsstudium 47
1.5   Zusammenfassung 54

2   Selbstwirksamkeit 57
2.1   Begriffsdefinition und Begriffsgebrauch 57
2.2   Selbstwirksamkeit als Konstrukt 57
2.2.1   Entstehung und Beeinflussung von Selbstwirksamkeitserwartungen 59
2.2.2   Allgemeine und situationsspezifische Selbstwirksamkeitserwartungen 61
2.2.3   Bereichsspezifische Selbstwirksamkeitserwartungen 61
2.2.4   Individuelle und kollektive Selbstwirksamkeitserwartungen 63
2.3   Konvergente Validität 64
2.3.1   Selbstkonzept und Selbstwert 64
2.3.2   Optimismus 65

2.3.3   Kausalattributionen 66
2.3.4   Kontrollüberzeugungen 68
2.3.5   Erlernte Hilflosigkeit 69
2.4   Empirische Befunde zur Selbstwirksamkeit 70
2.4.1   Forschungsbereiche und allgemeine Befunde 70
2.4.2   Befunde zum Zusammenhang von Selbstwirksamkeit und Leistung 71
2.4.3   Befunde zur Lehrer-Selbstwirksamkeit 71
2.4.3.1 Lehrer-Selbstwirksamkeit und Lehrergesundheit 71
2.4.3.2 Lehrer-Selbstwirksamkeit und Lehrerverhalten im Unterricht 72
2.4.3.3 Lehrer-Selbstwirksamkeit und Schülerverhalten im Unterricht 74
2.4.3.4 Entwicklung von Lehrer-Selbstwirksamkeit 74

2.5   Zusammenfassung 78

3   Schulpraktika in der hochschulischen Lehrerbildung 80

3.1   Entwicklung des Praxisbezugs der Volksschullehrerbildung in
        Deutschland 80
3.1.1   Praxisbezug in der Beginnphase der Professionalisierung des
        Lehrerberufs 81
3.1.2   Praxisbezug in der seminaristischen Phase der Lehrerbildung 82
3.1.2.1 Die Preußischen Regulative 82
3.1.2.2 Die „Allgemeinen Bestimmungen" von 1872 und Prüfungsordnungen
        von 1901 84
3.1.3   Praxisbezug in der Phase der Pädagogischen Akademien 85
3.1.4   Praxisbezug in der Phase des Nationalsozialismus 87
3.1.5   Praxisbezug der Lehrerbildung nach 1945 88
3.1.5.1 Westliche Besatzungszone/Bundesrepublik Deutschland 88
3.1.5.2 Sowjetische Besatzungszone/Deutsche Demokratische Republik 88
3.1.5.3 Vereinigtes Deutschland 89

3.2   Aufgaben und Ziele von Schulpraktika 90
3.2.1   Berufswahlüberprüfung 90
3.2.2   Kompetenzerwerb bzw. -erweiterung 91
3.2.3   Theorie-Praxis-Verknüpfung 92

3.3   Arten und Organisationsformen von Schulpraktika 92

3.4   Praktikumsmodelle in Lehramtsstudiengängen 93
3.4.1   Praxisbezug in gestuften Studiengängen 93
3.4.2   Rheinland-Pfalz: Schulpraktika in Verantwortung der Studienseminare 95
3.4.3   Verlängerte Praxisphasen: Praxissemester, Praxisjahr 96

3.4.4   Integration von allgemein- und fachdidaktischem Praktikum:
         Das Kasseler Intensivpraktikum 97
3.4.5   Konsekutive Schulpraktische Studien: Das Hildesheimer Modell 97
3.4.5.1 Theorie-Praxis-Verbindung in den Schulpraktischen Studien 98
3.4.5.2 Evaluation der Schulpraktischen Studien 101
3.4.5.3 Das Allgemeine Schulpraktikum 101

3.5   Praxisbezug der Lehrerbildung im internationalen Kontext 102
3.5.1   Praxisbezug der Lehrerbildung in den Ländern der Europäischen Union . 103
3.5.2   Praxisbezug der Lehrerbildung in den USA..............................104

3.6   Empirische Befunde zu Schulpraktika 106
3.6.1   Stellenwert von Schulpraktika aus der Sicht von Studierenden 106
3.6.1.1 Schulpraktika als hoch geschätztes Studienelement 106
3.6.1.2 Praxisferne des Studiums 108
3.6.1.3 Mangelnde Einbindung von Schulpraktika in das Studium 109
3.6.2   Lernwirksamkeit von Schulpraktika....................................110
3.6.2.1 Studien zu intentionalen Wirkungen von Schulpraktika 111
3.6.2.2 Studien zu nicht intendierten Wirkungen von Schulpraktika 120

3.7   Zusammenfassung..124

4   Wissen und Handeln im Praktikum....................................127

4.1   Wissensbegriffe und Wissensarten 127

4.2   Kategorisierungen des Lehrerwissens...................................132
4.2.1   Taxonomie des Lehrerwissens nach Shulman............................133
4.2.2   Topologie des professionellen Lehrerwissens nach Bromme 135

4.3   Handlungsstrukturen im pädagogischen Feld............................135
4.3.1   Pädagogisches Handeln in antinomischen Strukturen 136
4.3.2   Unterrichten als komplexes Interaktionsgeschehen 139

4.4   Modellvorstellungen zum Verhältnis von Wissen und Handeln..............142
4.4.1   Wissensverwendungs- und Professionsforschung.......................142
4.4.2   Kognitionspsychologische Lehrerwissensforschung 146
4.4.3   Lehrerbildung als Wissenserwerb und Anbahnung von
         wissensbasierter Handlungsfähigkeit 147

4.5   Zusammenfassung..149

5   Empirische Studie 152

5.1   Fragestellungen und Hypothesen..152
5.1.1   Kompetenzentwicklung...153

5.1.2   Entwicklung von Lehrer-Selbstwirksamkeitserwartung............................153

5.1.3   Bedingungen der Kompetenzentwicklung..154

5.2   Methode..156

5.2.1   Untersuchungsdesign...156

5.2.2   Variablen 157

5.2.2.1 Unabhängige Variablen..157

5.2.2.2 Abhängige Variablen..157

5.2.2.3 Mediatorvariablen 157

5.2.3   Untersuchungsinstrumente 157

5.2.3.1 Allgemeindidaktische Planungskompetenz..158

5.2.3.2 Lehrer-Selbstwirksamkeitserwartung...159

5.2.3.3 Schulpädagogisch-didaktisches Wissen...160

5.2.3.4 Pädagogische Vorerfahrungen...160

5.2.3.5 Qualität der Beziehung zum Mentor..160

5.2.4   Stichprobe...161

5.2.5   Untersuchungsdurchführung..162

5.2.6   Auswertungs- und Analyseverfahren..162

5.2.6.1 Modelltestung 163

5.2.6.2 Parameterschätzung und Beurteilung der Modellanpassungsgüte............165

5.2.7   Umgang mit fehlenden Werten..166

5.3   Ergebnisse..167

5.3.1   Faktorielle Validität der Skala „allgemeindidaktische
          Planungskompetenz (APK)"..167

5.3.2   Faktorielle Validität der Skala „Qualität der Beziehung zum Mentor
          (QBM)"...170

5.3.3   Deskriptive Befunde...171

5.3.3.1 Schulpädagogisch-didaktisches Wissen und Qualität der Beziehung
          zum Mentor...171

5.3.3.2 Pädagogische Vorerfahrungen...172

5.3.4   Entwicklung der allgemeindidaktischen Planungskompetenz.................172

5.3.4.1 Modellierung indikatorspezifischer Effekte 172

5.3.4.2 Messinvarianzanalyse..174

5.3.4.3 Latent-Change-Analyse..176

5.3.5   Selbst- vs. Fremdeinschätzung...178

5.3.6   Entwicklung der Lehrer-Selbstwirksamkeitserwartung 179

5.3.6.1 Modellierung indikatorspezifischer Effekte 179

5.3.6.2 Messinvarianzanalyse..181

5.3.6.4 Latent-Change-Analyse..183

5.3.7   Entwicklungsbedingungen der allgemeindidaktischen
          Planungskompetenz..185

5.3.7.1 Schulpädagogisch-didaktisches Wissen, pädagogische Vorerfahrungen,
Qualität der Beziehung zum Mentor...186

5.3.7.2 Lehrer-Selbstwirksamkeitserwartung...189

5.4 Diskussion..193

5.4.1 Entwicklung der allgemeindidaktischen Planungskompetenz..................193

5.4.2 Fremd- vs. Selbsteinschätzung...195

5.4.3 Entwicklung der Lehrer-Selbstwirksamkeitserwartung..........................196

5.4.4 Entwicklungsbedingungen der allgemeindidaktischen
Planungskompetenz..198

5.4.4.1 Schulpädagogisch-didaktisches Wissen..198

5.4.4.2 Pädagogische Vorerfahrungen..198

5.4.4.3 Qualität der Beziehung zum Mentor..199

5.4.4.4 Lehrer-Selbstwirksamkeitserwartung...200

5.4.5 Methodik der Studie...201

5.4.5.1 Instrumente..201

5.4.5.2 Design...203

5.4.5.3 Modellierung..204

5.5 Zusammenfassung und Ausblick...205

Literatur...214

Anhang..264

Einleitung

Die vorliegende Studie im Bereich der Lehrerbildungsforschung befasst sich mit der Lernwirksamkeit von allgemeinen Schulpraktika und fokussiert zwei Untersuchungsschwerpunkte: Zum einen wird geprüft, wie die selbsteingeschätzte Kompetenzentwicklung von Studierenden im Rahmen eines vierwöchigen allgemeinen Schulpraktikums und mittelfristig über einen Zeitraum von drei Monaten hinweg verläuft. Das Kriterium Wirksamkeit wird somit durch die Erfassung von Kompetenzen bestimmt, wobei der untersuchte Merkmalsbereich sich auf die allgemeindidaktische Planungskompetenz begrenzt, die eine Kompetenzfacette der pädagogischen Kompetenz von Lehrkräften darstellt und deren Erwerb in der hochschulischen Phase der Lehrerbildung eine zentrale Stellung im erziehungswissenschaftlichen Teil des Studiums einnimmt. Einen relevanten Lern- und Übungskontext für die schriftliche Planung von Unterricht bilden im Lehramtsstudium insbesondere Schulpraktika. Aus empirischer Sicht ist bislang allerdings unklar, ob schulpraktische Ausbildungsphasen tatsächlich zum Erwerb bzw. zur Entwicklung allgemeindidaktischer Planungskompetenz geeignet sind. Forschungsanliegen ist es, zu untersuchen, inwiefern sich die allgemeindidaktische Planungskompetenz von Studierenden im Rahmen eines allgemeinen Schulpraktikums unter Berücksichtigung zentraler Bedingungsfaktoren verändert und wie stabil die erreichten Lerneffekte sind.

Neben der Lernentwicklung in dem genannten Kompetenzbereich wird mit der Längsschnittstudie zum anderen die Entwicklung der Lehrer-Selbstwirksamkeitserwartung von Studierenden analysiert. Das Konstrukt wird dabei als Effektmerkmal und als moderierende Variable modelliert, um deren theorieorientierte Bedeutung zu eruieren. Der Entwicklung von hohen Selbstwirksamkeitserwartungen als eine zentrale personale Ressource hinsichtlich der Steuerung der Auswahl von Handlungen, deren Anspruchsniveau sowie Anstrengungsbereitschaft und Ausdauer bei der Zielerreichung wird im Allgemeinen eine besondere Bedeutung für eine erfolgreiche Berufsausübung von Lehrkräften zugesprochen (vgl. Kapitel 2). Veränderungen von Selbstwirksamkeitserwartungen im Verlauf von schulpraktischen Ausbildungsphasen sind daher in hohem Maße von Interesse und verweisen – bei rückläufigen Entwicklungen – möglicherweise auf bislang zu wenig beachtete ungünstige Lernwirkungen von Schulpraktika, die von Seiten der Ausbildung nicht intendiert sind und Fragen nach der Organisation und curricularen Gestaltung von Schulpraktika aufwerfen.

Mit der hier vorgestellten Panelstudie soll ein Beitrag zur Lehrerbildungsforschung geleistet werden, um Lerneffekte schulpraktischer Ausbildungsphasen differenzierter beurteilen zu können und damit die in Wissenschaft und Bildungspolitik gleichermaßen geführte Theorie-Praxis-Debatte der Lehrerbildung durch empirische Befunde zu stützen. Die Ergebnisse ermöglichen Aussagen über die selbsteingeschätzte Kompetenz- und Selbstwirksamkeitsentwicklung von Studierenden im Verlauf eines Schulpraktikums. Die Verläufe lassen Rückschlüsse über die Wirkungsweise von Schulprak-

tika in dem hier untersuchten Rahmen zu. Aus ihnen und vor dem Hintergrund bisheriger Studien und theoretischer Erkenntnisse lässt sich letztlich ein Handlungsbedarf im
Hinblick auf die Weiterentwicklung und Optimierung von Schulpraktika ableiten.

Gleichzeitig wird mit der vorliegenden Untersuchung die allgemeindidaktische
Forschung mit der Lehrerbildungsforschung verknüpft und ein Forschungsdesiderat der
Allgemeinen Didaktik aufgegriffen. Bislang ist nicht der Versuch unternommen worden, allgemeindidaktische Planungskategorien für Unterricht zu operationalisieren und
damit einer empirischen Überprüfung zugänglich zu machen. Das in dieser Studie genutzte Instrument zur Erfassung der allgemeindidaktischen Planungskompetenz wurde
neu im Rahmen der Forschungsgruppe ESIS (Bach, Brodhäcker & Arnold, 2010; Bach,
Besa, Brodhäcker & Arnold, 2012) entwickelt und bezieht sich auf zentrale Aspekte
der bis heute bedeutsamen allgemeindidaktischen Planungsmodelle von Klafki (1994)
und Schulz (1980).

Aus den dargestellten Untersuchungsbereichen ergibt sich folgende Gliederung der
Studie: Im theoretischen Teil werden zunächst die beiden untersuchten Konstrukte
(Kompetenz und Selbstwirksamkeit) dargestellt (Kapitel 1 und Kapitel 2). Anschließend werden Schulpraktika als Ausbildungselement hochschulischer Lehrerbildung
beschrieben (Kapitel 3). Hierbei wird eine ausführlichere historische Perspektive ein-
genommen, um insbesondere den Funktionswandel von Schulpraktika deutlich zu machen und die heutige Theorie-Praxis-Problematik der Lehrerbildung vor einem weiteren Hintergrund verständlicher zu machen. Für die Untersuchung zentrale theoretische
Hintergründe und Begriffe im Kontext des Wissens und Handelns im Praktikum werden in einem weiteren Kapitel herausgearbeitet (Kapitel 4). Dabei werden auch Konsequenzen für die Lehrerbildung im Hinblick auf die Bedeutung und Gestaltung von
Schulpraktika diskutiert.

Der empirische Teil umfasst die oben dargestellte Untersuchung und beschreibt
zunächst die Fragestellungen und Hypothesen der Studie (Kapitel 5.1), gefolgt von der
Methodik der Studie (Kapitel 5.2). Anschließend werden die Ergebnisse dargestellt
(Kapitel 5.3) und diskutiert (Kapitel 5.4). Eine abschließende Zusammenfassung sowie
ein Ausblick schließen die Studie ab (Kapitel 5.5).

1 Kompetenzen

1.1 Kompetenzbegriff

Kaum ein Begriff hat in den letzten Jahren die Sozial- und Erziehungswissenschaften derart geprägt wie der Begriff der Kompetenz. Trefferzahlen in Literaturdatenbanken verdeutlichen eindrucksvoll die kaum mehr überschaubare Anzahl an einschlägigen Publikationen. Klieme und Hartig (2007) sprechen von einem „Modebegriff"; verschiedene Autoren bezeichnen seine Verwendung inzwischen als „inflationär" (Arnold & Schüssler, 2008; Bodensohn, 2003; Erpenbeck, 1996; Nieke, 2002; Weinert, 2001a). So häufig Kompetenz als wissenschaftlicher Terminus herangezogen wird, so wenig präzise und einheitlich ist er bislang definiert. Die begriffliche Unschärfe zeigt sich nicht zuletzt in diversen Komposita, in denen Kompetenz als vager „Platzhalter" für etwas dient, das in irgendeiner Weise mit Fähigkeiten oder Zuständigkeiten beschrieben werden soll. Die weitgehende Beliebigkeit der Begriffsverwendung hat dazu geführt, dass einige Autoren den Kompetenzbegriff aufgrund seiner „Inhaltsleere" selbst als Problem deuten. So kritisiert Arnold (2002) die Unschärfe und zudem die Traditionslosigkeit, mit welcher der Kompetenzbegriff derzeitig verwendet wird und fragt, „ob die Begriffe ‚Kompetenz' und ‚Kompetenzentwicklung' nicht lediglich eine neue Begriffsmode im Reigen einer sich hochschaukelnden Fachrhetorik" seien (S. 27). Geißler und Orthey (2002) bezeichnen Kompetenz als einen „Begriff für das verwertbare Ungefähre" mit „verdünnter Sinnsubstanz und geringem Klärungswert" (S. 69) (vgl. Bodensohn, 2003; Klieme & Hartig, 2007).

Bei aller zu Recht vorgebrachten Kritik wird übersehen, dass der Begriff nicht völlig beliebig definierbar ist: „Wer ihn nutzt, stellt damit heraus, dass er Fähigkeiten und Bereitschaften (a) im Blick auf konkrete Situationen und Aufgaben betrachtet und zugleich (b) ihre Anwendbarkeit in einer Vielzahl solcher Situationen und Aufgaben unterstellt" (Klieme & Hartig, 2007, S. 14). Gleichwohl erscheint der Versuch, eine einheitliche Definition von Kompetenz festzulegen, angesichts der heterogenen Verwendung des Terminus in zahlreichen wissenschaftlichen Disziplinen (z.B. Biologie, Sprachwissenschaft, Philosophie) als ein unrealistisches Ziel. Um Missverstände zu vermeiden, ist es unumgänglich, für die jeweilige empirische Untersuchung eine Arbeitsdefinition zu formulieren, die festlegt, was jeweils unter Kompetenz verstanden wird (vgl. Hartig, 2008). Im Folgenden werden zentrale begriffshistorische und -theoretische Entwicklungen und Auffassungen des Kompetenzbegriffs dargestellt, um den für die vorliegende Studie genutzten Kompetenzbegriff zu begründen.

1.1.1 Begriffshistorische und begriffstheoretische Entwicklungen

Der Begriff „Kompetenz" verfügt etymologisch betrachtet über eine weit zurückreichende Historie mit unterschiedlichen und wechselnden Bedeutungen (ausführlich

Behse, 1976). Als Fachterminus wurde er insbesondere im vergangenen Jahrhundert in verschiedene wissenschaftliche Disziplinen (z.b. Sprachwissenschaft, Philosophie, Psychologie) eingeführt und auf dieser Basis seit den 1970er Jahren von der deutschsprachigen Erziehungswissenschaft übernommen (z.b. Roth, 1971). Im Lehrerbildungsdiskurs etablierte sich der Kompetenzbegriff in den 1990er Jahren, ohne dass jedoch die Diskussionen und Grundlagen der 1970er Jahre, die u.a. im Zusammenhang mit der Beschreibung und Klassifikation von Lernzielen standen, erneut thematisiert oder reflektiert wurden (vgl. Blömeke, 2002). Für die Lehrerbildungsforschung bildet „Kompetenz" inzwischen einen konstitutiven Grundbegriff.

Grundsätzlich lässt sich die gegenwärtige fachsprachliche Verwendung des Kompetenzbegriffs auf zwei Bedeutungen zurückführen: Kompetenz im Sinne einer *Zuständigkeit* bzw. *Befugnis* verweist auf die Verwendung in einem vor allem juristischen Kontext. Kompetenz verstanden als *Fähigkeit* bestimmt dagegen u.a. das linguistische, psychologische und erziehungswissenschaftliche Begriffsverständnis. Jener Kompetenzbegriff wurde einerseits nachhaltig durch die frühen funktional-pragmatischen Kompetenzkonzepte in der amerikanischen Psychologie geprägt (vor allem White, 1959; auch McClelland, 1973), durch die Kompetenz als Terminus in die Motivationspsychologie bzw. Intelligenzforschung eingeführt und als Gegenbegriff zu bestehenden Konzepten der Motivation bzw. Intelligenz verwendet wurde, andererseits durch die Sprachtheorie Chomskys (1969), der den Kompetenzbegriff für die Linguistik ausgearbeitet hat (vgl. Klieme & Hartig, 2007; Maag Merki, 2009).

White (1959) versteht unter Kompetenz „an organism's capacity to interact effectively with its environment" (S. 297), wobei Kompetenz nicht angeboren ist oder auf Reifungsprozessen beruht, sondern durch die Interaktion des Individuums mit der Umwelt selbst ausgebildet wird. Sein bedürfnistheoretischer Ansatz geht von einem grundlegenden, intrinsisch motivierten Bedürfnis nach Kompetenz aus, das darauf abzielt, Einfluss auf die eigene Umwelt auszuüben und Anforderungen der Umwelt effektiv zu bewältigen. Theoretisch wurde sein Kompetenzbegriff nicht weiterentwickelt (vgl. Behse, 1976). McClelland (1973) verwendete den Kompetenzbegriff im Zusammenhang mit seiner Kritik an der traditionellen Intelligenzdiagnostik. Kompetenzen werden von ihm inhaltlich sehr allgemein als notwendige Voraussetzungen für spezifische Tätigkeiten bezeichnet, wobei keine genauere konzeptionelle oder theoretische Begriffsklärung vorgenommen wird (vgl. Klieme & Hartig, 2007). In beiden Ansätzen ist für den Kompetenzbegriff nicht eine generelle Fähigkeit, sondern der unmittelbare Bezug zu konkreten Handlungen bedeutsam (vgl. Maag Merki, 2009). Die damit angesprochene Kontextspezifität von Kompetenzen findet sich als ein konstitutives Merkmal auch in jüngeren Kompetenzdefinitionen wieder (Weinert, 2001a; vgl. genauer Kapitel 1.1.2).

Konträr zu diesem funktionalen Kompetenzverständnis konzipierte Chomsky (1969) einen einflussreichen linguistischen Kompetenzbegriff, der sich gerade auf das situationsunabhängige kognitive System bezieht (vgl. Klieme & Hartig, 2007). In seiner Theorie unterscheidet er zwischen Sprach-Kompetenz als „Kenntnis des Sprecher-Hörers von seiner Sprache" und Performanz als den „aktuellen Gebrauch der Sprache in konkreten Situationen" (Chomsky, 1969, S. 14). Kompetenz wird hier als eine angeborene latente Fähigkeit aufgefasst, die sich von den in konkreten Situationen gezeigten Sprechhandlungen unterscheiden kann (vgl. Maag Merki, 2009). „Nur in der (...) Idealisierung kann die Sprachverwendung als direkte Widerspiegelung der Sprach-Kompetenz aufgefasst werden, in Wirklichkeit besteht ein so direktes Verhältnis offensichtlich nicht. Eine Aufzeichnung natürlicher Rede zeigt stets zahlreiche falsche Ansätze, Abweichungen von Regeln, Abänderungen der Strategie mitten im Sprechen usw." (Chomsky 1969, S. 14). Habermas (1981a,b) entwickelte Chomskys (1969) Theorie der Sprachkompetenz zur Theorie der kommunikativen Kompetenz weiter und konzipierte – unter Berücksichtigung der kommunikativen Funktion von Sprache – Kompetenz als eine Fähigkeit, die es Individuen ermöglicht, über das Beherrschen des sprachlichen Regelsystems hinaus kommunikative Situationen zu generieren (genauer Vonken, 2005).

Beide sozialwissenschaftlichen Traditionen – Chomskys (1969) linguistischer Kompetenzbegriff und dessen Weiterentwicklung und Verallgemeinerung sowie das Kompetenzverständnis in der funktional-psychologischen Sichtweise – überlagern sich in dem Kompetenzdiskurs in der deutschsprachigen Erziehungswissenschaft, der Anfang der 1970er Jahre an die Debatte um materiale und formale Bildung anknüpfte und im weiteren Verlauf zunehmend durch psychologische Ansätze bestimmt wurde (vgl. hier und im Folgenden Klieme & Hartig, 2007). Erstmals explizite und systematische Verwendung fand der Kompetenzbegriff vermutlich bei Roth (1971) im zweiten Band seiner Pädagogischen Anthropologie. Kompetenz wird dort als individuelle Handlungs- und Urteilsfähigkeit verstanden und in einem anthropologischen Kompetenzmodell in drei Kompetenzbereiche ausdifferenziert, wobei dem Begriff der „Mündigkeit" zentrale Bedeutung zukommt:

> „Mündigkeit, wie sie von uns verstanden wird, ist als Kompetenz zu interpretieren, und zwar in einem dreifachen Sinne: a) als Selbstkompetenz (self competence), d.h. als Fähigkeit für sich selbstverantwortlich handeln zu können, b) als Sachkompetenz, d.h. als Fähigkeit, für Sachbereiche urteils- und handlungsfähig und damit zuständig sein zu können, und c) als Sozialkompetenz, d.h. als Fähigkeit, für sozial, gesellschaftlich und politisch relevante Sach- oder Sozialbereiche urteils- und handlungsfähig und also ebenfalls zuständig sein zu können" (Roth 1971, S. 180).

Es kann angenommen werden, dass Roth (1971) die sozialwissenschaftlichen Varianten des Kompetenzbegriffs bekannt waren und er darauf aufbaute; explizit erwähnt wird von ihm der Bezug zu White (1959). Bemerkenswerterweise konzipierte Roth (1979) einen relativ breiten Kompetenzbegriff, der „Fähigkeiten" nicht nur als kognitive Leistungsdispositionen versteht, sondern sich auf eine umfassende Handlungsfähig-

keit bezieht, einschließlich des affektiv-motivationalen Bereichs. Die von ihm vorge-
schlagenen drei Kompetenzbereiche der Selbst-, Sach- und Sozialkompetenz erwiesen
sich als einflussreich für den nachfolgenden Kompetenzdiskurs und wurden vielfach
aufgegriffen, insbesondere in der Berufspädagogik, aber auch in anderen Bereichen,
z.b. im Zusammenhang mit der Diskussion um Schlüsselkompetenzen (Rychen &
Salganik, 2001; Weinert, 1999) und dem Erhebungsprogramm für Schulleistungsstu-
dien wie PISA (vgl. Klieme & Hartig, 2007).

1.1.2 Kompetenzbegriff aus pädagogischer und psychologischer Perspektive

Inzwischen liegt eine Vielzahl unterschiedlicher, sich zum Teil widersprechender Auffassungen zum Kompetenzbegriff vor. Einige Autoren haben versucht, die verschiedenen Varianten des Begriffs zu systematisieren. So legte in jüngerer Zeit Schaper (2009)
eine Übersicht über psychologisch fundierte Kompetenzauffassungen vor, die in bildungswissenschaftlichen Kontexten Bedeutung erlangt haben. Eine einflussreiche
Überblicksdarstellung stammt von Weinert (1999, 2001a), der im Zusammenhang eines Gutachtens zum OECD-Projekt „Definition and Selection of Competencies: Theoretical and Conceptual Foundations" (DeSeCo) die vielfältigen Aspekte des Kompetenzbegriffs zusammenfassend diskutiert und folgende Kompetenzauffassungen unterscheidet:

„(1) Kompetenzen als generelle kognitive Leistungsdisposition, die Personen
befähigen, sehr unterschiedliche Aufgaben zu bewältigen, (2) Kompetenzen als
kontextspezifische kognitive Leistungsdispositionen, die sich funktional auf bestimmte Klassen von Situationen und Anforderungen beziehen. Diese spezifischen Leistungsdispositionen lassen sich auch als Kenntnisse, Fertigkeiten oder
Routinen charakterisieren, (3) Kompetenzen im Sinne der für die Bewältigung
anspruchsvoller Aufgaben nötigen motivationalen Orientierungen, (4) Handlungskompetenz als eine Integration der ersten drei genannten Konzepte, bezogen auf die Anforderungen eines spezifischen Handlungsfeldes, wie zum Beispiel eines Berufes, (5) Metakompetenzen als das Wissen, die Strategien oder
die Motivationen, welche sowohl den Erwerb als auch die Anwendung spezifischer Kompetenzen erleichtern, (6) Schlüsselkompetenzen als Kompetenzen im
unter 2. genannten funktionalen Sinn, die aber für einen relativ breiten Bereich
von Situationen und Anforderungen hinweg relevant sind. Hierzu gehören z.B.
muttersprachliche oder mathematische Kenntnisse" (Hartig & Klieme, 2006,
S. 128f.).

Als tragfähigste Definition empfiehlt Weinert (1999, 2001a) die zweite Kompetenzauf-
fassung, die in der Expertiseforschung ausgearbeitet wurde und zwei wesentliche
Merkmale betont: Als kontextspezifisches Konstrukt sind Kompetenzen zum einen an
spezifische Kontexte gebunden, d.h. sie beziehen sich auf bestimmte Anforderungsbereiche. Generelle intellektuelle Fähigkeiten werden nicht in die Definition einbezogen,

obwohl sie bei der Bewältigung bereichsspezifischer Anforderungen durchaus relevant sind. Weinert (2001a) verweist darauf, dass basale kognitive Grundfunktionen eine menschliche Grundausstattung darstellen und nicht erst erworben werden müssen, um spezifische Anforderungen bewältigen zu können. Zudem sind diese Grundfunktionen nach derzeitigem Forschungsstand nur begrenzt (z.b. durch Training) beeinflussbar (vgl. Hartig & Klieme, 2006; Klieme et al., 2003).

Die präferierte Kompetenzdefinition beschränkt sich darüber hinaus auf den kognitiven Bereich und schließt motivationale Faktoren aus, da nur so Wechselwirkungen zwischen kognitiven und motivationalen Faktoren erfasst werden können (vgl. Klieme & Hartig, 2007). Diese Konstruktbegrenzung wird von Weinert nicht durchgängig postuliert. In dem breit rezipierten Band „Leistungsmessung in Schulen" schlägt er eine Definition vor, die in der Erziehungswissenschaft zu einem Referenzzitat geworden ist und in ihrer Verknüpfung mit anderen Dispositionen der oben genannten Definition von Handlungskompetenz (zur Kritik am Begriff u.a. Straka & Macke, 2010) entspricht:

> „Dabei versteht man unter Kompetenzen die bei Individuen verfügbaren oder durch sie erlernbaren kognitiven Fähigkeiten und Fertigkeiten, um bestimmte Probleme zu lösen, sowie die damit verbundenen motivationalen, volitionalen und sozialen Bereitschaften und Fähigkeiten, um die Problemlösungen in variablen Situationen erfolgreich und verantwortungsvoll nutzen zu können" (Weinert, 2001b, S. 27f.).

Verschiedene Autoren (u.a. Frey, 2006; Klieme et al., 2003) haben Weinerts Kompetenzdefinition aufgegriffen. Auch das DFG-Schwerpunktprogramm „Kompetenzmodelle zur Erfassung individueller Lernergebnisse und zur Bilanzierung von Bildungsprozessen" (vgl. Klieme & Leutner, 2006) bezieht sich auf die zitierte Weinert'sche Kompetenzdefinition, betont allerdings explizit die Trennung kognitiver und motivationaler Faktoren, wie sie von Weinert (2001a) in dem Gutachten für die OECD vorgeschlagen wird.

Auch wenn zur Erklärung von Leistungen in bestimmten Situationen motivationale Einflüsse nicht unbeachtet bleiben können und die langfristige Entwicklung von Kompetenz und Expertise in hohem Maße von motivationalen Faktoren abhängig ist, erscheint die Entscheidung motivationale Voraussetzungen *nicht* als Bestandteil von Kompetenz zu betrachten, sondern das Konstrukt auf kognitive Leistungsdispositionen zu begrenzen, aus psychometrischer Sicht erforderlich (vgl. Klieme & Hartig, 2007). Eine zu breite Fassung des Kompetenzbegriffs verhindert eine präzise Modellierung des Konstrukts und reduziert dessen wissenschaftlichen Nutzen. Die neueste PISA-Publikation (Deutsches PISA-Konsortium, 2007) zeigt im Bereich der Naturwissenschaften deutlich, dass der Rückgriff auf eine breite Kompetenzdefinition notwendigerweise dazu führt, dass neben kognitiven Leistungstests ebenso Fragebögen zu motivationalen Aspekten (z.B. zum domänenspezifischen Interesse) eingesetzt werden. Nur die Trennung bei der Operationalisierung der Teilfacetten eines Kompetenzbereiches ermöglicht die hinreichend valide Messung jeder Facette. Hartig (2008) verweist in diesem Zusammenhang außerdem darauf, dass Motivation im Zeitverlauf variieren kann, während erworbene Kompetenzen vergleichsweise stabil bleiben. Darüber hinaus stellt Motivation zwar eine bedeutende Moderatorvariable, jedoch keine zentrale Bedingung für fachliche Lernerfolge, d.h. keine zentrale Effektkomponente von Lernerfolg dar und sollte folglich getrennt erfasst werden (vgl. Arnold, 2007a; Hartig, 2008; Köller, 2008).

Für die vorliegende Studie wird daher auf einen engen Kompetenzbegriff Bezug genommen, wie er in dem oben genannten DFG-Schwerpunktprogramm verwendet wird. Kompetenzen werden dort verstanden als „kontextspezifische kognitive Leistungsdispositionen, die sich funktional auf Situationen und Anforderungen in bestimmten Domänen beziehen" (Klieme & Leutner, 2006, S. 879; Hervorhebung im Orig.). Für diese Kompetenzauffasssung lassen sich zusammenfassend folgende Konstruktmerkmale herausstellen, die insbesondere auch die Abgrenzung zum Intelligenzbegriff verdeutlichen (vgl. im Folgenden Hartig & Klieme, 2006; Klieme & Hartig, 2007):

Kontextspezifität: Kompetenz wird wie oben bereits ausgeführt als ein kontextspezifisches Konstrukt aufgefasst, d.h. als eine Fähigkeit, spezifische Situationen und Anforderungen bewältigen zu können. Der Begriff der Intelligenz wird dagegen definiert als eine Fähigkeit, neue Probleme ohne spezifisches Vorwissen zu lösen. Es handelt sich somit nicht um kontextspezifische, sondern um generalisierbare Leistungsdispositionen. Der Kontextbezug von Kompetenz charakterisiert gerade die Eigenständigkeit des Konstrukts und grenzt ihn von allgemeinen kognitiven Fähigkeiten ab.

Schwierig wird diese Abgrenzung, wenn der Kompetenzbegriff herangezogen wird, um Leistungsdispositionen für einen umfassenden Bereich von Situationen zu beschreiben, z.B. im Fall der oben genannten Schlüsselkompetenzen oder sog. überfachlicher Kompetenzen (zusammenfassend Maag Merki, 2009). Derartig breit konzipierte Konstrukte erfüllen nicht mehr oder nur eingeschränkt das Kriterium der Kontextspezifität. Für die Definition von Kompetenz muss der relevante Kontext hinreichend konkret sein. Wie Hartig (2008) anmerkt, darf der Kontext gleichwohl nicht zu eng gefasst sein. Werden zu begrenzte Leistungskonstrukte in den Kompetenzbegriff einbezogen, besteht die Gefahr, dass einfaches Sachwissen oder isolierte Fertigkeiten unnötigerweise als Kompetenz bezeichnet werden. Als naheliegendes Kontextkriterium wird der Bezug auf eine Menge hinreichend ähnlicher realer (d.h. „außerhalb des Bildungsprozesses" liegender) Situationen vorgeschlagen, in denen spezifische und ähnliche Anforderungen bewältigt werden müssen (vgl. Hartig, 2008).

Erlernbarkeit: Da Kompetenzen kontextabhängig ausgeprägt sind, kann ihr Erwerb nur als Ergebnis von Lernprozessen verstanden werden, in denen sich ein Individuum mit seiner Umwelt auseinandersetzt. Kompetenzen können bzw. müssen also durch Lernen in relevanten Anforderungssituationen erworben werden und sind damit grundsätzlich aufbau-, veränder- und förderbar (z.B. durch Training, äußere Interventionen oder langjährige Praxis in einer bestimmten Domäne). Im Unterschied zur Erlernbarkeit von Kompetenzen wird Intelligenz als eine zeitlich relativ stabile kognitive Grundfähigkeit betrachtet, die zu einem beträchtlichen Teil genetisch determiniert ist. *Definition von Binnenstrukturen:* Während sich die Binnenstruktur zur Beschreibung interindividueller Leistungsunterschiede in der Intelligenzforschung aus grundlegenden kognitiven Prozessen ergibt, orientiert sich die Strukturierung von Kompetenzen an den zu bewältigenden Anforderungen. Kompetenzen und Teilkompetenzen werden vor allem nach den Inhalten der interessierenden Situationen, der relevanten Aufgaben und der damit verbundenen Anforderungen definiert. Die Struktur der erfassten Kompetenzen orientiert sich also nicht wie in der Intelligenzforschung primär an psychischen Prozessen, sondern die Binnenstruktur beim Kompetenzkonzept ergibt sich jeweils aus Situationen und Anforderungen, in denen diese Kompetenzen relevant sind.

1.2 Kompetenzmodelle

In der Forschung sind verschiedene Kompetenzmodelle entwickelt worden, die die Struktur, Stufung und Entwicklung von Kompetenzen genauer beschreiben und sich entsprechend in Strukturmodelle, Niveaumodelle sowie Entwicklungsmodelle unterscheiden lassen. Die Kompetenzmodellierung basiert entweder auf empirischen Zugängen (v.a. Anforderungsanalysen) oder auf theoretischen bzw. normativen Annahmen bzw. Dokumenten (z.B. fachsystematische Curricula). Die von Oser (2001b) entwickelten Standards in der Lehrerbildung, die auf einer Delphi-Befragung von Lehrern bzw. Lehrerexperten zu den im Unterricht zu bewältigenden Anforderungen beruhen, können als Beispiel für einen empirischen Kompetenzansatz genannt werden. Eine insbesondere normative Herangehensweise zeigt sich beispielsweise im Vorgehen von Schott & Azizi Ghanbari (2009), die ein Modell zur kompetenzorientierten Unterrichtsplanung entwickelt haben. Integrative Strategien, die beide Ansätze kombinieren, repräsentieren die beiden Studien „Mathematics Teaching in the 21st Century" (MT21, vgl. Blömeke, Kaiser & Lehmann, 2008a) und „Professionswissen von Lehrkräften, kognitiv aktivierender Mathematikunterricht und die Entwicklung mathematischer Kompetenz" (COACTIV, vgl. Brunner et al., 2006). Eine Kombination beider Ansätze zur Kompetenzmodellierung scheint eine angemessene Lösung zu sein, um einerseits den Bezug zum Forschungsstand in einer Domäne zu gewährleisten bzw. die Tatsache zu berücksichtigen, dass Bildungs- und Entwicklungsziele in letzter Konsequenz normativ gesetzt sind und um andererseits den an realen beruflichen Herausforderungen orientierten Situations- und Anforderungsbezug von Kompetenzen nicht zu vernachlässigen, den empirisch orientierte Kompetenzanalysen sichern (vgl. Schaper, 2009).

1.2.1   Kompetenzstrukturmodelle

Kompetenzstrukturmodelle befassen sich mit der Binnenstruktur, d.h. den verschiedenen Teilbereichen (Dimensionen) einer Kompetenz, welche zur Bewältigung unterschiedlicher situativer Anforderungen in einem spezifischen Bereich notwendig sind. Die Unterscheidung in Teildimensionen einer Kompetenz beruht auf einer theoretisch begründeten bzw. empirisch testbaren Beschreibung dieser Dimensionen, wobei davon ausgegangen wird, dass die Teilkompetenzen einerseits miteinander korreliert sind, andererseits sollten sie jedoch hinreichend unabhängig sein, um eine differenzierte Kompetenzbeschreibung und -messung zu gewährleisten (vgl. Schaper, 2009).

Die Struktur von Kompetenzen resultiert wie oben dargestellt aus der Struktur der für diese Kompetenzen relevanten Situationen und Anforderungen. Für den Lehrerberuf liegen verschiedene Klassifikationen von Lehrerkompetenzen vor, die unterschiedliche Kompetenzen fokussieren und in ihrer jeweiligen Relevanz für die Ausbildung bzw. das Studium gewichten (u.a. Arning, 2000; Baumert & Kunter, 2006; Fend, 2001; Frey, 2004; Frey & Balzer, 2003; Girmes, 2006; Neuenschwander, 2004; Oser & Oelkers, 2001). Unterschieden werden können die Strukturmodelle danach, ob sie aus anderen Disziplinen auf den Lehrerberuf übertragen oder speziell für diesen entwickelt wurden. Neben diesen umfassenden Varianten von Strukturmodellen liegen darüber hinaus Modelle vor, die jeweils Teilkompetenzen der Handlungskompetenz von Lehrkräften in den Blick nehmen. Hierzu zählen u.a. Ansätze zur Strukturierung von Diagnosekompetenz (z.b. Abs, 2007), von erziehungswissenschaftlichem bzw. pädagogischem Wissen (z.b. Seifert, Hilligus & Schaper, 2009) sowie von Reflexionswissen (z.b. Schmelzing, Fuchs, Wüsten, Sandmann & Neuhaus, 2009) (vgl. Schaper, 2009). Im Folgenden werden beispielhaft zwei Kompetenzstrukturmodelle vorgestellt, die im deutschsprachigen Raum weite Beachtung gefunden haben.

1.2.1.1 Hierarchisches Strukturmodell von Handlungskompetenz nach Frey

Das hierarchische Strukturmodell von Handlungskompetenz nach Frey (2004) übernimmt die in der Berufspädagogik übliche Aufteilung der beruflichen Handlungskompetenz in die vier Kompetenzklassen Fach-, Methoden-, Sozial- und Personalkompetenz und spezifiziert sie wie folgt (vgl. im Folgenden Frey, 2004, 2006):

- *Fachkompetenz* umfasst fachspezifische Fähigkeitsbereiche, die für die Ausübung eines Berufes notwendig sind und sich in berufsspezifischen Spezialisierungen ausdrücken. Für den Lehrerberuf verweist Frey (2004) auf die von Oser (1997a, 1997b, 2001b) ausgearbeiteten zwölf Standards für die Lehrerbildung.

- *Methodenkompetenz* bezeichnet Fähigkeitsbereiche, die eine Person befähigen, in einem spezifischen Sachbereich denk- und handlungsfähig zu sein, z.b. die Fähigkeit zur Analyse von Arbeitsgegenständen, Strukturierung von Arbeitsprozessen sowie Reflexion über Arbeitsbedingungen, Interaktionspartner und individuell und sozial wirksame Arbeitszusammenhänge. Methodenkompetenz beinhaltet häufig

Fähigkeitsbereiche, die den fünf Bereichen „Arbeitstechniken", „Flexibilität", „Reflexivität", „Analysefähigkeit" und „Zielorientierung" zugeordnet werden.

- *Sozialkompetenz* subsumiert Fähigkeitsbereiche, die eine Person befähigen, kooperativ mit anderen Personen ein bestimmtes Ziel zu lösen. Hierzu gehören die sieben Fähigkeitsdimensionen „Kooperationsfähigkeit", „Selbständigkeit", „soziale Verantwortung", „Kritikfähigkeit", „Kommunikationsfähigkeit", „Führungsfähigkeit" und „situationsgerechtes Auftreten".

- *Personalkompetenz* umfasst Fähigkeitsbereiche, Einstellungen oder Eigenschaften, die zum selbstverantwortlichen und motivierten Handeln erforderlich sind. Bedeutsam sind hierbei im Laufe der Zeit gewonnene Einsichten, die sich zu einer Art Lebenseinstellung bzw. Eigenart eines Menschen ausbilden und sich in Tugenden bzw. sog. sittlichen Grundhaltungen widerspiegeln. Es werden neun Tugend-Dimensionen unterschieden: „Hilfsbereitschaft und Einfühlsamkeit", „Gelassenheit und Geduldigkeit", „Pflichtbewusstsein", „Freiheitsstreben und Genussfähigkeit", „Stolz", „Tapferkeit und Kühnheit", „Angepasstheit", „Erfolgsorientierung" sowie „Neugierde".

Die vier Kompetenzklassen der Fach-, Methoden-, Sozial- und Personalkompetenz werden als miteinander verbundene Kompetenzklassen aufgefasst, die zusammen die Handlungskompetenz einer Person bilden. Auf vertikaler Ebene differenziert Frey (2004) in seinem Strukturmodell vier hierarchische Ebenen: Einzelne Fertigkeiten (Ebene I) werden auf einer höheren Ebene zu Fähigkeitsdimensionen (z.B. Fähigkeitsdimension „Führungsfähigkeit") zusammengefasst (Ebene II). Die Fähigkeitsdimensionen wiederum werden entsprechend ihrer Zugehörigkeit zu einer der vier genannten Kompetenzklassen gebündelt (Ebene III), die gemeinsam die generalisierte Handlungskompetenz (Ebene IV) beschreiben (vgl. Abbildung 1).

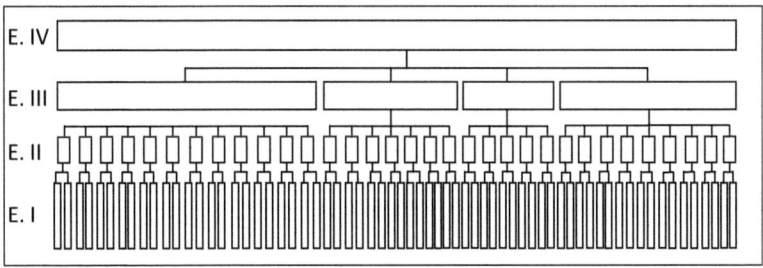

Abbildung 1: Hierarchisches Strukturmodell von Handlungskompetenz (Frey 2004, S. 907)

Frey (2004, 2008) hat das Modell für die Analyse der Kompetenzstruktur von Lehramtsstudierenden angewendet (vgl. Kapitel 1.5.1). Gleichwohl ist es derart allgemein angelegt, dass es jeder Berufstätigkeit zugrunde gelegt werden kann und wie Baumert

& Kunter (2006) ausführen, die Spezifik des Handelns in Professionen verfehlt. Hartig (2008) verweist in diesem Zusammenhang auf testtheoretische Einwände gegen zu globale Klassifikationssysteme von Kompetenzen:

> „Die globale Klassifikation von Kompetenzen in breite Bereiche scheint hier keinen nennenswerten praktischen Wert zu haben, da die Bereiche keine Konstrukte darstellen, die unmittelbar gemessen werden können. (...) Die Verwendung von Begriffen wie „soziale Kompetenz" und „fachliche Kompetenz" in einem wissenschaftlichen Kontext lässt den (zumindest derzeit noch) ungerechtfertigten Eindruck entstehen, es handele sich um direkt messbare, einheitliche Konstrukte" (S. 20).

1.2.1.2 Modell professioneller Handlungskompetenz nach Baumert und Kunter

Im Gegensatz zu diesem breit angelegten, berufsunspezifischen Strukturierungsansatz entwickelten Baumert und Kunter (2006) ein generisches Modell der professionellen Handlungskompetenz, das sich auf Einzelkompetenzen in der Domäne des Lehrerberufs bezieht. Das Modell versucht, die individuellen Voraussetzungen für professionelles Lehrerhandeln in einen metatheoretischen Rahmen zu integrieren, der für psychologische Handlungsmodelle anschlussfähig ist und eine Basis für empirische Studien zur Handlungskompetenz von Lehrkräften darstellt. Wie die Autoren ausführen, ermöglicht das Modell weiterhin, „über allgemeine Beschreibungen der Anforderungen im Lehrerberuf hinauszugehen und den Schwerpunkt stärker auf Fragen nach interindividuellen und intraindividuellen Kompetenzunterschieden zu legen" (Baumert & Kunter 2006, S. 505).

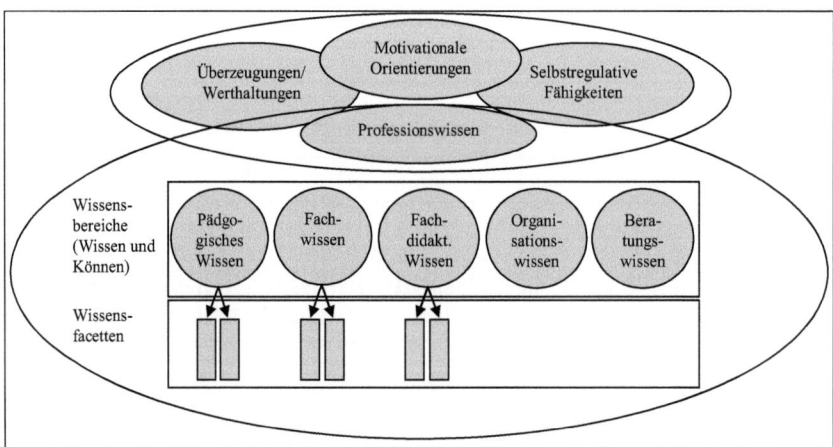

Abbildung 2: Modell professioneller Handlungskompetenz – Professionswissen (Baumert & Kunter, 2006, S. 482)

Ausgehend von der oben beschriebenen Differenzierung des Kompetenzbegriffs nach Weinert (1999, 2001a) werden kognitive Kompetenzen in einem engeren Sinn („Professionswissen") und Kompetenzen in einem weiteren Sinn („professionelle Handlungskompetenz") unterschieden, wobei professionelle Handlungskompetenz aus dem Zusammenspiel von Professionswissen, Überzeugungen und Werthaltungen, motivationalen Orientierungen sowie selbstregulativen Fähigkeiten entsteht (vgl. Abbildung 2). Von den drei letztgenannten Kompetenzaspekten wird angenommen, dass sie neben dem zentralen Aspekt des Professionswissens einen bedeutsamen Einfluss auf das unterrichtliche Handeln von Lehrkräften bzw. die faktische Umsetzung des Wissens und Könnens im Unterricht ausüben.

Überzeugungen und Werthaltungen werden unterschieden in Wertbindungen, epistemologische Überzeugungen, subjektive Theorien über Lehren und Lernen sowie Zielsysteme für Curriculum und Unterricht. Ihnen wird eine regulative Funktion für das Lehrerhandeln zugesprochen.

Motivationale Orientierungen beziehen sich zum einen auf selbstbezogene Kognitionen, insbesondere Kontrollüberzeugungen und Selbstwirksamkeitserwartungen, zum anderen auf die intrinsische Motivation von Lehrkräften (z.B. Lehrerenthusiasmus). Motivationale Orientierungen haben vermutlich einen bedeutsamen Einfluss auf die Initiierung, Aufrechterhaltung und Überwachung des beruflichen Handelns (vgl. Kunter, Klusmann & Baumert, 2009).

Selbstregulative Fähigkeiten, vor allem der verantwortungsvolle Umgang mit den eigenen persönlichen Ressourcen, sind angesichts der hohen psychischen Anforderungen des Lehrerberufs von besonderer Bedeutung, um erfolgreich beruflich handeln zu können. Das richtige Maß an Engagement und die Fähigkeit, sich von beruflichen Angelegenheiten auch distanzieren zu können (Widerstandsfähigkeit), scheint eine besondere Herausforderung des Lehrerberufs zu sein. Eine adaptive Selbstregulation liegt dann vor, wenn Personen bei hohem Engagement auch über hohe Widerstandsfähigkeit verfügen (vgl. Kunter et al., 2009).

Das *Professionswissen* von Lehrkräften wird in Anlehnung an theoretische Konzepte der Lehrerexpertise bestimmt. Die von Shulman (1986, 1987) vorgenommene und von Bromme (1992, 1997, 2001) weiterentwickelte Taxonomierung des Lehrerwissens in Fachwissen (content knowledge), fachdidaktisches Wissen (pedagogical content knowledge) und allgemeines pädagogisches Wissen (pedagogical knowledge) (vgl. Kapitel 4.2) wird von Baumert und Kunter (2006) übernommen und gleichzeitig erweitert um die beiden Wissensbereiche des Organisations- und Beratungswissens, die für außerunterrichtliche Aufgaben relevant sind. Organisationswissen bezieht sich auf „Kenntnisse über Vernetzung und Verhalten im übergeordneten schulischen Kontext", Beratungswissen auf Kenntnisse „über adaptive und effektive Gesprächsführung, vor allem im Hinblick auf die Kommunikation mit Kollegen, Eltern und Schülern" (Kunter et al., 2009, S. 156). Das Professionswissen von Lehrkräften umfasst somit fünf Wissensbereiche, die sich wiederum je nach Fachgebiet in verschiedene Wissensfacetten ausdifferenzieren und jeweils unterschiedliche deklarative, prozedurale und konzeptuelle Wissenselemente beschreiben. In der mit PISA 2003/2004 konzeptuell und technisch verbundenen COACTIV-Studie werden diese Wissensbereiche bzw. -facetten auch als Kompetenzbereiche bzw. -facetten bezeichnet (vgl. Krauss, Kunter & Brunner, 2004).

Der Rückgriff auf die in der Lehrerbildungsforschung breit rezipierten Konzepte zum professionellen Lehrerwissen erfolgt nicht nur in diesem Kompetenzmodell, das der COACTIV-Studie zugrunde liegt, sondern auch in der international-vergleichenden Untersuchung MT21 (vgl. Blömeke et al., 2008a) und deren Fortsetzungsstudie „Teacher Education and Development Study: Learning to Teach Mathematics" (TEDS-M, vgl. Blömeke, Kaiser & Lehmann, 2010). Die Projekte testen konzeptuell ähnlich die professionelle Kompetenz von (zukünftigen) Mathematiklehrkräften in einem large-scale-Design. Während MT21 jedoch die Lehrerausbildung untersucht und professionelle Kompetenz als abhängige Variable betrachtet, nimmt COACTIV berufstätige Mathematiklehrkräfte und die Leistungen der Schüler in den Blick. Die professionelle Kompetenz der Lehrer wird als unabhängige Variable festgelegt. „Erkenntnisse *aus beiden Projekten zusammengenommen* sind somit geeignet, die Wirkungskette von der Lehrerausbildung zu den Schülerleistungen explorativ zu erhellen" (Blömeke et al., 2008b, S. 80; Hervorhebung im Orig.).

Beide hier vorgestellten Strukturierungsansätze von Lehrerkompetenzen – der eher generelle, berufsunspezifische Ansatz wie bei Frey (2004) und der lehrerberufsspezifische Ansatz wie im MT21- und im COACTIV-Projekt – sind nach Terhart (2007) im Rahmen von Forschung und Analyse „möglich und sinnvoll, vielleicht sogar: sich wechselseitig ergänzend" (ebd., S. 48). Schaper (2009) verweist darauf, dass die Wahl für einen der genannten Ansätze abhängig ist von den theoretischen Perspektiven, praktischen Zielsetzungen und letztlich von empirischen Validitätsprüfungen.

1.2.2 Kompetenzniveaumodelle

Während Kompetenzstrukturmodelle verschiedene Kompetenzdimensionen in einem spezifischen Bereich unterscheiden, beschreiben Kompetenzniveaumodelle Bereiche ähnlicher Ausprägungsgrade (Niveaus bzw. Stufen) einer Kompetenz. Bei der Beschreibung von Kompetenzniveaus geht es um die Frage, welche spezifischen Anforderungen eine Person mit einer hohen Kompetenz bewältigen kann und welche Anforderungen eine Person mit einer niedrigen Kompetenz gerade noch bewältigt (vgl. Hartig & Klieme, 2006). Die Niveaucharakterisierungen sind entweder theoretisch begründet oder basieren auf der Analyse der schwierigkeitsbestimmenden Merkmale der jeweils gelösten Aufgaben in einem Kompetenztest, d.h. es werden Bereiche mit einer ähnlichen Aufgabenschwierigkeit festgelegt, die ein bestimmtes Niveau bzw. eine bestimmte Stufe abbilden und eine kriteriumsorientierte Interpretation von Testergebnissen ermöglichen. Für jede Stufe bzw. jedes Niveau kann somit inhaltlich angegeben werden, welche Anforderungen mit welcher Schwierigkeit auf dieser Stufe bzw. auf diesem Niveau beherrscht werden. Kompetenzniveaumodelle ermöglichen eine Bewertung und Klassifizierung von Kompetenzausprägungen, gleichwohl beschreiben die Niveaus noch keine Entwicklungsstufen der Kompetenz (vgl. Schaper, 2009). Für die Lehrerbildungsforschung liegen nur wenige Kompetenzniveaumodelle vor. Blömeke et al. (2008a) beispielsweise identifizierten im Rahmen der MT21-Studie für das fachbezogene Wissen angehender Mathematiklehrer vier niveaubezogene Kompetenzstufen, nachdem auf der Basis von Expertenratings und Regressionsanalysen schwierigkeitsbestimmende Aufgabenmerkmale ermittelt wurden. Aufgrund des Mangels an Kompetenzniveaumodellen in der Lehrerbildungsforschung erfolgen Kompetenzmessungen bislang vor allem mithilfe normbezogener Referenzdaten. Eine kriteriumsorientierte Testwertinterpretation ist dagegen kaum realisiert (vgl. Schaper, 2009).

1.2.3 Kompetenzentwicklungsmodelle

Modelle der Kompetenzentwicklung beschreiben, in welcher Stufung bzw. Abfolge bestimmte (Teil-)Kompetenzen innerhalb eines Kompetenzerwerbsprozesses erworben werden sollen. Dabei geht es um die Frage, in welchen Stufen ein entsprechender Erwerbsprozess möglich ist und welche Kompetenzen in welcher Ausprägung auf den jeweiligen Lern- und Entwicklungsstufen erworben werden sollten bzw. erwartbar sind (vgl. Schaper, 2009). Terhart (2007) spricht von einem „Möglichkeitsraum der Entfaltung von beruflicher Kompetenz, der in der *Realität* von konkreten Lehrerinnen und Lehrern jedoch immer nur in mehr oder weniger vollständiger Weise und evtl. temporär schwankend ausgefüllt wird" (ebd., S. 51; Hervorhebung im Orig.).

In der Lehrerbildungsforschung wurden bislang keine spezifischen Kompetenzentwicklungsmodelle ausgearbeitet. Zurückgegriffen werden kann auf vorhandene Kompetenzniveaumodelle, sofern theoretisch und empirisch geprüft wurde, ob die verschiedenen Niveaus im Sinne einer Entwicklungs- und Aneignungslogik verstanden werden können (vgl. Schaper, 2009). Insbesondere für den Bereich des Wissens und Könnens hat sich die Orientierung an Ergebnissen und Modellen der Expertiseforschung bewährt, die zumeist mehrere Stufen der Expertiseentwicklung mit jeweils verschiedenen Expertisegraden im Verlauf der Berufsbiographie unterscheiden (Überblick in Gruber & Mandl, 1996; Neuweg, 1999). Das in der Lehrerbildungsforschung breit rezipierte Modell von Dreyfus und Dreyfus (1986) konzipiert die Entstehung von Expertise als eine hierarchische Abfolge von fünf Entwicklungsstufen bzw. Kompetenzgraden („novice", „advanced beginner", „competent performer", „proficiency", „expertise"), wobei in der Stufenprogression vom Novizen zum Experten weniger die Zunahme des Wissens von Bedeutung ist, sondern vielmehr dessen qualitative Veränderungen im Hinblick auf die mentale Repräsentation, hierarchische Organisation und flexible Zugänglichkeit (vgl. Weinert, Schrader & Helmke, 1990; s. Kapitel 4.4.2). Koch-Priewe (2002) hat das global entworfene Modell auf den Lehrerberuf übertragen.

Fraglich bleibt, ob die „sehr plakativ, ja fast holzschnittartig" (Neuweg 1999, S. 299) ausgearbeitete Stufenkonzeption von Dreyfus und Dreyfus (1986) speziell für Entwicklungsverläufe in der Phase der Lehrerausbildung hinreichend differenziert ist oder ob es nicht einer stärkeren analytischen Ausdifferenzierung von Teilprozessen der Kompetenzentwicklung bedarf. Entsprechende Forschungsbemühungen hierzu stehen noch aus (vgl. Baumert & Kunter, 2006).

1.3 Standards und Kompetenzen in der Lehrerbildung

Die Ergebnisse der großen internationalen und nationalen Leistungsvergleichsstudien, insbesondere der medienwirksame „PISA-Schock" 2001, haben im vergangenen Jahrzehnt gravierende Defizite des deutschen Bildungswesens offenkundig werden lassen und in der Folge vielfältige bildungspolitische Diskussionen und Reformbemühungen ausgelöst. Eine wesentliche Konsequenz bestand darin, für das Bildungswesen „Standards" als ein neues Steuerungsinstrument zu formulieren, die am Ende einer Ausbildungsphase oder Schulstufe erreicht werden sollen – zunächst Bildungsstandards für Schüler (genauer u.a. Klieme et al., 2003), später folgerichtig Standards für die Lehrerbildung (erstmals für die fachunabhängigen Bildungswissenschaften (KMK, 2004), nachfolgend für die Fachwissenschaften und Fachdidaktiken (KMK, 2008). Der damit verbundene Paradigmenwechsel von einer sog. Input- zu einer Output-Orientierung richtete den Blick der Lehrerbildung verstärkt auf berufsrelevante Ziele bzw. erwartete Ergebnisse und verbindliche, überprüfbare Qualitätsanforderungen der Ausbildung.

Die Diskussion, welche Kompetenzen von Absolventen erwartet werden, um berufliche Anforderungen bewältigen zu können, knüpfte an die in den USA wesentlich früher einsetzende standardbezogene Überprüfung von Lehrerkompetenzen an. Bekannt und einflussreich innerhalb der Vielzahl an Dokumenten zu Standards sind hier vor allem die Standards der Institutionen INTASC (Interstate New Teacher Assessment and Support Consortium), NCATE (National Council for Accreditation of Teacher Education) und NBPTS (National Board for Professional Teaching Standards), wobei in Deutschland lediglich die NBTS-Standards eine gewisse Bekanntheit erlangt haben (vgl. Arnold, 2007b; Überblick auch in Helmke, 2009).

Neben den von Terhart maßgeblich beeinflussten Standards für die Bildungswissenschaften (KMK, 2004) ist für Deutschland insbesondere der Ansatz von Oser (1997a, 1997b, 2001b) als bedeutsames Dokument für Standards der Lehrerprofession zu nennen. Beide Standard-Konzepte machen deutlich, dass der Begriff „Standard" in der Lehrerbildungsdiskussion nach wie vor uneinheitlich verwendet und teilweise nicht deutlich vom Kompetenzbegriff abgegrenzt wird. Oser beispielsweise gebraucht beide Termini nahezu synonym (vgl. Kapitel 1.3.1). Eine häufiger zu findende Begriffsbestimmung versteht unter einem Standard den Ausprägungsgrad einer Kompetenz, d.h. einen Maßstab, der eine Gradierung oder Skalierung einer Kompetenz erlaubt. Standards werden somit Kompetenzen untergeordnet und lassen sich auch als Kompetenzerwartungen bezeichnen. Terhart (2006) formuliert: „Kompetenzen definieren das Anforderungsprofil; Standards beschreiben unterschiedliche Entwicklungsstufen oder -niveaus bis hin zur vollen Kompetenz" (S. 32f.) (vgl. Helmke, 2009; Terhart, 2005a; zur Begriffsbedeutung ausführlicher auch Oser & Renold, 2005).

1.3.1 Standards nach Oser

Oser (1997a, 1997b, 2001b) hat ein vielbeachtetes Standard-Konzept vorgelegt, das Standards als Kern der professionellen Ausbildung von Lehrern betrachtet. Seine Definition von Standards wurde vielfach aufgegriffen, allerdings bestimmt Oser den Begriff nicht präzise:

> *„Ein professioneller Lehrerstandard ist eine komplexe, sich dauernd unter verschiedenen Kontexten und bezüglich verschiedener Inhalte adaptiv zu wiederholende Verhaltensweise, die sich aus verschiedenen Theorien speist, die auf der Folie verschiedener Forschungsergebnisse erhellt werden kann, die besser oder schlechter ausgeführt werden kann (Qualität), und die letztlich in der Tat kontextuell in verschiedensten Varianten erfolgreich ausgeführt wird"* (Oser, 2001b, S. 225f.; Hervorhebung im Orig.).

Es wird nicht detailliert ausgeführt, welche „Kontexte" in Betracht kommen oder welche „Theorien" die „Verhaltensweisen" speisen. Auch die hier wiedergegebene Bestimmung von Standards als „Verhaltensweisen" wird nicht durchgängig beibehalten. So werden Standards auch als „Wissensbestände" (Oser, 1997a, S. 27) bezeichnet. An anderer Stelle wird betont, dass es sich bei Standards nicht um Skills (Automatismen zur Gedächtnis- und Bewusstseinsentlastung) handelt, sondern dass Standards *„komplexe berufliche Kompetenzen"* sind, *„die zu theoriegeleitetem Handeln werden, dies weil ein Bezug zur Wissenschaft und Forschung einerseits besteht und weil andererseits eine analysierte und dadurch kritisch reflektierte Praxis diese Praxis erst ermöglicht"* (Oser, 2001b, S. 225; Hervorhebung im Orig.). Der Standard-Begriff wird *„a) für eine hochprofessionelle Kompetenz, und b) für deren optimale Erreichung"* verwendet (Oser, 1997a, S. 28; Hervorhebung im Orig.). *„Wir meinen also, Standards seien optimal ausgeführte bzw. optimal beherrschte und in vielen Situationen anwendbare Fähigkeiten und Fertigkeiten, die nur von Professionellen Verwendung finden können, aber nicht von Laien oder von Personen anderer Professionen"* (ebd., S. 28; Hervorhebung im Orig.).

Bezogen auf die Lehrerbildung sieht Oser (1997a, S. 28) Standards als eine „Richtschnur für eine Ausbildung und deren Evaluation" und definiert vier Kriterien, die alle erfüllt sein müssen, damit von einer erreichten und sich auf der Handlungsebene zeigenden Kompetenz, von einem Standard gesprochen werden kann: (1) Theoretische Fundierung (Kriterium der Theorie), (2) empirische Bewährung (Kriterium der Empirie), (3) qualitative Bewertbarkeit (Kriterium der Qualität) sowie (4) Ausführbarkeit in der Praxis (Kriterium der Praxis). Die vier Kriterien beziehen sich aufeinander und werden in einzelnen Ebenen dargestellt, die jeweils ein höher erreichtes Niveau abbilden (vgl. Abbildung 3).

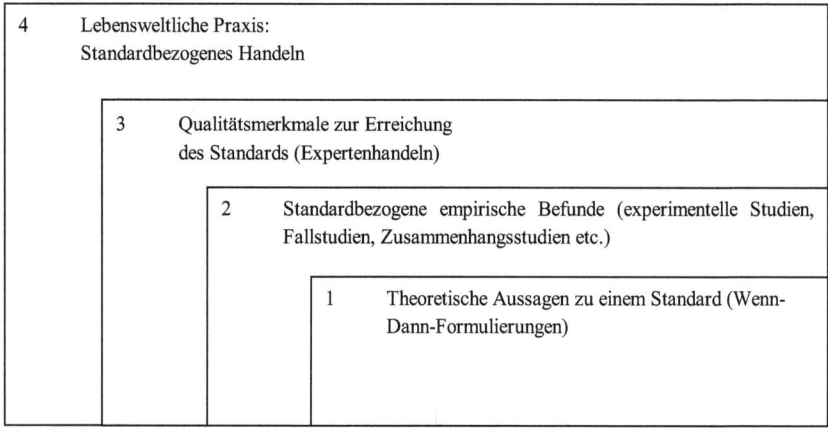

Abbildung 3: Überschuss an kriteriellen Ressourcen eines je höheren Niveaus zur Beschreibung der Standards (Oser, 2001b, S. 218)

Auf der Basis von Expertenbefragungen entwickelte Oser (1997a) insgesamt 88 berufsrelevante Standards für das professionelle Lehrerhandeln, die in zwölf thematische Standardgruppen gegliedert sind und sich sowohl auf unterrichtliche als auch außerunterrichtliche Bereiche beziehen:

1. Lehrer-Schüler-Beziehungen,
2. Schülerunterstützendes Handeln und Diagnose,
3. Bewältigung von Disziplinproblemen und Schülerrisiken,
4. Aufbau und Förderung von sozialem Verhalten,
5. Lernstrategien vermitteln und Lernprozesse begleiten,
6. Gestaltung und Methoden des Unterrichts,
7. Leistungsmessung,
8. Medien,
9. Zusammenarbeit in der Schule,
10. Schule und Öffentlichkeit,
11. Selbstorganisationskompetenz der Lehrkraft,
12. Allgemeindidaktische und fachdidaktische Kompetenzen.

Oser (2001b) sieht die Hauptaufgabe der Lehrerausbildung darin, „mit jedem Lehramtskandidaten und jeder -kandidatin einzelne solcher Standards zu entwickeln" (S. 226), weist jedoch gleichzeitig darauf hin, dass nicht alle 88 Standards im Rahmen der Lehrerausbildung erreicht werden können. Der Erwerb der Standards erfolgt zudem in unterschiedlicher Form und Intensität, indem zu den Standards (1) theoretische Kenntnisse erworben, (2) Übungen durchgeführt und (3) Lernerfahrungen in der Praxis gemacht werden. Je nachdem, welche dieser Lernwege (Theorie, Übung, Praxis) kombiniert werden, entsteht eine unterschiedliche Verarbeitungstiefe der Standards. Für die Aneignung hoher Kompetenz wird es als notwendig angesehen, dass alle drei hierarchisch geordneten Verarbeitungsstufen durchlaufen werden. Der Erwerb von Kompetenzen als Standards erfordert demnach eine hohe Übungs-, Reflexions- und kontextuelle Reproduktionskapazität und spiegelt die Integration von Theoriewissen und Praxiswissen in den Standards wider (vgl. Mayr, 2006; Oser, 1997b).

Das Oser'sche Standard-Konzept wurde im deutschsprachigen Raum breit rezipiert und für zahlreiche empirische Studien genutzt (vgl. Kapitel 1.5.1), z.T. aber auch scharf kritisiert (u.a. Baumert & Kunter, 2006; Herzog, 2005; Reh, 2005; Terhart, 2002a; Wellenreuther, 2008). Herzog (2005) beispielsweise moniert neben begrifflichen Ungenauigkeiten sowie einer fehlenden theoretisch begründeten Systematik und daher Beliebigkeit der Standardauswahl auch das den Standards zugrunde liegende Professionalisierungskonzept, mit welchem definitorisch festgelegt werde, dass Standards nur von pädagogischen Experten erfüllt werden können. Darüber hinaus sieht er die Gefahr einer Ideologisierung und gefährlichen Normsetzung durch Standards (vgl. hierzu die Replik von Oser, 2005). Baumert und Kunter (2006) kritisieren insbesondere die fehlende Einbindung in ein übergeordnetes professionelles Handlungsmodell, das die Auswahl der Kompetenzprofile und Standardgruppen (meta-)theoretisch rechtfertigen würde. Ein wesentlicher Kritikpunkt von Terhart (2002a) bezieht sich auf die Fokussierung der Standards auf pädagogische und didaktische Kompetenzen und die mangelnde Berücksichtigung von fachspezifischen Kompetenzen.

Bei aller Kritik weisen Blömeke et al. (2008c) darauf hin, dass Oser als erster im deutschen Sprachraum die Lehrerausbildung neu konzeptualisierte, indem er sie auf berufliche Anforderungen ausrichtete. Die Oser'schen Standards besitzen darüber hinaus, wie Helmke (2009) ausführt, zwei Vorteile gegenüber einer bloßen Auflistung von Variablen erfolgreichen Unterrichts: Zum einen umfassen sie neben den unterrichtsbezogenen Kompetenzen andere wichtige Kompetenzbereiche für den Lehrerberuf. Zum anderen eignen sie sich aufgrund ihrer überwiegend detaillierten und konkreten Ausgestaltung für die Umsetzung in ein Curriculum oder für evaluative Studien (vgl. ebd.). Die Standardgruppen und Kompetenzprofile schließen an pädagogische und psychologische sowie empirisch bewährte Theorien an und besitzen eine hohe praktische Augenscheinvalidität (vgl. Baumert & Kunter, 2006).

1.3.2 Standards der KMK: Bildungswissenschaften

Die KMK verabschiedete im Dezember 2004 Standards für die sog. Bildungswissenschaften in der Lehrerbildung und legte damit ein folgenreiches Dokument für die Ausbildung von Lehrkräften und den Bildungsföderalismus in Deutschland vor. Erstmals wurden länderübergreifend konkrete Anforderungen beruflichen Handelns formuliert, die Lehrkräfte erfüllen sollen (sog. Can-Do-Statements) und die den einzelnen Bundesländern als Grundlage zur Gestaltung der Lehrerausbildung dienen. Mit der Einführung von Standards verband sich die Absicht, genaue und überprüfbare Ausbildungsziele festzulegen und damit (zumindest implizit) die bisherige Beliebigkeit von Lehrinhalten abzuschaffen. Die maßgeblich von Terhart (2002a) beeinflussten Standards, die obligatorisch als erstes in die Lehrerbildung von Rheinland-Pfalz implementiert wurden, stellen ein normativ festgelegtes staatliches Steuerungsinstrument des Bildungswesens dar, das gleichwohl noch nicht in allen Bundesländern in den Studien- und Prüfungsordnungen umgesetzt wurde.

In dem Konzept der KMK werden elf Kompetenzen (gegliedert in die vier Kompetenzbereiche Unterrichten, Erziehen, Beurteilen und Innovieren) unterschieden:

Kompetenzbereich: Unterrichten

Kompetenz 1: Lehrerinnen und Lehrer planen Unterricht fach- und sachgerecht und führen ihn sachlich und fachlich korrekt durch.

Kompetenz 2: Lehrerinnen und Lehrer unterstützen die Gestaltung von Lernen von Schülerinnen und Schülern. Sie motivieren Schülerinnen und Schüler und befähigen sie, Zusammenhänge herzustellen und Gelerntes zu nutzen.

Kompetenz 3: Lehrerinnen und Lehrer fördern die Fähigkeiten von Schülerinnen und Schülern zum selbstbestimmten Lernen und Arbeiten.

Kompetenzbereich: Erziehen

Kompetenz 4: Lehrerinnen und Lehrer kennen die sozialen und kulturellen Lebensbedingungen der Schülerinnen und Schüler und nehmen im Rahmen der Schule Einfluss auf deren individuelle Entwicklung.

Kompetenz 5: Lehrerinnen und Lehrer vermitteln Werte und Normen und unterstützen selbstbestimmtes Urteilen und Handeln von Schülerinnen und Schülern.

Kompetenz 6: Lehrerinnen und Lehrer finden Lösungsansätze für Schwierigkeiten und Konflikte in Schule und Unterricht.

Kompetenzbereich: Beurteilen

Kompetenz 7: Lehrerinnen und Lehrer diagnostizieren Lernvoraussetzungen und Lernprozesse von Schülerinnen und Schülern; sie fördern Schülerinnen und Schüler gezielt und beraten Lernende und deren Eltern.

Kompetenz 8: Lehrerinnen und Lehrer erfassen Leistungen von Schülerinnen und Schülern auf der Grundlage transparenter Beurteilungsmaßstäbe.

Kompetenzbereich: Innovieren

Kompetenz 9: Lehrerinnen und Lehrer sind sich der besonderen Anforderungen des Lehrerberufs bewusst. Sie verstehen ihren Beruf als ein öffentliches Amt mit besonderer Verantwortung und Verpflichtung.

Kompetenz 10: Lehrerinnen und Lehrer verstehen ihren Beruf als ständige Lernaufgabe.

Kompetenz 11: Lehrerinnen und Lehrer beteiligen sich an der Planung und Umsetzung schulischer Projekte und Vorhaben.

Jeder einzelnen Kompetenz sind drei bis sieben Standards getrennt für die theoretischen und praktischen Ausbildungsabschnitte zugeordnet, wobei nicht angegeben wird, welche Standards für die praktischen Ausbildungsabschnitte sich auf die erste oder zweite Ausbildungsphase beziehen (vgl. exemplarische Darstellung in *Tabelle 1*).

Tabelle 1: Standards für die Lehrerbildung: Bildungswissenschaften, Kompetenz 1

Kompetenzbereich: Unterrichten
Lehrerinnen und Lehrer sind Fachleute für das Lehren und Lernen.
Kompetenz 1:
Lehrerinnen und Lehrer planen Unterricht fach- und sachgerecht und führen ihn sachlich und fachlich korrekt durch.

Standards für die theoretischen Ausbildungsabschnitte Die Absolventinnen und Absolventen ...	Standards für die praktischen Ausbildungsabschnitte Die Absolventinnen und Absolventen ...
• kennen die einschlägigen Bildungstheorien, verstehen bildungs- und erziehungstheoretische Ziele sowie die daraus abzuleitenden Standards und reflektieren diese kritisch.	
• kennen allgemeine und fachbezogene Didaktiken und wissen, was bei der Planung von Unterrichtseinheiten beachtet werden muss.	• verknüpfen fachwissenschaftliche und fachdidaktische Argumente und planen und gestalten Unterricht.
• kennen unterschiedliche Unterrichtsmethoden und Aufgabenformen und wissen, wie man sie anforderungs- und situationsgerecht einsetzt.	• wählen Inhalte und Methoden, Arbeits- und Kommunikationsformen aus.
• kennen Konzepte der Medienpädagogik und -psychologie und Möglichkeiten und Grenzen eines anforderungs- und situationsgerechten Einsatzes von Medien im Unterricht.	• integrieren moderne Informations- und Kommunikationstechnologien didaktisch sinnvoll und reflektieren den eigenen Medieneinsatz.
• kennen Verfahren für die Beurteilung von Lehrleistung und Unterrichtsqualität.	• überprüfen die Qualität des eigenen Lehrens.

Die insgesamt 84 Standards, die inhaltlich weitgehend mit den Oser-Standards übereinstimmen und eine erhebliche Ähnlichkeit zu Lernzielformulierungen aufweisen, wurden u.a. aufgrund ihrer zu starken Betonung von Zielformulierungen des „Wissens" und „Kennens" (Blömeke, 2006c) und der Trennung zwischen Theorie und Praxis (Hascher, 2005b) kritisiert. Blömeke (2006c) spricht von einer „Unterforderung" der Universitäten und verweist auf die Notwendigkeit der Lehrerausbildung, handlungsrelevantes Wissen zu vermitteln, für das das Verfügen über systematische Kenntnisse nicht ausreiche. Gleichwohl zählen diese Standards des beruflichen Könnens nach Helmke (2009) „zum Fundiertesten, was in deutscher Sprache zur Professionalität des Lehrerberufs publiziert worden ist" (S. 158).

Im Hinblick auf Schulpraktika in der ersten Phase der Lehrerbildung bleibt festzuhalten, dass diese nach den KMK-Standards mit allen theoriebezogenen Bereichen des bildungswissenschaftlichen Lehramtsstudiums verknüpfbar sind (vgl. Arnold et al., 2011). Schulpraktika sollen in Verbindung mit den theoretischen Ausbildungsanteilen zumindest einen Teil der Qualifikationsfunktion der Lehrerbildung erfüllen und zum Erwerb bzw. zur Erweiterung von berufsspezifischen Kompetenzen beitragen. Gleichwohl fehlt in den KMK-Standards jene Konkretisierung zu Schulpraktika, die noch in der Terhart-Expertise „Standards für die Lehrerbildung" (2002, S. 35) explizit als „Standards für die Schulpraktischen Studien" formuliert werden:

(1) Erfahrung der Person im schulischen/unterrichtlichen Kontext,

(2) Reflexion auf die eigene Berufswahlentscheidung,

(3) Verknüpfung von Studieninhalten und den Erfahrungen während der schulpraktischen Studien,

(4) Grundformen und -methoden der Lehrerforschung (forschendes Lernen, teacher research),

(5) Einbringen der Erfahrungen aus schulpraktischen Studien in das weitere Lehrerstudium.

Die heterogene Auflistung verweist zwar auf die auch in anderen Kontexten genannten (und mitunter bemerkenswert vielfältigen) Aufgaben und Zielsetzungen von schulpraktischen Ausbildungsphasen (u.a. Selbst- und Theoriereflexion, Theorie-Praxis-Verbindung, Erkenntnisgewinn für das weitere Studium, vgl. Kapitel 3.2). Gleichwohl wird auch hier – wie auch in den KMK-Standards – kaum eine curriculare Verknüpfung mit den theoretischen Studienelementen oder eine Sequenzierung der Schulpraktika ausgeführt (vgl. Arnold et al., 2011). In den KMK-Standards (2004) findet sich lediglich die generelle Formulierung, dass „beide Phasen (...) sowohl Theorie- als auch Praxisanteile mit unterschiedlicher Gewichtung [enthalten]" (S. 4). Ein einschlägiges, bildungspolitisches Dokument, das über allgemeine Hinweise hinausgehend die curriculare Gestaltung und Einbindung von schulpraktischen Ausbildungsphasen in die Lehrerausbildung konkretisiert, liegt bislang nicht vor. Zu fragen bleibt, ob diese Aufgabe von bildungspolitischer Seite bundesländerübergreifend geleistet werden kann. Vorschläge von wissenschaftlicher Seite sind ebenso selten. Als Beispiele sind u.a. Bosse und Messner (2008) und Dubs (2008) zu nennen. Letzterer hat ein Fünf-Phasen-Modell der „unterrichtspraktischen Ausbildung" entworfen. Insgesamt kann allerdings festgestellt werden, dass Schulpraktika als Curriculumelemente der Lehrerbildung bislang kaum differenziert begründet und beschrieben worden sind (vgl. Arnold et al., 2011). Nicht zuletzt spiegelt sich die bisher kaum standardisierte Realisierung von

Schulpraktika in den inhaltlich und organisatorisch zum Teil erheblich differierenden Praktikumsmodellen in der deutschen Lehrerbildung wider.

1.3.3 Kompetenzen zur Unterrichtsplanung, -durchführung und -analyse

Unterrichten stellt die zentrale Berufsaufgabe von Lehrkräften dar. Eine der wesentlichen Zielsetzungen der Lehrerbildung besteht somit in der Vermittlung von professionsspezifischen Kompetenzen, mit denen Lehrkräfte diese Tätigkeit ausüben können. In der wissenschaftlichen Literatur wird häufig von *Unterrichtskompetenz* gesprochen (u.a. Adl-Amini, 1991; Baer et al., 2006; Dubs, 2008; Kunter & Pohlmann, 2009; Schubarth, Speck, Seidel & Wendland, 2009). Der Begriff ist bislang allerdings weder eindeutig definiert, noch ist übereinstimmend festgelegt, aus welchen Teildimensionen sich die Kompetenz zum Unterrichten zusammensetzt. Von bildungspolitischer Seite ist mit den Standards für die Bildungswissenschaften der KMK (2004) ein Dokument vorgelegt worden, das den Kompetenzbereich „Unterrichten" in drei Kompetenzen differenziert:

(1) „Lehrerinnen und Lehrer planen Unterricht fach- und sachgerecht und führen ihn sachlich und fachlich korrekt durch" (S. 7).

(2) „Lehrerinnen und Lehrer unterstützen durch die Gestaltung von Lernsituationen das Lernen von Schülerinnen und Schülern. Sie motivieren Schülerinnen und Schüler und befähigen sie, Zusammenhänge herzustellen und Gelerntes zu nutzen" (S. 8).

(3) „Lehrerinnen und Lehrer fördern die Fähigkeiten von Schülerinnen und Schülern zum selbstbestimmten Lernen und Arbeiten" (S. 8).

In empirischen Studien wird zur Definition des Terminus Unterrichtskompetenz u.a. auf diese bildungspolitische Begriffsspezifizierung Bezug genommen (z.B. Schubarth et al., 2009). Neben Unterrichtskompetenz wird häufig auch von *didaktischer Kompetenz* gesprochen, zur weiteren Differenzierung teilweise von *allgemeindidaktischer Kompetenz* (u.a. Fend, 2008; Gläser-Zikuda & Fuß, 2008; Kron, 2008; Meyer, 2008; Topsch, 2004). Damit wird gleichzeitig auf die zentrale Stellung der Allgemeinen Didaktik für den Erwerb spezifischer Fähigkeiten des theoriebasierten Unterrichtens verwiesen: Die Allgemeine Didaktik hat Theorien und Modelle ausgearbeitet, die sowohl die Lehrplantheorie als auch die Planung, Durchführung und Analyse von Unterricht umfassen. Mit der Bestimmung von „Didaktik als Theorie des Unterrichts" (Klafki 1976, S. 77) wird entsprechend der Anspruch hervorgehoben, ein theoretisches Fundament für die Lehrerbildung bereitzustellen, das gleichwohl eine hohe praktische Bedeutung besitzt, indem die Handlungsfähigkeit von Lehrkräften angebahnt werden soll (vgl. Arnold & Bach, 2011).

Eine einschlägige Definition von didaktischer Kompetenz stammt von Kron (2008): „Lehrerinnen und Lehrer haben Wissen und Fertigkeiten erworben, die sie befähigen, institutionalisierte Lehr-Lernprozesse in fachlicher und sozialer Hinsicht zu planen, zu organisieren, durchzuführen, zu analysieren und auszuwerten" (S. 20). Allgemeindidaktische Kompetenz kann in dieser Sicht als Anwendung von allgemeindidaktischem Wissen über Planungsmodelle verstanden werden und lässt sich in die drei Bereiche Unterrichtsplanung, -durchführung und -analyse bzw. -reflexion differenzieren, wobei der Unterrichtsplanung eine zentrale Stellung in den Hauptkomponenten der allgemeindidaktischen Planungsmodelle zukommt.

1.3.3.1 Planung von Unterricht

Unterrichtsplanung bezeichnet „alle dem Unterricht vorausgehenden Maßnahmen (...), die das Lehren und Lernen im Unterricht selbst optimieren sollen" (Sandfuchs 2009, S. 512). Häufig wird der Begriff mit dem der „Unterrichtsvorbereitung" synonym verwendet (z.b. Hell und Olbrich, 1993; Wiater, 2010); teilweise wird Planung als weitreichender aufgefasst und im Gegensatz zur (kurzfristigen) Unterrichtsvorbereitung begrifflich für längerfristige Maßnahmen verwendet (z.b. auch für Unterrichtseinheiten, Jahresplanungen). Klafki (1958) gebrauchte zunächst vor allem den Begriff der Unterrichts*vorbereitung* („Didaktische Analyse als Kern der Unterrichts*vorbereitung*"), der im Gegensatz zum Begriff der Planung stärker die Unvorhersehbarkeit unterrichtlichen Handelns betont. Im Rahmen seiner Kritisch-konstruktiven Didaktik spricht Klafki (1994) von Unterrichts*planung* („Unterrichts*planung* im Sinne kritisch-konstruktiver Didaktik"), postuliert aber gleichzeitig die erforderliche „Offenheit" des Planungsentwurfs sowie die Notwendigkeit eines „flexiblen Unterrichtshandelns" (vgl. ebd., S. 269).

Unterricht, der als eine spezifische Form des Lehrens und Lernens insbesondere durch Planmäßigkeit und pädagogische Intentionalität gekennzeichnet ist (vgl. u.a. Glöckel, 2003; Steindorf, 2000), erfordert Planung und macht diese zu einer zentralen Aufgabe des Lehrerberufs. Das vor allem in professionstheoretischer Perspektive als komplex und antinomisch charakterisierte Unterrichtshandeln (vgl. Kapitel 4.3) wird durch Unterrichtsplanung in eine konzeptuelle Struktur und in eine nachvollziehbare Handlungsfolge aufgegliedert und dadurch in eine im Rahmen der hochschulischen Lehrerbildung einübbare Segmentierung überführt. Die Planung von Unterricht als Vorbereitung des unterrichtlichen Handelns stellt somit eine eigenständige, d.h. von der Handlungsausführung zeitlich getrennte, Handlungsplanung dar.

Die schriftlich festgehaltene Begründung von theoriebasierten Planungsentscheidungen spielt vor allem in der ersten und zweiten Phase der Lehrerbildung eine Rolle. Mit zunehmendem Expertiseerwerb findet Planungshandeln vermehrt zeitkomprimiert und als routinehafte Strategie statt, wobei sich zeigen lässt, dass diese explizit wenig theorieorientierten Planungsentscheidungen implizit in hohem Maße mit den didaktischen Konzepten übereinstimmen, die im Rahmen der Lehrerausbildung vermittelt werden (Koch-Priewe, 2000). In schulpraktischen Ausbildungsphasen nimmt die Unterrichtsplanung eine zentrale und ebenso zeitextensive Stellung ein, die nicht selten in einem wahrgenommenen Missverhältnis zu dem scheinbar wenig theorieorientierten Routinehandeln der betreuenden Mentoren steht. Bei Studierenden können dadurch nicht nur Fragen nach der Relevanz aufwändiger schriftlicher Unterrichtsplanungen aufgeworfen werden, sondern unter Umständen werden so auch Bemühungen untergraben, theoretische und praktische Ausbildungselemente stärker zu verbinden. Studien, die sich mit dieser Problematik der Theorie-Praxis-Verknüpfung in Schulpraktika beschäftigen, sind bislang selten realisiert (vgl. Kapitel 3.6).

Die hochschulische Lehrerbildung in Deutschland greift auf unterschiedliche didaktische Modelle zur Planung von Unterricht zurück, die seit dem letzten Jahrhundert entwickelt worden sind und die Planungshandeln für Unterricht seither als explizites, theoriebasiertes Entscheiden beschreiben (Überblicksdarstellungen in Blankertz, 1972/2000; Jank & Meyer, 2003). Unter Einbezug einer Makroperspektive hat Peterßen (1982/2006) ein Stufenschema der Unterrichtsplanung vorgeschlagen, das als erste Planungsstufe die Auseinandersetzung mit bildungspolitischen Programmen vorsieht und über die Elemente „Lehrplan", „Jahresplan", „Arbeitsplan" und „mittelfristige Unterrichtseinheit" in der konkreten Planung einer Unterrichtsstunde („Unterrichtsentwurf") mündet. Diederich (1988) hat das Stufenschema von Peterßen um die Mikroebene der Lehr-Lernforschung zu sog. Horizonten der Unterrichtsplanung erweitert. Weit verbreitet als Ausbildungsgegenstand und Beurteilungsgrundlage für Unterricht in der ersten und zweiten Phase der Lehrerbildung sind bis heute insbesondere die allgemeindidaktischen Modelle von Klafki (1963, 1985) sowie Heimann, Otto und Schulz (1965), deren Planungsschemata auch in einem integrativen Modell verknüpft werden können (Arnold & Koch-Priewe, 2010).

Die geisteswissenschaftlich fundierte Bildungstheoretische Didaktik von Klafki basiert auf der Theorie der kategorialen Bildung (Klafki, 1959) und rückt die Frage nach der Auswahl und Struktur der Bildungsinhalte in den Mittelpunkt unterrichtsplanerischer Entscheidungen. Der Widerspruch materialer und formaler Bildungstheorien sollte in der dialektischen Verknüpfung beider Konzepte zur kategorialen Bildung aufgehoben werden. Mit der „Didaktische[n] Analyse als Kern der Unterrichtsvorbeitung" (Klafki, 1958) ist ein Planungsmodell für Unterricht entwickelt worden, das vor dem Hintergrund jener spezifischen Theoriebildung die Inhaltsdimension didaktischer Entscheidungen fokussiert und fünf sog. Grundfragen umfasst, die noch weiter ausdifferenziert werden: (1) Gegenwartsbedeutung, (2) Zukunftsbedeutung, (3) exemplarische Bedeutung (4) thematische Struktur, (5) Zugänglichkeit bzw. Darstellbarkeit. Zentral ist die Begründung eines Unterrichtsthemas im Hinblick auf dessen Bedeutungsgehalt für die Bildungsprozesse der Lernenden.

Klafki überarbeitete seine Bildungstheoretische Didaktik in den 1970er Jahren mehrfach und entwickelte sie zur Kritisch-konstruktiven Didaktik (1994) weiter. Die „Didaktische Analyse" wurde – unter Berücksichtigung neuerer didaktischer Ansätze, vor allem der Interdependenz-These der Lerntheoretischen Didaktik von Schulz (1965) sowie vor dem Hintergrund der Kritischen Theorie der „Frankfurter Schule" – zum

„Perspektivenschema zur Unterrichtsplanung" (1980) erweitert: Die fünf Grundfragen der „Didaktischen Analyse" wurden in ein umfassenderes Planungsmodell integriert, das nunmehr explizit Fragen nach den Lernvoraussetzungen der Lerngruppe („Bedingungsanalyse") stellt, die Unterrichtsmethode („Lehr-Lern-Prozessstruktur") als eigenständiges Planungselement beschreibt und die Erfassung des Lernerfolgs („Erweisbarkeit und Überprüfbarkeit") vorsieht. An die Stelle der These vom Primat der Inhalte gegenüber der Methode trat die These vom Primat der Intentionalität sowie die Differenzierung in (a) den „immanent methodischen Charakter der didaktischen Thematik" und (b) die „themenkonstitutive Funktion der Methode" (Klafki 1976). Unterricht sollte als oberstes Bildungsziel die Fähigkeiten zur Selbstbestimmung, Mitbestimmung und Solidarität ermöglichen. Zum übergreifenden Thema der Allgemeinbildung wurden gesellschaftliche „Schlüsselprobleme", womit auch die durchgängige gesellschaftspolitische Orientierung des neuen Planungsmodells zum Ausdruck kommt (vgl. Peterßen, 2001). Bis heute dient Klafkis Planungsschema (angehenden) Lehrkräften in vielen Ausbildungsprogrammen der Lehramtsstudiengänge als grundlegende Strukturierungshilfe für die schriftliche Ausarbeitung von Unterrichtsplanungen.

In Abgrenzung zur Bildungstheoretischen Didaktik entwickelten Heimann und Schulz in den 1950/1960er Jahren ein erfahrungswissenschaftliches, am Lernbegriff orientiertes Didaktikmodell („Berliner Didaktik"), das als Lerntheoretische Didaktik breite Beachtung für die wissenschaftsgeleitete Planung und insbesondere Analyse von Unterricht fand und vor allem in der zweiten Phase der Lehrerbildung fortan auch als ein praktikables Gegenmodell zu Klafkis didaktischer Theorie aufgefasst wurde. Das Modell unterscheidet auf einer ersten Reflexionsstufe („Strukturanalyse") zwei Bedingungsfelder (anthropologische und soziokulturelle Lernvoraussetzungen) und vier Entscheidungsfelder (Intentionen, Inhalte, Methoden, Medien), wobei zwischen den Entscheidungsfeldern ein Interdependenzverhältnis postuliert wird. Auf einer zweiten Reflexionsstufe („Faktorenanalyse") sollen die auf der ersten Stufe getroffenen Entscheidungen und erfassten Bedingungen auf wissenschaftlicher Grundlage kritisch betrachtet werden, wobei zwischen normbildenden, bedingungssetzenden und formschaffenden Faktoren unterschieden wird. Die Planung von Unterricht unterliegt drei Prinzipien: (1) Prinzip der Interdependenz (widerspruchsfreie Wechselwirkung der Planungsentscheidungen), (2) Prinzip der Variabilität (Beachtung von Planungsalternativen), (3) Prinzip der Kontrollierbarkeit (grundsätzlich mögliche Erfolgskontrolle des Lernerfolgs).

Schulz (1980) entwickelte das Lerntheoretische Didaktikmodell ab Mitte der 1960er Jahre unter Rekurs auf die gesellschaftskritische Konzeption des Klafkischen Modells zur lehrtheoretischen Didaktik („Hamburger Didaktik") weiter, wobei insbesondere Änderungen in der wissenschaftstheoretischen Orientierung des lehrtheoretischen Ansatzes vorgenommen wurden und die institutionelle und gesellschaftliche Einbettung von Unterricht sowie die Interaktion im Unterricht stärkere Berücksichtigung fand (vgl. Terhart, 2008). Das von Schulz ausgearbeitete Handlungsmodell übernimmt die vier Entscheidungsfelder der „Berliner Didaktik" und deren Interdependenz-these, fügt diese Momente jedoch anders zusammen und verändert darüber hinaus das Umfeld didaktischen Handelns: Unterricht vollzieht sich zumeist als Lehrer-Schüler-Interaktion und wird durch vier Strukturmomente bestimmt: (1) Unterrichtsziele (Intentionen und Themen), (2) Vermittlungsvariablen (z.b. Methoden, Medien), (3) Ausgangslage der Lehrenden und Lernenden sowie (4) Erfolgskontrolle. Eingerahmt wird Unterricht als Teil des Gesellschaftssystems zusätzlich von den institutionellen Bedingungen und umfassender von den politisch-gesellschaftlich-ökonomischen Umständen, die sich jeweils wechselseitig beeinflussen (vgl. Peterßen, 2001). Die Konkretisierung dieser Strukturmomente des Unterrichts bildet die Grundlage der Unterrichtsplanung, die in dem Modell von Schulz nunmehr in vier Planungsebenen differenziert wird (Perspektiv-, Umriss-, Prozessplanung sowie Planungskorrektur während der Unterrichtsdurchführung) und damit auch in der Perspektive einer langfristigen Planung gesehen wird.

In der angloamerikanischen Lehr-Lernforschung werden Planungsmodelle von Unterricht häufig unter dem Begriff „instructional design" zusammengefasst. Instruktuktionsdesignmodelle beziehen sich im Gegensatz zu den didaktischen Modellen deutschen Ursprungs konkreter auf die Lehr- und Lernprozesse und befassen sich intensiver mit der Frage nach deren Wirksamkeit. Untersuchungen zum Planungs- und Unterrichtsverhalten von Lehrkräften wurden insbesondere durch Shavelson (1973, 1976) geprägt, der Entscheidungsfindung („decision making") als wichtigste Unterrichtsfertigkeit von Lehrkräften beschreibt. Unterrichten wird somit als Entscheidungshandeln modelliert. In der Unterrichtsplanung gewinnt das Planen von Unterrichtsaktivitäten und Schüleraufgaben sowie die Vorbereitung unterrichtlicher Entscheidungen und deren Alternativen zentralen Stellenwert und wird zum Ausgangspunkt für Planungsentscheidungen (Shavelson, 1987). Die in der Lehrerbildung vermittelten Planungsmodelle und deren Abfolge von Planungsmomenten werden dagegen nicht durchgängig angewendet (vgl. Lipowsky, 2009; Shavelson & Stern, 1981).

Aktuell liegen eine Vielzahl von Lehr- und Anleitungsbüchern vor, die Schemata zur schriftlichen Unterrichtsplanung auf der Grundlage von didaktischen Modellen enthalten (u.a. Becker, 1997; Esslinger-Hinz et al., 2007; Jank & Meyer, 2003; Peterßen, 1982/2006). Insbesondere für Studierende und Berufsanfänger stellen derartige Planungsschemata eine beträchtliche Handlungserleichterung dar, indem das auch als „Handeln unter Druck" (Wahl, 1991; vgl. Kapitel 4.3.2) charakterisierte Unterrichtshandeln so weit wie möglich theoriebasiert vorstrukturiert und dadurch in seiner Komplexität reduziert wird. Unterrichtsplanung und variables Unterrichtshandeln werden dabei in der didaktischen Literatur nicht als Gegensatz, sondern vielmehr als sich ergänzende Momente des Unterrichts gewertet, da nur auf der Basis einer differenzierten Planung angemessenes Unterrichtshandeln möglich wird (Überblick in Peterßen, 1982/2006, S. 17-20; vgl. Sandfuchs, 2009).

1.3.3.2 Durchführung von Unterricht

Unterrichtsdurchführung lässt sich als Fähigkeit bezeichnen, den in der Unterrichtsplanung antizipierten Unterrichtsverlauf auszuführen und aufgrund situativer, nicht vor-
hersehbarer Unterrichtsereignisse bzw. -bedingungen zu modifizieren, d.h. situations-
gebunden zu adaptieren (vgl. Merkens, 2010). In dieser Perspektive wird folgendes
deutlich: Dem für die Unterrichtsplanung relevanten Wissen von Lehrkräften kommt
eine beträchtliche handlungssteuernde Funktion beim unterrichtlichen Handeln zu.
Beck et al. (2008) sprechen in diesem Zusammenhang von adaptiver Planungskompetenz, die sich im Unterricht als adaptive Handlungskompetenz, d.h. als verwendetes
Wissen zur situationsbezogenen Anpassung des Unterrichts, zeigt. Ein Handlungsbegriff von Unterrichtshandeln, der sich ausschließlich auf die Durchführung von Unterricht bezieht, greift demnach zu kurz und beachtet nur einen Teilaspekt des planorien-
tierten Handelns von Lehrkräften. Das psychologische Modell vollständiger Handlung
nach Hacker (1973) unterscheidet entsprechend die drei Phasen Planung, Ausführung
und Kontrolle und verdeutlicht die Verknüpfung des Ausführungshandelns mit dem
vorhergehenden Planungs- und dem nachfolgenden Kontrollhandeln. Peterßen (2001)
hat – übertragen auf das Handeln von Lehrkräften – ein Vierphasenmodell didaktischen Handelns vorgeschlagen, das eine Planungsphase, zwei Teilphasen des Ausführungshandelns (Vorbereitung (z.b. Bereitstellung von Materialien) und Ausführung im
Unterricht) sowie eine Kontrollphase umfasst. Auch Jank und Meyer (2003) postulie-
ren: „Bedingungsanalyse, Planung, Inszenierung und Auswertung des Unterrichts bilden eine logische Einheit" (S. 93). Didaktisches Handeln bezieht sich somit auf einen
umfassenden Handlungsbegriff, der sowohl operatives als auch regulatives Handeln
beinhaltet. Eine korrelative Beziehung zwischen der Planungs- und der Handlungskompetenz von Lehrkräften konnte in jüngerer Zeit auch empirisch gezeigt werden
(Beck et al., 2008).

Im Unterschied zur Unterrichtsplanung wird die Unterrichtsdurchführung von der
Allgemeinen Didaktik weniger intensiv behandelt; wenn, dann insbesondere unter dem
Aspekt der Unterrichtsmethodik. Stärkere Beachtung findet die Durchführung von Un-
terricht in der Lehr-Lern-Forschung, etwa in Untersuchungen zur Interaktionsanalyse.
Gegenwärtig richtet sich das Forschungsinteresse auch auf die Aufzeichnung und Ana-
lyse von Unterrichtsskripts (vgl. Merkens, 2010).

Die Lehr-Lern-Forschung hat darüber hinaus Merkmale „lernwirksamen Unterrichts" ausgearbeitet (u.a. Helmke, 2009; Meyer, 2009), die sich sowohl auf die Planung als auch auf die Durchführung von Unterricht beziehen und sich zu drei Gruppen
zusammenfassen lassen: (1) Unterrichts- und Klassenführung, (2) Schülerorientierung
sowie (3) Kognitive Orientierung (vgl. Ditton, 2009). Von den von Meyer (2009) zu-
sammengestellten zehn „Merkmalen guten Unterrichts" lassen sich (6) „Methodenviel-
falt", (8) „intelligentes Üben" und (10) „vorbereitete Umgebung" als Planungselemente
beschreiben; für (1) „klare Strukturierung des Unterrichts" sowie (4) „inhaltliche Klar-

heit" trifft dies zumindest teilweise zu. Bei den von Helmke (2009) genannten „fächer-übergreifenden unterrichtsrelevanten Qualitätsbereichen" sind (8) „Kompetenzorientie-rung", (9) „Umgang mit Heterogenität" sowie (10) „Angebotsvariation" eher Planungs- als Durchführungsmerkmal, z.T. gilt das auch für (2) „Klarheit und Strukturiertheit" sowie (3) „Konsolidierung und Sicherung".

1.3.3.3 Analyse und Reflexion von Unterricht

Unterrichtsanalyse bezeichnet die Nachbereitung von Unterricht und lässt sich gliedern in (1) Beschreibung des Unterrichts (2) Analyse der gewonnenen Feststellungen sowie (3) Beurteilung und Bewertung des Unterrichts (vgl. Helsper & Keuffer, 2010).

Die Beschreibung von Unterricht kann durch verschiedene Methoden erfolgen, von denen die wissenschaftliche Beobachtung sowie in jüngerer Zeit verstärkt Video-aufnahmen einen zentralen Stellenwert einnehmen. Beobachtungsmethoden lassen sich nach unterschiedlichen Kriterien klassifizieren (z.B. Selbst- und Fremdbeobachtung), wobei im Hinblick auf die Strukturiertheit der Beobachtung zwischen freier und ge-bundener Beobachtung unterschieden wird. Letztere fokussiert einen festgelegten Be-obachtungsgegenstand und basiert auf Zeichensystemen (Notation von Zeichen für das Auftreten eines spezifischen Ereignisses), Kategoriensystemen (Markierung der Kate-gorie bei Eintreten eines spezifischen Ereignisses) oder Schätz- bzw. Ratingskalen (Beurteilung der Ausprägung (Intensität bzw. Häufigkeit) für eintretende Ereignisse). Freie Beobachtungen erfassen dagegen größerer Einheiten des Verhaltens und Erle-bens durch eine wörtliche, narrative oder chronologische Protokollierung des Unter-richtsgeschehens (genauer Kleber, 1992).

In der Schulpraxis basiert die Beschreibung des Unterrichts von Lehrkräften viel-fach auf freien Beobachtungen (z.B. häufig bei Unterrichtsbesuchen von Ausbildern im Referendariat oder durch die Schulleitung). Rating-Systeme werden vor allem in der Unterrichtsforschung und als Beurteilungsverfahren bei externen Evaluationen von Schulen (z.B. Schulinspektionen) eingesetzt und unterscheiden sich sowohl in den Va-rianten (z.B. numerische, verbale, grafische, uni- oder bipolare Schätzskalen) als auch in der Anzahl und Auswahl der Beobachtungskategorien, mit denen der Unterricht un-terschiedlich differenziert analysiert werden kann. Niedriginferente Schätzskalen erfas-sen direkt beobachtbare bzw. leicht aus direkter Beobachtung erschließbare Merkmale (z.B. Aufmerksamkeitshaltung). Hochinferente Kodierungen fokussieren Merkmale, die nicht beobachtet werden können, sondern sich nur aus Kombinationen von Be-obachtungsdaten unter Einbeziehung der dahinter stehenden Theorie erschließen lassen (z.B. Leistungsmotivation, Angst) (vgl. Kleber, 1992).

Die Videografie von Unterricht hat vor allem seit der einflussreichen TIMS-Videostudie (Baumert et al., 1997) an Bedeutung gewonnen und spielt eine zuneh-mende Rolle in der Lehreraus- und -fortbildung. Sie bietet weitreichende Möglichkei-ten der Analyse von Unterricht, u.a. die Verbindung von qualitativen und quantitativen

Analysemethoden (genauer u.a. Helmke, 2009; Hugener, Rakoczy, Pauli & Reusser, 2006; Seidel, Prenzel, Duit & Lehrke, 2003).

Die Unterrichtsanalyse kann unterschiedliche Aspekte des Unterrichts in den Blick nehmen und aus verschiedenen Perspektiven und mit unterschiedlichen Zielsetzungen erfolgen. Gegenstand sind sowohl Planungs- als auch Durchführungsmomente des Unterrichts (genauer u.a. Tulodziecki, Herzig & Blömeke, 2004; Wiater, 2009). Im Rahmen von Schulpraktika bildet die Unterrichtsanalyse zum einen die Basis der Selbstreflexion bzw. der gemeinsamen Reflexion zwischen der Lehrkraft und den Studierenden; zum anderen dient sie als Instrumentarium für die bei der Unterrichtsplanung zu beachtenden Aspekte (vgl. Wiater, 2009). Damit stellt sie die Grundlage für die Beurteilung und Bewertung von Unterricht dar und intendiert vor allem die Optimierung unterrichtlicher Lehr- und Lernprozesse, indem aus den gewonnenen Feststellungen Konsequenzen für die weitere Unterrichtsplanung gezogen werden. Unterrichtsanalyse und Unterrichtsplanung sind dabei als zwei Seiten einer Medaille zu verstehen (vgl. Klafki, 1985): Die von der allgemeinen Didaktik entwickelten didaktischen Theorien dienen nicht nur als Planungsmodelle für Unterricht, sondern werden ebenso zur Analyse von Unterricht herangezogen. Insbesondere das Strukturmodell der „Berliner Didaktik" von Heimann, Otto und Schulz (1965), dessen Kriterien der Unterrichtsanalyse mit denen der Unterrichtsplanung korrespondieren, basiert auf dieser konzeptuellen Integration. In dieser Grundidee, einer notwendigen Verknüpfung von Planung und Analyse, um den eigenen Unterricht weiterzuentwickeln, liegt insbesondere das Verdienst der lern- bzw. lehrtheoretischen Didaktik, die sich an der seinerzeit aufkommenden empirischen Forschung orientierte und auch für Schulpraktika eine entscheidende Bedeutung im Sinne einer Verwissenschaftlichung erlangte.

Da die Unterrichtsanalyse auch ein Gegenstandsbereich der Lehr-Lern-Forschung ist, kann sie sich auf die in dieser Disziplin ausgearbeiteten Modelle stützen, die Bedingungen, Zusammenhänge und Wirkungen des Unterrichts systematisch darstellen. In Anlehnung an das lehr-lerntheoretische Angebots-Nutzungs-Modell von Helmke (2003) hat Arnold (2009) hierzu ein didaktisch erweitertes Lernwirksamkeitsmodell vorgelegt, das auch aktuelle Konzepte der Unterrichtseffektivitätsforschung integriert.

Im Zusammenhang mit der Analyse von Unterricht wird häufig von Reflexion gesprochen; beide Begriffe werden nicht immer trennscharf voneinander abgegrenzt. So benennen auch Heimann, Otto und Schulz (1965) die von ihnen ausgearbeitete Faktoren- und Struktur*analyse* des Unterrichts als erste bzw. zweite *Reflexions*stufe. Gegenwärtig lassen sich beide Begriffe abgrenzen, indem Unterrichtsreflexion im Unterschied zur Unterrichtsanalyse (selbst)reflexive Überlegungen bezeichnet, die ihren Ausgang in der eigenen Person haben und daher nicht intersubjektiv überprüfbar sind. Wird das Nachdenken über das eigene unterrichtliche Handeln als Selbstreflexion durch objektive Daten und Informationen ergänzt, wird auch von Selbstevaluation gesprochen. Beides intendiert das Durchschauen, Verstehen und Auswerten der eigenen beruflichen Handlungskompetenz. Methoden zur individuellen Reflexion sind z.B. der strukturierte Tagesrückblick, das berufliche Tagebuch oder Notizen zum Unterricht (vgl. Wiater, 2009).

1.3.4 Ziele und Herausforderungen der Kompetenzmessung

Mit der zunehmenden Kompetenzorientierung der Lehrerbildung und der Ausrichtung von Ausbildungsprogrammen auf zu erreichende Kompetenzen und Standards ging sowohl im deutschsprachigen als auch im internationalen Raum die Forderung einher, die gesetzten Ziele durch geeignete Verfahren empirisch überprüfbar zu machen und damit Erkenntnisse über die Lern- und Ausbildungsprozesse sowie Wirkungsweisen von Ausbildungsprogrammen und ihren Charakteristika zu gewinnen (u.a. Cochran-Smith & Zeichner, 2005; Zlatkin-Troischanskaia, Beck, Sembill, Nickolaus & Mulder, 2009). Die reliable und valide Messung der Kompetenz von Lehrkräften stellt nicht nur die Voraussetzung für empirische Erkenntnisse über die Bedingungen und Konsequenzen der Kompetenz dar, sondern bildet ebenso die Grundlage für zentrale Entscheidungen und Handlungsempfehlungen (z.B. bei der Evaluation von Aus- und Weiterbildungsangeboten oder der Begleitung von Reformprozessen). Dabei basiert das Ziel, eine empirische Basis für den Reformdiskurs und die Wirksamkeitsdebatte zur Lehrerbildung zu schaffen, nicht zuletzt auf der Erkenntnis, dass eine Optimierung von Bildungsprozessen vor allem durch eine Verbesserung der unmittelbaren Lehr-Lernprozesse und durch eine verbesserte Unterrichtsqualität zu erreichen ist, wobei Lehrpersonen als die entscheidenden Akteure gelten, deren unterrichtliche Kompetenz zu fördern ist. Neben der Evaluation von Bildungsmaßnahmen und -institutionen wird die Kompetenzmessung bei Lehrkräften u.a. im Rahmen von Individualdiagnostiken eingesetzt, z.B. bei Zertifizierungsentscheidungen (vgl. König, 2009; Kunter & Klusmann, 2010).

Die empirische Erfassung von Kompetenzen ist aus theoretischer und empirischer Perspektive anspruchsvoll. Eine erhebliche Herausforderung stellt die Entwicklung sowohl theoretisch als auch empirisch fundierter Kompetenzmodelle dar, die als Ausgangspunkt für die Entwicklung adäquater Messverfahren dienen (vgl. Hartig & Jude, 2007). Viele veröffentlichte Kompetenzmessverfahren erfüllen, wie Frey (2006) angesichts der Durchsicht publizierter Instrumente anmerkt, nicht die Testgütekriterien der Reliabilität, Validität und Objektivität. Auch wird vielfach nicht genügend berücksichtigt, wie sich Kompetenzmessung von gängigen Formen der pädagogisch-psychologischen Diagnostik unterscheidet. Letztere erfasst vor allem möglichst eindeutig definierte und relativ umgrenzte Konstrukte als Deskriptoren bzw. Prädiktoren für bestimmte Leistungen (z.B. Intelligenz) und leitet die Konstrukte im Hinblick auf ihre theoretische Fundierung in der Regel aus entsprechenden (Persönlichkeits-)Merkmalen der differentiellen Psychologie ab. Kompetenzdiagnostische Ansätze dagegen erfassen insbesondere facettenreiche und komplexe Leistungsdispositionen, mit denen Personen anspruchsvolle und komplexe Anforderungssituationen bewältigen. In der Lehrerbil-

dungsforschung existieren daher nach wie vor Ansätze, die Kompetenzfacetten eher
kontextfrei und in elementarisierender Form ermitteln bzw. einschätzen lassen (vgl.
Schaper, 2009).

1.3.5 Methoden der Kompetenzmessung

Zur Erfassung von Kompetenzen liegen eine Vielzahl von Instrumenten vor, die unterschiedliche Verfahren nutzen, u.a. direkte Beobachtung, interview- und fragebogenbe-
zogene Selbst-, Fremd- und Gruppenbeurteilungsverfahren, Bearbeitung von Entwick-
lungsaufgaben, Entwicklungsportfolios, Bildertests, projektive Verfahren (vgl. Frey,
2006; Überblick in Erpenbeck & von Rosenstiel, 2007). Die sehr heterogenen methodischen Ansätze lassen sich grundsätzlich darin unterscheiden, ob ein *subjektiver* oder
objektiver Zugang zur Kompetenzerfassung gewählt wird (vgl. hier und im Folgenden
Kunter & Klusmann, 2010). Bei subjektiven Ansätzen nimmt das zu untersuchende Individuum selbst eine Einschätzung seiner Kompetenz vor (z.B. durch Bewertung des
eigenen Lernerfolgs). Objektive Ansätze erfassen dagegen Kompetenz „von außen"
mithilfe externer Kriterien, wobei davon ausgegangen wird, dass das Messergebnis unabhängig vom jeweiligen Beurteiler ist. Innerhalb des objektiven Ansatzes kann wiederum zwischen der *distalen* und der *proximalen* Erfassung von Kompetenz unterschieden werden. Distale Indikatoren, die auch als indirekte Indikatoren bezeichnet werden,
sind u.a. Noten der Lehrperson, ihre Ausbildungsdauer und die Art des Abschlusses.
Sie werden vergleichsweise häufig zur Kompetenzmessung eingesetzt. Die meisten
US-amerikanischen Studien zum Effekt von *teacher quality* auf die Schülerleistung
beispielsweise nutzen distale Indikatoren wie Abschlussnoten, Zertifizierung, Ausbildungsdauer, Kursabschlüsse der Lehrkräfte (Übersicht u.a. Kennedy, Ahn & Choi,
2008). Proximale Indikatoren erfassen direkt (etwa durch einen Wissenstest) jene kognitiven oder psychosozialen Merkmale, von denen theoretisch angenommen wird, dass
sie für das berufliche Handeln ursächlich sind. Die proximale Erfassung ist über Tests
und Fragebögen möglich. Entsprechend entwickelte Testverfahren liegen bislang allerdings kaum vor. Beispiele existieren u.a. von der Arbeitsgruppe von Ball für die Erfassung der Fachkompetenz von Grundschullehrkräften (Hill, Rowan & Ball, 2005) und
von der internationalen Forschungskooperation um TEDS-M (vgl. Blömeke et al.,
2010), die ebenfalls Testverfahren zur Erfassung von Wissensaspekten entwickelte. In
der empirischen Lehrerbildungsforschung überwiegt der subjektive Ansatz, der Lehrerkompetenzen auf der Basis von Selbsteinschätzungen erfasst. Hierzu liegen inzwischen eine Reihe von Studien vor (u.a. Bodensohn & Schneider, 2006; Frey, 2006,
2008; Gehrmann, 2007; Gröschner, 2011; Hascher, 2006; Müller, 2010; Oser & Oelkers, 2001; Rauin & Meier, 2007; Seipp, 2003; genauer Kapitel 1.4.1 und Kapitel
3.6.1). Einen sehr differenzierten Selbstbeurteilungsbogen hat beispielsweise Frey
(2008) entwickelt. Objektive Erfassungsmethoden werden dagegen selten gewählt. Die
Kombination von subjektiven und objektiven Erfassungsarten wird bislang fast nie

vergleichend realisiert. Ein Beispiel stellt die Studie COACTIV-R (Krauss et al., 2008) dar. Im Folgenden wird das in dieser Studie genutzte Verfahren der Selbstbeurteilung und deren Vor- und Nachteile genauer dargestellt.

Selbstbeurteilungsverfahren erfassen die subjektive Einschätzung der eigenen Kompetenz zumeist mittels strukturierter Interviews oder Fragebögen und beruhen auf der Annahme, dass eine Person im Hinblick auf die Einschätzung der beruflichen Kompetenzen am besten über sich selbst Auskunft geben kann (Amelang & Bartussek, 2001), wobei vorausgesetzt werden muss, dass die Person sich realistisch beobachten und beurteilen kann und auch nicht dominant im Sinne von sozialer Erwünschtheit oder Akquieszenz antwortet. Die Kompetenzerfassung auf der Basis von selbstbezogenen Kognitionen geht weiterhin davon aus, dass die Selbsteinschätzungen in einer bedeutsamen Beziehung zu den objektiven Kompetenzen und entsprechenden Handlungen stehen. Die Selbstkonzept- und Selbstregulationsforschung konnten zeigen, dass selbstbezogene Kognitionen einen wichtigen motivationalen und regulatorischen Einfluss auf künftiges Verhalten ausüben. Selbst im Falle einer objektiv fehlerhaften Selbsteinschätzung ist diese Beurteilung der eigenen Kompetenz daher subjektiv eher handlungsleitend und folglich für die Beschreibung von Verhalten von zentraler Bedeutung. Selbsteingeschätzte Kompetenzen können somit auch als ein Indikator für den subjektiven Berufserfolg gelten (vgl. Abs, 2006; Frey & Balzer, 2003; Maag Merki & Grob, 2003).

Insbesondere Fragebogenerhebungen besitzen im Unterschied zu Entwicklungsportfolios bzw. -aufgaben und Beobachtungsmethoden weiterhin den forschungsökonomischen Vorteil, dass sie in relativ kurzer Zeit bei vielen Personen durchgeführt werden können und somit eine schnelle Kompetenzeinschätzung primär auf Gruppenebene ermöglichen. Eine Datengewinnung bei einer großen Stichprobe ist so realisierbar. Verfahrensbedingt handelt es sich darüber hinaus um eine Methode mit einer hohen Auswertungsobjektivität, die beispielsweise bei Messverfahren der direkten Beobachtung aufgrund von Beobachtungsfehlern der Diagnostiker nicht in dem gleichen Maße gewährleistet ist (vgl. Frey, 2006; Oser, Curcio & Düggeli, 2007).

Trotz der handlungsaktivierenden Funktion subjektiver Selbstbeurteilungen bleibt fraglich, inwiefern die Selbsteinschätzung einer Kompetenz die tatsächlich vorhandene Kompetenz repräsentiert (vgl. Oser et al., 2007). Ob Selbstbeurteilungen als Verfahren zur Kompetenzmessung gelten können, wird in der Literatur unterschiedlich beurteilt. Während Kunter und Klusmann (2010) Selbstbeurteilungen als subjektive Verfahren der Kompetenzmessung auffassen und auch Frey (2006, 2008) Selbstbeurteilungsverfahren als eine methodische Variante zur Kompetenzmessung beschreibt, betrachten Hartig und Jude (2007) Selbstbeurteilungen explizit nicht als Messinstrumente zur Erfassung von Kompetenzen und unterscheiden zwischen dem Kompetenzselbstkonzept und objektiv erfassten Kompetenzen:

„(...) es muss (...) beachtet werden, dass es hierbei nicht um eine Messung der interessierenden Kompetenz selbst handelt, sondern um ein diesbezügliches Selbstkonzept. (...) In Fällen, in denen der Einsatz von Tests nicht realisierbar ist, kann die Erhebung von Selbsteinschätzungen zumindest Hinweise auf die interessierenden Kompetenzen liefern, da in der Regel ein bedeutsamer positiver, wenngleich nicht sehr enger Zusammenhang zwischen Kompetenz und dem zugehörigen Selbstkonzept angenommen werden kann. In diesen Fällen wird jedoch keine direkte *Kompetenzmessung* vorgenommen, sondern über eine korrelierte Variable, nämlich das Selbstkonzept, indirekt auf die Kompetenz geschlossen" (ebd., S. 26; Hervorhebung im Orig.).

Auf Validitätsprobleme von Selbstbeurteilungsverfahren verweist auch Abs (2006):

„Die selbsteingeschätzte Kompetenz bezieht sich hingegen auf die Erfahrung, inwieweit Handlungsfähigkeit unter den Rahmenbedingungen des Lehrerhandelns vorliegt. In diesem Sinn geht es mehr um die Identifikation mit einem Beruf, wie er in der Praxis vorgefunden wird, und dessen Vollzug aufgrund begrenzter Ressourcen und situativer Einschränkungen notwendig von Vollzugsdefiziten gekennzeichnet ist. Nicht erfasst wird die Befähigung zur Umsetzung eines Ideals, wie es theoretisch und empirisch begründet werden kann" (ebd., S. 232).

Selbsteinschätzungsverfahren sind, wie Terhart (2007) ausführt, aufgrund einer potenziell (un)bewusst fehlerhaften Selbstwahrnehmung bzw. -beurteilung nicht die zuverlässigste Form der Kompetenzerfassung. Gleichwohl sind sie in Verbindung mit aus anderen Quellen generierten Daten durchaus aussagekräftig. Eine mögliche Validierungsstrategie stellt die Kombination und Überprüfung des Zusammenhangs von Selbst- mit Fremdeinschätzungen (z.B. durch Beobachtungen) dar. So ist es möglich, einerseits Beurteilungsfehler zu relativieren und andererseits Kompetenzen mehrperspektivisch zu diagnostizieren und zu bewerten (vgl. Frey, 2008). Dass problematische Effekte der sozialen Erwünschtheit bzw. Selbstüberschätzung im Verlauf von schulpraktischen Erfahrungen eine möglicherweise geringere Rolle spielen als vielfach angenommen, verdeutlichen Befunde der Forschungsprojekte VERBAL und REBHOLZ (vgl. Bodensohn & Schneider, 2009), „Lernen im Praktikum" (vgl. Moser & Hascher, 2000) sowie EduLikS (Boekhoff, Franke, Dietrich & Arnold, 2008). Diese belegen, dass Lehramtsstudierende in ihrer Selbsteinschätzung strenger sind als die sie betreuenden Mentoren in ihrem Fremdurteil. In dem Forschungsprojekt „Lernen im Praktikum (LIP)" konnten sogar nur geringe Unterschiede zwischen der Selbst- und Fremdeinschätzung festgestellt werden (vgl. Moser & Hascher, 2000). In der Studie von Müller (2010) zeigte sich dieses Ergebnis ebenfalls nur für einen Kompetenzbereich. Ansonsten unterschieden sich die Selbst- und Fremdeinschätzungen nicht signifikant voneinander. Helmke et al. (2008) resümieren: „Ist man sich der Grenzen von Selbsteinschätzungen bewusst, dann kann ihr Potenzial (...) durchaus konstruktiv genutzt werden" (S. 51).

1.4 Kompetenzforschung in der Lehrerbildungsforschung

Empirische Lehrerbildungsforschung führte in Deutschland lange Zeit mehr ein „Schattendasein" als ein wirklich ernst zu nehmendes Forschungsgebiet innerhalb der Erziehungswissenschaft zu sein. Terhart (2001) spricht mit Blick auf die Forschungsaktivitäten bis in die 1980er Jahre pointiert von einem „Nicht-Ereignis" (S. 67). Zur Jahrtausendwende bilanzierte er: „Eine wirklich wissenschaftlich abgesicherte Basis über den *Zustand* der Lehrerausbildung oder gar über den *Zusammenhang* zwischen der Situation der Lehrerausbildung und der Qualität der Schularbeit gibt es nicht" (Terhart, 2000b, S. 76; Hervorhebung im Orig.). Andere Autoren resümieren ähnliche Befunde (vgl. die Überblicksdarstellungen Blömeke, 2004; Fried, 1998; Schaefers, 2002; Schlee, 1992). Die Rede von der „Krise der fehlenden Daten" (Larcher & Oelkers, 2004, S. 129) avancierte zu einem bekannten Topos für die defizitäre Lehrerbildungsforschung.

Auch wenn sich in den letzten Jahren erhebliche Fortschritte und ein steigendes Interesse an lehrerbildungsbezogener empirischer Forschung beobachten lassen, zunehmend kooperative und systematisch abgestimmte Studien in Forschungsverbünden aufgebaut werden, Forschungen in der Lehrerbildung stärker vernetzt und multikriteriale als auch multiperspektivische Zugänge der Lehrerbildungsforschung erprobt werden (vgl. Keuffer, 2009), kann gegenwärtig nach wie vor von einem unzureichenden Stand empirischer Lehrerbildungsforschung in Deutschland gesprochen werden. Trotz aller Fortschritte zieht Blömeke (2007) ein kritisches Fazit und verweist insbesondere auf die fehlende methodische und theoretische Anschlussfähigkeit und damit Begrenztheit vieler Forschungsprojekte (z.B. durch lokal entworfene Untersuchungsinstrumente). Auch Terhart (2009) bilanziert für die jüngere Zeit:

> „Eine aussagekräftige Überprüfung der Wirksamkeit der ersten Phase, bezogen auf ihre selbst gesetzten Ziele, liegt für die deutsche Lehrerbildung nicht vor. Allenfalls existieren Befragungen von Absolventen der ersten Phase zu den bei sich selbst wahrgenommenen beruflich relevanten Fähigkeiten und deren vermuteter Bedeutung für den späteren Beruf (...)" (S. 432).

Nach wie vor ist die Frage nach der Kompetenz von Lehrkräften ein empirisch kaum erschlossenes Forschungsfeld mit wenig vorliegenden Studien, die die Kompetenz bei Lehrkräften als individuell variierende Dispositionen erfassen (vgl. Kunter & Klusmann, 2010). Im Folgenden werden die bisher vorliegenden Studien zusammengefasst, die den Kompetenzerwerb im Lehramtsstudium untersucht haben.

1.4.1 Studien zum Kompetenzerwerb im Lehramtsstudium

Eine erste groß angelegte deutschsprachige Untersuchung evaluierte die Wirksamkeit der Schweizer Lehrerbildung (Oser & Oelkers, 2001). 1286 Absolventen unterschiedlicher Lehrämter (Vorschule, Primarstufe, Sekundarstufe I und II) wurden am Ende ihrer

Ausbildung zu den Standards von Oser (1997a, 1997b, 2001b) befragt. Die Selbsteinschätzung bezog sich auf (1) die erreichte *Verarbeitungstiefe* der Standards im Laufe der Ausbildung („Ich habe davon gar nichts gehört/habe mich damit theoretisch beschäftigt/habe Übungen dazu gemacht/habe mich damit in der Praxis intensiv auseinander gesetzt"), (2) die Beurteilung der *Bedeutsamkeit* der Standards („Ich halte dies für nicht bedeutungsvoll/ziemlich bedeutungsvoll/sehr bedeutungsvoll") sowie (3) die voraussichtliche *Anwendungswahrscheinlichkeit* der Standards in der Praxis („In meiner Lehrtätigkeit werde ich dies nicht beachten/ab und zu beachten/häufig beachten/weiß nicht").

Die Studie lieferte ernüchternde Ergebnisse: Zahlreiche Standards wurden gar nicht oder nur schwach („theoretisch") ausgebildet, wobei die „schulbezogenen" Standards (Schule und Öffentlichkeit, Kooperation in der Schule) im Vergleich zu den sozialen und didaktischen Standards am schlechtesten ausgebildet wurden (vgl. *Tabelle 2*). Trotz geringer Verarbeitungstiefe der meisten Standards schätzen die Befragten die Bedeutsamkeit in vielen Fällen als hoch und die Anwendungswahrscheinlichkeit (sofern die Standards erreicht würden) positiv ein (vgl. Oser & Oelkers, 2001, S. 27).

Tabelle 2: Rangfolge der Oser'schen Standardgruppen
Skala von 1 („nichts gehört") bis 5 (systematische Verbindung von Theorie, Übung und Praxis)

Standardgruppe	N	M
Gestaltung und Methoden des Unterrichts	1185	2.74
Lehrer-Schüler-Beziehung	1188	2.56
Medien des Unterrichts	1171	2.51
Fachdidaktik Deutsch	355	2.49
Leistungsmessung	1175	2.40
Aufbau und Förderung von sozialem Verhalten	1163	2.31
Lernstrategien vermitteln	1054	2.26
Beobachtung und Diagnose	583	2.25
Bewältigung von Disziplinproblemen	1168	2.23
Zusammenarbeit in der Schule	590	2.01
Schule und Öffentlichkeit	591	1.87
Selbstorganisationskompetenz	1173	1.67

Zusammenfassend urteilt Oser (2001):

> „Die Professionalisierung als komplexer Kompetenzerwerb in der Ausbildung zum Lehrerberuf liegt im Argen. Man ist erstaunt, feststellen zu müssen, dass die Verarbeitungstiefe bei zentralen Fähigkeiten zur Bewältigung der Aufgaben in diesem Beruf kaum ausgeschöpft wird (...). Das, was im Kopf der Lehramtskandidaten und -kandidatinnen entsteht, ist nicht professionelles Können und Beherrschen, sondern bloß partikuläres, verinseltes Wissen" (S. 310).

Die Ergebnisse der Schweizer Studie konnten für Österreich (Mayr, 2006) und Deutschland (Gehrmann, 2007; Gröschner, 2011; Gröschner & Nicklaussen, 2008; Rauin & Meier, 2007; Seipp, 2003) in ähnlicher Weise repliziert werden. Mayr (2006) befragte in einer Längsschnittstudie (1994 bis 2005) Studierende bzw. Absolventen der 14 österreichischen Akademien mithilfe eines gekürzten und geringfügig an die österreichischen Verhältnisse angepassten Fragebogens zu den Oser'schen Standards. Die Bilanz seiner Studie ist ähnlich ernüchternd:

> „Bezüglich mancher gemäß den Oserschen Postulaten unverzichtbarer Kompetenzen hat rund ein Fünftel, bezüglich eines Standards fast die Hälfte der Befragten während der Ausbildung keinerlei Lernerfahrungen gemacht. Die tief gehende Aneignung eines Standards im Sinne Osers (...) stellt offensichtlich die seltene Ausnahme dar" (Mayr 2006, S. 156).

> „Das Studienangebot und dessen Nutzung [trägt] wenig zur beruflichen Kompetenz bei – schon bald nach Abschluss des Studiums und erst recht im größeren Zeitabstand ist kaum eine Wirkung feststellbar. Und: Gemessen an der im Standard-Konzept propagierten Ausbildungsphilosophie versagt die Lehrerausbildung weitgehend – nicht nur in der Schweiz, sondern auch in Österreich" (ebd., S. 159).

Seipp (2003), die Studierende zur Vermittlung der Oser'schen Standards in der ersten Phase der Lehrerbildung an der Universität Dortmund befragte, kam zu ähnlichen Ergebnissen. Während die Bedeutung der Standards von den Studierenden hoch eingeschätzt wird, ist deren Kenntnisstand „erschreckend" gering (Seipp, 2003, S. 15). Am schlechtesten fiel wie in der Untersuchung von Oser & Oelkers (2001) die Selbsteinschätzung zu den Standardgruppen „Bewältigung von Disziplinproblemen und Schülerrisiken", „Zusammenarbeit in der Schule", „Schule und Öffentlichkeit" und „Selbstorganisationskompetenz der Lehrkraft" aus. Terhart (2002a) gibt jedoch zu Recht einschränkend zu bedenken, dass es die Oser'schen Standards keine Standards für die Lehrer*ausbildung*, sondern Standards für das Lehrer*handeln* darstellen. Das Ziel der Ausbildung könne nicht schon der vollständig kompetente und berufsfertige Lehrer sein, da sich die Herausbildung von praktischer Lehrerkompetenz erst innerhalb der ersten Berufsjahre vollziehe (vgl. Terhart, 2005a).

Gröschner (2011) sowie Gröschner und Nicklaussen (2008), die Studierende und Referendare in Thüringen zu den Kompetenzbereichen „Innovieren" und „Erziehen" der Ausbildungsstandards der KMK (2004) befragten (N = 365, davon 271 Studierenden, 94 Referendare), kamen ebenfalls zu wenig erfreulichen Befunden. Während die Relevanz der Standards hoch eingeschätzt wird, beurteilen die Probanden ähnlich wie in den Untersuchungen von Oser und Oelkers (2001) sowie Seipp (2003) ihre theoretischen Kenntnisse und die praktische Anwendung der Standards als gering, wobei die Referendare insgesamt höhere Gesamtwerte erreichen. Befragt nach den Lernorten der Standards gaben die Studienteilnehmer an, dass sie diese vor allem in Praxiskontexten erworben hätten. Für die Referendare spielt die eigene Unterrichtspraxis die wichtigste Rolle; nach Auskunft der Studierenden werden die Standards insbesondere unabhängig von der Ausbildung und in Schulpraktika gelernt. Die praktische Anwendung der Standards ist sowohl für die Studierenden als auch für die Referendare von hoher Bedeutung und stellt den besten Prädiktor für Fähigkeitsselbsteinschätzungen dar: „Je häufiger die Befragten ihre Kenntnisse praktisch einsetzen konnten, desto höher schätzen sie ihre eigenen Fähigkeiten ein" (Gröschner & Nicklaussen, 2008, S. 158). Als mögliche Konsequenz aus diesen Ergebnissen nennen die Autoren u.a. den Ausbau der praktischen Elemente der Ausbildung. Auch Mayr (2007) konnte zeigen, dass eine deutliche Beziehung zwischen dem Ausmaß, in dem Praxiserfahrungen als nützlich empfunden werden, und der selbst eingeschätzten Kompetenz besteht: Das Lernen aus der eigenen Praxiserfahrung korreliert positiv mit der subjektiven Kompetenzeinschätzung, besonders hinsichtlich der Unterrichtsgestaltung (vgl. ebd.).

Frey (2004) befragte 1841 Lehramtsstudierende aus fünf europäischen Ländern (Deutschland, Österreich, Italien, Polen, Schweiz) zu ihrer Fach-, Sozial-, Methoden- und Personalkompetenz. Die Befunde der Studie zeigen, dass die Studierenden die untersuchten Fähigkeitsdimensionen auf mittlerem Niveau anwenden, wobei die österreichischen Studierenden über die besten, die polnischen Studierenden über die schlechtesten Kompetenzwerte verfügen. Offensichtlich besteht bei Studierenden noch ein gewisser „Lern- bzw. Kompetenzentwicklungsbedarf, bis sie als Berufsanfänger in die Schule überwechseln können" (Frey, 2004, S. 920). Frey (2004) konnte weiterhin nachweisen, dass die Moderatorvariablen Alter, Geschlecht, Semesterzahl, Ausbildungszufriedenheit und Berufsaussichten keinen Einfluss auf die Ergebnisse haben. Im Hinblick auf die Mittelwertergebnisse der Fähigkeitsdimensionen der vier untersuchten Kompetenzklassen verdeutlicht die Studie, dass Studierende jene Fähigkeiten stärker anwenden können, die unmittelbar an der Hochschule erworben werden können. Hierzu zählen u.a. die Dimensionen „Lehrer-Schüler-Beziehungen", „Medien des Unterrichts", „allgemeine didaktische Gesichtspunkte", „soziale Verantwortung", „situationsgerechtes Auftreten" und „Arbeitstechniken". Ungünstigere Werte werden u.a. für die Dimensionen „Zusammenarbeit in der Schule", „Schule und Öffentlichkeit", „Selbstorganisation", „Konfliktfähigkeit" und „Analysefähigkeit" erreicht. Frey (2004) schlussfolgert, dass bestimmte Fähigkeitsdimensionen, die eine intensivere und längere Unterrichtspraxis verlangen, in der Ausbildung nur schwer erworben und angewendet werden können. „Mit anderen Worten heißt dies, dass innerhalb der derzeitigen ersten Phase der Lehrerausbildung zeit- und entwicklungsintensive Fähigkeitsdimensionen bei den Studierenden nicht zufriedenstellend gefördert werden können" (ebd., S. 922). Für detailliertere Erkenntnisse zur Kompetenzentwicklung von Lehramtsstudierenden fordert der Autor die vermehrte längsschnittliche Erfassung von Kompetenzen. In einer späteren Studie (Frey, 2008), die auch die Kompetenzen von Studierenden der zweiten Phase der Lehrerbildung erfasste, zeigt sich – interessanterweise im Gegensatz zu den Ergebnissen von Gröschner (2011) –, dass die Studierenden innerhalb der fachlichen

Fähigkeitskonzepte in fast allen Fällen bessere Fähigkeitswerte aufweisen als die Referendare. Hinsichtlich der methodischen und sozialen Kompetenzen verfügen dagegen die Referendare über bessere Werte (vgl. Frey, 2008). Auch Schubarth et al. (2009) berichten von positiveren Kompetenzselbsteinschätzungen bei Studierenden im Vergleich zu Referendaren im ersten Halbjahr des Vorbereitungsdienstes. Wie die Autoren ausführen, hängt diese nicht gradlinig verlaufende Kompetenzentwicklung möglicherweise u.a. mit einem veränderten sozialen Bezugsrahmen und höherem Beanspruchungserleben im Referendariat zusammen.

Zu günstigeren Ergebnissen hinsichtlich der Wirksamkeit der Lehrerbildung kommen zwei kooperative Forschungsprojekte der beiden Pädagogischen Hochschulen Rorschach und Zürich (Schweiz) sowie der Pädagogischen Hochschule Weingarten (Deutschland) (vgl. Baer et al., 2007). Das erste Projekt *„Standarderreichung beim Erwerb von Unterrichtskompetenz in der Lehrerinnen- und Lehrerbildung: Analyse der Wirksamkeit der berufsfeldorientierten Ausbildung"* (2004-2005) untersuchte den Kompetenzerwerb zur Planung und Durchführung von Unterricht vom Beginn bis zum Ende des Lehramtsstudiums. Das Folgeprojekt *„Standarderreichung beim Erwerb von Unterrichtskompetenz im Lehramtsstudium und im Übergang zur Berufstätigkeit"* (2006-2008) erfasste, ob und inwiefern sich die erreichte Unterrichtskompetenz in der Phase der Berufseinführung (Schweiz) bzw. im Referendariat (Deutschland) verändert. Die Studien basieren methodisch auf dem Standardkonzept von Oser (1997a, 1997b, 2001b) sowie auf den vier Unterrichtsdimensionen „didaktische Kompetenz", „diagnostische Kompetenz", „Klassenführung" und „Sachkompetenz". Als Untersuchungsinstrumente wurden sowohl Fragebögen zur Selbsteinschätzung der Kompetenzentwicklung als auch Fremdeinschätzungen (Vignettentest, Videotest, Videografie) eingesetzt. Während die Vignetten die unterrichtliche Planungskompetenz der Probanden erfassten, wurde im Videotest nach Handlungsalternativen zu einer gezeigten, drehbuchbasierten Unterrichtsstunde gefragt. Bei der Unterrichtsvideografie beurteilten Experten die Qualität des aufgezeichneten Unterrichts der Versuchspersonen (vgl. Baer et al., 2007).

Die *Kompetenzselbsteinschätzung* auf der Grundlage der Oser'schen Standards, die an den drei Pädagogischen Hochschulen als Vollerhebung zu Studienbeginn und jeweils am Anfang jedes Studienjahres durchgeführt wurde, zeigt einen hoch signifikanten Kompetenzzuwachs in sämtlichen Bereichen von der ersten zur zweiten Erhebung, insbesondere in den didaktischen Bereichen. „Über alle Bereiche hinweg steigt die Selbsteinschätzung der Kompetenz um 23% an, nämlich von 26% auf 49% (von 100%)" (Larcher et al., 2010, S. 64). Zum Zeitpunkt der dritten Befragung, für die bislang Befunde von der Pädagogischen Hochschule Zürich vorliegen, schätzen sich die Studierenden im Vergleich zum zweiten Messzeitpunkt nochmals signifikant kompetenter ein (vgl. Baer et al., 2007).

Die Auswertung des *Vignettentests*, an dem insgesamt 45 Studierende aus allen drei beteiligten Hochschulen teilnahmen, verdeutlicht ebenfalls einen signifikanten

Zuwachs in der Planungskompetenz über das gesamte Studium hinweg, sowohl im Gesamtwert als auch in den Werten der beiden Dimensionen „didaktische Kompetenz"
und „diagnostische Kompetenz". Trotz bedeutsamer Steigerungen bleibt allerdings
noch ein Bereich zur weiteren Optimierung offen. Insgesamt zeigen die Befunde, dass
im Verlauf des Studiums eine „deutliche und kontinuierliche Steigerung der Planungskompetenz beobachtet werden [kann], was darauf hindeutet, dass es im Studium
durchaus gelingt, Studierende besser auf ihren Beruf vorzubereiten, als dies die Ergebnisse von Oser und Oelkers (2001) und Seipp (2003) nahelegen" (Baer et al., 2008,
S. 270). Bemerkenswert ist, dass in der Erhebung an den Pädagogischen Hochschulen
Rorschach und Zürich die Planungskompetenz vom Ende des Studiums bis zu Beginn
der Berufstätigkeit wieder abnimmt. Der Abfall ist im Gesamtwert und in der Dimension „diagnostische Kompetenz" signifikant. Dieses Ergebnis ist, wie Baer et al. (2008)
ausführen, auf Grundlage der bisherigen Daten schwierig zu interpretieren. Möglicherweise ist das Absinken mit der zunehmenden Automatisierung und damit in Testverfahren nicht mehr einfachen Explizierbarkeit von bestimmten Planungsaspekten für
Unterricht erklärbar (vgl. Baer et al., 2008).

Mit dem *Videotest,* der sich analog zum Vignettentest an den vier Unterrichtsdimensionen „didaktische Kompetenz", „diagnostische Kompetenz", „Klassenführung"
sowie „Sachkompetenz" orientierte und an dem 32 bzw. 25 Probanden der drei beteiligten Hochschulen teilnahmen, ließen sich Zuwächse in der unterrichtlichen Handlungskompetenz im Verlauf des Studiums nachweisen. Vom ersten bis zum zweiten
Messzeitpunkt wurde ein hoch signifikanter Anstieg des Mittelwerts der erreichten Ge-
samtpunktzahl festgestellt. Der Anstieg ist ebenfalls hoch signifikant für die Dimension „didaktische Kompetenz", signifikant für die Dimension „Klassenführung", jedoch
nicht signifikant für die Dimension „diagnostische Kompetenz" (vgl. Baer et al., 2007).

Die Auswertungen der *Unterrichtsvideografien,* die im Rahmen von drei Schulpraktika zu Beginn, in der Mitte und am Ende des Studiums durchgeführt wurden (13
bzw. 15 ausgewertete Videos pro Erhebung), zeigen, dass sich die Unterrichtsqualität
der Probanden im Verlauf der Ausbildung verbessert. In Bezug auf die Dimensionen
„Instruktionseffizienz", „Schülerorientierung" sowie „Klarheit und Strukturiertheit" ist
die Verbesserung tendenziell, in Bezug auf die Dimension „Kognitive Aktivierung"
signifikant. Die Qualitätszuwächse sind allerdings nicht stark ausgeprägt und mehrheitlich nicht überzufällig. Zu Beginn des Studiums unterrichten die Studierenden auf dem
Niveau von 3.5 auf einer sechsstufigen Skala (1= schwächste Ausprägung, 6= stärkste
Ausprägung). Am Ende der Ausbildung verbessert sich die Unterrichtsqualität auf den
Wert 4. Der Qualitätszuwachs durch die Ausbildung beträgt also nur etwa einen halben
Punkt. Die quantitative Analyse des Videomaterials zeigt darüber hinaus eine beträchtliche Ausrichtung des Unterrichts auf Klassenunterricht, wobei dieser von den Studie-
renden bis zum Ende des Studiums noch ausgeprägter und besser durchgeführt wird
(vgl. Baer et al., 2009).

Insgesamt verdeutlicht das Forschungsprojekt, dass sowohl die subjektiven Selbstein-schätzungen zur Kompetenzentwicklung als auch die Fremdeinschätzungen (Vignet-tentest, Videotest, Videografie) in die gleiche Richtung weisen. Mit allen eingesetzten Instrumenten konnten signifikante Kompetenzzuwächse über zwei Messzeitpunkte nachgewiesen werden, auch wenn die erfassten Kompetenzen noch nicht in vollem Ausmaß von den Probanden erreicht werden. Die Steigerungen im Bereich der Didak-tik werden als bemerkenswert beschrieben, während im Bereich der Sachkompetenz mit den eingesetzten Instrumenten keine Kompetenzsteigerung beobachtet werden konnte. Teilweise deutliche Unterschiede in der Kompetenzentwicklung zeigten sich zwischen den verschiedenen Ausbildungsorten. Zukünftige Studien sollten diesbezüg-lich weitere Klarheit schaffen (vgl. Baer et al., 2007).

Die Lernwirkungen von zwei verschiedenen Ausbildungsvarianten untersuchten Czerwenka und Nölle (2000) in dem DFG-Projekt „Probleme des Erwerbs professio-neller Kompetenz im Kontext universitärer Lehrerausbildung (ProKom)". Auf der Grundlage von schriftlichen Stellungnahmen Studierender zu einem sog. Anreiztext zu unterschiedlichen didaktischen Konzepten, Leitfadeninterviews zu Videoaufzeichnun-gen einer Unterrichtssequenz sowie Unterrichtsbeobachtungen mit darauf bezogenem Interview verglichen die Autoren den Wissenserwerb und die Wissensanwendung in Lehramtsstudiengängen mit hoher und geringer Praxisintegration. Überprüft werden sollte, ob und in welchem Ausmaß es Unterschiede hinsichtlich des Theoriebezugs in den Aussagen der Studierendengruppen gibt. Als Ausbildungsmodell mit geringer Pra-xisintegration wurde ein „herkömmliches" Studium für das Lehramt an Grund-, Haupt-und Realschulen mit zwei schulbezogenen Praktika herangezogen. Für das Ausbil-dungsmodell mit hoher Praxisintegration wählten die Autoren die einphasige Lehrer-bildung an einer Schweizer Universität sowie eine Universität in Niedersachsen, die ein Theorie und Praxis verbindendes Seminarprogramm anbietet. Dabei haben Studie-rende u.a. die Gelegenheit, didaktische Konstrukte in Unterrichtssituationen zu erpro-ben und in einem Seminar zu reflektieren (vgl. Nölle, 2002).

Die deutsch-schweizerische Vergleichsstudie konnte hinsichtlich des didaktischen Wissens einen signifikanten Zusammenhang zwischen dem Ausbildungsmodell und den kognitiven Mustern über Unterricht der untersuchten Gruppen nachweisen. Die Studierenden in den Studiengängen mit hoher Praxisintegration und darauf bezogenem Theorieangebot zeigten häufiger systematisch vernetztes Wissen und einen deutliche-ren Theoriebezug als Studierende des herkömmlichen Studiums. Demnach bieten Stu-diengänge mit ausgeprägter Theorie-Praxis-Integration größere Chancen zu einer an-gemessenen Rezeption und Strukturierung von didaktischem Wissen und damit „diffe-renziertere Situationsauffassungen von Unterricht" (Nölle, 2002, S. 65). Die Befunde der Studie unterstützen zum einen die Annahme, dass es Studierenden in einem wenig praxisbezogenem Lehramtsstudium nicht angemessen gelingt, sich wissenschaftliches Wissen bzw. Theoriewissen anzueignen bzw. umgekehrt, dass Praxiserfahrungen im Studium eine wesentliche Voraussetzung für die Entwicklung professioneller Kompetenz von Lehrern darstellt, wobei die Lernwirksamkeit der Praxiserfahrungen von der hinreichenden Einbindung in wissenschaftliche Studien, d.h. damit auch der Lehr-Lernmethoden der Lehrerbildung, abhängig zu sein scheint. Mayr (2003) zeigt, dass im Studium erworbene Kompetenzen später erfolgreich eingesetzt werden, wenn sie in praxisbezogenen Lehr-Lern-Arrangements entwickelt werden. Theoriewissen und Handlungswissen müssen offenbar in komplex vernetzter Form verarbeitet und mit episodischem Wissen angereichert sein, um das Wissen zu verknüpfen und eine Verwendung in pädagogische Handlungssituationen zu ermöglichen (vgl. Blömeke, 2006a; Koch-Priewe, 2002; Nölle, 2002).

1.5 Zusammenfassung

Lehrerkompetenzen und deren Entwicklung insbesondere im Studium und im Referendariat sind ein zentraler Untersuchungsgegenstand der zunehmend an Bedeutung gewinnenden Lehrerbildungsforschung. Mit der Kompetenzorientierung der Ausbildung von Lehrern und deren Ausrichtung auf zu erreichende Standards und Kompetenzen als neue bildungspolitische Steuerungsinstrumente ging die Forderung einher, die gesetzten Ziele empirisch zu überprüfen und gesicherte Erkenntnisse über die Wirkungsweisen der Lehrerbildung zu gewinnen. Auf jener Basis sollen tragfähige Handlungsempfehlungen und -entscheidungen für die Gestaltung und bestenfalls Verbesserung der Ausbildung von Lehrkräften getroffen werden können. Die Unterrichtskompetenz von Lehrern wird dabei als entscheidender Faktor in der Verbesserung von Unterrichtsqualität und damit der Optimierung von Bildungsprozessen gesehen (vgl. Kunter & Klusmann, 2010).

Eine genauere Betrachtung des Kompetenzbegriffs, der vor allem durch Chomsky (1969) an Popularität gewonnen hat und in den 1970er Jahren als Terminus von der deutschsprachigen Erziehungswissenschaft übernommen wurde, verdeutlicht seine lange Historie mit wechselnden Bedeutungen, die sich gegenwärtig in zahlreichen und zum Teil widersprechenden Kompetenzauffassungen widerspiegeln (Weinert, 2001a). Die nicht einheitliche und präzise Definition des Kompetenzbegriffs führt dazu, dass das Konstrukt in der Kompetenzforschung unterschiedlich operationalisiert wird, wodurch eine Bewertung und Vergleichbarkeit verschiedener empirischer Befunde unmöglich werden kann (vgl. Hartig, 2008). Zu einem Referenzzitat in der Erziehungswissenschaft avancierte eine Definition von Weinert (2001b), die allerdings aufgrund ihrer Erweiterung um motivationale, volitionale und soziale Aspekte kritisiert wird (Arnold, 2007a; Klieme & Hartig, 2007). Aus psychometrischer Sicht scheint eine Konstruktbegrenzung auf den kognitiven Bereich unumgänglich. Kompetenzen können demnach definiert werden als „*kontextspezifische kognitive Leistungsdispositionen*, die sich funktional auf Situationen und Anforderungen in bestimmten *Domänen* beziehen" (Klieme & Leutner, 2006, S. 879; Hervorhebung im Orig.). Als Konstruktmerkmale lassen sich insbesondere die Erlernbarkeit und Bereichsspezifität von Kompetenzen herausstellen, die eine Abgrenzung zu anderen Konstrukten (z.b. Intelligenz) erlauben.

Nach wie vor stellt die Erfassung von Lehrerkompetenzen die Lehrerbildungsforschung vor beträchtliche theoretische und methodische Herausforderungen, insbesondere auch hinsichtlich der Entwicklung fundierter Kompetenzmodelle als Ausgangspunkt für die Entwicklung adäquater Messverfahren (vgl. Hartig & Jude, 2007). Die bislang in der Forschung auf der Basis empirischer Zugänge oder theoretischer bzw. normativer Annahmen entwickelten Kompetenzmodelle versuchen die Struktur, Stufung und Entwicklung von Kompetenzen genauer zu beschreiben. Während Kompetenzstrukturmodelle zwischen verschiedenen Kompetenzdimensionen in einem spezifischen Bereich unterscheiden, beschreiben Kompetenzniveaumodelle Bereiche ähnlicher Ausprägungsgrade (Niveaus bzw. Stufen) einer Kompetenz. Kompetenzentwicklungsmodelle stellen die Stufung bzw. Abfolge bestimmter (Teil-)Kompetenzen innerhalb eines Kompetenzerwerbsprozesses dar. Für die Lehrerbildungsforschung liegen sowohl generelle Kompetenzstrukturmodelle vor, die aufgrund ihrer Allgemeinheit auch anderen Berufen zugrunde gelegt werden können (z.b. Frey, 2008) als auch spezifisch für die Domäne des Lehrerberufs ausgearbeitete Modelle (z.b. Baumert & Kunter, 2006). Das generische Modell der professionellen Handlungskompetenz von Baumert und Kunter (2006) baut auf den Arbeiten zum Lehrerwissen von Shulman (1986, 1987) auf und differenziert zwischen kognitiven Kompetenzen im engeren Sinn („Professionswissen") und Kompetenzen in weiterer Sinn („professionelle Handlungskompetenz"). Professionelle Handlungskompetenz entsteht aus dem Zusammenspiel von Professionswissen, Überzeugungen und Werthaltungen, motivationalen Orientierungen sowie selbstregulativen Fähigkeiten. Kompetenzniveaumodelle liegen für die Lehrerbildung bislang kaum vor (z.b. von Blömeke, 2008a). Spezifische Kompetenzentwicklungsmodelle für die Lehrertätigkeit wurden noch nicht ausgearbeitet. Stattdessen wird auf vorhandene Kompetenzniveaumodelle bzw. Entwicklungsmodelle der Expertiseforschung (z.b. Dreyfus & Dreyfus, 1986) zurückgegriffen (vgl. Schaper, 2009).

Die bisher vorliegenden Studien zur Kompetenzentwicklung im Lehramtsstudium verdeutlichen trotz ihrer unterschiedlichen methodischen Vorgehensweisen und zum Teil inkonsistenten Ergebnisse, dass Studierende ihren Kenntnisstand sowohl zu den Standards von Oser (1997a, 1997b, 2001b) als auch zu den Standards der KMK (2004) als insgesamt gering einschätzen (Frey, 2004, 2008; Gehrmann, 2007; Gröschner, 2011; Gröschner & Nicklaussen, 2008; Mayr, 2006; Oser & Oelkers, 2001; Rauin & Meier, 2007; Seipp, 2003). Didaktisch-methodische Kompetenzen erzielen dabei noch die günstigeren Werte, während Bereiche wie „Diagnose von Schülerschwierigkeiten", „Umgang mit Heterogenität", „Elternarbeit" und „Schulentwicklung" am ungünstigsten abschneiden. Offensichtlich bleibt noch ein erheblicher Bereich zur weiteren Kompetenzentwicklung im Lehramtsstudium offen bzw. die in die Ausbildung gesetzten Ziele werden von den meisten Studierenden nicht hinreichend erreicht. Darüber hinaus deuten die Befunde darauf hin, dass die Kompetenzentwicklung von Lehramtsstudierenden nicht unbedingt linear verläuft. Für die Zeit des Referendariats liegen diesbezüglich zumindest inkonsistente Ergebnisse vor (Frey, 2008; Gröschner, 2011; Schubarth et al., 2009). Gleichwohl kann für die Kompetenzentwicklung im Verlauf des Studiums ein Zugewinn an Kompetenzen nachgewiesen werden (vgl. Baer et al., 2007). Studiengänge, die eine enge Theorie-Praxis-Verknüpfung anstreben, scheinen dabei besonders lerneffektiv für die Anwendung didaktischen Wissens zu sein (Nölle, 2002). Im Studium erworbene Kompetenzen können offenbar dann später erfolgreich eingesetzt werden, wenn sie in praxisbezogenen Lehr-Lern-Arrangements entwickelt werden (Mayr, 2003).

2   Selbstwirksamkeit

2.1   Begriffsdefinition und Begriffsgebrauch

Der Begriff „Selbstwirksamkeit" ist eine Übersetzung des englischen Terminus „self-efficacy", den Albert Bandura im Rahmen seiner sozial-kognitiven Lerntheorie (1977) einführte. Einen zentralen Stellenwert nehmen in Banduras Begriffsverständnis „self-efficacy *beliefs*" ein. Sie werden verstanden als selbstbezogene Kognitionen hinsichtlich des Vertrauens in die eigenen Fähigkeiten, des Glaubens an die persönlichen Handlungsmöglichkeiten oder der Überzeugung in die eigene Wirksamkeit im Hinblick auf die Bewältigung einer bestimmten Aufgabe. Im Deutschen wird für die Begriffe „self-efficay beliefs", „efficacy expectations" und „perceived self-efficacy" zumeist die Bezeichnung Selbstwirksamkeitserwartungen bzw. Kompetenzerwartungen verwendet. Daneben ist es üblich von Selbstwirksamkeitsglaube, Selbstwirksamkeitsüberzeugungen, Selbstwirksamkeitseinschätzungen bzw. Kompetenzüberzeugungen zu sprechen. Schwarzer und Jerusalem (2002) definieren Selbstwirksamkeitserwartung „als die subjektive Gewissheit, neue und schwierige Anforderungssituationen aufgrund eigener Kompetenz bewältigen zu können. Dabei handelt es sich nicht um Aufgaben, die durch einfache Routine lösbar sind, sondern um solche, deren Schwierigkeitsgrad Handlungsprozesse der Anstrengung und Ausdauer für die Bewältigung erforderlich macht" (ebd., S. 35). Bandura (1997) formuliert: „Perceived self-efficacy refers to beliefs in one's capabilities to organize and execute the courses of action required to produce given attainments" (ebd. S. 3).Vielfach wird der verkürzte Begriff „Selbstwirksamkeit" bzw. „self-efficacy" gebraucht, wobei nicht immer eindeutig ist, ob damit der Handlungsaspekt oder die kognitive Komponente (Überzeugungen) von Banduras Selbstwirksamkeitstheorie gemeint ist (vgl. Fuchs, 2005).

2.2   Selbstwirksamkeit als Konstrukt

Banduras Selbstwirksamkeitstheorie (1977, 1995, 1997) zählt zu den sog. Erwartungs-Wert-Theorien, die auf der Annahme beruhen, dass menschliches Handeln einerseits durch subjektive Bewertungen von Handlungsergebnissen bzw. -folgen (Wertkomponente) und andererseits durch subjektive Erwartungen darüber, dass einer spezifischen (intendierten) Handlung ein Ereignis folgt bzw. nicht folgt (Erwartungskomponente), beschrieben, erklärt und vorhergesagt werden kann (vgl. im Überblick Krampen, 2000). 1977 wurde das Konzept im klinisch-psychologischen Kontext vorgestellt; zahlreiche andere Forschungsbereiche haben es aufgegriffen, wobei sich das Grundmodell der Verhaltenserklärung in seiner Grundstruktur nicht geändert hat (vgl. hier und im Folgenden Krapp & Ryan, 2002; Schmitz & Schwarzer, 2000; Schwarzer & Jerusalem, 2002): Bandura unterscheidet zwischen zwei bedeutsamen kognitiven Komponenten der Verhaltenssteuerung, die empirisch in einem mittelstarken Zusammenhang stehen, konzeptuell jedoch explizit getrennt werden: *Handlungs-Ergebnis-Erwartungen* bzw. *Konsequenzerwartungen* („outcome expectencies") sowie *Wirksamkeitserwartungen* („efficacy beliefs").

Während sich Letztere auf die subjektive Beurteilung der eigenen Fähigkeiten beziehen, ein erfolgsversprechendes Verhalten ausführen zu können und damit das Maß darstellen, wie wirksam sich eine Person hinsichtlich der Bewältigung bestimmter Aufgaben einschätzt, beschreiben Konsequenzerwartungen subjektive Einschätzungen über die wahrscheinlichen Konsequenzen, die mit diesem Verhalten verbunden sind. Konsequenzerwartungen sind entsprechend als „Wenn-Dann-Aussagen" formuliert, während Wirksamkeitserwartungen immer einen Selbstbezug aufweisen (vgl. Abbildung 4).

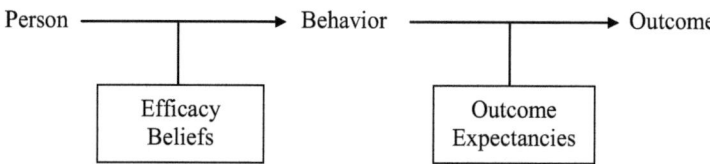

Abbildung 4: Unterscheidung von Wirksamkeitserwartungen und Handlungs-Ergebnis-Erwartungen (nach Bandura, 1997, S. 22)

Beide subjektiven Überzeugungen beeinflussen kognitive, motivationale und emotionale Aspekte der Verhaltensregulation einer Person, wobei angenommen wird, dass sie sich gegenseitig ergänzen. Eine handelnde Person nimmt vor der Realisierung ihres Verhaltens Einschätzungen über ihre eigenen Fähigkeiten sowie der situativen Gegebenheiten vor und antizipiert ebenso Konsequenzen dieses Verhaltens. Wirksamkeitseinschätzungen sind für die Handlungsinitiative ausschlaggebend und insbesondere bei schwierigen Situationen handlungsleitend. Sie regulieren sowohl die Auswahl von Handlungen und deren Anspruchsniveau als auch die eingesetzte Anstrengungsintensität und Persistenz, die angestrebten Ziele angesichts von Schwierigkeiten zu erreichen und damit indirekt den Grad des Handlungserfolges. Im Handlungsprozess wiederum werden Selbstwirksamkeitserwartungen durch eine Feedback-Schlaufe von Kompetenzerfahrungen gesteuert (vgl. Baumert & Kunter, 2006). Der Einfluss von Selbstwirksamkeit auf das Denken, Fühlen und Handeln sowie die Motivation einer Person konnte in vielen Verhaltensbereichen (u.a. Lern- und Leistungsverhalten, Gesundheitsverhalten) nachgewiesen werden (vgl. Kapitel 2.4.1). Dabei sind die Einflüsse unabhängig von den tatsächlich vorhandenen Fähigkeiten: „Individuals with the same sub-skill may (...) perform poorly, adequately, or extraordinarily, depending on their self-beliefs of efficacy, which affect how well they use the capacities they possess" (Bandura & Wood, 1989, S. 805f.). „A capability is only as good as its execution. (...) Insidious self-doubts can easily overrule the best of skills" (Bandura, 1997, S. 35).

Krapp und Ryan (2002) geben gleichwohl zu bedenken, die theoretische Reichweite und Erklärungskraft des Konstrukts nicht zu überschätzen, vor allem für Fragestellungen bezüglich der Lernmotivation, da wichtige Sachverhalte der menschlichen Motivation ausgeklammert würden, „z.b. die existentielle Erfahrung der Nichtkontrollierbarkeit bestimmter Lebensereignisse oder die Verengung des theoretischen Blickfeldes auf Formen menschlichen Tuns, die dem Prinzip der Zweckrationalität entsprechen" (ebd., S. 75).

2.2.1 Entstehung und Beeinflussung von Selbstwirksamkeitserwartungen

Selbstwirksamkeitserwartungen variieren je nach Schwierigkeitsgrad der zu bewältigenden Aufgabe (*level*), Stärke der Einschätzungen (*strength*) sowie des Allgemeinheitsgrads der Einschätzungen (*generality*), wobei sich der Allgemeinheitsgrad auf die Situationsspezifität und -globalität einer Wirksamkeitseinschätzung bezieht (vgl. Bandura, 1997; Schwarzer, 1992).

Nach Bandura (1977, 1986, 1997) basiert die wahrgenommene Selbstwahrnehmung einer Person auf vier verschiedenen Quellen, die hierarchisch nach der Intensität ihres Einflusses gegliedert werden können:
(1) Eigene Erfolgserfahrung (mastery experience)
(2) Stellvertretende Erfahrung (vicarious experience)
(3) Soziale Überzeugung (social persuasion)
(4) Physiologische und affektive Zustände (physiological and affective states)

Eigene Erfolgserfahrung (mastery experience): Persönliche Erfolgserfahrungen in herausfordernden Situationen stellen die wichtigste Quelle für den Aufbau von Selbstwirksamkeitserwartungen dar. Personen, die eine schwierige Aufgabe erfolgreich bewältigt haben und diese Bewältigung auf ihre Anstrengung und Fähigkeiten attribuieren können, erleben sich als selbstwirksam. Misserfolge dagegen schwächen Selbstwirksamkeitserwartungen, insbesondere dann, wenn noch nicht hinreichend hohe Selbstwirksamkeitserwartungen aufgebaut wurden. Sind hohe Selbstwirksamkeitserwartungen indessen einmal ausgebildet, haben einzelne Misserfolge kaum einen abträglichen Einfluss auf die Überzeugung der eigenen Wirksamkeit.

Erfolgserlebnisse als Folge persönlicher Anstrengung werden vor allem durch herausfordernde, jedoch realistische und bewältigbare Nahziele sowie die Orientierung an überschaubaren und sukzessiven Lernfortschritten begünstigt. Unter- bzw. Überforderungen sowie die Orientierung an Fernzielen führen dagegen selten zu Erfolgserlebnissen und damit weniger zum Aufbau von Selbstwirksamkeitserwartungen (vgl. Jerusalem, 2005; Schwarzer & Jerusalem, 2002).

Stellvertretende Erfahrung (vicarious experience): Selbstwirksamkeitserwartungen können auch aus der Beobachtung eines erfolgreichen bzw. erfolglosen Modells resultieren, indem Rückschlüsse auf die eigene Kompetenz gezogen werden. Das Beobachten sozialer Vorbilder, die durch Anstrengung erfolgreich sind, stärkt den Glauben des Beobachtenden, selbst auch die Fähigkeiten zu besitzen, ähnliche Aktivitäten bewältigen zu können. Auf der anderen Seite kann die Beobachtung von Misserfolgen des Modells zu einer Schwächung der Selbstwirksamkeitserwartungen des Beobachtenden führen. Die Wirkung des Erfolges bzw. Misserfolges eines Vorbildes ist umso größer, je ähnlicher die wahrgenommene Ähnlichkeit mit dem Modell ist. Personen neigen dazu, sich Vorbilder zu nehmen, die erstrebenswerte Kompetenzen besitzen. Selbstwirksamkeitserwartungen, die auf stellvertretender Erfahrung beruhen, sind im Vergleich zu Selbstwirksamkeitserwartungen aufgrund eigener Erfahrung schwächer und weniger stabil (vgl. Bandura, 1995; Schwarzer, 1992).

Soziale Persuasion (social persuasion): Andere Personen können nicht nur als Vorbilder im Sinne des Modelllernens auf die Selbstwirksamkeitserwartungen einer anderen Person einwirken, sondern ebenso durch soziale Persuasion („Überredungskünste" oder spezifische Rückmeldungen für Verhaltensweisen). Personen, die überzeugt werden, die Fähigkeit zur Bewältigung einer bestimmten Aufgabe zu besitzen, werden tendenziell größere Anstrengungen investieren, eine anhaltendere Beharrlichkeit zeigen und höhere Selbstwirksamkeitserwartungen entwickeln. Sind die Anstrengungen nicht erfolgreich, bleiben die Selbstwirksamkeitserwartungen allerdings nur kurzfristig stabil und sinken (vgl. Schwarzer & Jerusalem, 2002). Ausschlaggebend ist darüber hinaus, inwiefern eine Person die verbale Unterstützung als realistisch einschätzt. Da die meisten Menschen annehmen, sich selbst besser als andere Personen zu kennen, wirken Ermutigungen, die inkongruent zum Fähigkeitsselbstkonzept sind, wenig überzeugend. Effektiver ist soziale Persuasion, die nur gering von den Kognitionen über die eigenen Fähigkeiten abweicht und wenn sie durch Personen erfolgt, die als glaubwürdig, kompetent und objektiv eingeschätzt werden (vgl. Bandura, 1995; Schyns, 2001).

Physiologische und affektive Zustände (physiological and affective states): Den schwächsten Einflussfaktor auf Selbstwirksamkeitserwartungen haben physiologische und affektive Prozesse und Reaktionen, bei denen Personen ihre körperliche Erregung in einer Anforderungssituation (z.B. erhöhter Herzschlag) auf Kompetenzmangel zurückführen (vgl. Köller & Möller, 2006). Personen mit hohen Selbstwirksamkeitserwartungen treten Anforderungssituationen mit geringerer körperlicher Erregung entgegen als Personen, die sich weniger selbstwirksam einschätzen – unabhängig von der tatsächlichen Kompetenz. Das Vertrauen, schwierige Situationen bewältigen zu können, reduziert bereits die Erwartung ängstlicher Erregung im Vorfeld von Anforderungen und dadurch die tatsächlich erlebte Erregung in der Situation (vgl. Bandura, 1995; Schwarzer, 1992; Schwarzer & Jerusalem, 2002).

2.2.2 Allgemeine und situationsspezifische Selbstwirksamkeitserwartungen

Bandura (1977, 1997) konzipierte sein Konstrukt ursprünglich situationsspezifisch. Personen schätzen ihre Fähigkeiten demnach stets im Hinblick auf die Bewältigung von konkreten Anforderungssituationen ein. Die meisten Instrumente zur Erfassung von Selbstwirksamkeitserwartungen sind bereichs- oder aufgaben- bzw. professionsspezifisch angelegt (vgl. Köller & Möller, 2006).

Daneben haben einige Autoren (Jerusalem & Schwarzer, 1999; Shelton, 1990; Sherer et al., 1982; Schwarzer, 1994; Tipton & Worthington, 1984) Skalen zur Erfassung von *allgemeinen* Selbstwirksamkeitserwartungen entwickelt, die sich auf alle Lebensbereiche beziehen und eine generelle Überzeugung darstellen, unterschiedliche Probleme und Anforderungen des Lebens aus eigener Kraft bewältigen zu können. Angenommen wird, dass spezifische und auf eigene Fähigkeiten attribuierte Erfolgs- bzw. Misserfolgserfahrungen im Laufe der Zeit zu relativ zeitstabilen und weitgehend situationsunabhängig wirkenden Selbstwirksamkeitsüberzeugungen generalisiert werden. Das Konstrukt beschreibt demnach eine Persönlichkeitsdisposition (kritisch dazu u.a. Pajares, 1996) und wird von Schwarzer (2000) als eine handlungsbezogene „Form von Optimismus" betrachtet. Schwarzer und Jerusalem (2002) zählen allgemeine Selbstwirksamkeitserwartungen zu den Konstrukten, die generalisierte positive Erwartungshaltungen umschreiben (z.B. dispositioneller Optimismus, internale Kontrollüberzeugungen) (vgl. Schwarzer, 2000; Schwarzer & Jerusalem, 2002; genauer Kapitel 2.3.2). Im Vergleich zu bereichsspezifischen Selbstwirksamkeitserwartungen haben sich allgemeine Selbstwirksamkeitserwartungen in der Forschung allerdings nicht als aussagefähigere Prädiktoren für Handlungen erwiesen (vgl. Maddux & Gosselin, 2003).

2.2.3 Bereichsspezifische Selbstwirksamkeitserwartungen

Zwischen allgemeinen und situationsspezifischen Selbstwirksamkeitserwartungen, die sich wiederum wechselseitig beeinflussen können, lassen sich bereichsspezifische Konzepte ansiedeln, z.B. schulbezogene Selbstwirksamkeit (vgl. Jerusalem & Satow, 1999) oder individuelle Lehrer-Selbstwirksamkeit (vgl. Schwarzer & Schmitz, 1999). Letzteres wird in der vorliegenden Studie untersucht und daher im Folgenden ausführlicher dargestellt.

Lehrer-Selbstwirksamkeit bezeichnet Überzeugungen von Lehrern, schwierige berufsspezifische Anforderungen auch unter ungünstigen Bedingungen erfolgreich bewältigen zu können: „A teacher's belief is a judgment of his or her capabilities to bring about desired outcomes of student engagement and learning, even among those students who may be difficult or unmotivated" (Tschannen-Moran & Woolfolk Hoy, 2001, S. 783). Im amerikanischen sind wesentlich früher als im deutschen Sprachraum Untersuchungen zur Selbstwirksamkeit von Lehrkräften entstanden. Der Begriff „teacher efficacy" wird dort seit nunmehr über 30 Jahren verwendet – erstmals offenbar in einer Studie von Barfield und Burlingame (1974) (vgl. hier und im Folgenden Schmitz

& Schwarzer, 2000; genauer zum historischen Rückblick Ross, 1998; Woolfolk & Hoy, 1990). Die ersten Studien (Armor et al., 1976; Berman et al., 1977) basierten noch auf Rotters (1966) Konzept der Kontrollüberzeugungen, spätere Nachfolgeuntersuchungen, erstmals Ashton und Webb (1986), bezogen sich explizit auf Banduras Konzept der Selbstwirksamkeit (vgl. Baumert & Kunter, 2006). Ashton und Webb konzipierten Lehrer-Selbstwirksamkeit allerdings als ein zweidimensionales Konstrukt mit den beiden Dimensionen Handlungs-Ergebnis-Erwartungen von Lehrern (bezeichnet als „teaching efficacy") und Lehrer-Selbstwirksamkeitserwartungen (bezeichnet als „personal teaching efficacy") und differenzierten nicht wie Bandura beide Arten von Erwartungen als eigenständige Konstrukte. Eine der bis heute meistverwendeten Skalen zur Erfassung von Lehrer-Selbstwirksamkeit von Gibson und Dembo (1984) stimmt mit den theoretischen Überlegungen von Ashton und Webb überein und unterscheidet zwischen zwei Dimensionen von Selbstwirksamkeit: einer „personal teaching efficacy" (korrespondierend zu Banduras Konstrukt der Selbstwirksamkeit) sowie einer „general teaching efficacy" (interpretiert als Handlungs-Ergebnis-Erwartungen von Lehrern). Das Instrument erfasst dadurch – wie Schmitz und Schwarzer (2000) kritisieren – zu wenig Selbstwirksamkeit im Sinne Banduras, sondern vor allem Handlungser-gebnis-Erwartungen und Anomie oder Kontrollverlust:

> „Es lässt sich festhalten, dass weder die bisherige Messung von ‚personal teaching-efficacy' (oder Lehrer-Selbstwirksamkeit) mit theoretischen und em-pirischen Befunden der sozial-kognitiven Theorie übereinstimmt, noch das Konstrukt in anderer Weise theoretisch eindeutig fundiert und definiert wurde. (...) Hinter den bisher vorliegenden Ergebnissen zur Lehrer-Selbstwirksamkeit scheint daher kein einheitliches oder eindeutig definiertes Konstrukt zu stehen, was eine kohärente Interpretation der Befunde erschwert" (Schmitz & Schwar-zer, 2000, S. 15f.).

Woolfolk Hoy und Burke-Spero (2005) wiederum ziehen aus ihren Forschungsergeb-nissen den Schluss, dass die von Gibson und Dembo als „general teaching efficacy" bezeichnete zweite Dimension von Selbstwirksamkeit nicht Handlungs-Ergebnis-Erwartungen im Sinne Banduras (1986) repräsentiert, sondern vielmehr eine generelle Überzeugung von Lehrern darstellt und möglicherweise erheblich mit konservativen vs. liberalen Erziehungseinstellungen von Lehrern korreliert (vgl. ebd., S. 347). In ähn-licher Weise differenzieren Kunter und Pohlmann (2009):

> „Während sich die persönliche Wirksamkeitsüberzeugung [personal teaching efficacy, Anm. d. Verf.] darauf bezieht, wie sehr eine Lehrkraft annimmt, dass sie selbst die Fähigkeit und die Mittel besitzt, um eine Aufgabe zu meistern, beschreibt die allgemeine Wirksamkeitsüberzeugung [general teaching efficacy, Anm. d. Verf.], wie sehr eine Lehrkraft annimmt, dass die Bewältigung einer Aufgabe überhaupt – unabhängig von der eigenen Person – möglich ist" (ebd., S. 269).

Inzwischen liegen eine Reihe weiterer Skalen zur Erfassung von Lehrer-Selbstwirksamkeit in englischer Sprache vor (Überblick in Tschannen-Moran & Woolfolk Hoy, 2001). Im deutschen Sprachraum wurde Selbstwirksamkeit von Lehrkräften dagegen erstmals im Rahmen des Modellversuchs Verbund Selbstwirksamer Schulen (vgl. Schmitz, 1998, 2000; Schmitz & Schwarzer, 2000) untersucht. Die in diesem Kontext entwickelte Skala zur individuellen Lehrer-Selbstwirksamkeitserwartung von Schwarzer und Schmitz (1999) basiert explizit auf Banduras sozial-kognitiver Lerntheorie (vgl. Kapitel 5.2.3). In jüngerer Zeit hat Schulte (2008) eine multidimensionale Skala zur Erfassung von Lehrer-Selbstwirksamkeitserwartungen auf Grundlage der Standards für die Lehrerbildung in den Bildungswissenschaften (KMK, 2004) entwickelt, die sich aus fünf Subskalen zusammensetzt: „Unterrichten", „Leistungsbeurteilung", „Diagnostische Kompetenz", „Kommunikation und Konfliktlösung" sowie „Coping" bzw. „Anforderungen des Lehrerberufs". Die fünffaktorielle Skalenstruktur konnte mit Hilfe einer konfirmatorischen Faktorenanalyse bestätigt werden (Schulte, Watermann & Bögeholz, 2011).

2.2.4 Individuelle und kollektive Selbstwirksamkeitserwartungen

Selbstwirksamkeit wurde ursprünglich als ein individuelles Konstrukt konzeptualisiert. Bandura (1993, 1997, 2000) hat seine Theorie mittlerweile um die Ebene der kollektiven Überzeugungen erweitert und definiert kollektive Selbstwirksamkeitserwartung als „a group's shared belief in its conjoint capabilities to organize and execute the courses of action required to produce given levels of attainments" (Bandura, 1997, S. 477). Das Konstrukt bezieht sich auf die überindividuelle Überzeugung von Handlungskompetenz einer Gruppe und beschreibt nicht nur die Überzeugung eines Gruppenmitgliedes, wie kompetent es sich selbst oder einzelne andere Mitglieder hinsichtlich der gemeinsamen Lösung einer schwierigen Aufgabe einschätzt. Erfasst wird die Gruppen-Selbstwirksamkeit, die „aus der Koordination und Kombination der verschiedenen individuellen Ressourcen zu einem gemeinsamen Wirkungspotenzial" (Schwarzer & Jerusalem, 2002, S. 41) resultiert. Eine Gruppe mit Vertrauen in ihre Teamressourcen entwickelt demnach auch eine optimistische Überzeugung im Hinblick auf die Bewältigung zukünftiger gemeinsamer Aufgaben sowie eine hohe Anstrengungsbereitschaft und Persistenz. Dadurch ist es möglich, dass die kollektive Selbstwirksamkeitserwartung einer Gruppe mit einem durchschnittlichen Fähigkeitsniveau sowie hohen Fähigkeiten zur Koordinierung dieser Ressourcen, höher sein kann als bei einer Gruppe, deren Mitglieder zwar stärkere individuelle Ressourcen aufweisen, aber weniger Fähigkeiten zur Integration und Koordination dieser Ressourcen. Ein Lehrerkollegium, das sich kollektiv als hoch selbstwirksam einschätzt, wird sich beispielsweise eher zutrauen, anspruchsvolle Reformziele zu verfolgen und sich weniger von Rückschlägen entmutigen lassen. Das Konstrukt wurde zunächst in den Bereichen Arbeitsplatz (Shamir, 1990) und Sport (Spink, 1990a, 1990b) erforscht und später auf weitere

Gruppenleistungen übertragen. Ein Instrument zur Erfassung kollektiver Lehrer-Selbstwirksamkeit haben Schwarzer und Jerusalem (1999) entwickelt (vgl. Schmitz & Schwarzer, 2002).

2.3 Konvergente Validität

2.3.1 Selbstkonzept und Selbstwert

Selbstwirksamkeitserwartungen stehen in einem engen Verhältnis zu einer Reihe weiterer Konstrukte, die zu den selbstbezogenen Kognitionen gezählt werden. Dabei wird nicht immer eindeutig zwischen den verschiedenen Bedeutungsaspekten unterschieden. Während Selbstwirksamkeitserwartungen die Fähigkeitseinschätzungen einer Person im Hinblick auf die Bewältigung konkreter Anforderungssituationen beschreiben und sich damit vor allem auf die handlungsbezogene Komponente des Selbstbildes beziehen, wird unter dem Konstrukt „Selbstkonzept" (self-concept) allgemein „das mentale Modell einer Person über ihre Fähigkeiten und Eigenschaften" (Moschner & Dickhäuser 2006, S. 685) verstanden. Selbstkonzepte beschreiben relativ zeitstabile und eher generelle Einschätzungen einer Person über sich selbst. Es handelt sich um ein globaleres Konstrukt, das unterschiedliche Selbstwahrnehmungen, u.a. auch die Selbstwirksamkeit, umfasst. Selbstwirksamkeitserwartungen können daher auch als ein Teil des Selbstkonzepts interpretiert werden (vgl. Woolfolk, 2008, S. 406, 476; Maddux & Gosselin, 2003). Darüber hinaus sind Selbstwirksamkeitserwartungen zukunftsbezogen, während sich das Selbstkonzept vor allem auf gegenwärtige Einschätzungen bezieht (vgl. Bong & Skaalvik, 2003).

Neuere Ansätze der Selbstkonzept-Forschung gehen davon aus, dass sich das generelle Selbstkonzept eines Individuums in bereichs- und/oder situationsspezifische Teilbereiche differenzieren lässt, wobei die Struktur dieser Partialmodelle umstritten ist. Das von Shavelson, Hubner und Stanton (1976) entwickelte mehrdimensionale Modell postuliert eine hierarchische Strukturierung des Selbstkonzepts nach verschiedenen Inhaltsbereichen (verbales, mathematisches, soziales, emotionales und physisches Selbstkonzept). Andere Autoren konzeptualisieren das Selbstkonzept dagegen als ein nicht-hierarisches System miteinander verbundener Selbstschemata (u.a. Markus & Sentis, 1982) oder nehmen die Repräsentation selbstbezogener Kognitionen in einem multidimensionalen Raum an (Breckler & Greenwald, 1986). Konsens besteht in der Auffassung, dass sich das Selbstkonzept einer Person im Laufe der Sozialisation durch direkte oder indirekte Rückmeldungen bedeutsamer sozialer Bezugsgruppen (z.B. verbale Zuschreibungen, Ergebnisse sozialer Vergleichsprozesse) sowie Beobachtung des eigenen Verhaltens und seinen Folgen entwickelt, wobei die Bezugsgruppen im Entwicklungsverlauf unterschiedliche Bedeutung für die Konstruktionen des Selbstkonzepts erlangen (z.B. Eltern als wichtigste Quelle selbstbezogener Informationen in der Kindheit, hohe Bedeutung der Peergroup in der Adoleszenzphase) (vgl. Moschner & Dickhäuser, 2006; s. auch Filipp & Mayer, 2005).

Zu den häufig untersuchten und aus pädagogischer Sicht besonders relevanten Partial-
bereichen des Selbstkonzepts zählen *Fähigkeitsselbstkonzepte*, die sich explizit auf
Selbsteinschätzungen von Fähigkeiten beziehen. Im Hinblick auf Schulleistungen
konnten wiederholt enge Zusammenhänge zwischen dem akademischen Selbstkonzept
und dem Lern- und Leistungsverhalten von Schülern gezeigt werden (vgl. im Überblick
u.a. Byrne, 1996). Der Lernerfolg und die Leistung von Schülern hängen nicht nur von
den faktischen Fähigkeiten ab, sondern im beträchtlichen Maße auch von der subjektiven Einschätzung dieser Fähigkeiten (vgl. Stiensmeier-Pelster & Schöne, 2008). Die
kausale Beziehung zwischen akademischem Selbstkonzept und Leistung ist bislang allerdings nicht eindeutig geklärt. Eine kausale Prädominanz des Selbstkonzepts konnte
ebenso nachgewiesen werden (u.a. Shavelson & Bolus, 1982) wie eine umgekehrte
Wirkrichtung (u.a. Sklaavik & Valas, 1999) und eine reziproke Beziehung (u.a. Helmke 1992). Offenbar variiert der Kausalzusammenhang auch altersabhängig: Bei Kin-
dern im Grundschulalter lässt sich ein stärkerer Effekt von Leistung auf das Selbstkonzept beobachten, während bei älteren Schülern eher ein wechselseitiger Zusammenhang besteht (u.a. Skaalvik & Hagtvet, 1990).

Zur Abgrenzung der Konstrukte *Selbstkonzept* und *Selbstwert* (Rosenberg, 1965)
schlagen verschiedene Autoren (u.a. Helmke, 1992; Rustemeyer, 1993) eine Trennung
zwischen *Selbstbeschreibungen* und *Selbstbewertungen* vor. Deklarative Einschätzungen einer Person über ihre Fähigkeiten und Eigenschaften bezeichnen demnach das
Selbstkonzept, affektiv-evaluative Bewertungen dieser Kognitionen werden indessen
dem Selbstwert zugeschrieben und stellen nicht einen Teil, sondern eine Folge des
Selbstkonzepts dar (vgl. Moschner & Dickhäuser, 2006). Zwischen Selbstwert und
Selbstwirksamkeit besteht wiederum keine direkte Beziehung. Eine Person kann sich
in einem spezifischen Bereich als wenig selbstwirksam einschätzen und gleichzeitig
über einen hohen Selbstwert verfügen sowie umgekehrt:

„There is no fixed relationship between beliefs about one's capabilities and
wether one likes or dislikes oneself. Individuals may judge themselves hope-
lessly inefficacious in a given activity without suffering any loss of selfesteem
whatsoever, because they do not invest their self-worth in that activity. The
fact that I acknowledge complete inefficacy in ballroom dancing does not drive
me to recurrent doubts of self-evaluation" (Bandura 1997, S. 11).

2.3.2 Optimismus

Unter Optimismus wird im alltagssprachlichen als auch psychologischen Begriffsverständnis eine positive Erwartung in Bezug auf zukünftige Entwicklungen verstanden
(vgl. hier und im Folgenden Renner & Weber, 2005). Die z.T. sehr unterschiedlichen
Konstrukte konzipieren Optimismus entweder als *situationsspezifische Erwartung* oder
als *Persönlichkeitsmerkmal*. Letztere Forschungsrichtung untersucht die Entstehung
und die Folgen interindividueller Unterschiede in der Ausprägung von Optimismus.

Nach dem bekannten Konzept des „dispositionalen Optimismus" (Scheier & Carver, 1985, 1987, 1992) ist Optimismus eine generalisierte, globale und zeitstabile positive Ergebniserwartung. Optimistische Personen blicken demnach – im Gegensatz zu Pessimisten – meist zuversichtlich in die Zukunft, wodurch sie trotz auftretender Barrieren bei der Erreichung von Zielen ihren Einsatz verstärken und weniger vorschnell aufgeben bzw. bei unwahrscheinlichen Zielen ein adaptiveres Bewältigungsverhalten zeigen. Zahlreiche Studien konnten einen positiven Einfluss des dispositionalen Optimismus auf die physische und psychische Gesundheit nachweisen (im Überblick Scheier & Carver, 1992), wobei die von Scheier und Carver (1985) entwickelte Skala zur Erfassung des dispositionalen Optimismus auch deutliche testtheoretische Kritik erfahren hat (genauer Schwarzer & Jerusalem, 2002). Umstritten ist insbesondere, dass in dem Konstrukt von Scheier und Carver (1985, 1987, 1992) anders als in Banduras Selbstwirksamkeitstheorie keine Unterscheidung zwischen Konsequenz- und Kompetenzerwartung vorgenommen wird. Es bleibt offen, ob sich „Dinge von allein positiv entwickeln" oder ob eine Person selbst etwas dazu beiträgt. Schwarzer (2000) grenzt deshalb dispositionalen Optimismus und Selbstwirksamkeitserwartungen voneinander ab und interpretiert Banduras Konstrukt als einen *funktionalen Optimismus,* der sich auf die positive Einschätzung der eigenen Fähigkeiten bezieht. Selbstwirksamkeitserwartungen müssen nach Schwarzer (2000) eine optimistische Komponente enthalten, weil nur so schwierige Herausforderungen in Angriff genommen werden. Optimismus wird somit als ein notwendiger Bestandteil von Selbstwirksamkeitserwartungen gesehen. Schwarzer und Jerusalem (2002) definieren Selbstwirksamkeitserwartungen auch als einen „Spezialfall von Optimismus" (S. 29).

2.3.3 Kausalattributionen

Kausalattributionen bezeichnen subjektive Ursachenzuschreibungen für vergangene Ereignisse. Die Ursache, die eine Person zur Erklärung eines Ereignisses heranzieht, beeinflusst die zukünftigen Erfolgserwartungen sowie die Emotionen, die das Ereignis auslöst. Erfolgserwartungen und Emotionen regulieren ihrerseits wiederum künftiges Verhalten (vgl. Stiensmeier-Pelster & Schwinger, 2008). Die Attributionsforschung unterscheidet vier Klassifikationsdimensionen für Zuschreibungen von Ursachen: (1) *Lokation* (internale vs. externale Ursachen), (2) *Stabilität* (stabile vs. variable Ursachen), (3) *Globalität* (spezifische vs. globale Ursachen) sowie (4) *Kontrollierbarkeit* (kontrollierbare vs. unkontrollierbare Ursachen).

Bedeutsam sind Kausalattribuierungen insbesondere im Zusammenhang von subjektiven Erklärungen für Erfolge und Misserfolge. Weiner (1986, 2006) hat hierzu einflussreiche Arbeiten über die Konsequenzen von Kausalattributionen vorgelegt. Demnach beeinflusst die Lokationsdimension vor allem das emotionale Erleben eines Ereignisses und hat Auswirkungen auf das Selbstwertgefühl einer Person. Internale Attribuierungen von Erfolgen können zu attributionsabhängigen Emotionen (z.B. Stolz) und zu einem gesteigerten Selbstwertgefühl führen. Misserfolge, die internal attribuiert werden, sind dagegen mit Emotionen wie Scham und möglicherweise einem verringerten Selbstwertgefühl verbunden (vgl. Försterling, 2009; Möller, 2006).

Die Stabilitätsdimension bestimmt vor allem die Veränderung der Erfolgserwartung an zukünftige Leistungen. Stabile Attributionen führen bei Erfolg zu einer steigenden, bei Misserfolg zu einer sinkenden Erfolgserwartung. Das Erwartungsprinzip, wonach Änderungen der Erfolgserwartung nach Erfolg und Misserfolg von der wahrgenommenen Stabilität der Ursache des Erfolges bzw. Misserfolges abhängen, konnte in zahlreichen Studien bestätigt werden (Überblick in Stiensmeier-Pelster & Heckhausen, 2005), wurde in jüngerer Zeit jedoch auch infrage gestellt (Dickhäuser & Stiensmeier-Pelster, 2002) (vgl. Möller, 2006; Stiensmeier-Pelster & Schwinger 2008).

Zwischen Kausalattributionen und Selbstwirksamkeitserwartungen besteht in mehrfacher Hinsicht ein reziproker Zusammenhang. Zunächst hängen Selbstwirksamkeitserwartungen mit dem Ausmaß zusammen, zu dem sich Personen Erfolge selbst zuschreiben. Personen, die annehmen, die eigene Fähigkeit sei die wesentliche Ursache für die Bewältigung einer Anforderungssituation, werden auch zukünftig darauf vertrauen, gleichartige Anforderungssituationen bewältigen zu können. Kausalattributionen stellen nach Schwarzer (2000) somit einen Indikator und eine Entwicklungsvoraussetzung für Selbstwirksamkeitserwartungen dar, wobei der Stabilität einer Ursachenzuschreibung entscheidende Bedeutung zukommt. Variable Attributionen (Anstrengung, Zufall) sind einerseits für das Selbst weniger relevant, da sie auf zeitlich instabile Prozesse verweisen (vgl. Schwarzer, 2000), andererseits liegen hier die zentralen Interventionsmöglichkeiten.

Selbstwirksamkeitserwartungen stehen zudem in Verbindung mit einem asymmetrischen Attributionsmuster: Personen mit hoher Selbstwirksamkeitserwartung attribuieren Erfolge eher auf ihre Begabung, Misserfolge dagegen weniger auf mangelnde Fähigkeiten als vielmehr auf andere Attributionsfaktoren. Bei Personen mit niedriger Selbstwirksamkeitserwartung verhält es sich umgekehrt: Erfolge werden weniger auf die eigene Begabung zurückgeführt, sondern auf andere Faktoren (z.B. Aufgabenschwierigkeit, Anstrengung, Konzentration). Misserfolge indessen werden eher mangelnder Begabung zugeschrieben. Sofern in einer spezifischen Anforderungssituation eine stabile Attribution vorgenommen wird, gehen hohe Selbstwirksamkeitserwartungen tendenziell mit hohen Erfolgserwartungen einher. Beide Arten von Erwartungen sind konzeptuell dennoch unterschiedlich: Selbstwirksamkeitserwartungen beziehen sich auf die subjektive Einschätzung, eine schwierige Situation aufgrund *eigener* Fähigkeiten bewältigen zu können. Erfolgserwartungen dagegen antizipieren Erfolg bzw. Misserfolg auf Grundlage von stabilen Attributionen und können somit auch aus *externen* Attributionen resultieren (vgl. Schwarzer, 2000).

2.3.4 Kontrollüberzeugungen

Kontrollüberzeugungen wurden als Begriff von Rotter (1966, 1972) im Rahmen seiner Sozialen Lerntheorie (1954) eingeführt und bezeichnen situativ und zeitlich relativ stabile Überzeugungen einer Person, in welchem Ausmaß Umweltereignisse durch eigenes Handeln beeinflusst werden können. Handlungstheoretisch sind Kontrollüberzeugungen als Generalisierungen von situationsspezifischen Handlungs-Ergebnis-Erwartungen konzipiert, wobei die Ausbildung und Modifikation von Kontrollüberzeugungen als komplexes Zusammenspiel von Entwicklungs-, Lern-, Sozialisations- und Erziehungsprozessen verstanden wird (vgl. Krampen, 2000; Preiser, 2006).

Interpretiert eine Person ihr Handeln, ihre Handlungsergebnisse, Handlungsfolgen und sonstige Ereignisse als selbst beeinflussbar, wird von *internalen Kontrollüberzeugungen* gesprochen. Werden Handlungsergebnisse und Ereignisse als nicht selbst kontrollierbar, sondern als abhängig von äußeren Bedingungen (z.B. Zufall, unglückliche Umstände, Schicksal, andere Personen) eingeschätzt, liegen *externale Kontrollüberzeugungen* vor (vgl. Preiser, 2006).

Das von Rotter (1966, 1972) zunächst als bereichsunspezifisch und eindimensional ausgearbeitete Konstrukt erfuhr im Laufe der Zeit eine Reihe von konzeptuellen Differenzierungen und wird inzwischen auch als mehrdimensional und bereichsspezifisch aufgefasst (genauer Krampen, 2000). Es zählt zu den am häufigsten untersuchten Persönlichkeitsmerkmalen. Studien wurden u.a. durchgeführt im Zusammenhang mit Depressionen, kognitiven Leistungen, Schulleistungen, sportlichen Leistungen, politischen Einstellungen, Gesundheitsverhalten, subjektivem Wohlbefinden und Stressverarbeitung (vgl. Krampen, 1982). Dabei konnte keine grundsätzliche Überlegenheit einer bestimmten Art von Kontrollüberzeugung gezeigt werden. Für viele Bereiche hängen internale Kontrollüberzeugungen mit einer besseren Anpassung (z.B. positiver Stimmung) und höherer Leistung (z.B. im Bereich der Stressbewältigung) zusammen. Dennoch können Extremausprägungen in beide Richtungen offensichtlich ungünstige Folgen haben. Nachgewiesen wurde, dass hohe Internalität als auch hohe Externalität mit sehr unrealistischen Erwartungen korreliert (Borges, Roth, Nichols & Nichols, 1980; vgl. Krampen, 2000; Salewski, 2005).

Kontrollüberzeugungen stehen in einem wechselseitigen Zusammenhang mit dem Konstrukt der Kausalattributionen. Letzteres bezieht sich jedoch auf die Ursachen für ein bereits stattgefundenes Ereignis, während Kontrollüberzeugungen auf zukünftige Ereignisse gerichtet sind. Gleichwohl wirken Ursachenzuschreibungen der Vergangenheit auf die Erwartungen, wer oder was künftige Ereignisse beeinflussen wird (vgl. Salewski, 2005).

Selbstwirksamkeitserwartungen und Kontrollüberzeugungen müssen ebenso konzeptuell unterschieden werden. Im Vordergrund von Selbstwirksamkeitserwartungen steht die subjektive Einschätzung der eigenen Fähigkeiten zur Ausführung einer Handlung. Das Konstrukt bezieht sich im Vergleich zu Kontrollüberzeugungen auf den Aspekt der *Handlungskontrolle*, d.h. den Vorgang der Aufnahme, Aufrechterhaltung und Steuerung einer zielgerichteten Handlung. Kontrollüberzeugungen fokussieren dagegen den Aspekt der *Ergebniskontrolle*, d.h. der Einschätzung, inwieweit es möglich ist, durch zielgerichtete Handlungen und in Abhängigkeit von äußeren Bedingungen Ereignisse zu beeinflussen bzw. bestimmte Handlungsergebnisse zu erreichen (vgl. Preiser, 2006). Skinner, Chapman und Baltes (1988) haben ein handlungskontroll-theoretisches Modell vorgelegt, das die verschiedenen Arten von Überzeugungen systematisch in Beziehung setzt. *Agency beliefs* beschreiben Selbstwirksamkeitserwartungen ähnlich im Sinne Banduras und stellen die Überzeugung einer Person dar, über bestimmte zielführende Handlungsmittel zu verfügen, unabhängig von der Wirksamkeit dieser Mittel. *Means-ends-beliefs* (Kausalitätsüberzeugungen) beziehen sich auf die von der eigenen Person zunächst unabhängige Überzeugung, dass die eingesetzten Handlungsmittel erfolgreich sind. *Control beliefs* (Kontrollüberzeugungen) wiederum erfassen die generalisierten Überzeugungen einer Person, ein erwünschtes Ergebnis erreichen oder ein unerwünschtes Ergebnis verhindern zu können.

2.3.5 Erlernte Hilflosigkeit

Erlernte Hilflosigkeit beschreibt die Folge der Erwartung einer Person, zukünftige Erfolge bzw. andere positive Ereignisse nicht durch eigenes Handeln herbeiführen zu können (*Inkontingenzerwartung* zwischen Handeln und dessen Folgen). Handeln erscheint einer Person folglich zwecklos. Die Erwartung resultiert aus der wiederholten Erfahrung, dass erlebte Ereignisse nicht selbst kontrolliert bzw. beeinflusst werden können (*Inkontingenzerfahrung* zwischen Handeln und dessen Folgen) (vgl. Stiensmeier-Pelster, 2009). Die Erwartung zukünftiger Inkontingenz führt nach der Theorie der erlernten Hilflosigkeit (Seligman, 1975) zu depressionsähnlichen Symptomen der Hilflosigkeit, die sich in motivationaler (z.B. „Willenlosigkeit", reduzierte Aggressivität), emotionaler (z.B. Furcht, negative Selbstbewertung), behavioraler (z.B. Passivität, Langsamkeit) und kognitiver (z.B. reduzierte Lernfähigkeit) Hinsicht zeigen können (vgl. Krampen, 2000).

Aufgrund vielfältiger definitorisch-konzeptueller Probleme wurde die Theorie der erlernten Hilflosigkeit rasch kritisiert (genauer Meyer, 2000), weiterentwickelt (Abramson, Seligman & Teasdale, 1978; Abramson, Metalsky & Alloy, 1989) und insbesondere um Elemente aus den attributionstheoretischen Arbeiten von Weiner (1986) ergänzt. Entscheidenden Einfluss auf erlernte Hilflosigkeit hat demnach die Frage, wie wahrgenommene Inkontingenzen kausal attribuiert werden. So kommt es je nach Ursachenzuschreibungen zu unterschiedlichen Ausprägungen von Hilflosigkeit (persönliche vs. universelle, stabile vs. temporäre, generalisierte vs. spezifische Hilflosigkeit bzw. Hoffnungslosigkeit). Je stabiler und generalisierter die Erwartung der Hilflosigkeit ist, desto ungünstiger sind die Folgen für das Erleben und Verhalten einer Person. Der sog. depressive Attributionsstil zeichnet sich durch internale, stabile und globale Attribuie-

rungen für negative Ereignisse aus und gilt als bedeutsamer Risikofaktor für das Entstehen depressiver Störungen (vgl. Stiensmeier-Pelster, 2009).

Ein Zusammenhang zwischen Selbstwirksamkeitserwartungen und der Theorie erlernter Hilflosigkeit lässt sich über das Konstrukt der Kausalattributionen herstellen.
Selbstwirksamkeitserwartungen basieren auf internal-stabilen Attributionen von Handlungsergebnissen, die wiederum ein zentrales Element der revidierten Hilflosigkeitstheorie bilden. Allerdings befasst sich die Hilflosigkeitstheorie nur mit einem „Spezialfall": dem Nichteintreten von erwünschten Ergebnissen. Nach Schwarzer (2000) kann
die revidierte Hilflosigkeitstheorie daher als eine Anwendung der Selbstwirksamkeitstheorie verstanden werden bzw. die Selbstwirksamkeitstheorie als eine Verallgemeinerung der Hilflosigkeitstheorie (vgl. Schwarzer, 2000).

In den vergangenen Kapiteln wurde der Begriff der Selbstwirksamkeit definiert,
das Konstrukt dargestellt und in Abgrenzung zu ähnlichen Konstrukten selbstbezogener Kognitionen gesetzt. Im Folgenden werden zentrale Ergebnisse empirischer Studien zur Selbstwirksamkeit beschrieben, wobei zunächst ein kurzer Überblick über die
Forschungsbereiche und allgemeine Befunde gegeben wird sowie Ergebnisse zum Zusammenhang von Selbstwirksamkeit und Leistung berichtet werden. Der hauptsächli-
che Fokus liegt auf Ergebnissen zu dem in der vorliegenden Studie untersuchten Konstrukt der Lehrer-Selbstwirksamkeit.

2.4   Empirische Befunde zur Selbstwirksamkeit

2.4.1   Forschungsbereiche und allgemeine Befunde

Empirische Studien zur Selbstwirksamkeit wurden zunächst im Kontext von dysfunkti-
onalem Verhalten (z.B. emotionalen Störungen, Phobien und Panikattacken) durchgeführt und später auf zahlreiche andere Verhaltensbereiche ausgeweitet (u.a. Lern- und
Leistungsverhalten, Risiko- und Gesundheitsverhalten, Sportverhalten, hier z.B. bezüglich der Motivation zur Sportausübung und Trainingsdauer) (vgl. Überblick in Bandura, 1995, 1997; Jonas & Brömer, 2002; Schwarzer, 1994). Die Untersuchungen belegen allgemein einen bedeutsamen Einfluss von Selbstwirksamkeitserwartungen auf
kognitive, emotionale und motivationale Prozesse der Selbstregulation. In kognitiver
Hinsicht stehen geringe Selbstwirksamkeitserwartungen im Zusammenhang mit einer
pessimistischen Einstellung gegenüber der eigenen Leistung und mit einer Unterschätzung von Fähigkeiten. In emotionaler Hinsicht korrelieren Selbstwirksamkeitserwartungen negativ mit Depressivität, Ängstlichkeit und geringem Selbstwertgefühl. Anforderungen werden eher als bedrohlich erlebt. Hohe Selbstwirksamkeitserwartungen führen dagegen zu optimistischen Einstellungen und zur Interpretation schwieriger Aufgaben als Herausforderungen. Personen, die an ihre eigenen Fähigkeiten glauben, werden
ein Vorhaben eher umsetzen als Personen, die sich selbst als weniger selbstwirksam
einschätzen. Sie setzen sich entsprechend anspruchsvollere Ziele und investieren mehr

Anstrengung und Persistenz in der Zielverfolgung, auch bei Misserfolgen bzw. Rückschlägen (vgl. Schwarzer, 1994).

2.4.2 Befunde zum Zusammenhang von Selbstwirksamkeit und Leistung

Für den Bereich des Leistungsverhaltens liegen inzwischen zahlreiche, auch metaanalytische Untersuchungen vor, die einen signifikant positiven Zusammenhang zwischen Selbstwirksamkeit und schulischer Leistung (u.a. Satow & Schwarzer 2000; Schunk & Zimmerman, 1998; Zimmerman, 1995, 1998), akademischer Leistung (u.a. Multon, Brown & Lent, 1991) und beruflicher Leistung (u.a. Sadri & Robertson, 1993; Stajkovic & Luthans, 1998) nachweisen, wobei die prädiktive Bedeutung von Selbstwirksamkeit für berufliche Leistungen offensichtlich nur für Berufe mit weniger komplexen Arbeitsanforderungen gilt. So konnten Stajkovic und Luthans (1998) in ihrer Metaanalyse zeigen, dass die Korrelation zwischen Selbstwirksamkeit und Leistung mit zunehmender Komplexität der Arbeitsaufgaben abnimmt. Die jüngere Metaanalyse von Judge, Jackson, Shaw, Scott, und Rich (2007) bestätigte diese Befunde. Im Hinblick auf die kausale Beziehung zwischen Selbstwirksamkeit und Leistungsverhalten wird allgemein ein reziproker Zusammenhang angenommen (u.a. Schunk & Schwartz, 1993; Zimmerman, 2000). Bong und Clark (1999) berichten indessen von einem stärkeren Effekt von Selbstwirksamkeit auf Leistung als umgekehrt. Satow und Schwarzer (2000) gehen ebenfalls von einer kausalen Prädominanz der Selbstwirksamkeit aus (vgl. Köller & Möller, 2006).

2.4.3 Befunde zur Lehrer-Selbstwirksamkeit

Selbstwirksamkeit von Lehrkräften wurde in unterschiedlichen Zusammenhängen untersucht. Studien existieren u.a. zur Lehrergesundheit, zum Lehrerverhalten im Unterricht, zu Auswirkungen von Lehrerselbstwirksamkeit auf Schülerverhalten sowie zur Entwicklung von Selbstwirksamkeitserwartungen während des Studiums und der Berufstätigkeit. Die Befunde müssen vor dem Hintergrund der beschriebenen Problematik bei der Operationalisierung des Konstrukts interpretiert werden (vgl. Kapitel 2.2.2). Es ist nicht immer eindeutig, ob Lehrer-Selbstwirksamkeit tatsächlich als Selbstwirksamkeitserwartung im Sinne der sozial-kognitiven Lerntheorie nach Bandura oder z.B. als Handlungs-Ergebnis-Erwartung operationalisiert wurde (vgl. Schmitz, 2000).

2.4.3.1 Lehrer-Selbstwirksamkeit und Lehrergesundheit

Die vorliegenden Studien in diesem Forschungsbereich haben insbesondere das Belastungserleben von Lehrkräften untersucht. Dabei konnte wiederholt gezeigt werden, dass ausgeprägte Selbstwirksamkeitserwartungen mit größerer Berufszufriedenheit, höherem beruflichen Engagement und geringerem beruflichen Belastungserleben verbunden sind (u.a. Abele & Candova, 2007; Schmitz, 2000, 2001; Schmitz & Schwar-

zer, 2000, 2002; van Dick, 2006; s. auch Überblick in Warner & Schwarzer, 2009).
Die im Rahmen des Modellversuchs „Verbund Selbstwirksamer Schulen" entstandene
Längsschnittstudie von Schmitz und Schwarzer (2002) beispielsweise überprüfte die
empirische Beziehung zwischen individueller bzw. kollektiver Lehrer-Selbstwirksamkeit und Burnout in den Dimensionen Erschöpfung, Depersonalisierung und Leis-
tungsverlust. Die Autoren ermittelten mittlere bis hohe negative Korrelationen der beiden erhobenen Selbstwirksamkeitserwartungen mit allen drei Burnout-Indikatoren. Die
Werte für die kollektive Lehrer-Selbstwirksamkeit fielen insgesamt etwas geringer,
aber immer noch substanziell aus. Selbstwirksamkeit erwies sich darüber hinaus als ein
bedeutsamer Prädiktor für Burnout: Es zeigte sich, „dass die individuelle Lehrer-
Selbstwirksamkeit geeignet ist, alle Dimensionen des Burnout vorherzusagen, sogar
über einen Zeitraum von drei Jahren hinweg" (Schmitz & Schwarzer, 2002, S. 208).
Bemerkenswert ist zudem der Befund der Studie, dass hoch selbstwirksame Lehrkräfte
davon berichteten, signifikant mehr Zusatzstunden für ihre Schüler außerhalb der Unterrichtszeit zu investieren. Lehrpersonen mit ausgeprägten Selbstwirksamkeitserwartungen scheinen sich offensichtlich auch durch ein höheres pädagogisches Engagement
auszuzeichnen als ihre weniger selbstwirksamen Kollegen.

Die von Schmitz und Schwarzer (2002) gefundenen Zusammenhänge zwischen
Selbstwirksamkeit und Burnout bei Lehrkräften konnten in anderen Studien mit ähnlichen Ergebnissen repliziert werden (vgl. Überblick in Bandura, 1997; Warner &
Schwarzer, 2009). Auch zwei neuere Studien von Schwerdtfeger, Konermann und
Schönhofen (2008) belegen, dass Selbstwirksamkeit eine wichtige Voraussetzung für
psychisches und körperliches Wohlbefinden darstellt. Sie ermittelten bei hoch selbstwirksamen Lehrkräften sowohl niedrigere Morgen-Cortisol-Werte und weniger Veränderungen der Herzfrequenz während des Unterrichts als auch weniger körperliche Be-
schwerden sowie mehr positiven und weniger negativen Affekt im Vergleich zu Lehrern mit niedriger Selbstwirksamkeit (vgl. Warner & Schwarzer, 2009). Die Befunde
stehen im Einklang mit nicht auf den Lehrerberuf bezogenen Untersuchungen zum
Stresserleben, die ebenso eine protektive Wirkung von Selbstwirksamkeit auf die Gesundheit bestätigen (z.B. Jerusalem, 1990).

2.4.3.2 Lehrer-Selbstwirksamkeit und Lehrerverhalten im Unterricht

Zahlreiche Studien konnten einen engen Zusammenhang zwischen Selbstwirksamkeit
und dem Unterrichtsverhalten von Lehrkräften und ihren Einstellungen zum Beruf
nachweisen (vgl. im Folgenden Tschannen-Moran, Woolfolk Hoy & Hoy, 1998;
Woolfolk & Burke-Spero, 2005). Lehrer mit hohen Selbstwirksamkeitserwartungen
fühlen sich ihrem Beruf verpflichteter (Coladarci, 1992; Evans & Tribble, 1986;
Trentham, Silvern & Brogdon, 1985), besitzen eine größere Berufszufriedenheit
(Caprara, Barbaranelli, Borgogni & Steca, 2003), wechseln seltener in andere Berufe
(Burley, Hall, Villeme & Brockmeier, 1991; Glickman & Tamashiro, 1982), zeigen

größeren Enthusiasmus für den Unterricht (Allinder, 1994; Guskey, 1984; Hall, Burley, Villeme & Brockmeier, 1992) und ein größeres außerunterrichtliches Engagement
(Schmitz & Schwarzer, 2002; Somech & Drach-Zahavy, 2000). Selbstwirksamkeitserwartungen beeinflussen offensichtlich auch unmittelbar die Planung und Durchführung
von Unterricht, insbesondere im Hinblick auf konstruktives Unterstützungsverhalten
(vgl. Baumert & Kunter, 2006). So sind Lehrkräfte mit ausgeprägten Selbstwirksamkeitserwartungen weniger kritisch gegenüber Schülern, die Fehler machen (Ashton &
Webb, 1986), betrachten leistungsschwache Schüler weniger als Störquelle (vgl. Ross,
1995), kümmern sich stärker um leistungsschwache Schüler (Gibson & Dembo, 1984)
und neigen weniger dazu, schwierige Schüler auf Sonderschulen zu verweisen (Meijer
& Foster, 1988; Podell & Soodak, 1993; Soodak & Podell, 1993). Sie sind stärker davon überzeugt, schwierige Schüler durch zusätzliche Unterstützung und angemessene
Methoden unterrichten zu können, die Unterstützung der Familie zu gewinnen und
durch effektives Unterrichten die negativen Einflüsse der Lebenswelt dieser Schüler
kompensieren zu können (Gibson & Dembo 1984, vgl. Bandura, 1997, S. 240). Ihre
Klassenführung ist offensichtlich eher durch positive Erwartungen, Zutrauen und
Schülermitsprache und weniger durch Kontrolle, Vorgaben und Strafen gekennzeichnet (vgl. Überblick in Schönbächler, 2008). Darüber hinaus sind sie offener für neue
Ideen und innovative Unterrichtsmethoden und scheinen diese auch häufiger einzuset-
zen, um den Bedürfnissen ihrer Schüler besser gerecht zu werden (Berman, McLaughlin, Bass, Pauly & Zellman, 1977; Cousins & Walker, 2000; Guskey, 1988; Stein &
Wang, 1988; Wolters & Daugherty, 2007).

Da Lehrkräfte mit ausgeprägten Selbstwirksamkeitserwartungen stärker an ihre
Schüler und an sich selbst glauben, zeigen sie insgesamt mehr Ausdauer und Persistenz, auch bei Rückschlägen. Darüber hinaus setzen sie sich höhere Ziele als ihre weniger selbstwirksamen Kollegen. Auf Grundlage der vorliegenden Forschungsarbeiten
lässt sich allerdings nur schwer beurteilen, ob das Lehrerverhalten tatsächlich von
Selbstwirksamkeitserwartungen beeinflusst wird oder ob die gefundenen Zusammenhänge nicht durch die umgekehrte Wirkrichtung erklärt werden können. Wie Kunter
und Pohlmann (2009) ausführen, ist es durchaus denkbar, dass Lehrkräfte, die beispielsweise innovative Methoden häufiger einsetzen, im Laufe der Zeit das Gefühl
entwickeln, diese auch angemessen und effektiv anwenden zu können. Zusätzlich zu
den bisherigen Studien, bei denen es sich meistens um Querschnittdesigns handelt, die
darüber hinaus häufig ausschließlich mit Selbstberichten arbeiten, bedarf es demnach
vermehrt Längsschnittdesigns oder (quasi-)experimenteller Untersuchungen.

Eine weitere offene Frage betrifft die Effekte von Selbstwirksamkeit auf die Lernbereitschaft von Lehrkräften. Diesbezüglich sind unterschiedliche verhaltenssteuernde
Wirkungen denkbar. Hoch selbstwirksame Lehrkräfte könnten einerseits dazu neigen,
sich Herausforderungen vermehrt zu stellen. Andererseits könnten überhöhte Selbstwirksamkeitserwartungen auch verhindern, dass Lehrkräfte ihre eigene berufliche
Entwicklung kritisch reflektieren und aktiv nach Lerngelegenheiten zur Verbesserung

ihrer Fähigkeiten suchen. Zweifel an den eigenen Fähigkeiten könnten ebenso positiv wirken, indem die Bereitschaft zur Reflexion, die Motivation zum weiteren Lernen und die Zusammenarbeit mit Kollegen gefördert werden. Empirisch ist diese Frage bislang noch nicht beantwortet (vgl. Kunter & Pohlmann, 2009; s. auch Wheatley, 2002).

2.4.3.3 Lehrer-Selbstwirksamkeit und Schülerverhalten im Unterricht

Mehrere Studien konnten nachweisen, dass Lehrer-Selbstwirksamkeit als eine der wenigen Lehrervariablen positiv mit Schülerleistungen korreliert (Armor et al., 1976; Ashton & Webb, 1986; Moore & Esselman, 1992; Ross, 1992; vgl. Woolfolk, 2008, S. 408). Dabei wird ein umso größerer Zusammenhang angenommen, je jünger die Schüler sind, da u.a. deren Überzeugungen in die eigenen Fähigkeiten noch relativ instabil sind. Anderson, Greene und Loewen (1988) bestätigten diese Vermutung. In ihrer Studie kamen sie zu dem Ergebnis, dass Lehrer-Selbstwirksamkeit bei jüngeren Schülern einen wesentlich stärkeren Prädiktor für schulische Leistungen darstellt als bei älteren Schülern (vgl. Bandura, 1997, S. 242). Zusammenhänge zwischen Lehrer-Selbstwirksamkeit und Schülerleistungen konnten mittlerweile auch für kollektive Wirksamkeitsüberzeugungen von Lehrkräften belegt werden (Goddard, Hoy & Woolfolk Hoy, 2000; Hoy, Sweetland & Smith, 2002). Darüber hinaus existieren Studien, die zeigen, dass Selbstwirksamkeitserwartungen von Lehrkräften positiv mit der Motivation von Schülern (Midgley, Feldlaufer & Eccles, 1989) und der Selbstwirksamkeit von Schülern (Anderson, Greene & Loewen, 1988) korrelieren.

2.4.3.4 Entwicklung von Lehrer-Selbstwirksamkeit

Entwicklung im Studium und in schulpraktischen Ausbildungsphasen: Zur Genese von Lehrer-Selbstwirksamkeit im Studium und in schulpraktischen Ausbildungsphasen liegen bislang nur wenige Studien vor. Die Befunde ergeben darüber hinaus kein einheitliches Bild. Mehrheitlich deuten die Studien darauf hin, dass Selbstwirksamkeitserwartungen im Laufe der Lehrerausbildung und in Schulpraktika ansteigen (Fives, Hamman & Olivarez, 2007; Gorrell & Hwang, 1995; Housego, 1992; Knoblauch & Woolfolk Hoy, 2008; Newman, Lenhart, Moss & Newman, 2000; Wenner, 2001; Woolfolk Hoy & Burke-Spero, 2005).

Einige Untersuchungen konnten indessen keine Veränderungen nachweisen oder berichten von einem Rückgang der Selbstwirksamkeitserwartungen (Lin & Gorrell, 2001; Plourde, 2002). Teilweise treten beide Effekte gleichzeitig auf: In einer Untersuchung von Hoy und Woolfolk (1990) stieg die „personal teacher efficacy" bei Studierenden im Schulpraktikum, während die „general teacher efficacy" zurückging. Zum gleichen Ergebnis kam auch die Studie von Li und Zhang (2000). Schulte (2008), die Studierende vor und während eines Blockpraktikums befragte, ermittelte bei der eindimensionalen Erfassung von Lehrer-Selbstwirksamkeit mit dem Instrument von Schwarzer und Schmitz (1999) keine signifikanten Veränderungen. Mit einer gleich-

zeitig eingesetzten, selbst entwickelten multidimensionalen Skala konnte die Autorin
dagegen signifikante Anstiege in drei der fünf Subskalen (Unterrichten, Leistungsbeurteilung, Diagnostische Kompetenz) nachweisen. Keine signifikanten Veränderungen
gab es in den Bereichen „Kommunikation und Konfliktlösung" sowie „Coping". Nach
Ansicht der Autorin legen die Befunde der Studie nahe, Selbstwirksamkeitserwartungen von Lehrkräften multidimensional zu erfassen, wobei die Ergebnisse noch an größeren Stichproben repliziert werden sollten (vgl. ebd., S. 111).

Einige der beschriebenen Diskrepanzen in den Untersuchungsbefunden liegen offensichtlich in unterschiedlichen Erhebungsmethoden und Studiendesigns begründet
(s. auch Tschannen-Moran & Woolkfolk Hoy, 2001). So stellte in der Studie von Hoy
und Woolfolk (1990) das Praktikum die erste tatsächliche Unterrichtserfahrung für die
Studierenden dar, während die Studienteilnehmer in der Untersuchung von Woolfolk
Hoy und Burke-Spero (2005) über einen längeren Zeitraum unterrichtliche Erfahrungen machen konnten und erst anschließend ihr Blockpraktikum absolvierten. Untersucht wurde hier der Entwicklungsverlauf von Lehrer-Selbstwirksamkeit von Beginn
eines lehramtsbezogenen Studiums, das zum Master of Education führt, bis zum Ende
des ersten Jahres der Berufstätigkeit. Die Studierenden absolvierten ihre universitäre
Ausbildung nach einem Modell der sog. Professional Development Schools, das theoretische Ausbildungsanteile mit längeren Praxisphasen an einer Schule (anfänglich drei
Tage pro Woche, später ein zehnwöchiges Blockpraktikum) kombiniert. Die Erhebungen fanden zu Beginn des Studiums, nach Beendigung des Blockpraktikums sowie
nach einjähriger Berufstätigkeit statt. Die Längsschnittstudie ermittelte im Gegensatz
zu der Studie von Hoy und Woolfolk (1990) einen Anstieg sowohl der „personal
teaching efficacy" als auch der „general teaching efficacy" im Verlauf des Studiums
bis zum Ende des Schulpraktikums, jedoch einen Rückgang innerhalb des ersten
Berufsjahres.

Neben den inkonsistenten Forschungsbefunden im Hinblick auf die Entwicklungsverläufe von Lehrer-Selbstwirksamkeit innerhalb der Ausbildung ist weiterhin noch
nicht hinreichend untersucht, inwiefern sich Unterrichtserfahrungen auf die Lehrer-
Selbstwirksamkeit von Studierenden auswirken und welchen Einfluss Kontextfaktoren
(z.B. die mentorielle Unterstützung) haben. In einer Studie von Capa Aydin und Woolfolk Hoy (2005) korreliert die Anzahl der Unterrichtserfahrungen im Praktikum negativ mit der Lehrer-Selbstwirksamkeit. Die Studie von Schulte (2008) konnte dagegen in
lediglich einer der untersuchten Subskalen („Coping") Unterschiede in der Höhe der
Selbstwirksamkeit bei Studierenden mit bzw. ohne Unterrichtserfahrungen im Praktikum finden. Die Ergebnisse sprechen dafür, dass neben eigenen Erfolgserfahrungen als
auch stellvertretende Erfahrungen (vicarious experiences) im Sinne des Modelllernens
einen nicht unerheblichen Einfluss auf die Entwicklung von Lehrer-Selbstwirksamkeit
in schulpraktischen Ausbildungsphasen haben.

Einen bedeutsamen Kontext bilden offensichtlich auch die Betreuung während des
Praktikums und die Beziehungsqualität zum Mentor. Sowohl Studierende, die von ei-

ner positiven Beziehung zu ihrem Mentor berichteten als auch Studierende, die eine bessere Unterstützung beim Unterrichten während des Praktikums wahrgenommen haben, wiesen in der Studie von Capa Aydin und Woolfolk Hoy (2005) signifikant höhere Selbstwirksamkeitserwartungen auf. Der Befund konnte auch von Schulte (2008) repliziert werden: Studierende, die sich im Praktikum von ihrem Mentor besser unterstützt fühlten, zeigten höhere eindimensional erfasste Selbstwirksamkeitserwartungen sowie höhere Erwartungen in den Bereichen Leistungsbeurteilung, Kommunikation und Konfliktlösung sowie Anforderungen des Lehrerberufs (vgl. ebd., S. 102). Li und Zhang (2000) konnten zeigen, dass Praktikanten, die ihren Mentor als hoch selbstwirksam wahrgenommen haben, über signifikant höhere generelle Lehrer-Selbstwirksamkeitserwartungen verfügten als ihre Kommilitonen.

Unterrichtserfahrungen in Schulpraktika scheinen sowohl günstige als auch abträgliche Wirkungen auf die Selbstwirksamkeitserwartungen von Studierenden haben zu können, je nachdem welche Erfahrungen gemacht werden, wie diese mentoriell vor-, nachbereitet und begleitet werden und wie diese letztlich individuell verarbeitet werden. Insbesondere in wenig betreuten und unzureichend angeleiteten Blockpraktika kann die Erfahrung der Komplexität unterrichtlicher Handlungsstrukturen dazu führen, dass sich Kompetenzerwartungen von Studierenden verringern. Bedeutsam für eine günstige Entwicklung von Selbstwirksamkeitserwartungen in hochschulischen Praxisphasen erscheint vor allem das schrittweise Heranführen von Studierenden an das auch als „Handeln unter Druck" (Wahl, 1991) beschriebene professionelle Unterrichtshandeln und das Setzen von erreichbaren Teilzielen (z.B. durch die Übernahme von unterrichtlichen Teilaufgaben). Auf die Wichtigkeit von hinreichender Unterstützung und angemessenem Feedback für die Entwicklung von Selbstwirksamkeit hat Bandura (1997) dezidiert aufmerksam gemacht. Das Ausmaß an Unterstützung während der ersten Unterrichtserfahrungen von Studierenden stellt offensichtlich einen wichtigen protektiven Faktor für die Lehrer-Selbstwirksamkeit dar. Folglich betonen auch Tschannen-Moran (1998) in ihrem Review-Artikel zur Selbstwirksamkeit von Lehrkräften:

„Teacher preparation programs need to give preservice teachers more opportunities for actual experiences with instructing and managing children in a variety of contexts with increasing levels of complexity and challenge to provide mastery experiences and specific feedback. An apprenticeship approach – whereby the complex task of teaching is broken down into its elements and an apprentice teacher is allowed to work on developing one set of skills at a time – should encourage a compounding sense of efficacy over various contexts and skills. Performance feedback (verbal persuasion) early in learning that highlights the positive achievements of the apprentice teacher and that encourages emphasis on attributions that are controllable and variable (e.g., effort and persistence) will have a positive effect on the development of efficacy beliefs" (S. 235).

Entwicklung im Beruf: Die wenigen vorliegenden Befunde zur Entwicklung von Lehrer-Selbstwirksamkeit im Berufsverlauf deuten darauf hin, dass Selbstwirksamkeitserwartungen von Berufsanfängern durch die Erfahrungen des sog. Praxisschocks (Müller-Fohrbrodt, Cloetta & Dann, 1978; s. auch Weinstein, 1988) zunächst zurückgehen (Woolfolk Hoy & Burke-Spero, 2005). Ob Selbstwirksamkeitserwartungen anschließend stabil bleiben, ansteigen oder weiter absinken, lässt sich aus den zum Teil widersprüchlichen Forschungsbefunden nicht eindeutig bestimmen. Vergleiche zwischen Berufsanfängern und berufserfahrenen Lehrkräften zeichnen vielmehr ein inkonsistentes Bild: Während Pigge und Marso (1993) keine Unterschiede zwischen beiden Gruppen feststellen konnten, berichten Brown und Gibson (1982) von einer geringeren Lehrer-Selbstwirksamkeit bei berufserfahrenen Lehrkräften. Hoy und Woolfolk (1993) sowie Schmitz (1998) kommen dagegen zum umgekehrten Ergebnis. Auch die jüngere Studie von Tschannen-Moran und Woolfolk Hoy (2007) ermittelte bei berufserfahrenen Lehrkräften im Vergleich zu berufsunerfahrenen Lehrkräfte signifikant höhere Selbstwirksamkeitserwartungen in der Gesamtskala sowie in zwei der drei Subskalen (instructional strategies, classroom management). Auf der Subskala „student engagement" konnten keine signifikanten Unterschiede zwischen den Gruppen festgestellt werden. Die Studie von Ross (1994) legt weiterhin nahe, dass Selbstwirksamkeitserwartungen im Laufe der beruflichen Entwicklung zunehmend stabiler und veränderungsresistenter werden.

Einflüsse auf die Entwicklung: Den stärksten Einfluss auf die Entwicklung von hohen Lehrer-Selbstwirksamkeitserwartungen scheinen eigene Erfolgserfahrungen beim Unterrichten zu haben, wobei insbesondere für Berufsanfänger Feedback von Schülern in Form von Engagement und Enthusiasmus sowie Zuspruch und Ratschläge durch Kollegen eine wichtige Rolle spielen (Mulholland & Wallace, 2001; Tschannen-Moran & Woolfolk Hoy, 2007). Selbstwirksamkeitserwartungen steigen, wenn Lehrkräfte ihr unterrichtliches Handeln als erfolgreich erleben und dadurch zukünftiges erfolgsversprechendes Handeln von sich erwarten. Woolfolk Hoy und Burke-Spero (2005) konnten einen signifikanten Zusammenhang zwischen der Selbstwirksamkeit von Lehrkräften und der Wahrnehmung ihres eigenen Erfolges nachweisen. Je zufriedener die Lehrkräfte mit ihrer beruflichen Leistung waren, desto höher schätzten sie ihre Lehrer-Selbstwirksamkeitserwartungen ein. Lipowsky (2003) konnte darüber hinaus zeigen, dass Lehrer-Selbstwirksamkeit wiederum einen bedeutsamen Prädiktor für die berufliche Zufriedenheit mit der eigenen Kompetenzentwicklung darstellt. Je selbstwirksamer sich Lehrkräfte einschätzen, desto zufriedener sind sie mit ihrer Kompetenzentwicklung (vgl. ebd., S. 372). Die Einschätzung der eigenen Unterrichtsfähigkeiten in einem bestimmten Kontext basiert dabei einerseits auf der Beurteilung der situativen Gegebenheiten (z.B. auf der wahrgenommenen Leistungsfähigkeit und Motivation der Schüler, auf Kontextfaktoren wie das schulische Umfeld oder die kollegiale Unterstützung), andererseits auf der Einschätzung der eigenen Kompetenzen im Hinblick auf die wahrgenommenen Anforderungen (vgl. Tschannen-Moran & Woolfolk

Hoy, 2007). Die Höhe der Selbstwirksamkeit von Lehrkräften kann zwischen Lern-
gruppen und sogar Unterrichtsgegenständen variieren (Ross, Cousin & Gadalla, 1996),
wobei offensichtlich Lehrkräfte in leistungsschwachen Klassen niedrigere Selbstwirksamkeitserwartungen aufweisen als Lehrer in eher leistungsstarken Klassen (Raudenbush, Rowen & Cheong, 1992).

Über die Einflüsse des schulischen Kontextes auf die Entwicklung von Lehrer-
Selbstwirksamkeit ist bislang wenig bekannt. Insgesamt schätzen sich Lehrkräfte in jenen Schulen besonders selbstwirksam ein, in denen sie vielfältige Unterstützung durch
das Kollegium, die Schulleitung erhalten (Capa, 2005; Hoy & Woolfolk, 1993; Woolfolk Hoy & Burke-Spero, 2005), in denen eine positive Schulatmosphäre (Moo-
re/Esselman 1992) und ein Gemeinschaftsgefühl (Lee, Dedick & Smith, 1991) wahrgenommen wird und in denen eine enge kollegiale Zusammenarbeit besteht (Chester &
Beaudin, 1996; Rosenholtz, 1989). Darüber hinaus scheint sich die Beteiligung von
Lehrkräften an Entscheidungsprozessen, die ihre Arbeit betreffen, positiv auf die Entwicklung von Lehrer-Selbstwirksamkeit auszuwirken (Moore & Esselman, 1992;
Newman et al., 1989).

2.5 Zusammenfassung

Das auf Banduras (1977) sozial-kognitiver Lerntheorie basierende Konzept der
Selbstwirksamkeit (engl. self-efficacy) beschreibt die Überzeugung einer Person, eine
konkrete Aufgabe aufgrund der eigenen Fähigkeiten erfolgreich bewältigen zu können.
Es steht im engen Zusammenhang zu anderen Konstrukten selbstbezogener Kognitionen, lässt sich von diesen jedoch insbesondere durch seine handlungsbezogene Komponente abgrenzen. Als eine zentrale personale Ressource regulieren Selbstwirksamkeitserwartungen sowohl die Auswahl von Handlungen und deren Anspruchsniveau als
auch die eingesetzte Anstrengungsbereitschaft und Persistenz, die angestrebten Ziele
zu erreichen. Handlungsleitend werden subjektive Einschätzungen der eigenen Wirksamkeit insbesondere bei schwierigen Anforderungssituationen. Die wichtigsten Quellen für die Herausbildung von hohen Selbstwirksamkeitserwartungen bilden Erfolgserlebnisse in subjektiv bedeutsamen Situationen, auf deren Hintergrund Rückschlüsse
über die eigenen Fähigkeiten und erfolgsversprechenden Handlungsmöglichkeiten
gezogen werden. Personen mit ausgeprägter Selbstwirksamkeit zeigen eine optimisti-
schere Einstellung gegenüber den eigenen Leistungen und Fähigkeiten, interpretieren
Anforderungen eher als Herausforderungen, lassen sich durch Rückschläge weniger
entmutigen und verfügen insgesamt über ein höheres physisches und psychisches
Wohlbefinden als Personen mit niedriger Selbstwirksamkeit. Der Einfluss von Selbstwirksamkeitserwartungen auf kognitive, emotionale und motivationale Prozesse der
Selbstregulation konnte inzwischen überzeugend für unterschiedliche Verhaltensbereiche (z.B. Lern- und Leistungsverhalten, Risiko- und Gesundheitsverhalten) nachgewiesen werden (vgl. Bandura, 1997; Schwarzer & Jerusalem, 2002).

Selbstwirksamkeit lässt sich nach den Dimensionen Spezifität vs. Generalität und Individualität vs. Kollektivität differenzieren, wobei die Selbstwirksamkeitserwartung von Lehrkräften als ein bereichsspezifisches Konzept aufgefasst wird (vgl. Jerusalem, 2005). Im amerikanischen Sprachraum sind hierzu deutlich früher als in Deutschland Forschungsarbeiten entstanden. Tschannen-Moran et al. (1998), die in einem Review-Artikel vor allem ältere Studien zusammenfassen, als auch darauf aufbauende jüngere Überblicksdarstellungen (z.B. Warner & Schwarzer, 2009) verdeutlichen, dass sich die Selbstwirksamkeitserwartung von Lehrkräften auf Methoden- und Zielentscheidungen von Unterricht als auch auf Belastungserleben und die Berufszufriedenheit auswirkt und damit eine bedeutsame Persönlichkeitsvariable darstellt. Als eine der wenigen Lehrervariablen korreliert Lehrer-Selbstwirksamkeit darüber hinaus positiv mit Schülerleistungen, der Motivation und der Selbstwirksamkeit von Schülern. Die Forschungslage ist gleichwohl als unzureichend zu beurteilen – insbesondere auch, weil Lehrer-Selbstwirksamkeit bislang nicht einheitlich konzeptualisiert und operationalisiert wird (genauer Schmitz & Schwarzer, 2000).

Hinsichtlich der Entwicklung von Lehrer-Selbstwirksamkeit innerhalb der Ausbildung und im Berufsverlauf ergeben die wenigen vorliegenden Befunde ein inkonsistentes Bild. Neben eigenen Erfolgserfahrungen beim Unterrichten spielen offensichtlich auch Kontextfaktoren (z.B. die kollegiale Unterstützung, das schulisches Umfeld) eine bedeutende Rolle. In Praxisphasen scheint die Erwartung an die eigene Wirksamkeit tendenziell eher anzusteigen, gleichwohl liegen auch gegenteilige Ergebnisse vor (Überblick in Woolfolk Hoy & Burke-Spero, 2005). Entscheidend für eine günstige Entwicklung ist offensichtlich eine hinreichende Betreuung, ein sukzessives Heranführen an Unterricht und konstruktives Feedback, das variable und kontrollierbare Attributionen fokussiert. Weitere Studien, die insbesondere auch die Nachhaltigkeit von Selbstwirksamkeitsveränderungen über schulpraktische Phasen hinaus in den Blick nehmen, sind erforderlich. Mit der vorliegenden Studie soll der diesbezügliche Forschungsstand erweitert werden, indem die Entwicklung der Lehrer-Selbstwirksamkeitserwartung von Studierenden im Rahmen eines Schulpraktikums sowie die Stabilität dieser Lerneffekte über einen dreimonatigen Zeitraum hinaus untersucht wird (vgl. Kapitel 5.3.6).

3 Schulpraktika in der hochschulischen Lehrerbildung

In den vorherigen Kapiteln wurden die beiden in dieser Studie untersuchten Konstrukte „Kompetenz" und „Selbstwirksamkeit" ausführlich und in einem größeren Gesamtzusammenhang dargestellt (Kapitel 1 und 2). Im Folgenden (Kapitel 3) wird der Fokus speziell auf den Untersuchungsgegenstand des Schulpraktikums als ein zentrales Ausbildungselement hochschulischer Lehrerbildung gelegt. Neben einer historischen Rekonstruktion des Theorie-Praxis-Verhältnisses der Ausbildung von Lehrkräften werden Aufgaben und Zielsetzungen von Praktika im heutigen Lehramtsstudium und ihre unterschiedlichen Arten und Organisationsformen beschrieben sowie ausgewählte Praktikumsmodelle in ihrer curricularen Gestaltung skizziert. Eine Darstellung des Praxisbezugs der Lehrerbildung im internationalen Kontext erweitert die nationale Perspektive und zeigt die Unterschiedlichkeit praxisbezogener Lehrerbildungsprogramme auf. Abschließend wird der aktuelle Forschungsstand zu Schulpraktika, insbesondere zur Lernwirksamkeit referiert, auf dessen Erkenntnissen die vorliegende Studie aufbaut. Die umfassenden Ausführungen zum schulpraktischen Teil in der Lehrerbildung dienen dazu, die vorliegende Studie vor dem Hintergrund der beiden vorangegangen Kapitel theoretisch zu verorten und einen notwendigen mehrperspektivischen Rahmen für die Diskussion der Ergebnisse zu schaffen.

3.1 Entwicklung des Praxisbezugs der Volksschullehrerbildung in Deutschland

Die Entwicklung der deutschen Volksschullehrerbildung wird in bildungshistorischer Perspektive zuweilen als Erfolgsgeschichte eines Aufstiegs beschrieben, an deren Beginn der dürftig angelernte Schulmeister steht und die mit dem universitär ausgebildeten (Fach-)Lehrer kontrastiv endet. In diesem Prozess der zunehmenden Akademisierung und Verwissenschaftlichung des Berufsstandes erscheinen schulpraktische Ausbildungselemente nicht selten als „Überrest" einer eben wenig professionalisierten, in den Anfängen gar dilettantischen Lehrerbildung. Die vor allem aus den eigenen Standesreihen der Volksschullehrer postulierte, später konzeptionell verankerte Einbindung theoretischer Ausbildungselemente in die Lehrerbildung institutionalisierte nicht nur den Berufsstand bei entsprechender Anhebung des sozialen Status. Theorie wurde seither auch als etwas zur Praxisorientierung der Ausbildung Dichotomes gesehen, das sich als wirksamer Bestandteil der Lehrerbildung erst legitimieren musste und den Beginn der immer wiederkehrenden Debatte um die Theorie-Praxis-Relation der Lehrerbildung markierte.

Eine historische Rekonstruktion dieses Verhältnisses macht nicht nur die bislang ungelöste Theorie-Praxis-Problematik der Lehrerbildung verständlicher, sie verdeutlicht auch den Funktionswandel und die unterschiedliche Gewichtung von Praxis im

Lehramtsstudium von einer zunächst unmittelbar berufsqualifizierenden hin zu einer heute vor allem berufserprobenden und berufserkundenden Funktion.

3.1.1 Praxisbezug in der Beginnphase der Professionalisierung des Lehrerberufs

Bevor im letzten Drittel des 18. Jahrhunderts das niedere Lehramt als organisierte Ausbildung entwickelt wurde, basierte die Lehrtätigkeit – wenn überhaupt – auf Anlernprozessen. Der Novize ging in die Lehre eines Pfarrers oder Schulmeisters (erst im 19. Jahrhundert wurde der Begriff Schullehrer eingeführt) und lernte durch Beobachtung und Nachahmung sowie aus eigenen Erfahrungen beim Unterrichten. Eine geregelte Ausbildung fehlte ebenso wie Eingangsvoraussetzungen und Qualifikationen für den Berufszugang. Bewerber um eine Lehrerstelle mussten sich höchstens einer Prüfung (Examen pro loco) unterziehen, in der Kenntnisse im Lesen, Schreiben, Singen und Rechnen geprüft wurden.

Wie schlecht die Vorbildung bei den Kandidaten oftmals war, ist in Prüfungsprotokollen anschaulich beschrieben (u.a. Bölling, 1983; Sauer, 1987). Aus heutiger Sicht mögen diese Protokolle befremdlich, in gewisser Weise humoristisch erscheinen. Vielleicht gehören sie auch deshalb zu den häufig zitierten Dokumenten jener Epoche der Lehrerbildungsgeschichte. Doch sie zeigen deutlich den Kontrast zum aktuellen Lehrerbild: Schuster, Weber, Schneider, Kesselflicker, ein invalider Unteroffizier, meist selbst kaum des Lesens, Schreibens und Rechnens mächtig – das waren zum Beispiel die Bewerber um eine Lehrerstelle. So ungebildet und als Lehrer unbrauchbar die Kandidaten aus gegenwärtiger Perspektive wirken, sie stellten in der damaligen Zeit keine Ausnahmen dar. Der Lehrerberuf wurde überwiegend als Nebentätigkeit zu handwerklichen Berufen ausgeübt. Vor allem in Süddeutschland organisierten sich Schulmeisterzünfte, die nicht zuletzt das „handwerkliche" Selbstverständnis dieser Lehrerschaft dokumentieren. Häufig übernahmen auch Küster ein Schulamt, wobei die kirchliche Funktion bis ins 19. Jahrhundert der wichtigere Teil des Doppelamtes blieb (vgl. Sauer, 1987; s. auch Seemann, 1964).

Von einem Theorie-Praxis-Verhältnis kann in der Ausbildungsform der Meisterlehre nicht gesprochen werden, denn Praxis bildete das konstitutive und meist alleinige Lernfeld (vgl. Bennack, 1989). Das Wissen zum Unterrichten beschränkte sich im Wesentlichen auf berufspraktische Fertigkeiten, erworben durch Belehrung bzw. Anschauung von Musterlektionen des Schulmeisters und deren reproduzierende Umsetzung in eigenes Lehrerhandeln (vgl. Homfeld, 1978). Allenfalls wurde das Lernen in der Praxis durch zunfteigene Methoden im Sinne von „rezepthaften" Regeln ergänzt. Praxis hatte in dieser frühen Phase der Lehrerbildung eine unmittelbar berufsqualifizierende Funktion. Erst mit der späteren Einbindung theoretischer Ausbildungselemente in die Lehrerbildung konnten Praxisanteile als eigenständige Praktikumsformen entstehen.

3.1.2 Praxisbezug in der seminaristischen Phase der Lehrerbildung

3.1.2.1 Die Preußischen Regulative

Im Verlauf des 19. Jahrhunderts entwickelte sich von Preußen ausgehend das Lehrerseminar zu einer institutionalisierten, staatlich geregelten Ausbildungsform für das niedere Lehramt und löste die handwerklich geprägte Meisterlehre ab (vgl. hier wie im Folgenden Keck, 1989; s. auch Sandfuchs, 2004). Erste Seminargründungen lassen sich bereits im 18. Jahrhundert nachweisen. Sie entstanden entweder in Verbindung mit neugegründeten Waisenhäusern (z.b. 1707 bei August Hermann Francke in Halle), weitgehend selbstständig mit der Gründung bzw. Stiftung von Armen- und Freischulen oder in Verbindung mit bestehenden Gymnasien bzw. Realschulen. In den katholischen Gebieten setzten sich zudem sog. Normalschulen als Variante zu den Lehrerseminaren durch, in denen methodische Fertigkeiten in mehrwöchigen Kursen vermittelt wurden.

Nach einer Phase der seminaren Profilbildung von 1750-1800 gilt das 19. Jahrhundert als die eigentliche Entwicklungsphase des seminaristischen Ausbildungswesens, das in der Zeit nicht nur erheblich ausgebaut wird (1811 existierten in Preußen 15 Seminare, bis 1871 stieg die Anzahl auf 81), sondern sich im Zuge der Preußischen Regulative (1854) als weitgehend einheitliches Lehrerbildungskonzept herausbildete: Das zweijährige grundständige Lehrerseminar wurde als Ausbildungsinstitution für Volksschullehrer festgelegt und sowohl inhaltlich als auch in seinen Zielen normiert.

Preußen beendete mit den Regulativen zwar die bis dahin existierende konzeptionelle Vielfalt der Seminare (unterschiedlich lange Ausbildungszeiten sowie stark durch ihre Gründer und Direktoren bestimmte Lehrpläne). Die Lehrerbildung aber wurde deutlich erkennbar auf ein traditionelles, religiös fundiertes Konzept festgeschrieben. Die zukünftigen Lehrer sollten

> „zum einfachen und fruchtbringenden Unterricht in der Religion, im Lesen und in der Muttersprache, im Schreiben und Rechnen, Singen, in der Vaterlands- und Naturkunde (...) theoretisch und praktisch befähigt werden (...). Nicht diejenige Bildung, welche in einzelnen Fällen von einem Lehrer für eine gehobene Stadtschule gefordert werden mag; sondern die Bildung und das Können, welches das Schulehalten in der gewöhnlichen, aus einer Klasse bestehenden Elementarschule von dem Lehrer erfordert, ist die von allen Zöglingen zu erreichende Aufgabe des Seminars" (Stiehl, 1854, S. 5-6).

Dazu wurde das in den Seminaren vermittelte Wissen funktional auf die zu beherrschenden Inhalte des Volksschulunterrichts ausgerichtet und deutlich beschränkt. So ersetzte z.b. der wöchentlich zweistündige Kurs Schulkunde die Fächer Pädagogik, Methodik, Didaktik, Anthropologie und Psychologie. Eine allgemeine bzw. weiterführende Bildung der Seminaristen über das Niveau der Volksschule hinaus erschien (abgesehen für den Unterricht in Religion und deutscher Sprache) angesichts der Maxime einer unmittelbaren Einübung in die Berufspraxis nicht nur überflüssig, sondern im

Hinblick auf die Sicherung der feudal-monarchistischen Machtverhältnisse des Staates sogar riskant. In diesem Zusammenhang wird auch verständlich, warum die Seminare überwiegend als Internate mit einer starken Betonung religiös-moralischer Erziehung organisiert waren und der Tagesablauf sogar bis hin zur Privatlektüre der Seminaristen kontrolliert und reglementiert wurde.

Die restriktiven Bestimmungen der Regulativpolitik, die zum Muster für andere deutsche Länder wurden, empfanden nicht nur Zeitgenossen (vor allem die städtische Lehrerschaft) als anachronistisch, machten sie doch liberale Reformbestrebungen im Zuge der 1848er Bewegung zunichte, die eine stärkere Verwissenschaftlichung der Lehrerbildung forderten; eine Bildung, die so Ludwig Natorp über „handwerkliche Abrichtung" hinausgehen sollte (zit. nach Neumann & Oelkers, 1984, S. 231). Auch die historische Bildungsforschung deutete die Regulative meist kulturkritisch als einen „dunkle[n] Fleck in der Geschichte der deutschen Volksschule" (Spranger, 1944, zit. nach Sauer, 1987, S. 58), als „Inbegriff klerikal-reaktionärer Schulpolitik" (Bölling, 1983, S. 58) und als schulpolitischen „Rückschlag" (Reble, 1989, S. 263). Wenngleich aus einer modernisierungstheoretischen Perspektive inzwischen ein differenziertes Bild gezeichnet wird, das die Fortschritte der eingeführten Ausbildungsstandards gerade für die rückständigen Landschulen herausstellt (u.a. Keck, 1989; Sandfuchs, 2004; Sauer, 1987; Tenorth, 1987), bleiben die Auswirkungen der Regulativpolitik bis heute kontrovers diskutiert (ausführlicher Kemnitz & Ritzi, 2005).

Betrachtet man den Theorie-Praxis-Bezug der regulativisch normierten Lehrerbildung genauer, so lässt sich eine spezifische Form der Praxisorientierung beschreiben, die aus der Unterscheidung von institutionell geregelter Berufsvorbereitung und Berufstätigkeit hervorgegangen ist: Der Theorieunterricht wurde ergänzt durch Praktika an sog. Übungs- oder Musterschulen, die an die meisten Seminare angegliedert waren. Die Seminaristen verbrachten mehrwöchige Praktika in den Schulen und hospitierten bzw. unterrichteten mehrmals in der Woche in den Klassen eines Übungslehrers, der teilweise gleichzeitig als sog. „Methodiklehrer" praxisnahen, nicht wissenschaftlich begründeten „Methodikunterricht" am Seminar erteilte. Dabei übernahmen sie zunächst begrenzte Teilaufgaben (z.B. Vorlesen, Tafelanschriften), bis sie später eigenverantwortlich unterrichten konnten. Die gehaltenen Stunden wurden anschließend in einer „Konferenz" besprochen, wobei zunächst der Praktikant eine Selbstkritik äußerte (vgl. Schüpbach, 2007). Seemann (1964) weist darauf hin, dass sich die praktische Ausbildung in Musterschulen auf das Hospitieren und einzelne Probestunden beschränkte, während die Seminaristen an Übungsschulen den gesamten Unterricht zu erteilen hatten.

Trotz der curricularen Verbindung theoretischer und praktischer Ausbildungselemente, kann von einer gegenseitigen „Durchdringung" von Theorie und Praxis in der seminaristischen Lehrerbildung kaum gesprochen werden. Die Ausbildung war in hohem Maße berufspraktisch ausgerichtet und zielte auf Einübung und unmittelbare Anwendung des Gelernten. Dabei stand die Praxis der Übungsschule nicht nur im Mittelpunkt der Ausbildung, sie bestimmte auch deren theoretische Inhalte. Der Seminarist sollte befähigt werden, alle Fächer der Volksschule zu unterrichten. Eine tiefergehende Wissensvermittlung oder gar eine Hinterfragung der Praxis durch Theorie war unerwünscht. Stattdessen sollte die Übungsschule „den Seminarunterricht vor Abstraktion (...) bewahren und die Zöglinge sofort zur praktischen Anwendung des theoretisch Erlernten" befähigen (Stiehl, 1854, S. 7). Entsprechend vermittelte der Theorieunterricht vor allem relativ einfache Erklärungs- und Anleitungsschemata, die unmittelbar in die Praxis übertragbar waren und so den Eindruck eines kongruenten Theorie-Praxis-Verhältnisses vermitteln konnten (vgl. Neumann & Oelkers, 1984).

Ideengeschichtlich weiterreichende Überlegungen zu einer stärker theoriegeleiteten Lehrerbildung, wie sie in der wissenschaftlichen Pädagogik des 19. Jahrhunderts und in programmatischen Schriften maßgebender Theoretiker der Volksschullehrerbildung angelegt waren, fanden realgeschichtlich keine Umsetzung. So muss das Theorie-Praxis-Verhältnis der Lehrerseminare eher im Sinne einer Handlungslehre gesehen werden, was sich nicht zuletzt in dem zu jener Zeit bewusst gebrauchten Begriff „Schulung" widerspiegelt (vgl. Beckmann, 1968).

3.1.2.2 Die „Allgemeinen Bestimmungen" von 1872 und Prüfungsordnungen von 1901

Die unkritische Praxisorientierung der seminaristischen Lehrerbildung blieb auch bestehen, als 1872 die Regulative durch die preußischen „Allgemeinen Bestimmungen" ersetzt wurden. Zwar lässt sich mit der Verbesserung der Volksbildung (mehrklassige Schulen, Erweiterung des Lehrplans) ebenso eine quantitative wie qualitative Weiterentwicklung in der Lehrerbildung konstatieren (dreijährige Seminarform mit normierter, an das Seminar curricular und organisatorisch angebundener Präparandenbildung, Einführung einer Fremdsprache, anders gewichtete Fächer, Pädagogik und Psychologie als wissenschaftliche Ausdifferenzierung der bisherigen Schulkunde), doch insgesamt gesehen verharrte die Ausbildung weiterhin auf dem Niveau einer „Berufsschule" (Sauer, 1987, S. 51) mit einem Seminarunterricht, der sich nach wie vor am Lehrplan der Volksschule orientierte und als Modell für die spätere Lehrtätigkeit fungierte.

Erst mit den Prüfungsordnungen vom 1. Juli 1901 wurde das Ausbildungsniveau der Seminaristen deutlich gesteigert. Die neuen Lehrpläne erweiterten die pädagogischen und fachmethodischen Ausbildungsanteile und gaben dem Fachunterricht stärkeres Gewicht, der sich zudem nicht mehr am Lehrplan der Volksschule orientierte und so die Allgemeinbildung der Seminaristen auf ein höheres Niveau hob. Korrespondierend zur Erhöhung des Theorieanteils der Ausbildung wurde der von den Seminaristen zu erteilende eigenverantwortliche Unterricht an den Übungsschulen um 4 auf 4-6 Wochenstunden im letzten Ausbildungsjahr reduziert. Zusammen mit weiteren 4 Stunden für Lehrproben und Lehranweisungen sowie zusätzlichen Hospitationsstunden bei anderen Seminaristen waren so wöchentlich 14-16 Stunden von ungefähr 33-35 Wochenstunden für die schulpraktische Ausbildung vorgesehen. Im ersten Jahr fand ausschließlich Theorieunterricht statt. Erst ab dem zweiten Jahr wurden die Seminaristen zum Unterrichten an den Übungsschulen angeleitet (vgl. Beckmann, 1968).

Wenngleich die Fachbildung weiterhin ohne wissenschaftliche Bezüge stattfand, Theorie eher auf Methodik und „Regelgebung" (Beckmann, 1968, S. 57) reduziert wurde und die schulpraktische Ausbildung immer noch großen Raum einnahm, so lässt sich doch feststellen, dass sich das Theorie-Praxis-Verhältnis der seminaristischen Lehrerbildung zu Beginn des 20. Jahrhunderts in Richtung einer stärkeren Theoretisierung verschoben hat und zu einer deutlicher als zuvor erkennbaren Trennung von schulpraktischer und theoretischer Ausbildungsphase führte.

3.1.3 Praxisbezug in der Phase der Pädagogischen Akademien

Trotz ihrer qualitativen Verbesserungen genügten die Lehrerseminare nicht mehr den Anforderungen eines modernen Bildungswesens der Weimarer Republik (vgl. Bölling, 1983, S. 109). Befördert durch die Volksschullehrerbewegung, reformpädagogische Impulse, auch durch die Entwicklung pädagogischer Theorien im Zuge der Herausbildung einer relativ eigenständigen Erziehungswissenschaft seit Ende des 19. Jahrhunderts (vgl. ausführlich Reble, 1989), wurde 1919 mit Art. 143 Abs. 2 der Weimarer Verfassung die rechtliche Grundlage zur Abschaffung der obsolet empfundenen Lehrerseminare geschaffen: „Die Lehrerbildung ist nach den Grundsätzen, die für die höhere Bildung allgemein gelten, für das Reich einheitlich zu regeln" (zit. nach Beckmann, 1968, S. 107). Bekanntlich wurde aus finanziellen Gründen zu diesem Verfassungsartikel kein entsprechendes Reichsgesetz erlassen, wodurch es zu einer bis dahin nicht gekannten „Zersplitterung der Volksschullehrerbildung" (Bölling, 1983, S. 110) mit länder- und standortspezifischen Ausbildungsformen kam. Bayern und Württemberg behielten weitgehend die seminaristische Lehrerbildung bei, Preußen richtete ab 1926 Pädagogische Akademien ein (viersemestriges Studium mit Abitur als Zugangsvoraussetzung); Sachsen, Thüringen, Hessen, Hamburg, Mecklenburg, Schwerin sowie Braunschweig schlossen ihre Volksschullehrerbildung Universitäten und Technischen Hochschulen an (vgl. Sandfuchs, 2004).

Hinsichtlich des Theorie-Praxis-Bezugs der hochschulischen Ausbildungskonzepte ist auffällig, dass die schulpraktische Ausbildung meist angliederten Instituten überlassen wurde. Zu einer vollständigen Integration der Volksschullehrerbildung in die Hochschulen und einer systematischen Theorie-Praxis-Verbindung kam es selten. Einzelne Modelle lassen sich dennoch finden, die zeigen, dass in dieser Zeit bereits Ansätze existierten, Schulpraktika in die Ausbildung zu integrieren. So entwickelte Braunschweig ein Modell, in dem die praktische Ausbildung nicht an einem gesonderten Institut stattfand, sondern Bestandteil der Hochschule war. Dafür wurden zwei Professuren für Methodik und Didaktik sowie eine Honorarprofessur für praktische Pädagogik eingerichtet. Angegliederte Versuchs- und Übungsschulen, die den Professoren für Methodik und Didaktik unterstanden, bereiteten die Studierenden schrittweise auf das Unterrichten vor. Auf Hospitationen in den ersten beiden Semestern folgten im dritten und vierten Semester angeleitete Unterrichtsversuche im Umfang von vier Wochenstunden. Im fünften Semester sollten sechs Wochenstunden eigenverantwortlicher Unterricht durchgeführt werden. Außerdem absolvierten die Studierenden zwei Blockpraktika („Landschulpraktika") nach dem dritten und fünften Semester (vgl. Homfeld, 1978).

Während die hochschulischen Ausbildungskonzepte sich durch einen für die Zeit hohen wissenschaftlichen Standard auszeichneten, hatten die Pädagogischen Akademien in Preußen eher den Charakter von höheren Fachschulen (vgl. Sandfuchs, 2004; s. auch Sauer, 1987). Nicht die Auseinandersetzung mit Wissenschaft, sondern die Persönlichkeitsbildung der zukünftigen Lehrkräfte wurde zum bestimmenden Leitprinzip des Studiums. Besonderer Wert wurde darüber hinaus auf ein enges Theorie-Praxis-Verhältnis der Ausbildung gelegt, das nach Beckmann (1968) systematisch befördert wurde durch

▪ die Beschäftigung von Dozenten mit schulpraktischen Erfahrungen,

▪ disziplinübergreifende Teamarbeit der Fächer,

▪ Akademieschulen (als Ablösung der früheren Übungsschulen),

▪ wöchentliche Konferenzen mit den Lehrern der Akademieschulen,

▪ die Verbindung von Vorlesungen mit Unterrichtsversuchen und Übungen.

Die schulpraktische Ausbildung in den Akademieschulen wurde, wie Beckmann (1968) bilanziert, „weniger systematisch gepflegt" und variierte je nach Ausbildungsstandort z.T. erheblich (S. 125). In Altona waren keine Unterrichtsversuche vorgesehen, eigenes Unterrichten wurde durch „freie Unterrichtsbesuche" und durch teilweise betreute sog. „Schulhelferzeiten" in den Schulen ermöglicht. Studierende in Frankfurt/O. mussten dagegen ab dem zweiten Semester drei Wochenstunden selbstständig unterrichten. Besonderes Gewicht gewannen aufgrund der kurzen Ausbildungsdauer von vier Semestern Blockpraktika, die sich Ende der 1920er Jahre in Form von Stadt- und Landschulpraktika durchsetzten, wobei das Stadtschulpraktikum nach dem zweiten, das Landschulpraktikum nach dem dritten Semester absolviert wurde. Für das Landschulpraktikum lassen sich zwei typischen Formen unterscheiden (vgl. Beckmann, 1968):

(1) In der *dezentralisierten Form* fand das zweiwöchige Praktikum im gesamten ländlichen Gebiet statt und sollte eine möglichst intensive Begegnung mit dem Leben in der Gemeinde ermöglichen. Die Studierenden waren meist allein oder zu zweit einer Schule zugeteilt und wurden von einem Dozenten, der etwa 15 Praktikanten betreute, einmal besucht. Nach eintägiger Hospitation sollten die Studierenden bereits eigenständig unterrichten.

(2) In der *zentralisierten Form* verbrachten je ca. 70 bis 75 Studierende ihr Praktikum in einem „Lager" in einem ebenfalls ländlichen, jedoch relativ dicht besiedelten Gebiet und wurden dabei von sechs bis sieben Dozenten der Akademie betreut. Zwei bis drei Praktikanten übernahmen für zwei bis drei Wochen den gesamten Unterricht einer Klasse. Die Nachmittage wurden für Gespräche über die Unterrichtsstunden genutzt oder es fanden weitere sportliche und musische Veranstaltungen statt.

Die schulpraktischen Studienanteile der lokal sehr unterschiedlichen Ausbildungskonzeptionen wurden dem Anspruch einer stärker wissenschaftsbezogenen Ausbildung häufig nicht gerecht. Entgegen der Bildungskonzeption der Pädagogischen Akademien, die schulpraktische Studien als eine Theorie-Praxis-Vermittlung im Sinne Erich Wenigers verstanden, erfüllten die Blockpraktika in der Realität mehr eine berufspraktische Ausbildungsfunktion in der Tradition einer didaktisch-normativen Meisterlehre. Ein zentrales Problem war nicht nur, dass das neue Modell der schulpraktischen Studien auf Mentoren angewiesen war, die eine gleiche oder zumindest ähnliche bildungstheoretische Position wie die Dozenten der Pädagogischen Akademien vertraten, sondern dass die Institutionen in kurzer Ausbildungszeit von meist vier Semestern berufsfertige Lehrer ausbilden mussten (bis 1931 folgte keine weitere Ausbildung nach der ersten Lehrerprüfung). Dadurch definierten nicht nur die Studierenden die schulpraktische Ausbildung als direkte Berufsvorbereitung. Auch der geringe Grad der Verwissenschaftlichung an den Pädagogischen Akademien untergrub die programmatisch gedachte berufspropädeutische Bildung der schulpraktischen Studien und führte dazu, dass die systematische Verknüpfung von Theorie und Praxis, wie sie in der akademischen Lehrerbildung angelegt war, keine adäquate Fortsetzung in den schulpraktischen Ausbildungsphasen fand. So konnten sich zwar eigenständige, aber eben keine akademisierten Praxisformen herausbilden (vgl. Geißler, 1987).

3.1.4 Praxisbezug in der Phase des Nationalsozialismus

Das NS-Regime führte die akademische Volksschullehrerbildung wieder auf seminaristisches Niveau zurück. Die Pädagogischen Akademien wurden zunächst in Hochschulen für Lehrerbildung (HfL) umgewandelt. Auch die universitäre Lehrerbildung musste an diese neuen Institutionen verlagert werden. 1940 ersetzten die Nationalsozialisten die reichseinheitlich geregelte akademische Ausbildung durch die Gründung von Lehrerbildungsanstalten. Für die nun fünfjährige Ausbildung genügte der Volksschulabschluss als Zugangsvoraussetzung, die Bewerber wurden nach parteipolitischen Aspekten ausgesucht und umfassend indoktriniert. Die nach Geschlechtern getrennte und in Internatsform organisierte Ausbildung entsprach eher einer berufspraktischen Unterweisung und machte in kurzer Zeit den bisher erreichten Grad an Professionalisierung der Lehrerbildung zunichte.

3.1.5   Praxisbezug der Lehrerbildung nach 1945

Nach 1945 wurde wieder an die Konzepte der Weimarer Republik angeknüpft (vgl. hier und im Folgenden Sandfuchs, 2004). Die Neuordnung der Lehrerbildung gestaltete sich jedoch durch die zerstörten Ausbildungsstrukturen sowie dem erheblichen Lehrermangel schwierig. Nicht zuletzt aufgrund der verschiedenen Interessen der Besatzungsmächte kam es in den Besatzungszonen zu unterschiedlichen Entwicklungen.

3.1.5.1 Westliche Besatzungszone/Bundesrepublik Deutschland

Die Amerikaner verfolgten den Plan einer drei- bis vierjährigen Lehrerbildung an wissenschaftlichen Hochschulen, dem die britischen und französischen Militärregierungen grundsätzlich zustimmten. Allerdings konnte dieses Vorhaben nicht gegen die Interessen der Länder durchgesetzt werden. Lediglich Berlin folgte den Vorstellungen der Amerikaner; in den übrigen Ländern entstanden unterschiedliche Formen der Lehrerbildung. Bayern lehnte eine Hochschulbildung von Volksschullehrern ab und behielt die seminaristische Ausbildungsform bei, Nordrhein-Westfalen knüpfte an die Tradition der Pädagogischen Akademien an, Hamburg integrierte die Lehrerbildung in die Universität. In Niedersachsen entstanden Pädagogische Hochschulen, deren Lehrerbildung aufgrund ihrer wissenschaftlichen Orientierung bis Ende der 1960er Jahre als vorbildlich in der Bundesrepublik galt und sich als Modell für fast alle Bundesländer durchsetzte. Das in der Regel dreijährige Studium integrierte in unterschiedlichem Umfang schulpraktische Anteile (vor allem Blockpraktika), wobei das in Berlin entwickelte Konzept des sog. „Didaktikums" Beachtung fand: Studierende hospitierten und unterrichteten ein Semester lang etwa 16 Unterrichtsstunden pro Woche an Schulen und wurden dabei von Dozenten der Hochschule angeleitet und betreut (ausführlicher u.a. Beckmann, 1968; Weiß, 1976).

Ab etwa 1970 wurde die Lehrerbildung schließlich – mit Ausnahme von Baden Württemberg – in die Universitäten integriert, nachdem der Deutsche Bildungsrat in seinem „Strukturplan für das Bildungswesen" (1970) eine gemeinsame wissenschaftliche Basis für alle Lehrerberufe postuliert hatte (Lehren, Erziehen, Beurteilen, Beraten und Innovieren als Aufgaben des Lehrers). Schulpraktika wurden als praxisbezogene Ausbildungselemente in die Studiengänge eingeführt. Neben Blockpraktika setzten sich semesterbegleitende Praxisphasen in Kombination mit hochschulischen Lehrveranstaltungen durch. Insgesamt führte die Verwissenschaftlichung der Lehrerbildung zu einer verstärkten Debatte um das universitäre Theorie-Praxis-Verhältnis und festigte den bis heute gültigen Topos der Praxisferne des Lehramtsstudiums.

3.1.5.2 Sowjetische Besatzungszone/Deutsche Demokratische Republik

In der sowjetisch besetzten Zone wurden im Zuge der „Entnazifizierung" große Teile der Lehrerschaft aus dem Schuldienst entlassen und in den ersten Monaten durch

Laienlehrkräfte oder Schulhelfer ersetzt, die ohne Vorbereitung unterrichteten bzw. zuvor einen vier- bis sechswöchigen Kurzlehrgang absolviert hatten (vgl. hier und im Folgenden Kemnitz, 2004). 1946 folgte mit der Einführung der sog. Neulehrerbildung eine in der Regel achtmonatige Ausbildung, für deren Aufnahme es keine einheitlichen Regelungen gab. Der Lehrplan beinhaltete allgemeinbildende, pädagogische, psychologische und unterrichtspraktische Teile. In einigen Neulehrerkursen stand die Auseinandersetzung mit dem Nationalsozialismus oder die Vermittlung von Kenntnissen über Geschichte und Wirtschaft der Sowjetunion im Mittelpunkt. Die Neulehrerbildung, die zunächst als Notlösung für die Lehrerbildung gedacht war, bestand bis 1953.

Parallel fand die Lehrerbildung ab 1945/46 an Pädagogischen Fakultäten der wissenschaftlichen Hochschulen statt. Allerdings wurde die Ausbildung für Unterstufenlehrer bereits Anfang der 1950er Jahre aufgrund sehr geringer Absolventenzahlen an Institute für Lehrerbildung (IfL) verlagert, die den Status von Fachhochschulen hatten und ohne Abitur besucht werden konnten. Mittelstufenlehrer (Klassen 5 bis 8) wurden ab 1953 an neu gegründeten Pädagogischen Instituten, ab 1969 zusammen mit Oberstufenlehrern (Klassen 9 bis 12) an Universitäten und Pädagogischen Hochschulen ausgebildet. Alle Ausbildungsgänge waren einphasig und zeichneten sich durch einen hohen Praxisanteil aus. So beinhaltete das vierjährige Studium an den Universitäten bzw. Pädagogischen Hochschulen verschieden gestufte Blockpraktika (3 bis 15 Wochen Dauer) sowie schulpraktische Übungen in den Unterrichtsmethodiken der beiden Fächer. Das sog. große Schulpraktikum wurde mit Verlängerung des Studiums auf fünf Jahre sogar auf 27 Wochen ausgedehnt und schloss mit einer Prüfung in den beiden Unterrichtsfächern ab. Der schulpraktische Anteil der dreijährigen, später vierjährigen Unterstufenlehrerausbildung war ähnlich strukturiert, aber noch höher als an den Hochschulen und soll fast 25 Prozent des Studiums betragen haben.

Das zweigliedrige Lehrerbildungssystem der ehemaligen DDR bestand bis zur deutschen Wiedervereinigung. Danach wurden die Institute für Lehrerbildung und Pädagogischen Hochschulen aufgelöst und die gesamte Lehrerbildung schließlich nach westlichem Vorbild an die Universitäten angegliedert.

3.1.5.3 Vereinigtes Deutschland

Die Einführung des Vorbereitungsdienstes für Grund-, Haupt- und Realschullehrer, die in den Bundesländern zu unterschiedlichen Zeiten erfolgte (z.B. 1965 Nordrhein-Westfalen, 1980 Berlin), kann als entscheidender Entwicklungsschritt für die veränderte Funktion von Schulpraxis in der ersten Ausbildungsphase gesehen werden. Während bis dahin sowohl an Pädagogischen Hochschulen in Westdeutschland als auch in der einphasigen Ausbildung der ehemaligen DDR „berufsfertige" Lehrer ausgebildet werden mussten, Praktika im Studium damit eine im hohen Maße berufsqualifizierende Funktion zukam, wird diese Aufgabe heute der zweiten Phase zugesprochen (vgl. Terhart, 2000a). Seither steht nicht mehr die Vermittlung beruflicher Handlungskompetenz im Vordergrund hochschulischer Praxisphasen, sondern die Aspekte Berufserkundung und Berufserprobung bilden zentrale Zielbestimmungen (vgl. Topsch, 2004b). Gleichzeitig betont die Verbindung mit universitären Veranstaltungen heute einen stärkeren Wissenschaftsbezug von Schulpraktika, die dadurch als theoretisch begleitetes „Studienfeld" verstanden werden und u.a. in Konzepten forschungsbetonter (u.a. Schneider & Wildt, 2001) und reflexiver Schulpraktika (u.a. Altrichter & Lobenwein, 1999; Seyfried & Seel, 2005; von Felten, 2005) ihre Umsetzung finden (genauer auch Altrichter, 2006; Frenzel, 2006; Roters, Schneider, Koch-Priewe, Thiele & Wildt, 2009).

Die heutige Konzipierung von Schulpraktika als vor allem theoretisch begleitetes „Studienfeld" und damit die wachsende Bedeutung dieses Elements als ein zentraler Ausbildungsbestandteil des Lehramtsstudiums eröffnet aktuell Fragen, ob die Ansprüche, die an Schulpraktika gestellt werden, tatsächlich erfüllt werden. Neben der Intention Theorie und Praxis in schulpraktischen Ausbildungsphasen miteinander in Verbindung zu setzen, interessiert insbesondere, inwiefern sich Schulpraktika als Lernkontext zum Aufbau berufsrelevanter Kompetenzen eignen. Die vorliegende Studie fokussiert diesen letztgenannten Aspekt für den spezifischen Bereich der allgemeindidaktischen Planungskompetenz (vgl. Kapitel 5). Im Folgenden werden die vielfältigen Qualifizierungsfunktionen, die Schulpraktika heutzutage erfüllen sollen, dargestellt.

3.2 Aufgaben und Ziele von Schulpraktika

Schulpraktika bilden in den derzeitigen Lehramtsstudiengängen in Deutschland ein obligatorisches Element. Sie werden sowohl länder-, lehramts- als auch hochschulspezifisch in unterschiedlichen Praktikumsmodellen umgesetzt, wodurch sie inhaltlich und organisatorisch sowie im Umfang zum Teil erheblich differieren (vgl. Kapitel 3.4). Dennoch besteht auf wissenschaftlicher Ebene weitgehende Einigkeit hinsichtlich der Aufgaben und Zielsetzungen von Schulpraktika (u.a. Bennack & Jürgens, 2002; Beyer & Wisbert, 2006; Kiper, 2003; Reinhoffer & Dörr, 2008; Terhart, 2000a; Topsch, 2004a, 2004b; von Martial & Bennack, 2004). Zusammenfassend lassen sich die folgenden drei Bereiche unterscheiden:

- Berufswahlüberprüfung

- Kompetenzerwerb bzw. -erweiterung

- Theorie-Praxis-Verknüpfung

3.2.1 Berufswahlüberprüfung

Ein zentrales Ziel von Praxiserfahrungen im Lehramtsstudium besteht darin, Studierende in ihr künftiges Berufsfeld einzuführen und ihnen dadurch die Möglichkeit zu geben, ihre Berufswahl kritisch zu überprüfen. Im Rahmen eines Praktikums sollen sie sowohl das Aufgabenspektrum des Lehrerberufes als auch die Schule als Institution kennen lernen und sich mit den spezifischen Anforderungen auseinander setzen. Insbesondere eigene, mentoriell angeleitete Unterrichtsversuche, die in der Regel Bestandteil eines Schulpraktikums sind, ermöglichen den Studierenden, sich in der Rolle des Lehrers zu erproben und die Eignung für den Beruf zu reflektieren. Damit wird auch die eigene Sichtweise auf Schule und Unterricht, die noch mehr oder weniger stark von den persönlichen Schulerfahrungen geprägt ist, um eine neue Perspektive erweitert und der wichtige Rollenwechsel von der Schüler- zur Lehrerrolle angebahnt. Eigenverantwortlicher Unterricht ist im Rahmen von Schulpraktika hingegen nicht intendiert, da Studierende in der hochschulischen Ausbildungsphase dafür noch nicht genügend qualifiziert sind.

3.2.2 Kompetenzerwerb bzw. -erweiterung

Eine jüngere Entwicklung im Zuge der Kompetenzorientierung, die besonders seit der Jahrtausendwende die Lehrerbildung bestimmt, besteht darin, dass Ziele von Schulpraktika als Standards operationalisiert und Kompetenzklassen zugeordnet werden (vgl. hierzu die grundlegenden Darstellungen zu Kompetenzen in Kapitel 1.2 und zu Kompetenzen in der Lehrerbildung in Kapitel 1.3). Je nach Klassifikationssystem relevanter Lehrerkompetenzen (vgl. z.B. Arning, 2000; Frey & Balzer, 2003; Neuenschwander, 2004; Oser, 1997a, 1997b, 2001b) kommen verschiedene Kompetenzbereiche in Betracht. Nach Topsch (2004b) ergeben sich durch Schulpraktika Möglichkeiten Kompetenzen zu erwerben bzw. zu erweitern in folgenden Bereichen:

- allgemeindidaktische Kompetenz (Planung, Durchführung und Analyse von Unterricht)
- fachliche, fachdidaktische Kompetenz (u.a. Fachwissen sowie altersorientierte didaktische Reduktion)
- Sozialkompetenz (u.a. Beziehungsaufbau und -erhalt von Lehrer-Schüler-Beziehungen)
- Selbstwahrnehmung (Selbstvergewisserung)

Bedeutsam erscheint insbesondere die Ausbildung besonderer Fähigkeiten zur Beobachtung, Interpretation und Reflexion von Unterricht (vgl. Kapitel 1.3.3). Schulpraktika sollen nicht dazu dienen, unterrichtliche Handlungsmuster im Sinne eines praktischen Trainings unreflektiert zu übernehmen bzw. berufliche Handlungskompetenzen zu entwickeln (u.a. Bennack & Jürgens, 2002; Terhart, 2000a; Topsch, 2004b), sondern sie werden vielmehr als Möglichkeit gesehen, Unterricht systematisch und theoriegeleitet beobachten, analysieren und reflektieren zu können (z.B. durch angeleitete, auf spezifische Fragestellungen fokussierte Beobachtungsaufgaben). Der Erwerb dieser Fähigkeiten, die zu einer wissenschaftlich-reflexiven Haltung gegenüber den Problemlagen der Praxis führen soll, gilt als eine zentrale Voraussetzung für die Kompetenzentwicklung in der hochschulischen Lehrerbildung (Schellack & Lemmermöhle, 2008; Terhart, 2000a).

3.2.3 Theorie-Praxis-Verknüpfung

Mit dem intendierten Erwerb reflexiver Fähigkeiten eng verbunden ist die Funktion von Schulpraktika, Theorie und Praxis miteinander in Beziehung zu setzen. Diese „trivial anmutende Generalthese" (Bennack & Jürgens, 2002, S. 143) steht im Zusammenhang mit dem Ziel hochschulischer Lehrerbildung, einen sog. forschenden Habitus auszubilden, der die vielbeschriebene Kluft zwischen theoretischen und praktischen Ausbildungsanteilen des Studiums (u.a. Altrichter & Hascher, 2005) überwinden oder zumindest verringern soll. Im Sinne einer reziproken Beziehung werden Schulpraktika als Möglichkeit gesehen, wissenschaftliche Theorien an der Schulpraxis zu überprüfen und weiterzuentwickeln sowie gleichzeitig die beobachtete Praxis theoriebezogen kritisch zu reflektieren, wobei die Einbindung der Schulpraktika in die wissenschaftlichen Studien durch genügende Vor- und Nachbereitung sowie Begleitung als wesentliche Bedingung für die hinreichende Lernwirksamkeit von Praxiserfahrungen und deren Verbindung zur Theorie gilt (vgl. Terhart, 2000a; s. auch Bennack, 1989). Vor allem soll dadurch eine unkritische, affirmative Übernahme von unterrichtlichen Handlungsroutinen verringert werden, die dazu beitragen kann, bestehende subjektive Theorien zu verstärken.

Die durch schulpraktische Erfahrungen gewonnenen Erkenntnisse dienen zugleich dazu, Impulse für das weitere Studium (z.B. bezüglich der Studierhaltung oder des Studienaufbaus) zu geben, indem beispielsweise Studieninhalte im Hinblick auf ihre Bedeutung für die Unterrichtspraxis ausgesucht und auf die Umsetzbarkeit in der Praxis hin reflektiert werden (vgl. Beyer & Wisbert, 2006; Terhart, 2000a). Dass die Intention einer Verbindung von Theorie und Praxis allerdings vielfach nicht gelingt, ist inzwischen empirisch belegt (vgl. Kapitel 3.6.2).

3.3 Arten und Organisationsformen von Schulpraktika

Schulpraktika sind in den Lehramtsstudiengängen in verschiedenen Hospitations-, Beobachtungs- und Praktikumsformen organisiert, wobei sich aufgrund unterschiedlicher Konzeptionen und Traditionen vielfältige Bezeichnungen durchgesetzt haben (vgl. hier und im Folgenden Bennack & Jürgens, 2002; Topsch, 2004b; s. auch Hascher, 2007). Inhaltlich lassen sich *allgemeine bzw. erziehungswissenschaftliche Schulpraktika*, die Teile des schulpädagogischen und allgemeindidaktischen Studienbereichs sind, von *Fachpraktika*, die den fachdidaktischen Studienbereichen der studierten Unterrichtsfächer zugeordnet werden, unterscheiden. Darüber hinaus sind in einigen Bundesländern *außerschulische Praktika* (Sozialpraktika, Betriebs-, Vereinspraktika) verpflichtender Studienbestandteil. Während *allgemeine bzw. erziehungs-*

wissenschaftliche Schulpraktika ihren Schwerpunkt im schulpädagogischen und allgemeindidaktischen Bereich haben (Bsp.: Differenzierung im Unterricht, Erziehungsmaßnahmen, Hausaufgaben), liegt der Fokus von *fachdidaktischen Praktika* auf fachspezifischen Inhalten und Methoden (Bsp.: Leseförderung, Bildbetrachtungen im Kunstunterricht, Experimente im Sachunterricht). *Außerschulische Praktika* erweitern die Orientierung in außerschulischen pädagogischen Berufsfeldern und intendieren vor allem eine bewusste Reflexion sowie eine Erweiterung der eigenen sozialen Kompetenzen.

Konzeptionell bzw. funktionell kann zwischen *Hospitations- und Mitwirkungspraktika* unterschieden werden. Je nach Zielsetzung steht entweder stärker die Berufserkundung und Hospitation im Mittelpunkt des Praktikums (z.B. bei sog. Erkundungs-, Einführungs-, Orientierungspraktika) oder der Schwerpunkt liegt auf der Planung und Durchführung von angeleitetem Unterricht (vor allem bei Fachpraktika), wobei beide Formen in einem Praktikum vorkommen können. Insbesondere allgemeine Schulpraktika dienen dazu, auch außerunterrichtliche Aufgabenbereiche des Lehrerberufes (z.B. Konferenzen, Elternabende, Schulfeste) sowie die Schule als Institution kennen zu lernen.

In zeitlicher Hinsicht werden *Blockpraktika*, die in der Regel eine mehrwöchige Dauer haben und teilweise als einsemestrige Schulpraktika (*Praxissemester*) organisiert sind (vgl. Kapitel 3.4.3), von *semesterbegleitenden Praktika* abgegrenzt, die z.B. an einem Vormittag in der Woche (meistens in Kombination mit hochschulischen Lehrveranstaltungen) stattfinden. Sofern Schulpraktika durch spezifische Hochschulveranstaltungen eng mit dem Studium verbunden sind und damit deren stärkerer Wissenschaftsbezug betont wird, hat sich auch der Begriff *Schulpraktische Studien* durchgesetzt (vgl. Beckmann, 1997; Sander, 1996).

Die zeitliche Abfolge der verschiedenen Praktika beginnt in der Regel mit orientierenden bzw. allgemeinen Schulpraktika, die häufig auch eigene Unterrichtsversuche einschließen. Im weiteren Verlauf des Studiums folgen in der Regel ein oder zwei fachdidaktische Praktika, teilweise ein weiteres Blockpraktikum. Die Praktika werden durch universitäre Lehrveranstaltungen mehr oder weniger intensiv vor-, nachbereitet und begleitet, wobei in den letzten Jahren auch Modelle entwickelt wurden (z.B. in Rheinland-Pfalz), die eine engere Zusammenarbeit mit Vertretern der zweiten Ausbildungsphase anstreben (vgl. Kapitel 3.4.2).

3.4 Praktikumsmodelle in Lehramtsstudiengängen

3.4.1 Praxisbezug in gestuften Studiengängen

Die Unterzeichnung der Bologna-Erklärung (1999) mit dem Ziel einen einheitlichen europäischen Hochschulraum zu schaffen, hatte zur Folge, dass die Lehrerbildung in den meisten Bundesländern auf ein gestuftes Bachelor-/Master-System umgestellt wurde. Im Zuge der Reformen kam es zu sehr unterschiedlichen, teilweise hochschul-

spezifischen Studienmodellen, die sich nach der Typologie von Winter (2004) in se-
quenzielle und integrative Konzepte einteilen lassen: Während an einigen Standorten
im Bachelor-Studium ausschließlich Fachwissenschaften und erst in der Master-Phase
Fachdidaktiken und Erziehungswissenschaft studiert werden, orientieren sich die meisten der konsekutiven Konzepte an den bestehenden Modellen grundständiger Lehramtsstudiengänge und integrieren lehramtsspezifische Studienelemente bereits in die
Bachelor-Phase (vgl. zu den Entwicklungen und Modellprojekten genauer Bastian,
Keuffer & Lehberger, 2005; Bellenberg & Thierack, 2003; HRK, 2007).

Die Überführung der Lehrerbildung in eine gestufte Studienstruktur führte zu einer
Modularisierung der Studieninhalte und deren Orientierung an festgelegten Kompetenzen für die spätere Berufstätigkeit. Die individuellen Lehrveranstaltungen, die häufig
auf Interessens- und Forschungsschwerpunkten der Lehrenden basierten und wegen ihrer inhaltlichen Beliebigkeit lange Zeit in der Kritik standen (u.a. Oelkers, 1996), wurden nahezu ausnahmslos durch festgeschriebene Ausbildungsinhalte ersetzt. Für die
Bildungswissenschaften formulierte die KMK im Jahr 2004 erstmals gemeinsame
Standards für die Lehrerbildung, 2008 folgte ein einheitlicher Rahmen für die Fachwissenschaften sowie die Fachdidaktiken (vgl. Kapitel 1.3.2). Mit beiden Dokumenten
wurde der Bildungsföderalismus in bis dahin nicht gekannter Weise überwunden und
eine länderübergreifende Grundlage für die Qualitätsanforderungen der ersten und
zweiten Phase geschaffen.

Die Frage, über welche Kompetenzen künftige Lehrkräfte zur professionellen Be-
rufsausübung verfügen müssen und wie diese am besten zu erwerben sind, veränderte
die Blickrichtung der Lehrerbildung von einer „Input"- zu einer „Output-Orientierung"
und bestimmte auch das Theorie-Praxis-Verhältnis der hochschulischen Phase neu.
Schulpraktische Elemente werden in den Standards für die Bildungswissenschaften als
„Standards für die praktischen Ausbildungsabschnitte" integrativ in den einzelnen
Kompetenzbereichen beschrieben (vgl. Kapitel 1.3.2). Stärker als zuvor rückt mit der
Kompetenzorientierung der Lehrerbildung die Bedeutung der Berufsfähigkeit ins Zentrum des Studiums. Gleichwohl werden die hochschulischen Praxisphasen in beiden
KMK-Beschlüssen begrenzt. Wie bereits in dem sog. Terhart-Gutachten formuliert, ist
es nicht Aufgabe und Ziel der Universitäten berufsfertige Lehrer auszubilden (vgl.
Terhart, 2000a), sondern „ausgehend von dem Schwerpunkt Theorie erschließt die erste Phase die pädagogische Praxis, während in der zweiten Phase diese Praxis und deren theoriegeleitete Reflexion im Zentrum steht" (KMK 2004, S. 4). „Die Vermittlung
mehr unterrichtspraktisch definierter Kompetenzen ist (...) vor allem Aufgabe des Vorbereitungsdienstes; zahlreiche Grundlagen dafür werden aber schon im Studium gelegt
bzw. angebahnt" (KMK, 2008, S. 3).

Schulpraktika sind gegenwärtig Bestandteil in den Lehramtsstudiengängen aller
Bundesländern (vgl. Bellenberg & Thierack, 2003). Sie müssen nach dem KMK-
Beschluss aus dem Jahr 2005 bei einer Umstellung der Lehrerbildung auf die neuen
Studienstrukturen bereits Bestandteil der Bachelor-Phase sein (vgl. KMK, 2005) und

werden in einigen der konsekutiven Studiengänge mit Leistungspunkten gewertet. Hinsichtlich ihrer Ausgestaltung unterscheiden sie sich in der Regel nicht von den bisherigen Formen grundständiger Studiengänge (Tages- oder Blockpraktika bzw. semesterbegleitende Praktika), wurden aber in den meisten neuen Modellen in ihrem Umfang erhöht. Zudem sind die Praxisanteile teilweise ein Element der sog. Professionalisierungsbereiche, die je nach Standort unterschiedliche lehramtsspezifische bzw. vermittlungswissenschaftliche Studienanteile integrieren und entsprechend verschieden bezeichnet werden (z.b. Berufswissenschaften, Bildungswissenschaft, Professionalisierungsbereich, General Studies). Damit sind die Praktika – anders als in anderen Konzeptionen – Studienmodulen zugeordnet. Theoriebasierte Konzeptionen für die Verknüpfung von Schulpraktika mit den bildungswissenschaftlichen, fachwissenschaftlichen und fachdidaktischen Studienbereichen liegen bislang allerdings kaum vor (vgl. Arnold et al., 2011). Häufig wird die Organisation der Praktika von Zentren für Lehrerbildung übernommen, die seit den 1990er Jahren an lehrerbildenden Universitäten entstanden sind und inzwischen in allen Bundesländern, wenn auch noch nicht flächendeckend, bestehen (vgl. Reinhold & Hilligus, 2008; Schaeper, 2008).

Die zum Teil sehr unterschiedlichen Praktikumsmodelle werden im Folgenden anhand von ausgewählten Beispielen illustriert. Dabei werden zum einen neue Praktikumskonzeptionen dargestellt, die Praktika entweder in die Verantwortung der zweiten Phase übergeben (Rheinland-Pfalz) oder die verlängerte Schulpraktika (Praxissemester, Praxisjahr) in das Studium integrieren, zum anderen Praktikumsmodelle, die konzeptionell ein besonderes Profil aufweisen bzw. empirisch intensiver untersucht wurden und dadurch Bekanntheit in der Lehrerbildungsforschung erlangten.

3.4.2 Rheinland-Pfalz: Schulpraktika in Verantwortung der Studienseminare

Rheinland-Pfalz versucht mit einem sog. *dualen* Studien- und Ausbildungskonzept die erste und zweite Phase besser zu verbinden und das Studium stärker auf die Anforderungen der Schule auszurichten. Dazu wurden sechs bzw. sieben verpflichtende Schulpraktika in das Studium implementiert, die in der Verantwortung der Studienseminare liegen und von diesen unter Mitwirkung von Schul- und Universitätsvertretern vor- und nachbereitet werden. Die Betreuung erfolgt vor allem durch die Mentoren bzw. die Fachleiter der Studienseminare in Rheinland-Pfalz. Diese entscheiden auch über die erfolgreiche Teilnahme an den Praktika. Koordiniert wird die Verbindung zwischen Studium und schulpraktischer Ausbildung durch Zentren für Lehrerbildung, die an den Universitäten eingerichtet wurden. Die drei sog. Orientierungs-, zwei Vertiefungs- sowie ein bis zwei Fachpraktika finden in der Regel als Blockpraktika in der vorlesungsfreien Zeit statt (nur die Vertiefungspraktika können alternativ auch semesterbegleitend durchgeführt werden) und haben eine Dauer von jeweils zwei bis vier Wochen. Der Vorbereitungsdienst wurde durch den erhöhten Praxisanteil im Studium entsprechend auf 15 Monate reduziert (vgl. MBWJK, 2007).

An der Universität Koblenz-Landau wird die Wirksamkeit von Schulpraktika seit einigen Jahren intensiv evaluiert (vgl. u.a. Bodensohn & Schneider, 2006, 2008). In mehreren Forschungsprojekten konnten dadurch neue Erkenntnisse zur Kompetenzentwicklung der Fach-, Methoden-, Sozial- und Personalkompetenzen von Studierenden erzielt werden (genauer Kapitel 3.6.2).

3.4.3 Verlängerte Praxisphasen: Praxissemester, Praxisjahr

Einsemestrige Schulpraktika (Praxissemester) als neue Reformmodelle hochschulischer Praxisphasen, die bisherige Blockpraktika zusammenfassen bzw. zeitlich erweitern, werden in verschiedenen Bundesländern durchgeführt bzw. sind derzeit in Planung und finden meist im Haupt- bzw. Masterstudium statt. Die verschiedenen Konzeptionen unterscheiden sich in ihrer Dauer (zumeist drei bis fünf Monate) sowie hinsichtlich des Umfangs an theoretischen Begleitveranstaltungen. In Baden-Württemberg sind lediglich die Studienseminare für die Organisation und Durchführung zuständig, was die Frage nach der angemessenen Anbindung an die wissenschaftliche Ausbildung aufwirft. In den anderen Bundesländern wird das Praxissemester von hochschulischen Veranstaltungen begleitet. Das fünfmonatige Praxissemester an der Universität Jena beispielsweise, das kooperativ mit den Studienseminaren im fünften oder sechsten Semester an einer Schule in Thüringen durchgeführt wird, gliedert sich in drei aufeinander aufbauende Phasen (Einführungsphase, Unterrichtsphase sowie Diagnose- und Evaluationsphase) von einer Dauer von jeweils sechs bzw. acht Wochen und integriert je zwei fachdidaktische und zwei erziehungswissenschaftliche Projektseminare. Das Hamburger Kernpraktikum wird in zwei Semestern absolviert und integriert jeweils ein vier- bzw. fünfwöchiges Blockpraktikum in den Semesterferien und ein semesterbegleitendes Praktikum, das einen „Praxistag" pro Woche an einer Schule umfasst. Begleitende Seminare werden sowohl durch die Universität als auch durch Seminarleiter der zweiten Ausbildungsphase organisiert. In einigen Modellen sind zusätzlich zu den Praxissemestern weitere Praktika verpflichtend, teilweise (z.B. in Hamburg, Jena) wird das Praxissemester auf das Referendariat angerechnet (vgl. Lütgert, 2008; Schaeper, 2008).

Eine verlängerte Praxisphase über die Dauer von einem Schuljahr wird an der Pädagogischen Hochschule Weingarten in Baden Württemberg realisiert. Im Rahmen des Modellversuchs „Praxisjahr Biberach" (Reinhoffer, Barthold & Küster, 2007) haben bis zu 16 Studierende eines Jahrgangs die Möglichkeit, an einer Grund- bzw. Hauptschule in Biberach im Unterricht zu hospitieren und mentoriell angeleiteten Unterricht durchzuführen. Das zwei Semester umfassende Praxisjahr findet in der Regel im dritten und vierten Semester statt und ersetzt einen Teil der regulären Schulpraktika (absolviert werden müssen noch ein Orientierungs- und ein Tagespraktikum im ersten bzw. zweiten Semester) sowie des Vorbereitungsdienstes (Verkürzung um ein halbes Jahr auf 12 Monate). Im ersten Schulhalbjahr sind die Studierenden noch an der Hoch-

schule immatrikuliert. In der zweiten Hälfte des Praxisjahres erhalten sie einen Prakti-
kantenvertrag, werden als bezahlte Praktikanten angestellt und sind für diese Zeit von
der Hochschule beurlaubt. An den Schulen ist eine Anwesenheitspflicht von 20 Stunden pro Woche vorgesehen. Hospitations- und betreute Unterrichtsphasen sollen sich
dabei abwechseln, wobei etwa zehn Unterrichtsstunden pro Woche gegen Ende des
Praxisjahres als Obergrenze vorgesehen sind. Die Studierenden werden von Dozenten
der PH Weingarten, dem Staatlichen Seminar für Didaktik und Lehrerbildung Laup-
heim sowie von Mentoren der Schulen gemeinsam betreut. An einem Vormittag in der
Woche finden Unterrichtsbesuche und Beratungen durch die Hochschullehrer und Se-
minarlehrkräfte statt. Zusätzlich besuchen die Praktikanten eine wöchentliche, von den
Seminarlehrkräften durchgeführte Lehrveranstaltung, die pädagogische und (fach-)
didaktische Inhalte integriert. Das Praxisjahr wurde im Rahmen eines Forschungsprojektes mit mehreren Teilprojekten umfassend evaluiert und mit dem regulären Studienverlauf verglichen (genauer Kapitel 3.6.2; vgl. Reinhoffer, 2009; Reinhoffer & Rosenberger, 2009).

3.4.4 Integration von allgemein- und fachdidaktischem Praktikum: Das Kasseler Intensivpraktikum

An der Universität Kassel wurde eine alternative Form Schulpraktischer Studien eingeführt und mehrfach erprobt (Bosse & Messner, 2008). Das auch als „kleines Praxissemester" zu bezeichnende sog. *Intensivpraktikum* verbindet ein allgemeindidaktisches
Blockpraktikum mit semesterbegleitenden Fachdidaktischen Studien und basiert auf
dem Konzept des „Cognitive Apprenticeship" nach Collins, Brown und Newman
(1989) mit den Stufen Modelling, Coaching, Scaffolding, Fading und Reflection. Nach
einer vorbereitenden Lehrveranstaltung und einer Hospitationswoche an einer Praktikumsschule schließt sich ein semesterbegleitendes Praktikum (1 Tag pro Woche) an,
das durch ein interdisziplinäres Begleitseminar der Erziehungswissenschaft und Fachdidaktiken im Umfang von 4 SWS ergänzt wird. Im Anschluss daran findet in der vorlesungsfreien Zeit ein fünfwöchiges Blockpraktikum statt. Die darin durchgeführten
Unterrichtsversuche der Studierenden erfolgen in Form einer größeren, im Team
durchgeführten Unterrichtseinheit (Umfang etwa 10 Stunden). Die Studierenden
schreiben darüber hinaus in der gesamten Praktikumszeit ein Pädagogisches Tagebuch
und erstellen eine abschließende Praktikumsdokumentation. Ein Auswertungsseminar
im Umfang von 2 SWS schließt das Intensivpraktikum ab (vgl. Bosse & Messner,
2008).

3.4.5 Konsekutive Schulpraktische Studien: Das Hildesheimer Modell

Die Stiftung Universität Hildesheim kann auf eine etwa dreißigjährige Tradition schulpraktischer Ausbildung zurückblicken, die im Laufe der Zeit weiterentwickelt wurde
und die sich auch in dem heutigen konsekutiven Lehramtsstudium wiederfindet. Seit

dem Wintersemester 2004/2005 erfolgt die Lehrerausbildung in einer gestuften Bachelor-Masterstruktur: Auf einen polyvalenten 6-semestrigen Zweifächer-Bachelor-Studiengang mit der Möglichkeit, den Schwerpunkt Lehramt an Grund-, Haupt- und Realschulen zu wählen, folgt ein 2-semestriges Master-Studium für das Lehramt an Grund- und Hauptschulen bzw. Lehramt an Realschulen. Die Praktika sind im Bachelor-Studiengang Teil des Professionalisierungsbereichs „Erziehungs- und Sozialwissenschaften", der Bildungswissenschaften und sog. Schlüsselkompetenzen in einem gemeinsamen Studienelement vereint.

Charakteristisch für das Hildesheimer Modell ist ein frühzeitiger und umfangreicher Praxisbezug mit aufeinander aufbauenden Praxisphasen, die semsterbegleitend und als Blockpraktika in Studienmodule des Bachelor- und Masterstudiums integriert sind und durch universitäre Lehrveranstaltungen vor-, nachbereitet und begleitet werden (vgl. *Tabelle 3*).

Tabelle 3: Struktur der Praktika im Hildesheimer Modell (vgl. Barlage, Boekhoff & Graumann, 2006)

Semester	Praktikum	Modul
1. BA	Schulpraktische Studien (SPS) I: semesterbegleitende Hospitationen in der Schule + Seminar	Basismodul 1: Grundlagen pädagogischen Denkens und Handelns
2. BA	Schulpraktische Studien (SPS) II: semesterbegleitende Hospitationen in der Schule + Seminar	Basismodul 2: Pädagogisch-didaktisches Handeln
	SPS II-Blockpraktikum: 2 Wochen in den Semesterferien	
3. BA	Allgemeines Schulpraktikum (ASP): 4 Wochen	
4.-5. BA	Betriebs-, Sozial- oder Vereinspraktikum: 4 Wochen	Aufbaumodul 2: Forschendes Lernen in pädagogischen Handlungsfeldern
1.-2. MA	2 Fachpraktika: semesterbegleitende Unterrichtsversuche und Hospitationen + Seminar	Fachdidaktik-Modul in den beiden Fächern

3.4.5.1 Theorie-Praxis-Verbindung in den Schulpraktischen Studien

Das Hildesheimer Praktikumskonzept versucht, theoretische und praktische Ausbildungselemente eng aufeinander zu beziehen. Die Schulpraktischen Studien (SPS I und II) finden in den ersten beiden Semestern des Bachelor-Studiums statt und bauen im Sinne eines Spiralcurriculums aufeinander auf. In beiden Phasen sind die Studierenden einen Vormittag in Kleingruppen einer Praktikumsklasse an Hildesheimer Grund-, Haupt- und Realschulen zugeteilt und werden dabei von einem Mentor der Schule, der gleichzeitig Klassenlehrer der Praktikumsklasse ist, sowie einem Tutor der Universität betreut.

In den *SPS I* hospitieren die Studierenden jeweils in einer Unterrichtsstunde des Mentors und beobachten dessen Unterricht unter jeweils bestimmten Beobachtungsschwerpunkten (z.b. Lehrer-Schüler-Interaktion, Artikulation des Unterrichts, Medieneinsatz). Anschließend wird in einer einstündigen Nachbesprechung der Unterricht gemeinsam mit dem Mentor und dem Tutor reflektiert und analysiert. Im Anschluss an die Hospitation findet ein zweistündiges, von dem Tutor durchgeführtes Seminar statt, das die in der Schule gemachten Praxiserfahrungen theoriebasiert unter allgemeindidaktischen Gesichtspunkten reflektiert und analysiert (vgl. Abbildung 5). Die theoretischen Grundlagen werden in der begleitenden Vorlesung „Einführung in die Schulpädagogik und Allgemeine Didaktik" vermittelt.

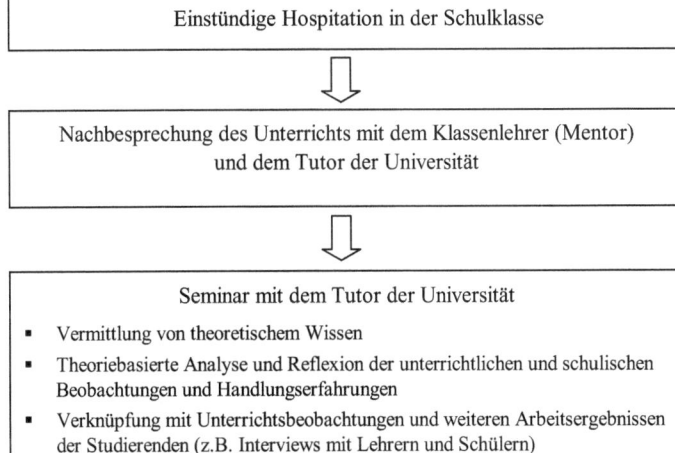

Abbildung 5: Aufbau der SPS I (vgl. Arnold, 2005; Graumann, Barlage & Boekhoff, 2006)

Die SPS I zielen darauf ab, Grundlagen theoriebasierter Kompetenzen zu erwerben, indem durch Beobachtung von Unterricht eine pädagogische Fragehaltung entwickelt wird. Dabei sollen vor allem folgende Fähigkeiten ausgebildet werden (vgl. Arnold, 2005; Barlage et al., 2006):

- *Beobachtungsfähigkeit* (Lern-, Arbeits- und Sozialverhalten der Schüler, Unterrichtsverhalten des Lehrers),
- *Analysefähigkeit* (Unterricht in seinen komplexen und multidimensionalen Zusammenhängen),
- *Reflexionsfähigkeit* (Biografische Reflexion, Fremd- und Selbstreflexion),
- *Kommunikationsfähigkeit* (Feedback in den Nachbesprechungen der Hospitationen).

Die theoriebasierte Reflexion und Analyse der Praxiserfahrungen stützt sich auf folgende Themenbausteine der SPS I (vgl. Graumann et al., 2006):

- Schule als zukünftiges Berufsfeld

- Berufsaufgaben eines Lehrers

- Rollenwechsel: Vom Schüler zum Lehrer

- Formen der Schülerbeobachtung

- Anthropogene und soziokulturelle Voraussetzungen

- Grundfragen der Unterrichtsplanung – Einführung in die Kategorien der Unterrichtsanalyse

- Lernziele

- Bedingungsfeldbezogene Unterrichtsplanung

- Gliederung des Unterrichts

- Unterrichtsformen

- Unterricht und Erziehung

- Wahlthema

Die SPS II im zweiten Semester des Bachelor-Studiums sind in gleicher Weise wie die SPS I organisiert. Der inhaltliche Schwerpunkt liegt allerdings nicht mehr wie in den SPS I darauf, das künftige Berufsfeld durch Beobachtungsstudien und unterrichtsanalytische Übungen kennen zu lernen und mit den eigenen Schulerfahrungen in Beziehung zu setzen, sondern im Zentrum steht die Analyse, Planung und Durchführung von Unterricht, wobei die Studierenden jeweils einen mentoriell angeleiteten Unterrichtsversuch durchführen, der in einer einstündigen Nachbesprechung mit den Kommilitonen, dem Mentor sowie dem Tutor reflektiert und analysiert wird.

Im Anschluss an die SPS II findet in der vorlesungsfreien Zeit ein zweiwöchiges Blockpraktikum in den gleichen Praktikumsklassen statt. Auch hierbei planen und unterrichten die Studierenden ihre Unterrichtsversuche nicht selbstständig, sondern werden von ihrem Mentor fachdidaktisch angeleitet. In das Blockpraktikum sind zwei Seminare im Umfang von 4 SWS integriert, in denen zum einen die Belastungen des Lehrerberufs und mögliche Bewältigungsstrategien thematisiert werden. Zum anderen geht es um die Reflexion der SPS hinsichtlich deren Lernwirksamkeit.

Die SPS II wiederholen, vertiefen und erweitern die in den SPS I erreichten Kompetenzen. Im Vordergrund steht der Erwerb einer theoretischen Basiskompetenz hinsichtlich der Analyse von Lehr- und Lernhandeln. Diese bildet die Grundlage für die Planung, Durchführung, Analyse und Reflexion der angeleiteten Unterrichtsversuche unter allgemein-didaktischer Perspektive. Der Fokus liegt dabei insbesondere auch auf der Selbstreflexion der Studierenden im Hinblick auf die Eignung für den Lehrerberuf.

Folgende Themenbausteine unterrichtlicher Bedingungs- und Entscheidungsfelder kennzeichnen die SPS II (vgl. Graumann et al., 2006):

- Beurteilung und Besprechung von Unterricht/Reflexion
- Intentionen – Zielentscheidungen
- Inhaltsentscheidungen
- Unterrichtsprinzipien
- Kommunikation und Interaktion
- Methodenentscheidungen I: Sozialformen
- Methodenentscheidungen II: Unterrichtsgespräch – Lehrerfrage
- Methodenentscheidung III: Üben
- Methodenentscheidung IV: Differenzierung
- Methodenentscheidung V: Medien
- Klassenführung: Umgang mit Störungen
- Schule ist mehr als Unterricht

3.4.5.2 Evaluation der Schulpraktischen Studien

Die SPS, die den Studierenden die Möglichkeit geben, schrittweise grundlegende unterrichtliche Kompetenzen im Wechsel von Theorie und Praxis zu erwerben, wurden im Rahmen einer von 2005 bis 2008 durchgeführten Studie von den Studierenden überwiegend positiv beurteilt und als effektiv eingeschätzt (EduLikS: „Effektivität der universitären Lehrerausbildung in konsekutiven Studiengängen unter besonderer Berücksichtigung Schulpraktischer Studien", Boekhoff et al., 2008). Demnach leisten die SPS u.a. (Boekhoff & Arnold, 2007, S. 20):

- einen Beitrag zur Berufswahlüberprüfung,
- vermitteln Wissen und praktische Eindrücke über den Lehrerberuf,
- geben Gelegenheit zur Überprüfung der persönlichen Eignung für den Lehrerberuf,
- ermöglichen den Erfahrungsaustausch mit erfahrenen Lehrern.

Auch in der Evaluierung der Zentralen Evaluations- und Akkreditierungsagentur Hannover (Künzel & Schneider, 2002) wurde das Theorie-Praxis-Modell der Hildesheimer Lehrerausbildung als besonderes Profil und Qualitätsmerkmal hervorgehoben (vgl. Barlage et al., 2006).

3.4.5.3 Das Allgemeine Schulpraktikum

Die erfolgreiche Teilnahme an den SPS ist Voraussetzung für die Zulassung zum Allgemeinen Schulpraktikum (ASP), das als vierwöchiges Blockpraktikum in der vorlesungsfreien Zeit nach dem 3. Semester stattfindet und von universitären Tutoren betreut wird (vgl. hier und im Folgenden Rudolph, 2009). Die Praktikanten nehmen am Klassen- und Fachunterricht des Mentors teil und sind an jedem Schultag anwesend. Auch die Beteiligung am außerunterrichtlichen Schulleben (z.B. die Teilnahme an Konferenzen und Elternabenden) wird vorausgesetzt, um einen umfassenden Einblick in die Institution Schule gewinnen zu können.

Der Schwerpunkt in der ersten Woche des Praktikums liegt auf der aktiven Hospitation, der Unterrichtsprotokollierung sowie der Übernahme didaktisch und methodisch begrenzter Teilaufgaben im Unterricht. Im weiteren Praktikumsverlauf sollen die Studierenden zunehmend eigene Unterrichtsversuche durchführen, die zusammen mit dem Mentor schriftlich geplant und anschließend nachbesprochen werden. In der dritten und vierten Woche stehen weitere Unterrichtsversuche (Richtstundenzahl: 4-5 Std. pro Praktikant und Woche) sowie die Durchführung aktiven Unterrichts (mind. 6 Std. pro Praktikant und Woche) im Mittelpunkt. Um einen besseren Eindruck von den Berufsbelastungen erfahren zu können, übernehmen die Praktikanten an einem oder zwei Tagen den gesamten Unterricht des Mentors.

Während der Praktikumszeit werden die Studierenden von dem universitären Tutor mindestens einmal im Unterricht besucht. Die anschließende Nachbesprechung thematisiert entsprechend der Zielsetzung des ASP (v.a. Erprobungsfunktion im künftigen Berufsfeld) besonders die Eignung für den Lehrerberuf. Am Ende des Praktikums stellt der Tutor einvernehmlich mit dem Mentor fest, ob das Praktikum erfolgreich absolviert wurde und bescheinigt dem Praktikanten auf Grundlage eines abgegeben Praktikumsberichts das Bestehen des ASP.

3.5   Praxisbezug der Lehrerbildung im internationalen Kontext

Schulpraktische Studien bilden auch international neben Fachstudien, erziehungswissenschaftlichen Studien sowie fachdidaktischen Studien eines der vier Elemente der Lehrerbildung. Die für Deutschland typische Debatte über den Theorie-Praxis-Bezug des Studiums lässt sich ebenso international wiederfinden – wenngleich in unterschiedlicher Intensität und mit verschiedenen Konsequenzen. So wurde in den USA die erhöhte Praxisorientierung der Ausbildung häufig pragmatisch durch einfach zu realisierende Erhöhungen des Berufsfeldbezugs erreicht, während grundlegende Strukturreformen bis in die frühen neunziger Jahre des letzten Jahrhunderts kaum eingeleitet wurden. Inzwischen befinden sich die Institutionen der Lehrerbildung national wie international in einer Reformphase, in deren Verlauf vor allem die bestehenden Ausbildungsmodelle in Frage gestellt wurden. Der zentrale Vorwurf, die Lehrerbildungssysteme seien ineffizient und bislang kaum hinsichtlich ihrer Qualität kontrolliert, betrifft im Besonderen die Frage nach dem berufspraktischen Auftrag der Ausbildung (vgl. Larcher & Oelkers, 2004).

Ein Vergleich der verschiedenen Lehrerbildungssysteme mit dem Ziel länderübergreifende Typologien hinsichtlich des Praxisbezuges zu identifizieren birgt diverse Schwierigkeiten in sich, vor allem, wenn komplexe Systemtypen und deren soziokulturelle Kontexte in den Blick genommen werden. Die vier genannten Elemente der Lehrerbildung haben in verschiedenen Ländern differente Bedeutungen, zudem können einzelne Begriffe unterschiedlich konnotiert sein (vgl. Blömeke, 2006b, s. auch Buchberger, 1997). Unterschiede, die in föderalen Staaten bereits auf nationaler Ebene bestehen, lassen sich im internationalen Kontext jedoch zumindest verringern, wenn der Vergleich auf westliche Industrieländer beschränkt bleibt. Angesichts der Vielfalt, in gewisser Weise auch Beliebigkeit der spezifischen Regelungen, werden im Folgenden länderübergreifende Kernmerkmale praxisbezogener Ausbildungsanteile herausgearbeitet sowie durch einzelne Länder exemplifiziert.

3.5.1 Praxisbezug der Lehrerbildung in den Ländern der Europäischen Union

In den Mitgliedstaaten der europäischen Union differieren die Praxisanteile der Lehrerbildung hinsichtlich ihres jeweiligen Umfangs sowie ihrer inhaltlichen und organisatorischen Gestaltung z.T. erheblich. Generell lassen sich die Praxisphasen darin unterscheiden, ob sie im Rahmen eines sog. konsekutiven oder simultanen Studienmodells stattfinden und ob die Lehrerbildung einphasig oder zweiphasig organisiert ist:

Ausbildungsmodelle: Für die europäischen Staaten hat das Bildungsnetz der Europäischen Union „Eurydice" die Lehrerbildungssysteme in zwei Typen kategorisiert: Simultane (oder grundständige) Modelle organisieren die berufsbezogene Ausbildung parallel zum fachwissenschaftlichen Studium und schließen mit einem lehramtsspezifischen Examen ab. In konsekutiven (gestuften) Modellen absolvieren Studierende dagegen zunächst ein Fachstudium und anschließend im Postgraduiertenstudium eine pädagogische Ausbildung. Die Entscheidung für den Lehrerberuf wird also erst nach dem ersten Hochschulabschluss getroffen (vgl. Eurydice, 2002).

Während sich in den meisten europäischen Staaten für den Primarbereich sowie für den Sekundarbereich I simultane Modelle durchgesetzt haben, findet die Lehrerbildung für den Sekundarbereich II überwiegend in konsekutiven Modellen statt. In einigen Ländern (z.B. England und Wales) existieren beide Ausbildungskonzepte nebeneinander. Die Praxisphasen, denen z.T. starke Bedeutung zugemessen wird (z.B. in Österreich, Belgien, Irland), sind in den simultanen Modellen zumeist als kurzfristige Praktika parallel zum theoretischen Studium organisiert, teilweise erstrecken sie sich als ein Praktikum über die Zeit eines Semesters bzw. sogar eines Jahres (vgl. Mitter, 2002). So absolvieren Studierende in den Niederlanden am Ende des vierten Jahres ihres Bachelor-Studiums ein halbjähriges sog. Endpraktikum und führen in dieser Zeit weitgehend selbstständigen Unterricht durch (vgl. Snoek, 2008).

In England gibt es an einigen Standorten und insbesondere für die Primarlehrerausbildung Studiengänge nach dem simultanen Modell, die Fachwissenschaft, Fachdidaktik, Erziehungswissenschaft und Praxisphasen integrieren und mit einem „Bachelor of Education" oder einem „Bachelor of Arts in Education" abschließen. Mehrheitlich hat sich aber ein berufsunspezifischer Bachelor durchgesetzt, auf den eine einjährige berufspraktische Ausbildung folgt, die mit dem *Postgraduate Certificate in Education* (PGCE) abgeschlossen wird. Die PGCE-Kurse gliedern sich in längere Praxisphasen mit eigenverantwortlichem Unterricht an Schulen des Landes sowie Blockunterricht an den Universitäten. Sie sind wenig theoriebezogen und haben eher den Charakter eines praktischen Trainings (vgl. Hilligus, 2003).

Ausbildungsphasen: Die meisten westlichen Industrieländer organisieren ihre Lehrerbildung in einphasigen Modellen, die z.T. umfangreiche Praxisphasen integrieren und nach erfolgreichem Abschluss des Studiums direkt zur Lehrbefähigung führen. Schulpraktische Studien finden dabei teilweise an Modellschulen der Universitäten statt (z.B. in Finnland an sog. „professional development schools"). In zweiphasigen Modellen wie z.B. in Deutschland oder in Frankreich ist der Umfang praxisbezogener Studienanteile ähnlich, wobei die erste Phase entweder ganz auf den akademischen Teil der Ausbildung beschränkt bleibt bzw. den Schwerpunkt darauf legt und die zweite Phase vor allem für die schulpraktische Ausbildung zuständig ist (z.B. der Vorbereitungsdienst in Deutschland, das Unterrichtspraktikum in Österreich, das zweite Studienjahr an den Instituts universitaires de formation des maîtres (IUFM) in Frankreich, die PGCE-Kurse in England; vgl. Thierack, 2002).

Die Ausbildung an den IUFM in Frankreich schließt sich an ein dreijähriges Bachelor-Studium an und ist für alle Lehrämter einheitlich geregelt. Seit dem Jahr 2006 sind die IUFM als interne Institute für Lehrerbildung in die Universitäten integriert. Die zweijährige berufsbezogene Ausbildung beinhaltet hohe semesterbegleitende Praxisanteile in Form von (betreuten) Praktika und Unterrichtsmodulen, wobei die Studierenden nach dem ersten Ausbildungsjahr eine umfangreiche, staatlich geregelte Prüfung (Concours) ablegen und im zweiten Jahr als Referendare angestellt sind. Großen Wert wird auf eine Verschränkung von theoretischen und praktischen Ausbildungselementen gelegt, indem u.a. unterrichtspraktische Erfahrungen der Studierenden in regelmäßig stattfindenden sog. Praxisanalysesitzungen zusammen mit einer Gruppe aus Lehrkräften der Schule und einem Ausbilder des Instituts theoriebezogen besprochen werden. Nach Abschluss der Ausbildung an den IUFM müssen die Absolventen bis zur endgültigen Einstellung als Lehrkräfte zunächst für zwei Probejahre im Schuldienst beschäftigt sein (vgl. Altet, 2008).

3.5.2 Praxisbezug der Lehrerbildung in den USA

In den Vereinigten Staaten ist die Lehrerbildung zweiphasig organisiert und findet in der Regel im Rahmen eines vierjährigen Bachelor-Studiums statt. Die ersten beiden Jahre umfassen ein berufsunspezifisches, breit angelegtes fachwissenschaftliches Studium an Colleges oder Universitäten („Liberal Arts-Curriculum", das Sozial-, Natur-

und Geisteswissenschaften beinhaltet); im dritten und vierten Jahr beginnt meistens das lehramtsbezogene Studium an „schools of education". Diese sind als universitäre Einrichtungen („professional schools") organisiert, wobei es sich größtenteils um reine Lehranstalten handelt, die Kurse in Psychologie, Methodik, Fachdidaktik sowie Geschichte und Soziologie des Erziehungssystems anbieten und nicht zuletzt aufgrund ihrer z.t. wenig theoriebezogenen Vermittlung praktischen Handlungswissens in die Kritik geraten sind (u.a. Goodlad, 1990; vgl. Mintrop, 2006; Weingart, 2003).

Studierende an den „schools of education" müssen im Rahmen ihres Studiums ein Schulpraktikum („student teaching") absolvieren, dessen Dauer in den einzelnen Staaten erheblich variiert und von acht Wochen bis zu zwei Semestern (insbesondere bei ambitionierten Reformmodellen) reichen kann. Im Durchschnitt dauert die Praxisphase, die vergleichbar mit dem deutschen Referendariat ist, zwölf bis sechszehn Wochen und umfasst sowohl Hospitationen als auch eigenen Unterricht. Die Kooperation zwischen der Schule und der Universität ist dabei unterschiedlich. Meist werden die „student teachers" jedoch weniger intensiv durch die Universität als vielmehr durch die Lehrkräfte der Schule betreut (vgl. Mintrop, 2006).

Beachtung haben sog. „professional development schools" erlangt, die im Zuge der Reformbemühungen in den USA entstanden sind und als Reaktion auf die einflussreichen Krisenberichte der sog. Holmes Group (1986, 1990, 1995) versuchen, durch längere Praxisphasen und eine intensivere Zusammenarbeit mit den Universitäten die Ausbildungsqualität zu verbessern. Dabei soll es sich um besonders innovative Schulen handeln, die von den Universitäten für die Praxisphasen ausgesucht werden und Studierende nach Abschluss des Bachelor-Studiums zumeist für ein ganzes Jahr aufnehmen. Um eine umfassende Betreuung zu ermöglichen, sind die Praktikanten zumeist nicht nur einzelnen Mentoren zugeordnet, sondern jeweils einem Team aus Lehrern. Großer Wert wird auf eine intensive Kooperation mit den Lehrerbildungsprogrammen der Universitäten gelegt, wobei die Ausbildung durch die Implementierung von Standards (Levine, 1998) weiterentwickelt wurde (vgl. Bullough, 1989; Zeichner, 1992). Inzwischen liegen einige positive Ergebnisse von Vergleichsstudien zur Effektivität der „professional development schools" vor, die u.a. zeigen, dass deren Absolventen eine höhere Reflexionskompetenz hinsichtlich ihres eigenen unterrichtlichen Handelns entwickeln und sich insgesamt besser auf den Beruf vorbereitet fühlen als Kandidaten herkömmlicher Ausbildungsprogramme (vgl. Cochran-Smith & Zeichner, 2005, S. 325-329; Castle, Fox & O'Hanlan Souder, 2006; zusammenfassend auch Patterson, 2000; s. auch Roters, 2008). Gleichwohl scheint es z.T. erhebliche Unterschiede in der Qualität der „professional development schools" zu geben. Zudem ist der Anteil dieser Schulen in den Vereinigten Staaten nach wie vor gering (vgl. Weingart, 2003).

Eine Besonderheit der Lehrerbildung in den USA stellen zudem Zertifizierungen als Lehrer dar (vgl. Pearlman & Tannenbaum, 2003; s. auch Arnold, 2007b), die für eine Berufsausübung im öffentlichen Schulsystem verpflichtend sind und in der Regel das Bestehen von verschiedenen standardisierten Tests voraussetzen (u.a. Grundkennt-

nisse in Lesen, Schreiben, Mathematik, Allgemeinwissen, Fachkenntnisse in den ge-
wählten Disziplinen). Einige Bundesstaaten verlangen dabei den Nachweis erfolgrei-
cher unterrichtspraktischer Tätigkeit (z.b. in Form von Videos, Portfolios oder besonderen Projekten). Nach einigen Berufsjahren müssen sich Lehrkräfte zum zweiten Mal
zertifizieren lassen und u.a. die Teilnahme an Fortbildungen und eine bestimmte Anzahl an Berufsjahren in der Schule dokumentieren. Viele Bundesstaaten ermöglichen
durch alternative Zertifizierungen auch Personen ohne Lehramtsstudium den Weg in
den Lehrerberuf (z.b. durch „emergency teaching license" für Mangelfächer), wobei
einige Programme begleitende pädagogische und fachdidaktische Abendkurse anbieten
und die Studierenden Praktika in Schulen absolvieren müssen (vgl. Weingart, 2003).

3.6   Empirische Befunde zu Schulpraktika

Im Folgenden werden die Forschungsergebnisse zu Schulpraktika mit zwei unterschiedlichen Schwerpunkten dargestellt. Es wird zum einen Befunde zum Stellenwert
von Schulpraktika aus Sicht von Studierenden referiert, die zeigen, dass Studierende
schulpraktische Ausbildungsphasen sehr positiv beurteilen und ihrem Studium deutliche Defizite hinsichtlich einer als notwendig angesehen Praxisorientierung attestieren
(Kapitel 3.6.1). Demgegenüber stehen zum anderen die im Anschluss berichteten Ergebnisse über die Lernwirksamkeit von Schulpraktika, die ein differenziertes und nicht
durchgängig positives Bild über die tatsächlichen Lernwirkungen von Schulpraktika
zeichnen (Kapitel 3.6.2). Das dabei aufzuzeigende Forschungsdesiderat hinsichtlich
der Erkenntnisse über Kompetenzentwicklungsprozesse in Schulpraktika bildet den
Ausgangspunkt für die vorliegende Studie (Kapitel 5), mit der die bisherigen Forschungsbefunde ergänzt und differenziert werden sollen.

3.6.1   Stellenwert von Schulpraktika aus der Sicht von Studierenden

3.6.1.1 Schulpraktika als hoch geschätztes Studienelement

Zahlreiche Studien belegen, dass Schulpraktika von Studierenden als eines der
wichtigsten Studienelemente gelten (u.a. Denner 2009; Hoppe-Graff & Flagmeyer,
2008; Oesterreich ,1988) und fast durchweg positiv bewertet werden, sofern genügend
Möglichkeiten zum eigenen Unterrichten und Einblicke in den Lehrerberuf bestehen
(u.a. Borko & Mayfield, 1995; Dibbern & Krause-Hotopp, 2008; Hascher, 2007;
Hascher & Moser, 1999, 2001; Sacher, 1988a,b; Schreder, 2006; s. auch Überblick in
Flach, Lück & Preuss, 1997). Die Wirkung von Praxiserfahrungen werden nicht nur
positiv eingeschätzt hinsichtlich der Berufswahlüberprüfung und der Vorbereitung auf
den Lehrerberuf, sondern auch bezüglich der professionellen Entwicklung unterrichts-
relevanter Kompetenzen, wobei den eigenen Unterrichtsversuchen im Sinne einer
„Bewährungsprobe" besonders hohe Bedeutung zugemessen wird (u.a. Frech, 1976;
Werres & Wittenbruch, 1986). Für Studierende stellen Schulpraktika vor allem eine

Möglichkeit zur Selbsterprobung und Selbstbestätigung dar (vgl. Flach et al., 1997). Sie möchten sich in der Lehrerrolle beweisen und in den Schulalltag integriert werden. Dabei ist ihnen zunächst wichtig, eine positive Beziehung zu den Schülern herzustellen, im weiteren Verlauf des Praktikums rücken zunehmend regulative Fertigkeiten der Klassenführung in den Mittelpunkt des Interesses (vgl. Blömeke, 2006a). Neben dem Wunsch, vielfältige Erfahrungen insbesondere im Hinblick auf die Überprüfung der Berufswahlentscheidung sammeln zu wollen, erhoffen sich Studierende von Schulpraktika häufig „Tipps und Hinweise" zum Unterricht (Hascher, 2006; Schreder, 2006). Besonders wichtig wird die Zusammenarbeit mit dem Mentor erlebt. Krüger, Loser, Rasch, Terhart und Woitossek (1988) konnten zeigen, dass Studierende dabei sogar negative Praktikumserfahrungen in Frage stellen bzw. gänzlich ignorieren (vgl. Hascher, 2006). Schüpbach (2007) berichtet, dass die zwischenmenschliche Beziehung zum Mentor insgesamt auffallend positiv eingeschätzt wird. Die Mentoren werden mehrheitlich als „offen", „vertrauensvoll" und „eher fordernd" bis „sehr fordernd" sowie tendenziell als „kritisch" wahrgenommen (vgl. ebd., S. 206ff.). Auch von Felten (2005) sowie Hascher und Moser (1999) wiesen nach, dass Studierende die Zusammenarbeit mit ihrem Mentor im Praktikum mehrheitlich sehr positiv erleben.

Nicht zuletzt aufgrund der bislang unzureichenden Forschungslage zu den faktischen Lernwirkungen von Schulpraktika (vgl. Kapitel 3.6.2) scheinen sich bis heute gewisse Mythen hinsichtlich der Bedeutung von Praxiserfahrungen für Studierende zu halten. Sacher (1988a) bezeichnet die nahezu uneingeschränkt positive Haltung von Studierenden gegenüber Schulpraktika gar als „Praxisfetischismus" (S. 47). Gleichwohl scheint sich diese Haltung retrospektiv zumindest zu relativieren. So konnte Hascher (2006) belegen, dass Studierende ihr Praktikum nach drei Jahren signifikant kritischer beurteilen, sowohl im Hinblick auf die Zufriedenheit mit dem Praktikum als auch in Bezug auf die eigenen Lernerfolge und die Betreuungsqualität ihrer Mentoren. Die Autorin spricht in diesem Zusammenhang von der „Ent-mystifizierung des Praktikums" und der „Ent-idealisierung der Mentoren" (ebd., S. 144). Ihre Ergebnisse werden gestützt durch eine Studie von Hoppe-Graff, Schroeter und Flagmeyer (2008), wonach Referendare zu Beginn ihres Vorbereitungsdienstes Schulpraktika als wichtigstes Studienelement beschreiben, während Referendare kurz vor dem Zweiten Staatsexamen die Fachdidaktik und Unterrichtsfächer als bedeutsamste Bestandteile ihres Studiums einschätzen. Mit der Veränderung der Beurteilerperspektive verändern sich offensichtlich auch die Maßstäbe der Beurteilung. Offen bleiben u.a. die Fragen, wodurch die festgestellten Diskrepanzen in der Beurteilung zustande kommen und welche Auswirkungen diese auf die berufliche Entwicklung von Lehrern haben (vgl. Hascher, 2006).

3.6.1.2 Praxisferne des Studiums

Korrespondierend zu dem hohen Stellenwert schulpraktischer Erfahrungen wird der ersten Phase der Lehrerbildung immer wieder Praxisferne vorgeworfen. Die meisten Lehramtsstudierenden fühlen sich nicht genügend auf die Berufspraxis vorbereitet. Entsprechend schätzen nur wenige von ihnen das Studium als wichtig für ihre spätere Berufstätigkeit ein. Vor allem die erziehungswissenschaftlichen, aber auch die fachdidaktischen Studienanteile werden als wenig praxisrelevant empfunden (im Überblick Bohnsack, 2000; Flach et al., 1997; Fried, 1998; Schaefers, 2002; Ulich, 1996; s. auch Blömeke, 1999; Flagmeyer & Hoppe-Graff, 2006; Giest, 2006; Hoppe-Graff et al., 2008).

Beachtung fanden in diesem Zusammenhang vor allem drei umfangreichere Evaluationsstudien aus den 1980er Jahren, die u.a. aufgrund ihrer überregionalen Bedeutung häufig zitiert werden. *Rosenbusch, Sacher und Schenk (1988)* befragten mehr als tausend Studierende unterschiedlicher Lehramtsstudiengänge an neun bayerischen Universitäten am Ende ihres Studiums zu ihren Studienerfahrungen in den Bereichen Fachwissenschaft, Fachdidaktik und Erziehungswissenschaft. Während die Qualifikation in fachlicher Hinsicht zumeist hoch eingeschätzt wird, fühlt sich die Mehrheit der Studierenden im erziehungswissenschaftlichen Bereich nur unzureichend durch das Studium vorbereitet und beklagt eine zu geringe Praxisorientierung (über 80 Prozent der Studienteilnehmer). Über die Hälfte der Befragten gibt an, nicht gelernt zu haben, den Lehrplan im Unterricht umzusetzen. 38 Prozent halten sich für zu wenig bzw. gar nicht für die Planung von Unterricht qualifiziert (vgl. Rosenbusch et al., 1988, S. 189, 195ff.). Die Autoren resümieren, dass „die Vorbereitung auf existentielle Probleme angehender Lehrer (...) nur als außerordentlich lückenhaft zu bezeichnen [ist]" (Rosenbusch et al., 1988, S. 206).

Ähnliche Ausbildungsdefizite attestieren Berufsanfänger ihrem Studium auch in einer Studie von *Oesterreich (1988)*. Etwa 160 Grund- und Hauptschullehrer in West-Berlin sollten die Qualität ihrer universitären Ausbildung beurteilen. Dabei rangiert das Studium im Hinblick auf die Bedeutsamkeit für den späteren Beruf auf dem letzten Platz unter acht vorgegebenen Antwortkategorien. Sogar Erfahrungen aus der eigenen Schulzeit werden wichtiger für die Arbeit als Lehrer eingeschätzt. Zentraler Vorwurf an die universitäre Ausbildung ist die „ungenügende Vermittlung von pädagogischer Theorie und Praxis oder auch fachlicher Qualifikationen und Unterrichtsalltag" (Oesterreich, 1987, S. 783). Praktika und andere Unterrichtserfahrungen werden von knapp dreiviertel aller Befragten als wichtigste Aspekte des Lehramtsstudiums beurteilt. Wie der Autor der Studie vermutet, könnte die negative Einschätzung des Studiums teilweise im Zusammenhang mit Enttäuschungen aufgrund des sog. „Praxisschocks" von Junglehrern stehen (vgl. Oesterreich, 1987, 1988).

Die These wird zumindest auch durch eine Studie von *Steltmann (1986)* gestützt, der 526 berufserfahrene Lehrer unterschiedlicher Lehramtsstudiengänge (überwiegend gymnasiales Lehramt) an verschiedenen Standorten befragte. Ihr Urteil hinsichtlich der universitären Berufsvorbereitung fällt günstiger aus, wenngleich auch von ihnen ein fehlender Praxisbezug beklagt wird. Vor allem das erziehungswissenschaftliche Studium erscheint 43 Prozent der Befragten in der von ihnen erlebten Form als nicht nützlich und weiteren 39 Prozent als in nur geringem Maße nützlich für den Beruf (vgl. Steltmann, 1986).

Die kritischen Bewertungen von Lehramtsstudierenden und -absolventen über ein praxisfernes und nicht hinreichend berufsvorbereitendes Studium sind hinlänglich empirisch belegt und gehören wohl zu den „prominentesten" Forschungsbefunden. Kritische Charakterisierungen der Lehrerbildung als „low impact enterprise" (Lortie, 1975) oder „weak intervention" (Richardson, 1996) verweisen überspitzt darauf, dass die eigene Schulzeit und die spätere berufliche Sozialisation weitaus prägender für Lehrer seien als das Studium (vgl. Rauin & Meier, 2007). Es verwundert nicht, dass viele (ehemalige) Studierende als Verbesserungen für die universitäre Lehrerbildung eine Erhöhung der Praxisanteile und die Vermittlung mehr unterrichtspraktischer Fähigkeiten vorschlagen (im Überblick Fried, 1998; s. auch Flagmeyer, Hoppe-Graff & Stalling, 2007; Kerfien & Pantaleeva, 2008; Lersch, 2006; Speck, Schubarth & Seidel, 2007). Gefordert werden darüber hinaus mehr Veranstaltungen, die auf den Umgang mit Schülern (vor allem solchen mit Lern- und Verhaltensauffälligkeiten) vorbereiten (im Überblick Fried, 1998). Blömeke (1999) weist in diesem Zusammenhang darauf hin, dass die subjektiven Einschätzungen von Studierenden kritisch gesehen werden müssen, da sie vielfach auf problematischen Erwartungshaltungen nach „rezeptartigem" Praxiswissen beruhen.

Gleichwohl ist mit der Forderung nach stärkerem Praxisbezug des Studiums nicht zwangsläufig der Wunsch nach einer weniger wissenschaftsorientierten Lehrerbildung verbunden (u.a. Flagmeyer & Hoppe-Graff, 2006; Horst, 1994; Jäger & Behrens, 1994; Rosenbusch et al., 1988). Manche Aussagen von Studierenden deuten im Gegenteil darauf hin, dass auch die Wissenschaftsorientierung des Studiums noch verbessert werden kann (vgl. Fried, 1998). Durch Praxiserfahrungen wird vielen Studierenden offensichtlich erst differenzierter bewusst, welche Kompetenzen für den Lehrerberuf benötigt werden und in welchen Bereichen sie noch Lernbedarf haben (u.a. Feiman-Nemser, McDiarmid, Melnick & Parker, 1989; Lauck, 2008).

3.6.1.3 Mangelnde Einbindung von Schulpraktika in das Studium

In Befragungen wird immer wieder deutlich, dass sich die meisten Studierenden eine bessere Vor- und Nachbereitung sowie Betreuung der Praktika wünschen (Frech, 1976; Jäger & Milbach, 1994; Nolle, 2004; Preuss, 1979; Rosenbusch et al., 1988; Werres & Wittenbruch, 1986; Tietze, 1988; s. auch Überblick in Flach et al., 1997; Fried, 2003; Schaefers 2002). Schulpraktika werden in ihrer Unverbundenheit mit den wissenschaftlichen Studienelementen eher als „Fremdkörper" empfunden (vgl. Rosenbusch et al., 1988). In der Untersuchung von Jäger und Milbach (1994) bewerten über 80 Prozent der Studierenden die Vorbereitung auf die Praktika als unzureichend. Gespräche mit Hochschullehrern und deren Veranstaltungen dienten kaum als Quelle zur Vorbereitung, sondern vor allem der Austausch mit Kommilitonen und anderen Praktikanten. Wie Nolle (2004) darstellt, könnte die fehlende Anleitung von Schulpraktika u.a. darin begründet sein, dass Hochschullehrende selbst über nicht genügend Praxiserfahrungen für effektive Beratungen verfügen bzw. aufgrund der hohen Studierendenzahlen personell überlastet sind. An Standorten, die versuchen, Schulpraktika durch universitäre Lehrveranstaltungen intensiver zu begleiten, wird deutlich, wie personell und organisatorisch aufwändig die Durchführung derartiger Schulpraktischer Studien ist. Gleichzeitig zeigen die entsprechenden Evaluationen der Praktikumskonzepte, dass die engere universitäre Anbindung der Praktika zu einer deutlich positiveren Einschätzung der Studierenden führt (u.a. Arens, 1999; Boekhoff et al., 2008; Schwarz, 1996).

3.6.2 Lernwirksamkeit von Schulpraktika

Die Wirksamkeit der Lehrerbildung allgemein oder speziell von Schulpraktika zu beurteilen, stellt die empirische Bildungsforschung vor erhebliche Schwierigkeiten. Die Frage, welche Variablen relevant für die Evaluation von Wirkungen der Lehrerbildung sind, d.h. von welchen Faktoren der Lehrerbildung eine Wirksamkeit angenommen wird, was Lehrerhandeln beeinflusst und nicht zuletzt wie das Kriterium der Wirksamkeit bestimmt wird (z.b. durch die Erfassung fach- und berufsbezogener Kognitionen der (künftigen) Lehrer oder durch die Beobachtung des Lehrerhandelns im Unterricht), ist nicht unumstritten. Oser (2001a) legte in Anlehnung an Scheerens und Bosker (1997) eine Übersicht zu Wirksamkeitsmodellen in der Lehrerbildung vor, die eine bemerkenswerte Vielfalt unterschiedlicher Ansätze dokumentiert. Erschwert wird die empirische Forschung zur Wirksamkeit der Lehrerbildung darüber hinaus durch eine untersuchungsmethodische Uneinheitlichkeit. Weder gibt es eine einheitliche Terminologie, um die erhobenen Fragestellungen zu bezeichnen, noch existiert bislang eine einheitliche Methodologie. Zudem werden unterschiedliche Erhebungsmethoden mit wiederum verschiedenen Items verwendet, wodurch sich unter Umständen auch die Inkonsistenz in den Ergebnissen mancher Studien zur Wirksamkeit der Lehrerbildung erklären lässt. Bislang existieren nicht hinreichend empirische Fakten hinsichtlich der Wirkungen der Lehrerbildung und speziell von schulpraktischen Ausbildungsphasen (vgl. Blömeke, 2004; s. auch Lipowsky, 2006; Wayne & Youngs, 2006).

Auf der Basis bisheriger Studien lassen sich folgende Befunde zur Lernwirksamkeit von Schulpraktika zusammenfassen:

- Bis heute ist nicht hinreichend geklärt, welche Lernwirkungen durch Schulpraktika erreicht werden. Offenbar findet Lernzuwachs nur in einzelnen Kompetenzbereichen statt.

- Schulpraktika bieten erhebliche Erfahrungs- und Lernpotenziale. Allerdings sind nicht nur positive Effekte bezüglich der Lernentwicklung von Studierenden zu erwarten, sondern auch unerwünschte „Nebenwirkungen", die sowohl die Reflexionsmöglichkeiten als auch das Handlungsrepertoire von Studierenden einschränken können.

- Eine für das weitere Studium lerneffektive Verknüpfung von Theorie und Praxis findet vielfach nicht statt. Die Lernwirksamkeit von Schulpraktika ist in hohem Maße von der professionellen Vor-, Nachbereitung und Begleitung der Praxiserfahrungen abhängig.

3.6.2.1 Studien zu intentionalen Wirkungen von Schulpraktika

Zur Lernwirksamkeit von Schulpraktika liegen nur wenige empirische Befunde vor. Bis Ende der 1990er Jahre bilanziert Fried (1998) in ihrem Forschungsüberblick jedoch drei Studien, die sich mit den Wirkungen von Praxisphasen beschäftigen, von denen nur zwei den Versuch unternehmen, diese Wirkungen zu objektivieren (vgl. ebd.). Weit häufiger wurden Wirksamkeitsforschungen zu Trainings durchgeführt. Alle Studien stammen aus den 1980er Jahren und beschäftigen sich mit unterschiedlichen Formen der Praktikumsgestaltung bzw. -betreuung.

Roth (1981) befragte 297 Studierende, die entweder an „Unterrichtsmitschauen" oder „Hospitationen bei einem Lehrern" teilgenommen hatten, zu Beginn ihres Studiums sowie nach den Schulpraktischen Studien zu ihren Einstellungsveränderungen hinsichtlich der Aspekte „Lehrerdominanz", „schülerorientierter Unterricht", „einsichtiges Lernen", „nicht-direktives Lehrerverhalten" sowie „pädagogische Diagnostik". Die Einstellungen der Studierenden veränderten sich zwar in Richtung liberalerer Einstellungen, vor allem hinsichtlich des nicht-direktiven Lehrerverhaltens – eine Tatsache, die bereits aus zahlreichen Längsschnittuntersuchungen der 1970er Jahre zur beruflichen Sozialisation von Junglehrern unter dem Begriff der „Konstanzer Wanne" bekannt geworden ist (u.a. Cloetta, Dann, Helmreich, Müller-Fohrbrodt & Pfeiffer, 1973; Dann, Cloetta, Müller-Fohrbrodt & Helmreich, 1978; Hinsch, 1979; Koch, 1975; Müller-Fohrbrodt, 1973; Müller-Fohrbrodt et al. 1978). Allerdings konnten keine spezifischen Wirkungen der verschiedenen Veranstaltungsformen festgestellt werden (vgl. Roth, 1981). Fraglich bleibt auch, in welchem Ausmaß sich die Einstellungsveränderungen auf die Praxiserfahrungen zurückführen lassen und welche Rolle die Studienerfahrungen hatten.

Steinhorst (1985) untersuchte ebenfalls zwei unterschiedliche Formen der Praktikumsbetreuung hinsichtlich der Veränderung des Lehrerverhaltens im Verlauf eines siebentätigen Praktikums. Eine Gruppe von elf Studierenden übte in dem sog. „Münchner Trainingsmodell" (Innerhofer, 1977) durch Videofeedback und Lehrertraining angestrebtes Lehrerverhalten ein, die andere Gruppe, ebenfalls elf Studierende, wurde traditionell betreut, d.h. die Veränderungen von Einstellungen oder Verhaltensweisen wurden nicht explizit thematisiert. Die Auswertung von 10-minütigen Videosequenzen des Unterrichts der beiden Studierendengruppen zu Beginn und am Ende des Praktikums konnte allerdings keine Effektivität des Trainingsmodells nachweisen. Die beiden Gruppen hatten sich nicht signifikant unterschiedlich entwickelt. Hinsichtlich des angestrebten Lehrerverhaltens gab es sowohl Verbesserungen als auch Verschlechterungen (vgl. Steinhorst, 1985; s. auch Fried, 1998).

Insgesamt werden die älteren empirischen Studien bezüglich der Beurteilung von Lernprozessen in Schulpraktika als unzureichend und widersprüchlich bewertet. Es existieren zwar einige Einzeluntersuchungen zu verschiedenen spezifischen Bedingungen und Auswirkungen von Schulpraktika, allerdings bleiben die Aussagen zur Bedeutung dieser Studienanteile umstritten. Studien zur Sozialisationswirkung von Schulpraktika untersuchten in der Regel nicht die Qualität von Praktikumserfahrungen und konnten daher keine Aussagen zu spezifischen Wirkungen einzelner Komponenten der Schulpraktischen Studien auf je individuelle Studierende ermitteln. Was „dazwischen" passiert, wie also Studierende die beruflichen Praxiserfahrungen tatsächlich erlebt haben, konnten sie nicht klären. Da Lernprozesse in Schulpraktika aber gerade aus der täglichen Interaktion des Studierenden mit Schülern und Lehrern resultieren, waren die Untersuchungen diesbezüglich wenig ergiebig (vgl. Dick, 1996; Zeichner, 1986).

Das Forschungsprojekt „Lernen im Praktikum (LIP)" an der Universität Bern (1998-2002, vgl. Hascher & Moser, 1999, 2001; Moser & Hascher, 2000) untersuchte Lernprozesse von Studierenden des Sekundarlehramts (N = 150) in drei Blockpraktika (nach dem ersten, vierten und siebten Semester). Als Datenquellen wurden Fragebögen u.a. zu Lerninhalten des Praktikums, Praktikumsberichte der Studierenden sowie ein halbstrukturiertes Lerntagebuch (N = 46), das die Studierenden während der Praktika freiwillig führen konnten, herangezogen. Die Selbsteinschätzungen der Studierenden wurden darüber hinaus ergänzt durch Schülerbefragungen (hierzu genauer Hascher, Baillod & Wehr, 2004) sowie Fremdeinschätzungen der betreuenden Praktikumslehrer.

Die Ergebnisse der quantitativen Befragung am Ende der Praktika zeigen, dass die Studierenden und die Praktikumslehrer die Wichtigkeit der Lerninhalte und den Lernzuwachs in den Praktika hoch einschätzen. In allen erfragten Bereichen werden gute bis sehr gute Lernergebnisse dokumentiert. Am höchsten wird der Lernerfolg von den Studierenden in folgenden Items aus sechs Lernbereichen eingeschätzt: *Rolle als Lehrperson* („Sicher vor der Klasse stehen"), *allgemeine Unterrichtsplanung* („Sich in einen größeren Themenbereich einarbeiten"), *Lektionsvorbereitung* („Den Ablauf einer Lektion strukturieren" und „Sozialformen gezielt einsetzen"), *Unterrichtsdurchführung* („Lernaufgaben stellen" und „Lehr-/Lernform Üben und Anwenden durchführen"), *Unterrichtsauswertung* („Schlussfolgerungen für die künftige Unterrichtsgestaltung ableiten" und „Die weitere Unterrichtsplanung auf den -verlauf abstimmen") sowie *Umgang mit Schülerinnen und Schülern* („Die Schüler/innen aktiv in den Unterricht einbeziehen"). Am geringsten wird der Lernerfolg insbesondere bei Items aus drei Lernbereichen beurteilt: *Unterrichtsdurchführung* (erweiterte und einzelne traditionelle Lehr- und Lernformen), *Schule und Schulalltag* (Elterngespräche, administrative Aufgaben und Pausenaufsicht) sowie *Umgang mit Schülerinnen und Schülern* (Umgang mit begabten Schülerinnen und Schülern, Verhaltensauffälligkeiten und Lernstörungen). Die Unterschiede zwischen der Selbsteinschätzung der Studierenden und der Fremdeinschätzung der Praktikumslehrer fallen insgesamt gering aus. Zum Teil bewerten die Praktikumslehrkräfte den Lernerfolg der Studierenden noch höher. Auch der Vergleich der Lernergebnisse in den drei Praktika zeigt insgesamt nur geringe Unterschiede. Bei den meisten Lerninhalten muss angenommen werden, dass die Studierenden sich in allen drei Praktika mit den betreffenden Inhalten befassen und ähnlich große Lernfortschritte erleben. „Diese Ergebnisse legen den Schluss nahe, dass wichtige Lernprozesse im Rahmen der Lehrerbildung unkontrolliert und unbewusst stattfinden und wesentliche Aspekte der professionellen Entwicklung von Lehrpersonen dem Zufall überlassen sind" (Hascher, 2006, S. 145). In den Lerntagebüchern wird von den Studierenden der Lernerfolg besonders hoch in den Bereichen *Rolle als Lehrkraft* und *Unterrichtsdurchführung* wahrgenommen, gefolgt von *Lektionsvorbereitung, Umgang mit Schülerinnen und Schülern* sowie *Unterrichtsplanung*. Während im Einführungspraktikum noch die *Rolle als Lehrkraft* als wichtigste Lernsituation im Praktikum dominiert, wird im Schlusspraktikum die *Unterrichtsdurchführung* am häufigsten genannt. Im Hinblick auf die Lernquellen im Praktikum zeigt die Fragebogenerhebung, dass Rückmeldungen oder das Verhalten der Praktikumslehrer für Studierende die wichtigste Lernquelle darstellt, gefolgt von eigenem Forschen bzw. Experimentieren sowie Rückmeldungen oder das Verhalten der Schüler. Auch in den Lerntagebüchern gaben die Studierenden an, vor allem durch Rückmeldungen der Praktikumslehrer gelernt zu haben. Gefragt nach den Lernformen sind für die Studierenden insbesondere Ratschläge der Praktikumslehrer und das Lernen aus eigenen Fehlern von hoher Bedeutung. Pädagogische Vorerfahrungen scheinen den Einstieg in Schulpraktika zu erleichtern. Moser und Hascher (2000) berichten allerdings in verschiedenen Lernbereichen sowohl von positiven als auch negativen Korrelationen zwischen Lernerfolg und pädagogischen Vorkenntnissen. Bei der Hälfte der Items konnte sogar kein Zusammenhang zwischen Vorkenntnissen und den Lernergebnissen festgestellt werden (vgl. Moser & Hascher, 2000, S. 82f.). Auch in der Studie von Mayr (2006) führen Praxiserfahrungen langfristig nicht zu besseren Praxisleistungen. Zusammenfassend verdeutlicht das Forschungsprojekt, dass Praktika sowohl aus der Perspektive der Studierenden als auch aus Sicht der Praktikumslehrer als lernstarke Kontexte beurteilt werden und dass den Praktikumslehrern eine beträchtliche Rolle für die Lernprozesse von Studierenden zukommt (vgl. Mayer, 2006; Moser & Hascher, 2000; s. auch Hascher & Moser, 2001; Hascher & Wepf, 2007).

Eine drei Jahre später durchgeführte Nachbefragung zum Lernen im Praktikum (Projekt LIP+, 2002-2003, N = 79) zeigt, dass in fast allen untersuchten Bereichen die Beurteilung des Praktikums in der Retrospektive ungünstiger ausfällt, sowohl hinsicht-

lich der Zufriedenheit mit dem Praktikum als auch in Bezug auf die erreichten Lernerfolge und die Bewertung der Praktikumslehrpersonen (vgl. Hascher, 2006).

Wild-Näf (2001) befragte im Rahmen der bereits dargestellten schweizerischen
Wirksamkeitsstudie von Oser und Oelkers (2001) Studierende ebenfalls zur Qualität
der berufspraktischen Ausbildung. Die Studie konnte zeigen, dass dieser Ausbildungs-
bereich von den Studierenden in ihrer Bedeutung für die Ausbildung professioneller
Kompetenzen mehrheitlich hoch bewertet wird. Die vierzehn zu beurteilenden Kompetenzen zu den Bereichen „Unterrichtsvorbereitung", „Unterrichtsdurchführung" und
„Arbeit mit Schülerinnen und Schülern" erhalten von mehr als der Hälfte der Studierenden eine positive Zustimmung. Im Hinblick auf die Bedeutung und Gestaltung der
berufspraktischen Ausbildung stimmen zwischen 60 und 90 Prozent der Befragten der
Aussage zu, dass durch die berufspraktische Ausbildung die eigenen Unterrichtskompetenzen verbessert sowie ein geeigneter Einstieg in die Berufspraxis und die Verhal-
tenssicherheit befördert worden sei. Rund 60 Prozent der Studierenden geben an, im
Praktikum von erfahrenen Lehrkräften in die Regeln des unterrichtlichen Handwerks
eingeführt und von kompetenten Fachleuten begleitet worden zu sein. Etwa 40 Prozent
der Befragten sind der Meinung, dass die berufspraktische Ausbildung den Kern der
Ausbildung darstelle und man erst danach wisse, was unterrichten wirklich heiße. Die
zeitliche Belastung durch die berufspraktische Ausbildung wird mehrheitlich als hoch
eingeschätzt. Fast 90 Prozent der Befragten haben darüber hinaus den Eindruck, dass
sie die berufspraktische Ausbildung mehr gefordert hat als die berufswissenschaftliche
Ausbildung (vgl. Wild-Näf, 2001).

In jüngerer Zeit konnten durch drei Forschungsprojekte an der Universität Koblenz-Landau neue Erkenntnisse zur Wirksamkeit von hochschulischen Praxisphasen
erzielt werden. Die längsschnittlich angelegte Studie VERBAL (Verbesserung der Be-
ratungsqualität bei der Ausbildung beruflicher Handlungskompetenz von Lehramtsstudierenden, 2002-2004) (Balzer, Bodensohn & Frey, 2004) erfasste die Fach-, Sozial-
und Methodenkompetenzen von Studierenden des Grund- und Hauptschullehramts
(N = 401) durch Fremd- und Selbsteinschätzungen am Beginn und am Ende von zwei
Blockpraktika. Zur Diagnose der Fachkompetenzen wurde der Beurteilungsbogen der
Schulpraktischen Studien (Bodensohn, 2002a, 2002b) eingesetzt. Die Sozial- und Methodenkompetenzen wurden mit einer modifizierten Version des Beurteilungsbogens
smk (Frey & Balzer, 2003) erhoben. Die Studie konnte zeigen, dass Studierende (1) ihre Kompetenzen zum Ende der Praktika höher einschätzten als zu deren Beginn, (2)
die Ausprägung der Kompetenzen im zweiten Blockpraktikum höher ausgeprägt wahrgenommen wurden als im ersten und dass (3) das Selbsturteil der Studierenden meist
negativer, d.h. strenger war als das Fremdurteil der sie betreuenden Mentoren. Die
Lerneffekte innerhalb der Praxisphasen waren allerdings so hoch (Effektstärken für alle Dimensionen zwischen .55 und .88), dass angenommen werden musste, dass hier
Effekte einer self-fulfilling-prophecy die valide Messung der realen Effekte überlagern
(vgl. Balzer et al. 2004; Bodensohn & Scheider, 2008, 2009).

Aufbauend auf den Befunden und Erfahrungen aus VERBAL wurde das Nachfolge-
projekt REBHOLZ (Report beruflicher Handlungskompetenz im Organisationsbereich
der Lehrerbildung des Zentrums für Lehrerbildung in Landau, 2005-2010) initiiert, das
die Entwicklung der Handlungskompetenz von Lehramtsstudierenden (N = 453) während der ersten Ausbildungsphase stärker längsschnittlich verfolgte (Bodensohn &
Schneider, 2006, 2007, 2008; Schneider & Bodensohn, 2008). Im Gegensatz zum Projekt VERBAL wurde auf die Befragungen zu Beginn der Praktika, d.h. auf die Betrachtung der Entwicklung *innerhalb* der Praktika verzichtet und zusätzliche Befra-
gungszeitpunkte zu Beginn und am Ende des Studiums sowie während und nach dem
Referendariat implementiert. Darüber hinaus erfolgte die Erfassung der Fachkompetenzen auf Grundlage der Standards von Oser (1997a, 1997b, 2001b) (vgl. Kapitel
5.2.3).

Die in Auszügen veröffentlichten Ergebnisse der Studie zeigen, dass es nur bei einigen der betrachteten Kompetenzen zu einer substanziellen Verbesserung zwischen
dem ersten und dem zweiten Praktikum kommt. Kompetenzzugewinne mit mindestens
mittleren Effektstärken konnten in folgenden Bereichen der *Fachkompetenzen* nachgewiesen werden: „Lernstrategien vermitteln und Lernprozesse begleiten", „Gestaltung
und Methoden des Unterrichts", „Zusammenarbeit in der Schule", „Selbstorganisationskompetenz der Lehrkraft" und „Fachdidaktische Aspekte". Beachtet werden muss,
dass für die drei letztgenannten Dimensionen aufgrund fehlender Angaben zur Kompetenzeinschätzung nur ein kleiner Teil der Kohorte als gültige Fälle in die Analyse ein-
gegangen ist. Statistisch signifikante, aber schwache Effekte konnten auch in den Dimensionen „Medien des Unterrichts", „Unterrichtsplanung" und „Unterrichtsdurchführung" festgestellt werden. Die Kompetenzzuwächse fallen in der Selbstwahrnehmung
größer aus als in der Fremdwahrnehmung, insbesondere in den Bereichen „Leistungsmessung" und „Fachdidaktische Gesichtspunkte" (jeweils mittlere Effekte) sowie in
den Bereichen „Lehrer-Schüler-Beziehungen", „Bewältigung von Disziplinproblemen", „Lernstrategien vermitteln", „Gestaltung und Methoden des Unterrichts", „Medien des Unterrichts", „Selbstorganisationskompetenz" sowie „Unterrichtsplanung"
und „Unterrichtsdurchführung" (jeweils schwache Effekte). Für die Kompetenzklasse
der *Sozialkompetenzen* konnten Kompetenzzuwächse von mittlerer Effektstärke in der
Dimension „Selbständigkeit", in der Kompetenzklasse der *Methodenkompetenzen* in
den Dimensionen „Flexibilität" und „Arbeitstechnik" nachgewiesen werden. Bei anderen Dimensionen kann nur von Tendenzen in der Kompetenzentwicklung gesprochen
werden. Insgesamt fällt der Kompetenzzuwachs zwischen dem ersten und dem zweiten
Praktikum in den Sozial- und Methodenkompetenzen geringer aus als in den Fachkompetenzen, vermutlich weil die beiden erstgenannten Kompetenzklassen keine für den
Lehrerberuf spezifischen Verhaltensweisen thematisieren, sondern von ganz allgemeiner Bedeutung für berufliches Handeln sind. Die Studie kann weiterhin zeigen, dass
die Fremdeinschätzung durch die Mentoren über alle Dimensionen der Fach-, Sozial-
und Methodenkompetenzen hinweg günstiger ist als die Selbsteinschätzung der Studie-

renden. Wie Bodensohn und Schneider (2009) ausführen, ist nicht auszuschließen, dass die Mentoren in ihrem Urteil zu wohlwollend sind. Andererseits kann der Befund auch nahelegen, dass die Studierenden ihre Kompetenzentwicklung im Praktikum durchaus offen und kritisch einschätzen (vgl. Bodensohn & Schneider, 2008, 2009).

Das neueste Forschungsprojekt KOSTA (Kompetenz- und Standardorientierung in der Lehrerbildung) der Landauer Forschungsgruppe untersucht auf der Grundlage der von der KMK (2004) vereinbarten Standards für die Bildungswissenschaften, ob die Standards der KMK im Urteil von Studierenden (a) als wichtig für den Lehrerberuf im Allgemeinen und (b) als relevant für die universitäre Ausbildung erlebt werden, (c) wie häufig die Standards im Praktikum umgesetzt werden, (d) wie die Umsetzungsschwierigkeit dieser Standards in der Praxis eingeschätzt wird sowie (e) wie Studierende die universitäre Vorbereitung auf die Standards beurteilen. Insgesamt werden 65 Kompetenzen auf fünf Dimensionen („Stellenwert", „Häufigkeit", „Schwierigkeit", „Bedeutung", „Vorbereitung") erfasst. Die längsschnittlich konzipierte Studie sieht vier Messzeitpunkte vor: (a) eine Eingangsbefragung in den ersten Studienwochen, (b) im vierten Semester nach dem dritten Orientierungspraktikum, (c) im 6. Semester und dem 2. vertiefenden Praktikum in der angestrebten Schulart sowie (d) im 8. oder 9. Semester nach dem 1. oder 2. Fachpraktikum (vgl. Weresch-Deperrois, Bodensohn & Jäger, 2009).

Die bisher veröffentlichten Ergebnisse aus der Befragung zu dem zweiten Messzeitpunkt ($N = 336$) zeigen, dass die Studierenden den *Stellenwert* der elf Kompetenzbereiche der KMK als wichtig beurteilen (durchschnittlich 1.7 auf einer Likert-Skala von (1) „sehr wichtig" bis (6) „völlig unwichtig"), wobei der Kompetenzbereich 1 („sach- und fachgerechte Planung und Durchführung von Unterricht") als am wichtigsten, der Kompetenzbereich 11 („Beteiligung an Planung und Umsetzung schulischer Projekte und Vorhaben") als am unwichtigsten beurteilt wird. Die *Anwendungshäufigkeit* der Standards schätzen die Studierenden auf einer Likert-Skala von (1) „sehr oft" bis (6) „nie" gemittelt mit 3.04 ein. Der Kompetenzbereich 1 („sach- und fachgerechte Planung und Durchführung von Unterricht") wird nach dem Studierendenurteil am häufigsten, der Kompetenzbereich 7 („Diagnostik von Lernvoraussetzungen und -prozessen, gezielte Förderung sowie Beratung von Schülern und Eltern") am seltensten angewendet. Die *Schwierigkeit* der Kompetenzausübung beurteilen die Probanden auf einer Likert-Skala von (1) „sehr leicht" bis (6) „sehr schwer" im Mittel mit 2.77. Der Kompetenzbereich 7 („Diagnostik von Lernvoraussetzungen und -prozessen, gezielte Förderung sowie Beratung von Schülern und Eltern") wird dabei als am schwierigsten, der Kompetenzbereich 5 („Vermittlung von Werten und Normen, Unterstützung selbstbestimmten Urteilens und Handelns der Schüler") als am leichtesten empfunden. Im Hinblick auf die *Bedeutung* der Standards innerhalb der hochschulischen Ausbildung zeichnen die Ergebnisse der Studie folgendes Bild: Auf einer Likert-Skala von (1) „sehr große" bis (6) „sehr geringe" Bedeutung ergab sich für alle Kompetenzbereiche eine durchschnittliche Bewertung von 2.2, wobei dem Kompetenzbereich 1 („sach-

und fachgerechte Planung und Durchführung von Unterricht") die höchste, dem Kompetenzbereich 10 („Verständnis des Lehrerberufs als ständige Lernaufgabe") die geringste Bedeutung zugesprochen wird. Die universitäre *Vorbereitung* auf die Kompetenzausübung beurteilen die Lehramtsstudierenden zum Zeitpunkt der Befragung im 4. Semester auf einer Likert-Skala von (1) „sehr gut" bis (6) „gar nicht" mit einem durchschnittlichen Wert von 4.07, wobei die Vorbereitung am besten für die Kompetenzbereiche 1 („sach- und fachgerechte Planung und Durchführung von Unterricht") und 2 („Gestaltung von förderlichen Lernsituationen, Motivation, Bereitstellung von Transferoptionen"), am schlechtesten für den Kompetenzbereich 7 („Diagnostik von Lernvoraussetzungen und -prozessen, gezielte Förderung sowie Beratung von Schülern und Eltern") wahrgenommen wird. Insgesamt wird deutlich, dass die Studierenden den Stellenwert und die Bedeutung der Kompetenzbereiche der KMK im Allgemeinen als (sehr) hoch, die universitäre Vorbereitung auf die Standards allerdings als eher schlecht einschätzen (vgl. Weresch-Deperrois et al., 2009).

Mücke et al. (2006) untersuchten die Entwicklung des berufsbezogenen Selbstkonzepts von Lehramtstudierenden der Primarstufe (N = 136) an der Universität Potsdam im Verlauf von schulpraktischen Studien. Das berufsbezogene Selbstkonzept wurde dabei in Anlehnung an die Standards von Oser (1997a, 1997b, 2001b) erfasst. Die Studie zeigt, dass die Mehrzahl der befragten Lehramtsstudierenden die berufsspezifischen Kompetenzen bereits vor den schulpraktischen Studien hoch bzw. sehr hoch einschätzt, insbesondere bei Standards, die den sozialen Umgang mit Schülern regeln. Weniger kompetent schätzen sie sich dagegen hinsichtlich Standards ein, die sich auf Unterrichtsprozesse beziehen. Nach Absolvierung der schulpraktischen Studien kommt es gleichwohl bei fast allen Standards zu signifikanten Verbesserungen, vor allem bei den Standards „Lernstrategien vermitteln und Lernprozesse begleiten", „Lehrer-Schüler-Beziehungen" sowie „allgemeindidaktische und fachdidaktische Standards", wobei sich die Kompetenzzugewinne allerdings aufgrund semesterbegleitender Lehrveranstaltungen nicht ausschließlich auf die Praxiserfahrungen zurückführen lassen (vgl. ebd.).

Boekhoff et al. (2008), die Lehramtsstudierende an der Universität Hildesheim u.a. zur Effektivität der Praktika und zu ihren Kompetenzselbsteinschätzungen nach den Standards von Oser (1997a, 1997b, 2001b) und der KMK (2004) befragten (N = 358), konnten ebenso eine positive Entwicklung nachweisen. Die Einschätzung der eigenen Kompetenzen erhöht sich im Verlauf des Studiums (Messzeitpunkte im zweiten und vierten Semester) deutlich in allen erfassten Bereichen. Insbesondere die Effektivität der Praktika wird von den Studierenden als sehr positiv eingeschätzt. Auch die Ergebnisse von Hoeltje et al. (2003), die ein in Bremen eingeführtes Halbjahrespraktikum evaluierten, zeigen, dass die Studierenden „in einem hohen Ausmaß einen Kompetenzgewinn bei sich festgestellt haben" (ebd., S. 22).

Schubarth et al. (2009) untersuchten die Entwicklung von Unterrichtskompetenzen bei Studierenden in einem 14-wöchigen Praxissemester an der Universität Potsdam.

Die Befragungen mittels Selbsteinschätzungsbogen auf der Grundlage der Standards der KMK (2004) fanden jeweils vor und nach dem Praktikum im vorletzten Semester des Masterstudiums statt (N = 23 bzw. 24). Die Ergebnisse der Studie zeigen, dass Studierende ihre Unterrichtskompetenzen in Teilbereichen bereits vor dem Praxissemester als relativ hoch einschätzen – insbesondere jene Unterrichtskompetenzen, die sich auf die Planung und Strukturierung von Unterricht beziehen. Schlechtere Werte erzielen Unterrichtskompetenzen, die auf den Umgang mit der Heterogenität der Schüler ausgerichtet sind. Gleichwohl ließ sich über alle Items hinweg für die Kompetenzeinschätzung im Bereich „Unterrichten" ein statistisch signifikanter Zugewinn im Verlauf des Praxissemesters nachweisen. Keine signifikanten Veränderungen ergaben sich für die Kompetenz, Schülern Lernstrategien für das weitere Lernen zu vermitteln. Insgesamt deuten die Ergebnisse darauf hin, dass Schulpraktika deutlich zur Förderung unterrichtlicher Kompetenzen beitragen. Die Studie konnte weiterhin zeigen, dass der Kompetenzerwerb in Praktika von verschiedenen Faktoren abhängig ist: Die Kompetenzausprägung im Bereich Unterrichten fällt umso höher aus, je geringer die wahrgenommene Beanspruchung der Studierenden ist und je besser die mentorielle Betreuungsqualität im Praktikum wahrgenommen wird. Die Autoren sehen hierin einen „Schlüssel für eine gezielte Kompetenzentwicklung" (ebd., S. 318f.) und empfehlen u.a. eine kontinuierliche Begleitung, Beratung und Betreuung von Studierenden sowie eine Qualifizierung der Mentoren an den Schulen (vgl. ebd.).

Die Kompetenzentwicklung von Lehramtsstudierenden in verlängerten schulpraktischen Ausbildungsphasen stand ebenso im Fokus des Forschungsprojektes KOPRA (Kompetenzentwicklung im Praxisjahr), mit dem ein Modellversuch an der Pädagogischen Hochschule Weingarten („Praxisjahr Biberach") wissenschaftlich begleitet wurde (vgl. Kapitel 3.4.3); zusammenfassende Darstellung in Reinhoffer, 2009; Reinhoffer & Rosenberger, 2009). Die Wirksamkeit des Modellversuchs wurde in mehreren quer und längsschnittlichen Teilprojekten untersucht (Überblick in Dieck et al., 2009). Müller (2010) verglich in einer Längsschnittstudie die Kompetenzselbsteinschätzung von zwei Studierendenkohorten (N = 10 bzw. 13) des Praxisjahres zu Beginn und ein bzw. zwei Jahre danach mit jenen einer Kontrollgruppe des regulären Studienverlaufs. Neben der Fragebogenerhebung auf der Grundlage der Oser'schen Standards wurden teilstandardisierte Leitfadeninterviews u.a. zu Lernprozessen im Praxisjahr aus Sicht der Studierenden durchgeführt. Die Studie konnte die Annahme, dass die Kompetenzselbsteinschätzung bei der Versuchsgruppe größer ausfällt als bei der Kontrollgruppe, nicht bestätigen. In beiden Gruppen der zweiten Kohorte zeigt sich zwar ein signifikanter Kompetenzzuwachs im Verlauf der Zeit, allerdings unterscheiden sich beide Gruppen zu keinem Zeitpunkt statistisch bedeutsam voneinander. Das gilt ebenso für die Relevanzeinschätzungen und die Beurteilung der Anwendungswahrscheinlichkeit der erfragten Standards (vgl. Dieck et al., 2010; Dörr, Müller & Bohl, 2009b).

Die Auswertung der Leitfadeninterviews verdeutlicht, dass sich die Probanden im Praxisjahr neben professionsspezifischen Kompetenzen (u.a. Regelung von Disziplinproblemen, flexibler Umgang mit der Unterrichtsplanung während der Unterrichts-durchführung, Hineinversetzen in die Sichtweise der Schüler, Herstellung und Einsatz von Unterrichtsmaterialen, Formulierung von Lernzielen) insbesondere mit Entwick-lungsaufgaben konfrontiert sehen, die rollenspezifisches und -adäquates Verhalten be-treffen (u.a. Aufbau funktionierender Lehrer-Schüler-Beziehungen, Erlangen von Selbstbewusstsein im Umgang mit Schülern, Anerkennung als Respekts- und Lehrper-son). Persönlichkeitsbezogene Lernbereiche werden von fast allen Studierenden ange-sprochen, während jene, die professionsspezifische Kompetenzen widerspiegeln, we-niger oft thematisiert werden. Insgesamt deutet die Studie darauf hin, dass eine quanti-tative Erhöhung von Praxislerngelegenheiten allenfalls zu tendenziellen, nicht jedoch zu signifikanten Unterschieden in der Kompetenzselbsteinschätzung von Studierenden führt. Verlängerte Praxisphasen scheinen nicht zwangsläufig lernwirksamer zu sein als reguläre Studienverläufe (vgl. Dörr et al., 2009b).

Küster (2008) untersuchte die Kompetenzentwicklung von Studierenden im Pra-xisjahr Biberach in einer längsschnittlichen Videostudie (N = 11). Zu drei Messzeit-punkten (vor dem Praxisjahr, zu Beginn und zum Ende des Praxisjahres) erfasste er mit niedrig- und hoch-inferenten Kodierungen, ob sich die unterrichtliche Handlungs-kompetenz der Probanden innerhalb des Praxisjahres verändert. Mit den niedrig-inferenten Kodierverfahren wurden die Kategorien „unterrichtliche Arbeitsformen", „allgemeindidaktische Unterrichtsphasen", „Aktivitäten im Klassenunterricht", „Unter-richtskommunikation", „Strukturierung" und „Differenzierung" untersucht. Die Analy-se der Unterrichtsqualität erfolgte über die Einschätzung auf einer sechsstufigen Ra-tingskala in den Dimensionen „Instruktionseffizienz", „Schülerorientierung", „kogniti-ve Aktivierung" und „Klarheit/Strukturiertheit". Die Ergebnisse der niedrig-inferenten Kodierungen zeigen, aggregiert über die Probanden und Messzeitpunkte, keine signifi-kanten Veränderungen zwischen den Messzeitpunkten. Die weitgehende Stabilität der Ergebnisse lässt sich nach Küster (2008) dahingehend deuten, dass im Rahmen von Praxislerngelegenheiten keine Modifizierungen der subjektiven Theorien der Studie-renden als handlungsleitende Kognitionen stattfinden. Möglicherweise dokumentieren die Ergebnisse auch ein für die Unterrichtspraxis typisches, sehr stabiles Unterrichts-muster, das von Studierenden in schulpraktischen Ausbildungsphasen schnell adaptiert wird, anstatt flexibleres Unterrichten zu fördern (vgl. Dörr, Kucharz & Küster, 2009a). „Die Ergebnisse [weisen] in eine Richtung, die eine eher konservativ geprägte Berufs-sozialisation durch verlängerte Praxisphasen vermuten lassen" (Küster, 2008, S. 215).

Während auf der methodischen Basis niedrig-inferenter Beobachtungen keine sig-nifikanten Veränderungen zwischen den Messzeitpunkten festgestellt werden können, zeigen die Befunde der hoch-inferenten Kodierungen dagegen signifikante Verände-rungen in eine positive Richtung, wobei diese zwischen dem ersten und dem zweiten Messzeitpunkt für die absoluten Mittelwerte größer ausfällt als zwischen dem zweiten und dem dritten Messzeitpunkt, d.h. innerhalb des Praxisjahres. Das Ergebnis ist über-raschend, da von längeren Praxiserfahrungen auch größere Effekte hätten angenommen werden können. Wie Küster (2008) ausführt, gelingt es der Praxis der Lehrerbildung offensichtlich relativ schnell unterrichtliche Kompetenzen zu vermitteln, die zu einer signifikanten Verbesserung führen. Den Studierenden werden damit „Handlungselemente zur Verfügung gestellt, die eine schnelle Routinisierung komplexer Handlungsdimensionen erlauben. Die stärksten Effekte treten in den Subskalen „Umgang mit der Unterrichtzeit", „Qualität der Organisation" und „Gesprächsführung" auf. Damit sind Kompetenzen angesprochen, die gewissermaßen das „Rückrad" [sic] unterrichtlichen Handelns bilden und dafür sorgen, dass der Unterricht sich routinisiert konstituiert" (ebd., S. 209). Diese Routinisierung gelingt zu Beginn einer verlängerten Praxisphase offenbar schnell und verstetigt sich im Verlauf über die Zeit, womit sich die unterschiedliche Entwicklungsdynamik erklären ließe. Möglicherweise deuten die Ergebnisse zudem darauf hin, dass die zeitliche Verweildauer in Praxislernsituationen nicht den alleinigen Faktor zur Kompetenzentwicklung darstellt (vgl. Dieck et al., 2010).

Insgesamt liefern die beiden dargestellten Studien aus dem Forschungsprojekt KOPRA ernüchternde Ergebnisse: Weder die allgemeine Lehrkompetenz nahm bei den Praxisjahrteilnehmern signifikant stärker zu als bei den Regelstudierenden, noch verbesserte sich auf der Sichtebene von Unterricht die unterrichtliche Handlungskompetenz im Sinne einer Erweiterung und Differenzierung (vgl. Dieck et al., 2010). Den Modellversuch „Praxisjahr Biberach" und die Ergebnisse der Begleitstudien resümierend konstatiert Kucharz (2009): „Das Praxisjahr ist zur Entwicklung der professionsspezifischen Kompetenz nicht grundsätzlich besser geeignet als kürzere Praxisformen" (S. 187). Die Dauer von Praktika sei weniger bedeutsam als vielmehr die Gelegenheiten zur Verknüpfung der theoretischen und praktischen Studienelemente und die Möglichkeit einer institutionenübergreifenden Reflexion. „Die Qualität des Praxisbezuges bestimmt sich demnach nicht in der Quantität der Praxislernangebote, sondern vor allem in der Art der Unterstützung und der didaktischen Gestaltung der Lernprozesse" (ebd., S. 188). Dieck et al. (2010) betonen:

> „Die Theorie-Praxis-Verknüpfung geschieht auch in verlängerten Praxisphasen nicht automatisch, sondern ist auf Anregung zur theoriegeleiteten Praxisreflexion angewiesen. Eine solche wurde von den beteiligten Institutionen und Betreuer/innen zu wenig eingebracht. Um die komplexen Anforderungen an eine solche Beratungstätigkeit erfüllen zu können, sind gezielte Fortbildungen für die Betreuer/innen notwendig" (S. 109).

3.6.2.2 Studien zu nicht intendierten Wirkungen von Schulpraktika

Schulpraktika wird immer wieder ein zentraler Stellenwert als Erprobungs- und Lernfeld in der hochschulischen Lehrerbildung eingeräumt (vgl. Reinhoffer et al., 2007), der Praxisbezug gilt „auf merkwürdige Weise unstrittig" (Oelkers, 1999, S. 64). Dennoch muss die Wirksamkeit von Praxiserfahrungen auf der Basis der bisherigen empirischen Daten durchaus kritisch gesehen werden – zumindest kritischer als die euphorischen Einschätzungen von Studierenden es vermuten lassen. In einer Studie von Zeichner und Tabachnik (1985) veränderten sich die Haltungen von Studierenden hinsichtlich der Rolle als Lehrperson, des Verhältnisses zwischen Lehrperson und Schülern sowie bezüglich des Wissens und des Curriculums im Verlauf eines Praktikums nur geringfügig. Andere Studien konnten nachweisen, dass im Verlauf von Praxisphasen nicht nur intendierte, sondern auch unerwünschte Effekte eintreten. So verschlechterte sich im Praktikumsverlauf die Beziehung von Studierenden zu ihren Schülern in einer Untersuchung von Jones (1982). Stattdessen rückte die Kontrolle der Klasse in den Mittelpunkt des Interesses (s. auch Feiman-Nemser & Floden, 1991; Hoy, 1967). In einer Befragung von Roth (1981) schätzten Studierende die Relevanz pädagogischer Diagnostik als Aufgabenbereich des Lehrerberufes nach einem Praktikum geringer ein als zu Beginn des Studiums. Lauck (2008) wies in einer Prä-Post-Studie nach, dass Studierende sich nach dem Schulpraktikum weniger den Belastungen des Berufes im Hinblick auf die umfangreichen Unterrichtsverpflichtungen gewachsen fühlen. Darüber hinaus äußerten sie signifikant seltener, Schülern etwas erklären bzw. Wissen vermitteln zu können (vgl. Hascher, 2006; Lauck, 2008).

Hohe Aufmerksamkeit verdienen insbesondere empirischen Befunde, die belegen, dass Studierende häufig Handlungsweisen und -muster ihres Mentors adaptieren (u.a. Alexander, Muir & Chant, 1992; Kümmel & Uhle, 1982; Moser & Hascher, 2000; Stadelmann, 2006; s. auch Fried, 2003). Lernprozesse im Praktikum sind folglich in hohem Maße von der mentoriellen Betreuungsqualität abhängig. Die Lernwirksamkeit von Schulpraktika ist wiederum davon abhängig, inwiefern es Mentoren gelingt, Studierende über das Imitationslernen unterrichtspraktischer Fertigkeiten hinaus zu einer theoriebezogenen und selbstreflexiven Haltung gegenüber der Unterrichtspraxis anzuregen. Die vorliegenden Studien diesbezüglich stimmen jedoch skeptisch. Mentoren beziehen sich bei pädagogischen Entscheidungen weniger auf Theoriewissen, sondern vielmehr auf ihre eigenen Berufserfahrungen (u.a. Fitzner, 1979; Kelchtermans, 1996; Terhart, Czerwenka, Ehrich, Jordan & Schmidt, 1994) und vermitteln nicht selten „traditionelle" Fertigkeiten in Form von „Unterrichtsrezepten". In Unterrichtsnachbesprechungen geben sie eher kurze, punktuelle Rückmeldungen sowie didaktische und pädagogische Tipps. Reflexive Lernprozesse werden selten angeregt (u.a. Borko & Mayfield, 1995; Eder, 1999; Feiman-Nemser & Buchmann, 1987; Griffin, 1989; Schnebel, 2009; Schüpbach, 2007). Eine lerneffektive Verbindung von Theoriewissen mit schulpraktischen Erfahrungen findet dadurch vielfach nicht statt, insbesondere, wenn die Mentoren die theoretische Ausbildung selbst als wenig praxisrelevant bewerten und ihnen fundierte Kenntnisse zur theoriebezogenen Reflexion und Analyse von Unterricht fehlen (u.a. Fitzner, 1979; Olson & Carter, 1989). Studierende wiederum sehen Praxiserfahrungen vielfach als Bewährungsprobe zur Berufswahlüberprüfung und zum Aufbau unmittelbar anwendbarer Handlungskompetenzen (Hodkinson & Hodkinson, 1999). Bemühungen, wissenschaftliche Theorien an der Schulpraxis zu überprüfen und weiterzuentwickeln sowie gleichzeitig die beobachtete Praxis theoriebezogen kritisch zu reflektieren, gelingen nicht in dem erhofften Ausmaß (u.a. Bauer, Kopka & Brindt, 1999; Hascher, 2006, 2007; Schreder 2006; Wideen, Mayer-Smith, Moon, 1998).

Studienbegleitende Praxisphasen sind offensichtlich nicht grundsätzlich in der Lage, eine Verknüpfung zwischen Theorie und Praxis herzustellen. Vielmehr scheint das an der Universität erworbene Theoriewissen nur wenig Einfluss auf das Handeln und die Lernprozesse von Studierenden im Praktikum zu haben (u.a. Alexander et al., 1992; Borko & Mayfield, 1995; Frykholm, 1996, 1999; Hascher, 2007; Hascher & Wepf, 2007). In der Studie „Lernen im Praktikum und in Stellvertretungen (LIPS)" wurden Lehramtsstudierende für die Sekundarstufe I an der Universität Bern (2003-2004, N = 25) u.a. mit Hilfe von teilstrukturierten Tiefeninterviews zu den Lernpotenzialen von Praktika befragt (vgl. Hascher, 2007). Alle Probanden hatten zum Zeitpunkt der Befragung ein bis zwei Schulpraktika absolviert und verfügten über unterschiedlich lange Erfahrungen in sog. Stellvertretungen in Schulen, in denen sie zusätzlich Unterricht durchführten. Die Ergebnisse der Studie liefern ein ebenso eindeutiges wie ernüchterndes Bild: Die Studierenden gaben an, dass sie in Praktika und Stellvertretungen selten theoriegeleitet, sondern oft intuitiv gehandelt hätten und vor allem durch Beratung und Imitation ihrer Mentoren gelernt hätten, wobei theoretische Impulse durch diese offenbar ebenso selten waren. Hascher (2007) resümiert: „Die Erwartungen an das Praktikum erweisen sich ausschließlich als Erwartungen praktischer Art" (S. 166). Die Studierenden beabsichtigen in Praktika offensichtlich vor allem von der Praktikumsleitung zu profitieren und zu erfahren, was in der Praxis funktioniert, sich selbst im methodisch-didaktischen Bereich weiterzuentwickeln und Erfahrungen zu sammeln (vgl. ebd.).

> „Die Ergebnisse legen den Schluss nahe, dass Theorien weder eine handlungsleitende Funktion ausüben noch der Reflexion dienen. Dies bestätigt sich sowohl für Praktika als auch für Stellvertretungen. Vielmehr drängt sich das Bild auf, dass Studierende des Lehramts überhaupt nicht balancieren müssen, weil sie die Bereiche Theorie und Praxis klar trennen" (ebd., S. 172).

Frykholm (1996, 1999) konnte durch Unterrichtsbeobachtungen nachweisen, dass angehende Mathematiklehrer im Studium gelernte Standards für den Mathematikunterricht zwar für bedeutsam halten, diese auch gut kennen, aber in ihrem eigenen Unterricht während des Praktikums selten implementieren. In lediglich 23 von 205 beobachteten Stunden wurden die Standards umgesetzt. Mehrheitlich griffen die Studierenden auf traditionelle lehrerzentrierte Methoden zurück. Auch diese Studierenden gaben als wichtigste Lernquelle in ihrem Praktikum die Betreuung durch Mentoren an (Frykholm, 1999).

Inwiefern Studierende in Praxisphasen auf die erworbenen theoretischen Wissensbestände zurückgreifen, ist bislang nicht hinreichend geklärt. Anscheinend werden viele Theorieelemente des Studiums subjektiv nicht als handlungswirksam für die Bewältigung der emotional hoch besetzten Bewährungssituation des eigenen Unterrichtens empfunden. Bereits erworbenes theoretisches Wissen kann unter Umständen nicht so eingesetzt werden, dass es genügend Sicherheit im schulischen Handlungskontext bietet, was wiederum bei Studierenden die Meinungsbildung begünstigt, theoretisches Wissen habe für den Erwerb konkreter Handlungskompetenzen des Berufsalltags keine große Relevanz (vgl. Bosse & Messner, 2008; Schellack & Lemmermöhle, 2008).

Die Auffassung, theoretisches Wissen lasse sich unmittelbar in die schulische Praxis transferieren und anwenden, wurde von der Professionsforschung inzwischen als obsolet herausgearbeitet (vgl. Lersch, 2006; s. auch Kapitel 4.4.1). Dennoch prägt offensichtlich genau dieses nicht mehr haltbare instrumentelle Theorie-Praxis-Verständnis die Sichtweise vieler Studierender und lässt theoretische Ausbildungselemente häufig als irrelevant für die berufliche Praxis erscheinen. In Entscheidungssituationen des Schulalltags greifen viele Studierende daher auf gängige Handlungsmuster ohne Bezug zu Theoriekonzepten zurück. Das Handeln im Unterricht ist oftmals mehr intuitiv und von subjektiven Theorien geprägt als theoriegeleitet. Imitationslernen durch die Mentoren sowie die Anwendung eigener Denk- und Handlungsmuster gewinnt dagegen einen zentralen Stellenwert (Borko & Mayfield, 1995; Feiman-Nemser & Buchmann, 1987; Frykholm, 1996, 1999; Hascher, 2007). In der Folge bleiben erworbenes Theoriewissen bzw. wissenschaftliches Wissen und praktisches unterrichtliches Handeln meist unverbunden nebeneinander stehen (vgl. Bosse & Messner, 2008; von Felten 2005). Diese Konstellation wird nochmals verstärkt, wenn diese Handlungsmuster von den Schülern bzw. Mentoren als positiv bewertet und rückgemeldet werden und nicht nach angemessenen pädagogischen Alternativen gefragt wird. Hascher (2005a) beschreibt dieses Problem als „Erfahrungsfalle". So werden durch Schulpraktika unter Umständen Theorie und Praxis nicht stärker aufeinander bezogen, sondern „technische" Unterrichtsfertigkeiten trainiert und die Distanz zum Theoriewissen bzw. wissenschaftlichen Wissen eher vergrößert. Insofern muss die gehäufte Forderung nach „mehr Praxis" kritisch gesehen werden. Eine schlichte Erhöhung von Praxisanteilen im Studium bewirkt offenbar eher die Adaptation einer wie auch immer beschaffenen, d.h. zum Teil auch problematischen Schul- und Unterrichtspraxis. Der größte Teil von empirischen Untersuchungen zur Sozialisationswirkung von Schulpraktika stützt zumindest die These von der Anpassungsfunktion des Praktikums an die Schule und ist damit kongruent zu den Forschungsergebnissen zur beruflichen Sozialisation von Lehrern (u.a. Cloetta et al., 1973; Dann et al., 1978; Hinsch, 1979; Koch, 1975; Müller-Fohrbrodt, 1973; Müller-Fohrbrodt et al., 1978; vgl. Terhart, 2001).

Praxisphasen in der hochschulischen Lehrerbildung sind offensichtlich nur dann hinreichend wirksam, wenn sie genügend vorbereitet, begleitet und ausgewertet werden und auf diese Weise eine tatsächliche Einbindung in die wissenschaftlichen Studien möglich wird (vgl. Zeichner, 1986). Vor dem Hintergrund der neueren Ergebnisse aus der Professionsforschung ist man sich in der Diskussion um die Lehrerbildung weitgehend darin einig, dass dem Erwerb von Forschungskompetenzen eine entscheidende Rolle hinsichtlich der Qualifikation von Lehrern zukommt (vgl. Altrichter &

Mayr, 2004). Der Erfolg des Studiums hängt wesentlich davon ab, ob es Studierenden gelingt, auf der Basis von theoretischem Wissen die Praxis systematisch und methodisch kontrolliert zu analysieren und zu reflektieren. Das vorrangige Ziel der Praxiserfahrungen sollte es demnach sein, Wahrnehmungs-, Interpretations- und Reflexionskompetenzen auszubilden (vgl. Schellack & Lemmermöhle, 2008; Terhart, 2000a). Beachtung haben in jüngerer Zeit forschungsbetonte bzw. reflexive Praktika gefunden, die einen stärkeren Wissenschaftsbezug der Praxiserfahrungen betonen und von denen eine höhere Lernwirksamkeit angenommen wird (vgl. im Überblick Obolenski & Meyer, 2003; s. auch Feiman-Nemser et al., 1989; Seyfried & Seel, 2005; von Felten, 2005). Von Felten (2005) konnte in einer Vergleichsstudie nachweisen, dass ein von ihr entwickeltes Konzept des reflexiven Praktikums die Reflexionskompetenz der Studierenden sowie die Auseinandersetzung mit dem pädagogischen und didaktischen Vorwissen signifikant stärker fördert als eine herkömmliche Praktikumsform.

In der vorliegenden Studie wird die hier dargestellte Theorie-Praxis-Thematik hinsichtlich der Lernprozesse in Schulpraktika nicht untersucht, da kein Vergleich unterschiedlicher Praktikumsformen vorgenommen wird und auch keine reflexiven Kompetenzen analysiert werden. Im Fokus steht die Entwicklung der allgemeindidaktischen Planungskompetenz sowie der Lehrer-Selbstwirksamkeitserwartung im Rahmen eines allgemeinen Schulpraktikums unter der Berücksichtigung zentraler Einflussbedingungen. Die Theorie-Praxis-Problematik bildet gleichwohl einen relevanten Diskussionshintergrund, um das Thema in einem größeren Kontext angemessen betrachten zu können.

3.7 Zusammenfassung

Schulpraktika sind national und international neben Fachstudien, erziehungswissenschaftlichen Studien sowie fachdidaktischen Studien ein obligatorisches Element der Lehrerbildung. Insbesondere in den international weit verbreiteten einphasigen Ausbildungsmodellen besitzen studienbegleitende Praxisphasen eine bedeutende berufsvorbereitende Qualifizierungsfunktion. In Deutschland mit seiner zweiphasigen Ausbildungsstruktur wird die Bedeutung von Praxisphasen im Studium ebenfalls betont, gleichzeitig jedoch beschränkt: Das sog. Terhart-Gutachten (2000a) stellt heraus, dass es nicht Aufgabe und Ziel der Universitäten ist, berufsfertige Lehrer auszubilden (vgl. ebd.). Die KMK hält in ihrem Beschluss für die Bildungswissenschaften von 2004 fest: „Ausgehend von dem Schwerpunkt Theorie erschließt die erste Phase die pädagogische Praxis, während in der zweiten Phase diese Praxis und deren theoriegeleitete Reflexion im Zentrum steht" (KMK, 2004, S. 4). In dem im Jahr 2008 verabschiedeten KMK-Beschluss für die Fachwissenschaften und Fachdidaktiken wird ergänzt: „Die Vermittlung mehr unterrichtspraktisch definierter Kompetenzen ist (...) vor allem Aufgabe des Vorbereitungsdienstes; zahlreiche Grundlagen dafür werden aber schon im Studium gelegt bzw. angebahnt" (KMK, 2008, S. 3).

Historisch betrachtet nahm die Lehrerbildung in Deutschland ihren Ausganspunkt in der Praxis. Der Beruf beruhte zunächst auf Anlernprozessen und Verhaltenseinübungen im direkten unterrichtlichen Umfeld. Erst im Verlauf des 19. Jahrhunderts wurden im Zuge der Institutionalisierung der Lehrerbildung zunehmend theoretische Elemente in die Ausbildung integriert. Praktika bildeten sich dadurch als eigenständige Praxisformen heraus, wobei zu keiner Zeit Einigkeit über das angemessene Theorie-Praxis-Verhältnis der Lehrerbildung bestand. Die bis heute bestimmende Debatte um den notwendigen Praxisbezug der Ausbildung bzw. um den Grad ihrer Verwissenschaftlichung erscheint vielmehr so alt wie die Lehrerbildung selbst, historisch gewachsen und trat besonders bei zentralen Veränderungen der Ausbildungsstruktur deutlich zutage (Meisterlehre, Lehrerseminar, Pädagogische Akademie, Pädagogische Hochschule, Gesamthochschule bzw. Universität). Gleichzeitig zeigt sich in historischer Perspektive, dass der Praxis in einer anfänglich wenig professionalisierten Ausbildung eine unmittelbar berufsqualifizierende Funktion zukam, die sich im Prozess der zunehmenden Verwissenschaftlichung und Akademisierung zu einer berufserkundenden bzw. -erprobenden Funktion (Topsch, 2004b) veränderte.

Entlastet von dem Auftrag berufliche Handlungskompetenzen zu vermitteln, wird hochschulischen Praxisphasen heutzutage eine nicht unerhebliche Qualifizierungsfunktion zugesprochen. Trotz unterschiedlicher Praktikumsmodelle, die sich durch den Bildungsföderalismus in einer kaum mehr überschaubaren organisatorischen und inhaltlichen Vielfalt zeigen, lassen sich drei Zielsetzungen von Praxisphasen in der Lehrerausbildung zusammenfassen: Berufswahlüberprüfung, Kompetenzerwerb- bzw. Kompetenzerweiterung sowie Theorie-Praxis-Verknüpfung. Schulpraktika werden inzwischen nicht mehr als „Handlungsfeld", sondern als „Erprobungs- und Studienfeld" verstanden. Die Herausbildung von Wahrnehmungs-, Interpretations- und Reflexionskompetenzen erhält zentrale Bedeutung (vgl. Schellack & Lemmermöhle, 2008), wobei Praxisphasen in der hochschulischen Lehrerbildung offensichtlich nur dann hinreichend wirksam sind, wenn sie genügend vorbereitet, begleitet und ausgewertet werden und auf diese Weise eine tatsächliche Einbindung in die wissenschaftlichen Studien möglich wird. Ansätze hierzu finden sich bei Schulpraktika, die stärker mit universitären Lehrveranstaltungen kombiniert werden (Schulpraktische Studien) sowie in Konzeptionen forschungsbetonter und reflexiver Praktika, von denen eine höhere Lernwirksamkeit erwartet wird.

Ob die vielfältigen Funktionszuschreibungen von Schulpraktika erreicht werden, ist aus Sicht der empirischen Lehrerbildungsforschung umstritten und kann aufgrund fehlender empirischer Forschungsbefunde bislang nicht hinreichend beantwortet werden. Obwohl Studierende Schulpraktika als wichtiges Studienelement einschätzen und als bedeutsam für ihre professionelle Entwicklung beurteilen (u.a. Boekhoff et al., 2008; Moser & Hascher, 2000; Sacher, 1988a,b), wobei diese positive Einschätzung in der Retrospektive zum Teil relativiert wird (Hascher, 2006), ist noch nicht genügend untersucht, ob studienbegleitende Praxisphasen tatsächlich die ihnen zugesprochene

Lernwirksamkeit erfüllen. Offenbar stellen Schulpraktika einen geeigneten Lernkontext dar, um Kompetenzen weiterzuentwickeln – insbesondere in den Fach- bzw. Unterrichtskompetenzen. Gleichwohl werden Kompetenzzugewinne nur in einzelnen Bereichen erreicht und Studierende schätzen ihre Kompetenzen bereits vor den Schulpraktika als insgesamt hoch ein (vgl. u.a. Bodensohn & Schneider, 2009; Mücke et al., 2006; Schubarth et al., 2009). Zudem müssen intentionswidrige Lerneffekte beachtet werden, z.B. die unreflektierte Aneignung unerwünschter Handlungsmuster, die eher eine Adaption unterrichtlicher Routinen bewirkt als einen Kompetenzerwerb fördert (u.a. Jones, 1982; Zeichner, 1986; Zeichner & Tabachnick, 1985). Die Lernwirksamkeit von Praktika ist zudem in hohem Maße von der Betreuungsqualität durch die Mentoren abhängig (u.a. Hascher, 2006; Rosenbusch et al., 1988; Schubarth et al., 2009); die Dauer von Praktika scheint dagegen weniger entscheidend zu sein (Dieck et al., 2009). Nach wie vor existieren Forschungsdesiderata in zahlreichen Bereichen der Erforschung von hochschulischen Praxisphasen. Sollen reformistische „Blindgänge" und „Schnellschüsse" vermieden werden, muss es Aufgabe sein, gesicherte Erkenntnisse über die faktischen Lernwirkungen von Praxisphasen zu erhalten.

4 Wissen und Handeln im Praktikum

In dem folgenden Kapitel werden Lernprozesse in Schulpraktika vor dem Hintergrund insbesondere der Wissensverwendungs-, Professions- und kognitionspsychologischen Lehrerwissensforschung betrachtet. Damit werden nicht nur zentrale theoretische Hintergründe und Begriffe für die vorliegende Studie erarbeitet, sondern es werden auch die in Kapitel 3.6.2 referierten Forschungsbefunde hinsichtlich der unzureichenden Verknüpfung von Theoriewissen und schulpraktischen Erfahrungen in einen größeren Theoriehintergrund eingerahmt. Die Darstellungen bilden zugleich den Ausgangspunkt für eine Diskussion über Konsequenzen für die Lehrerbildung im Hinblick auf die Bedeutung und Gestaltung von Schulpraktika.

4.1 Wissensbegriffe und Wissensarten

Während in einem philosophischen Verständnis Wissen im Sinne einer rationalen Erkenntnis von Meinungen, Vermutungen bzw. Glauben abgesetzt wird (vgl. Mittelstraß, 1996), beschreibt der psychologische Wissensbegriff Wissen im Allgemeinen als kognitives Ergebnis der Verarbeitung von Informationen, die im Langzeitgedächtnis unterschiedlich repräsentiert sind (vgl. Klix & Spada, 1998). Teilweise wird dabei die semantische Qualität des Wissens in Abgrenzung zu Informationen und Daten betont. Einigkeit besteht in der Annahme, dass Wissen sich im Können und Handeln realisiert. Wissen kann einerseits als die Folge von Lernen beschrieben werden, gleichzeitig bildet das gespeicherte Wissen wiederum die Grundlage für kognitive Lernprozesse, um neues Wissen zu erzeugen, vorhandene Wissensstrukturen zu modifizieren und Wissen auf neue Anwendungssituationen zu übertragen (vgl. Arnold, 2004; Gerstenmaier & Mandl, 2000a).

Die Wissenspsychologie hat die alltagssprachlich verkürzte Auffassung von Wissen als reines Faktenwissen differenziert und den Wissensbegriff nach verschiedenen Kriterien spezifiziert. Inzwischen liegen detaillierte Modelle vor, etwa das Klassifikationsmodell von De Jong und Ferguson-Hessler (1996) (vgl. u.a. genauer Gruber, 2008; Strube & Schlieder, 1996). Zentral ist die Unterscheidung von Wissen nach der Art der mentalen Repräsentation: *Deklaratives Wissen* (knowing that) charakterisiert in Anlehnung an die Erkenntnistheorie Ryles das Wissen von Fakten, *prozedurales Wissen* (knowing how) bildet die Grundlage für Fertigkeiten und charakterisiert jenes Wissen, das die Durchführung komplexer kognitiver und motorischer Handlungen ermöglicht. *Metakognitives Wissen* als eigenständiger Bereich wird als das Wissen über eigene Kognitionen und eigenes Wissen beschrieben, das Lernen und Denken steuert und überwacht (vgl. Oswald & Gadenne, 1984; Reinmann-Rothmeier & Mandl, 1996; Strube & Schlieder, 1996; s. auch Fischer & Wecker, 2009). Für die Lehrerbildung wird der Erwerb von deklarativem Wissen vor allem der ersten Ausbildungsphase zugesprochen; prozedurales Wissen wird insbesondere im praktischen Handeln und damit in der zweiten Ausbildungsphase sowie in der weiteren Berufstätigkeit erworben. Zwischen *deklarativem* und *prozeduralem Wissen* wird kein gegensätzliches Verhältnis angenommen. Vielmehr verläuft der Fertigkeitserwerb nach der bekannt gewordenen ACT-Theorie (Adaptive Control of Thought) (Anderson, 1982) als ein Umwandlungsprozess von deklarativem in schnell anwendbares prozedurales Wissen. Diese Umwandlung wurde ebenfalls von der Enkapsulierungstheorie (Boshuizen & Schmidt, 1992) für komplexere Prozesse des Erwerbs professioneller Expertise herausgearbeitet. Andersons Modell beschreibt einen dreistufigen Prozess: (1) Wissenserwerb als deklaratives Wissen, (2) Proceduralisierung des Wissens durch häufige Anwendung (insbesondere Bündelung von Regeln zu Paketen und deren „Kompilierung" zu ausführbaren, automatisierten Prozeduren), (3) Feinabstimmung (Tuning) des prozeduralen Wissens durch weitere Übungsprozesse (vgl. Gruber, 2008; Strube & Schlieder, 1996). Die Herausbildung von prozeduralem Wissen ersetzt die kapazitäts- und zeitaufwändige Bearbeitung von Faktenwissen und strukturiert in hohem Maße das Handeln, das ohne weitere bewusste Planung weitgehend routiniert vollzogen werden kann. Prozedurales Wissen kann – einmal aufgebaut – leichter aktiviert werden als deklaratives Wissen (vgl. Seel, 2003).

Eine weitere häufig vorgenommene Unterscheidung erfolgt zwischen *implizitem* und *explizitem* Wissen. Der in der Literatur zumeist auf Polanyi (1985) zurückgeführte Begriff des impliziten Wissens (vgl. kritisch dazu Neuweg, 1999) stellt heraus, dass es bewusste Wissensformen gibt, die expliziert bzw. verbalisiert werden können (explizites Wissen). Personen sind sich vieler Wissensbestände jedoch nicht bewusst und können über diese nicht bzw. nicht vollständig bzw. angemessen Auskunft geben (implizites Wissen). Polanyi (1985) stellt fest, „dass wir mehr wissen, als wir zu sagen wissen" (S. 14). Dieses in der Lehrerkognitionsforschung als „theories in use" charakterisierte Wissen (u.a. Berliner, 1987a,b) wird auch als persönliches, „einverleibtes" Wissen beschrieben (Neuweg, 1999), das zum Teil mit Expertenwissen, praktischem Wissen bzw. intuitivem Können gleichgesetzt wird (Schön, 1983). Es beruht mehr auf bildhaften Strukturen, Prototypen und Gestalten als auf Begriffssystemen und zeigt sich nur in Handlungssituationen bzw. liegt in der Handlung selbst (vgl. Bromme, 1992; Herzig & Grafe, 2005).

Wird Wissen in Handlungssituationen nicht angewendet, liegt es als sog. *träges Wissen* (*inert knowledge*) vor (Renkl, 1996). Die Trägheit von erlerntem Wissen stellt ein Grundproblem des Wissenserwerbs dar und wurde erstmals von Whitehead (1929) beschrieben. Inzwischen liegen verschiedene Erklärungsansätze für das Phänomen des trägen Wissens vor (vgl. hier und im Folgenden Gruber & Renkl, 2000; Fischer & Wecker, 2009; Renkl, 1996, 2006):

Metaprozesserklärungen sehen die Ursache in defizitären Metaprozessen, die eine Wissensanwendung behindern (z.B. fehlendes metakognitives Wissen um die Anwendungsbedingungen des in Frage stehenden Wissens). *Strukturdefiziterklärungen*

deuten die Defizite im anzuwendenden Wissen selbst, d.h. das Wissen liegt nicht in einer anwendbaren Form vor (etwa aufgrund von mangelndem Verständnis, warum etwas auf eine bestimmte Weise gemacht wird, Defiziten in der Wissenskompilierung
oder aufgrund sog. *Wissenskompartmentalisierung*: Wissen, das in unterschiedlichen
Kontexten (z.B. Schule und Alltag) erworben wird, ist repräsentational getrennt abgespeichert und kann nicht miteinander in Verbindung gebracht werden.). *Situiertheitser-
klärungen* stellen den traditionellen Wissens- und Transferbegriff in Frage. Für radika-
le Vertreter des Ansatzes gibt es kein Wissen als abgespeicherte, kontextunabhängige
kognitive Repräsentation, das in einem Kontext erworben und in einem beliebigen anderen Kontext angewendet werden kann (u.a. Clancey, 1993; Greeno, Smith & Moore,
1993). Wissen ist vielmehr situativ gebunden und entsteht „in der Koordination zwischen einer Person, in deren neuronalem System bestimmte Erfahrungen Spuren hinterlassen haben, und einer Situation, die bestimmte Handlungsangebote und Hand-
lungsbeschränkungen beinhaltet. Wissen ist damit nicht etwas, was ein Individuum besitzt, sondern ist relational definiert" (Renkl, 2006, S. 780).

Auch wenn nicht alle Vertreter des situierten Lernens dieser radikalen Position
folgen, wird übereinstimmend angenommen, dass die Lernsituation bereits die Bedingungen dafür festlegt, in welchen Kontexten Wissen später angewendet werden kann.
Das Phänomen des trägen Wissens lässt sich in dieser Sichtweise über die Unterschiedlichkeit von Lern- und Anwendungssituation erklären: Im Zusammenhang von
künstlichen Aufgabenstellungen erworbenes Wissen kann kaum in realen, komplexen
Handlungssituationen genutzt werden (vgl. Gräsel, 1997).

In der Folge des Situiertheitsansatzes sind einige neue Instruktionsmodelle entstanden, von denen angenommen wird, dass sie den Wissenserwerb fördern und träges
Wissen vermeiden können, z.B. *cognitive apprenticeship* (Collins et al., 1989), *anchored instruction* (Cognition and Technology Group at Vanderbilt, 1990) oder *goal-
based scenarios* (Schank, Berman & Macpherson, 1999). Gemeinsam ist diesen Modellen, dass sie von komplexen und authentischen bzw. realitätsnahen Problemstel-
lungen ausgehen (problemorientiertes Lernen), da dies günstig hinsichtlich der Lernmotivation und Anwendbarkeit angesehen wird, und dass sie die Rolle sozialer Aspekte für das Lernen (etwa beim kooperativen Lernen) betonen (vgl. Fischer & Wecker,
2009).

Im Zusammenhang mit verschiedenen Wissensarten wird häufig auf *subjektive
Theorien* verwiesen, die im Gegensatz zu wissenschaftlichen Theorien auf individuellen Aussagen- und Überzeugungssystemen beruhen und sich aufgrund von verallge-
meinerten Erfahrungen herausbilden. In einer häufig zitierten Definition von Groeben,
Wahl, Schlee und Scheele (1988) werden subjektive Theorien beschrieben als „Kognitionen der Selbst- und Weltsicht, als komplexes Aggregat mit (zumindest impliziter)
Argumentationsstruktur, das auch die zu objektiven (wissenschaftlichen) Theorien pa-
rallelen Funktionen der Erklärung, Prognose, Technologie erfüllt" (S.19). Dann (1994)
führt die Definitionsmerkmale in weitgehender Kongruenz zu anderen Begriffsbe-

stimmungen (vgl. u.a. Mutzeck, 1988) genauer aus. Demnach sind subjektive Theorien (1) „relativ stabile kognitive Strukturen (mentale Repräsentationen), die gleichwohl durch Erfahrungen veränderbar sind"; (2) „teilweise implizit (...) (z.B. nicht-bewusstseinsfähige Selbstverständlichkeiten oder unreflektierte Überzeugungen), teilweise aber dem Bewusstsein des Handelnden zugänglich, so dass er darüber berichten kann"; (3) gekennzeichnet durch „ähnliche strukturelle Eigenschaften wie wissenschaftliche Theorien; insbesondere enthalten sie eine zumindest implizite Argumentationsstruktur (z.B. Wenn-dann-Beziehungen), wodurch Schlussverfahren ermöglicht werden". Darüber hinaus erfüllen subjektive Theorien (4) analog zu wissenschaftlichen Theorien „die Funktionen (a) der Situationsdefinition, (b) der nachträglichen Erklärung (und oft Rechtfertigung) eingetretener Ereignisse, (c) der Vorhersage (oder auch nur der Erwartung) künftiger Ereignisse, (d) der Generierung von Handlungsentwürfen oder Handlungsempfehlungen zur Herbeiführung oder zur Vermeidung unerwünschter Ereignisse" (Dann, 1994, S. 166).

Subjektive Theorien steuern (vielfach unbewusst) stärker als wissenschaftliche Theorien das Handeln und stellen eine nicht unerhebliche Wissensbasis des Handelns dar. Forschungsergebnisse existieren diesbezüglich vor allem in den Bereichen Schüleraggressionen im Unterricht (Dann & Humpert, 1987), Unterrichtsstörungen (Dann & Krause, 1988), Schwierigkeiten des Unterrichtsablaufs (Wahl, Schlee, Krauth & Murek, 1983) und Gestaltung von Gruppenarbeit (Haag, 1999; Lehmann-Grube & Dann, 1999). Da Lehramtsstudierende bereits durch ihre eigenen Schulerfahrungen zahlreiche subjektive Theorien über Schule und Unterricht gebildet haben, kommt der Lehrerbildung die wichtige Aufgabe zu, subjektive Theorien von Studierenden bereits in der ersten Phase bewusst und dadurch veränderbar zu machen. Entsprechende Möglichkeiten zur Modifikation wurden u.a. von Wahl (2000, 2001) entwickelt, der einen dreischrittigen Umwandlungsprozess beschreibt: (1) Maßnahmen des Bearbeitbar-Machens subjektiver Theorien durch verschiedene Formen der Bewusstmachung, Problematisierung und Konfrontation, (2) Entwicklung alternativer Lösungen auf Grundlage aktuellen wissenschaftlichen Wissens, (3) Überführung der entwickelten Lösungen in neue handlungsleitende Strukturen.

Betont wird, dass der dritte Lernschritt nur dann gelingen kann, wenn hinreichend Möglichkeiten bestehen, die erworbenen Erkenntnisse in die Praxis umzusetzen (vgl. Wahl, 2000). Dann (1994) formuliert:

> „Diese Veränderungsprozesse müssen in praktisch relevanter Weise ablaufen, nämlich so, dass das neu entstehende Wissen besser zur Problembewältigung geeignet ist als das alte. Deshalb müssen gezielt diejenigen Situationen herbeigeführt werden, in denen sich das neue Wissen bewähren soll. Es ist also praktisches Handeln erforderlich, das die Anwendung des neuen Wissens ermöglicht und zwar so, dass dessen Brauchbarkeit auch persönlich erfahren wird" (S. 174).

Blömeke verweist in diesem Zusammenhang zu Recht auf die Bedeutung universitärer Praxisphasen als geeigneten „Ort der Reflexion subjektiver Theorien und deren Weiterentwicklung" (Blömeke 2002, S. 96).

Übertragen auf das Wissen und Handeln im Praktikum werden mit den Konzepten des *trägen* und *impliziten Wissens* sowie der *subjektiven Theorien* einige Forschungsbefunde zu Schulpraktika (vgl. Kapitel 3.6.2) verständlich: Universitär erworbene Wissensbestände sind offensichtlich in Praxissituationen als träges Wissen zum Teil nicht handlungsrelevant. Stattdessen rekurrieren Studierende eher auf biographisches Vorwissen, das sie durch lange schulische Sozialisation erworben haben und sich in subjektiven Theorien über Unterricht widerspiegelt bzw. sie adaptieren die unterrichtlichen Handlungsmuster ihrer Mentoren. Diese wiederum sind durch ihre im Verlauf der beruflichen Entwicklung immer stärker implizit gewordenen Wissensbestände zumeist nicht hinreichend in der Lage, den für effektive Praxislernprozesse notwendigen Theoriebezug der Praxiserfahrungen anzuregen, da sie ihr Handeln selbst oft nicht theoretisch fundiert erklären können. Lernprozesse von Studierenden reduzieren sich daher in vielen Fällen auf Beobachtungslernen konkreter Handlungsmuster, ohne hinreichend theoriebezogen nachbearbeitet zu werden. In der Folge wird die mit hochschulischen Praxisphasen beabsichtigte Theorie-Praxis-Verbindung durch theoriegeleitete Analyse und Reflexion der schulpraktischen Erfahrungen erheblich erschwert bzw. findet zum Teil nicht statt.

Andererseits lassen sich Schulpraktika in der Sichtweise des situierten Lernens als situierte „Lernumgebungen" (Gruber, 1999) charakterisieren, in denen gerade jene kontextgebundenen und realitätsnahen Lernprozesse stattfinden können, die in dem Konzept als Bedingungen für erfolgreiche Wissenserwerbsprozesse beschrieben werden. Eine Zusammenfassung der zentralen Annahmen der Ansätze des situativen Lernens macht diese Argumentation offensichtlich (vgl. im Folgenden Gräsel, 1997):

(1) Lernen ist situations- und kontextgebunden, d.h. Wissen wird immer situativ aufgebaut und die Repräsentation des Wissens ist abhängig von dieser Lernsituation. Zur Lösung realer Probleme sollte die Lernsituation möglichst authentisch sein, also die zentralen Merkmale der Anwendungssituation enthalten und Lernprobleme in ihrer Komplexität nicht reduzieren.

(2) Lernen ist keine passive Informationsaufnahme, sondern ein aktiver, konstruktiver Prozess, in dem Wissen aus unterschiedlichen Bereichen auf eine aktuelle Aufgabenstellung bezogen und situationsspezifisch zueinander in Beziehung gesetzt wird.

(3) Lernen ist ein selbstgesteuerter Prozess, wobei Selbststeuerung sowohl die Voraussetzung und das Kennzeichen als auch das Ziel des Lernprozesses darstellt.

(4) Lernen bezieht immer soziale Prozesse ein: Die individuelle Wissenskonstruktion wird zum einen beeinflusst von der jeweiligen Kultur, in der das Lernen stattfindet und muss zum anderen in Übereinstimmung mit der Wissenskonstruktion der Lehrenden und eventuell Mitlernenden gebracht werden.

(5) (Intrinsische) Motivation wird als zentrale Bedingung für die aktive Wissenskonstruktion angesehen.

Schulpraktika können mit Bezug auf das Konzept des situierten Lernens als situationsgebundene und authentische Lernkontexte beschrieben werden, in denen sich Lernen nicht als passive Informationsaufnahme vollzieht, sondern als ein aktiver, konstruierender Prozess, in dem unterschiedliche Wissensbereiche miteinander in Beziehung gesetzt werden müssen. In Praxissituationen lernen Studierende weitgehend selbstgesteuert; soziale Prozesse des Lernens werden durch den Austausch mit Mentoren, Lehrern im Kollegium sowie den Praktikumspartnern gefördert. Schließlich belegen zahlreiche empirische Studien, dass Studierende Praktika überaus positiv beurteilen (vgl. Kapitel 3.6.1). Es kann daher davon ausgegangen werden, dass Praktika als motivierend erlebt werden und Lernen im Praktikum in hohem Maße intrinsisch motiviert ist. Der Stellenwert von Praxisphasen als eine bedeutende Lerngelegenheit in der ersten Phase der Lehrerbildung lässt sich insofern auch aus der Perspektive des situierten Lernens argumentativ fundieren.

4.2   Kategorisierungen des Lehrerwissens

Die kognitionspsychologische Lehrerwissensforschung beschreibt Lehrer als Experten, die sich von Nichtexperten bzw. Novizen insbesondere darin unterscheiden, dass sie über umfangreiches domänenspezifisches Wissen (Expertenwissen) verfügen (vgl. Bromme, 1992). Inzwischen liegen verschiedene Vorschläge zur genaueren Kategorisierung des Lehrerwissens vor. Fenstermacher (1994) etwa differenziert in einer allgemeinen, weitgehend akzeptierten Unterscheidung zwischen theoretisch-formalem Wissen (formal knowledge) und praktischem Wissen und Können (practical knowledge), wobei zum theoretisch-formalem Bereich das fachliche Wissen sowie Teile des fachdidaktischen und allgemeinen pädagogischen Wissens gehören (vgl. Baumert & Kunter, 2006). Der Begriff des „Praxiswissens" bzw. „praktischen Handlungswissens" ist ebenso in der deutschsprachigen Literatur üblich (vgl. Terhart, 1991). Im Hinblick auf die Quelle des Wissenserwerbs wird oft von Erfahrungswissen in Abgrenzung zum Theoriewissen gesprochen.

Die Differenzierung des Lehrerwissens in allgemeines pädagogisches Wissen, Fachwissen und fachdidaktisches Wissen hat sich praktisch durchgesetzt. Darüber hinaus haben einige Autoren die Inhaltsbereiche weiter untergliedert. Die Taxonomie des Lehrerwissens nach Shulman (1987) dient häufig als Referenzmodell; breite Beachtung hat auch die „Topologie des professionellen Wissens von Lehrern" nach Bromme (1992, 1997) erfahren. Baumert & Kunter (2006) haben darauf aufbauend eine Differenzierung des Lehrerwissens in pädagogisches Wissen, Fachwissen, fachdidaktisches Wissen sowie Organisations- und Beratungswissen vorgenommen.

4.2.1 Taxonomie des Lehrerwissens nach Shulman

Shulman (1987) unterscheidet sieben Wissensdomänen des Lehrerwissens:

(1) content knowledge (Fachwissen)

(2) general pedagogical knowledge (allgemeines pädagogisches Wissen)

(3) curricular knowledge (curriculares Wissen)

(4) pedagogical content knowledge (fachdidaktisches Wissen)

(5) knowledge of learners and their characteristics (Wissen über die Lernenden)

(6) knowledge of educational contexts (Wissen über die Kontexte der Erziehung)

(7) knowledge of educational ends, purposes and values and their philosphical and historical grounds (Wissen über Bildungsziele, -zwecke und -werte sowie deren philosophische und historische Hintergründe)

Neben dieser Klassifikation von Inhaltsbereichen des Lehrerwissens differenziert Shulman (1986) zwischen drei *Wissensformen*, die das Lehrerwissen repräsentieren. Jede Wissensdomäne kann organisiert sein in:

(1) propositional knowledge (propositionales Wissen)

(2) case knowledge (kasuistisches Wissen)

(3) strategic knowledge (strategisches Wissen)

Propositional knowledge (propositionales Wissen) wird verstanden als Prinzipien- und Regelwissen, das in Form einfacher Aussagen (*Propositionen*) vorliegt und seiner Entstehung nach auf drei Ursprungsbereiche zurückzuführen ist: (1) auf wissenschaftsintern erzeugte und regulierte empirische oder philosophische Forschung (*Prinzipien*), (2) auf praktische Erfahrungen (*Maximen*) sowie (3) auf moralisch-ethische Überlegungen und Beurteilungen (*Normen*), die nach Shulman den „Kern des Lehrerwissens" ausmachen.

Die Repräsentation von Wissen als propositionales Wissen hat nach Shulman Vor- und Nachteile: Einerseits wird das Wissen als komplexitätsreduzierend und daher als ökonomisch beschrieben, weil es nicht kontextgebunden vorliegt, d.h. Details, Gefühle bzw. situative Umstände werden nicht berücksichtigt. Andererseits ist es schwer zu behalten, insbesondere wenn Propositionen zu langen Listen zusammengefasst werden. Für die Erinnerung und Anwendung des Wissens sind gerade Details und Kontexte der Situation bedeutsam.

Case knowledge (kasuistisches Wissen) bildet als fallbezogenes Wissen von spezifischen, gut dokumentierten Ereignissen das notwendige Gegenstück zum propositionalen Wissen, wobei Ereignisse nur dann zu Fällen werden, wenn sie mit propositionalem Wissen in Beziehung stehen. Ein Fall als ein Beispiel einer größeren Ereignisklasse setzt immer schon eine gewisse Abstraktion voraus, auf deren Hintergrund dieser Fall theoriebezogen eingeordnet wird (vgl. Hörner, 2002).

Analog zu den drei propositionalen Wissenstypen (*Prinzipien, Maximen* und *Normen*) unterscheidet Shulman drei Typen kasuistischen Wissens, wobei ein Fall mehr als nur eine der Funktionen erfüllen kann: (1) *Prototypen* verdeutlichen und illustrieren theoretische Prinzipien, (2) *Präzedenzfälle* als erinnerte Beobachtungen beinhalten und vermitteln Maximen der Erfahrung, (3) *Parabeln* bringen in gleichnishaften Darstellungen Normen und Werte zum Ausdruck und haben nach Shulman eine wesentliche Bedeutung für die berufsethischen Verpflichtungen eines Lehrers.

Strategic knowledge (strategisches Wissen) als dritte Wissensform wird benötigt, wenn propositionales und kasuistisches Wissen zur Lösung einer Handlungssituation allein nicht ausreichen, etwa dann, wenn sich Botschaften einzelner Prinzipien widersprechen oder die für eine Situation gültigen Präzedenzfälle inkompatibel sind. Propositionales und/oder kasuistisches Wissen bilden in diesen Fällen die Entscheidungsgrundlage; strategisches Wissen erweitert jedoch das vorhandene Wissen in Richtung „praktischer Klugheit" (practical wisdom), indem die widersprüchlichen Prinzipien bzw. Fälle gegenübergestellt und kontrastiert werden. Die daraus resultierenden Handlungskonsequenzen wiederum werden als neue Propositionen oder neues Fallwissen gespeichert. Verglichen mit der Unterscheidung von Wissensarten in der Kognitionspsychologie lässt sich das von Shulman als *strategic knowledge* definierte Wissen auch als „Kontrollwissen" beschreiben, das als metakognitives Wissen „Verfahren zur Steuerung und Kontrolle des Einsatzes von deklarativen und/oder prozeduralen Wissensquellen" enthält (Reinmann-Rothmeier & Mandl, 1996, S. 35).

Bei aller Kritik an Shulmans Klassifikationsmodell (genauer Bromme, 1995; Dewe & Radtke, 1991; Dick, 1996; Kolbe, 1997) ist mit Blick auf die Diskussion über die Praxisorientierung der Lehrerbildung bemerkenswert, dass die professionellen Wissensdomänen von Lehrern nach der Taxonomie von Shulman notwendigerweise an fall- und erfahrungsbezogene Lernprozesse gebunden sind. Die mit dem Modell postulierte gegenseitige Bezogenheit von Theorie und Praxis entspricht damit einerseits neueren Ansätzen zum Lehrerwissen (so unterscheiden etwa auch Bastian und Helsper (2000) zwischen Fachwissen, erziehungswissenschaftlichem Theoriewissen, Handlungs- und Erfahrungswissen, kasuistischem, reflexivem Fallwissen sowie selbstbezüglich-berufsbiographischem Wissen), andererseits fügt sich Shulmans Taxonomie in Forschungsansätze zum Verhältnis von Wissen und Handeln ein, die professionelles Wissen von Lehrern als Ergebnis eines beruflichen Professionalisierungsprozesses beschreiben, in dessen Verlauf sich Theorie- und Praxiswissen zu einer neuen Form professionellen Wissens verbinden (vgl. genauer Kapitel 4.4). Die Entwicklung von Professionswissen ist demnach auf die Auseinandersetzung mit Praxissituationen bzw. auf Praxiserfahrungen angewiesen. Shulmans Taxonomie macht diese Unterscheidung zwischen Theoriewissen und professionellem Wissen deutlich.

4.2.2   Topologie des professionellen Lehrerwissens nach Bromme

Bromme (1992, 1997) unterscheidet in Anlehnung an u.a. Shulman (1986) fünf Wissensbereiche des professionellen Lehrerwissens:

(1) Fachliches Wissen

(2) Curriculares Wissen

(3) Philosophie des Schulfaches

(4) Pädagogisches Wissen

(5) Fachspezifisch-pädagogisches Wissen

Der Vorschlag zeigt beim fachlichen und curricularen Wissen sowie beim pädagogischen und fachspezifisch-pädagogischen Wissen deutliche Entsprechungen zu der Taxonomie von Shulman, wobei stärker zwischen dem Wissen der Fachdisziplin und dem Wissen des Schulfaches getrennt wird. Die Erweiterung um die Kategorie „Philosophie des Schulfaches", mit der vor allem normative Auffassungen über den Nutzen des Faches und seine Beziehungen zu anderen Lebens- und Wissensbereichen gemeint sind, kann in der Taxonomie von Shulman zumindest teilweise dem Wissensbereich *knowledge of educational ends, purposes and values and their philosphical and historical grounds* zugeordnet werden.

Bromme (1992) geht ebenso wie Shulman von einer „Verschmelzung" (S. 100) der verschiedenen Wissensbereiche aus. Diese Integrationsleistung im Prozess der Verarbeitung von Erfahrungen im beruflichen Handeln kennzeichnet besonders das professionelle Wissen von Lehrerexperten, das in der kognitionspsychologischen Lehrerwissensforschung auch als Expertenwissen bezeichnet wird (vgl. ebd.; genauer Kapitel 4.4.2).

4.3   Handlungsstrukturen im pädagogischen Feld

Pädagogisches Handeln von Lehrern lässt sich in einem größeren Kontext vor dem Hintergrund handlungstheoretischer Modelle und allgemeiner Bestimmungen zum Handlungsbegriff betrachten. Dabei definieren die verschiedenen Forschungsansätze Handeln unterschiedlich (vgl. auch Greve, 1994), stimmen jedoch weitgehend darin überein, Handeln als absichtliches und personal kontrolliertes Verhalten zu beschreiben (vgl. Gerstenmaier & Mandl, 2000b; Mittelstraß, 1995; Wahl, 1991; im Überblick auch Brandstädter, 2001).

Im Hinblick auf die Spezifik des Lehrerhandelns und zur Charakterisierung von dessen Binnenstruktur wird der Handlungsbegriff inzwischen stärker strukturtheoretisch interpretiert (Luhmann & Schorr, 1979; Oevermann, 1996, 2002; Wimmer, 1996; s. auch Kolbe, 2004). Die Betonung der Intentionalität als zentrales Merkmal einer Handlung und der Rückgriff auf ein „teleologisches" Handlungsmodell wird insofern für pädagogisches Handeln relativiert, als dass auf die Schwierigkeit bzw. Unmöglichkeit pädagogischen Handelns verwiesen wird, Zielzustände präzise initiieren zu können. Als theoretische Basis zur Beschreibung pädagogischen Handelns erscheint in dieser Argumentationslinie der Rückgriff auf ein symbolisch-interaktionistisches Konzept angemessener, das u.a. auf Mead (1974) zurückgeht und als Vorläufer der strukturtheoretischen Sichtweise gesehen werden kann. Pädagogisches Handeln wird in diesem Sinne als symbolische Interaktion verstanden, „als eine kommunikative Situation symbolisch vermittelten Handelns" (Kolbe, 2004, S. 221) (vgl. ausführlicher Combe & Kolbe, 2008).

Die Charakterisierung pädagogischer Handlungsstrukturen in professionstheoretischer Forschungsperspektive stellt zwei Strukturmerkmale pädagogischen Handelns deutlich heraus, die im Folgenden durch ausgewählte Ansätze genauer ausgeführt werden:

(1) Pädagogisch professionelles Handeln von Lehrern ist wie professionelles Handeln im allgemeinen durch vielfältige widersprüchliche, nicht auflösbare Handlungsanforderungen und Spannungsverhältnisse gekennzeichnet, die in der Literatur begrifflich gefasst werden als „professionelle Paradoxien" (Schütze, 1992, 1996; Schütze et al., 1996), „Ambivalenzen" (Hinz, 1999), „Spannungsfelder" (Krummheuer & Naujok, 1999) oder „Antinomien" (Helsper, 1996, 2000a, 2004; Winkel, 1988).

(2) Lehrerhandeln ist eine nicht eindeutig planbare und gezielt umsetzbare Tätigkeit, sondern geprägt durch eine strukturelle Unsicherheit und Ungewissheit, die sich insbesondere im Unterrichtshandeln als komplexes interaktives, nicht standardisierbares Geschehen zeigt (vgl. Bastian & Helsper, 2000).

4.3.1 Pädagogisches Handeln in antinomischen Strukturen

Pädagogisches Handeln als eine Tätigkeit mit konstitutiven antinomischen Handlungsanforderungen und Spannungsverhältnissen zu charakterisieren, gehört seit langem zu einem gängigen Topos – nicht erst seitdem mikrosoziologische Ansätze der Professionstheorie und die empirische Professionsforschung die spezifischen Strukturmerkmale professionellen Handelns verstärkt in den Blick genommen haben. Die Frage von Kant „Wie kultiviere ich die Freiheit bei dem Zwange?" (Kant, 1803/1983, S. 711) fügt sich ebenso in die heutigen Konzepte ein wie geisteswissenschaftliche Bestimmungen des Lehrerhandelns, etwa das von Litt (1927/1962) geäußerte pädagogische Grundproblem der Erziehung als dialektisches Spannungsverhältnis zwischen „Führen" und „Wachsenlassen". Schleiermacher (1826/1983) beschrieb nicht auflösbare Gegensätze, etwa zwischen Unterstützung und Gegenwirkung. Der Verweis auf Antinomien lässt sich mit terminologischen Ähnlichkeiten ebenfalls rekonstruieren in Ansätzen materialistischer, kritisch-theoretischer bzw. emanzipatorischer und kommunikativer Pädagogik (u.a. Heydorn, 1979; Gruschka, 1994, 2001; Schlömerkemper, 1987; Winkel, 1988; s. auch Helsper, 2000b).

Theoretisch stärker ausgearbeitet und empirisch weiter ausdifferenziert wurde das Konzept der Antinomien vor allem in professionstheoretischen Ansätzen seit den 1980er Jahren – hier besonders in systemtheoretischer (Luhmann, 1996, 1997), symbolisch-interaktionistischer (Schütze, 1992, 1996, 2000) und strukturtheoretischer Perspektive (Oevermann, 1991, 1996, 2002). Im Anschluss an Oevermann (1996) und Schütze (1996) unterscheidet Helsper (1996, modifiziert 2000a, 2004) zwischen (1) konstitutiven Antinomien, (2) Widersprüchen aufgrund der gesellschaftlichen Organisation des Bildungswesens, (3) Dilemmata sowie (4) pragmatischen Paradoxien, die er auf verschiedenen Ebenen ansiedelt, wobei die Widersprüche und konstitutiven Antinomien auf einer Art Makroebene verortet werden, die wiederum als Dilemmata und pragmatische Paradoxien auf der Handlungs- und Interaktionsebene konkrete Gestalt annehmen (vgl. Helsper, 2004).

Zu einer ersten Gruppe von insgesamt elf herausgearbeiteten Antinomien des Lehrerhandelns zählt Helsper (2004) die Spannung zwischen:

(1) erhöhtem Entscheidungsdruck unter Ungewissheit und gesteigerter Begründungspflicht (*Begründungsantinomie*),

(2) Theorie und Praxis (*Praxisantinomie*),

(3) subsumtiver Einordnung des „Falles" unter wissenschaftliche, klassifikatorische Kategorien und dem individuellen Fallverstehen (*Subsumtionsantinomie*)

(4) Vermittlungsversprechen (z.B. von Wissen und Bildung) und struktureller Ungewissheit, diese Ziele zu erreichen (*Ungewissheitsantinomie*),

(5) strukturell gegebener Asymmetrie (durch die Überlegenheit bzw. Dominanz des Professionellen und der Abhängigkeit der Schüler) und strukturell erforderlicher Symmetrie in der Lehrer-Schüler-Beziehung (*Symmetrie- bzw. Machtantinomie*),

(6) erforderlichem Vertrauensverhältnis zwischen Lehrer und Schüler und dessen Fragilität (*Vertrauensantinomie*) (vgl. Helsper, 2004, S. 70-76).

In einer zweiten Gruppe von Antinomien, die aus der „widersprüchliche[n] Einheit von diffusen und spezifischen Sozialbeziehungen" (Oevermann, 1996, S. 123) resultieren, unterscheidet Helsper (2004) die Spannung zwischen:

(1) Nähe und Distanz (*Näheantinomie*),

(2) Orientierung an einer Sachdimension und einer personalen Dimension (*Sachantinomie*),

(3) formalen, universalen Verfahrensregeln bzw. Ablaufmustern und notwendiger Offenheit, Emergenz und Kreativität des Lehrerhandelns (*Organisationsantinomie*),

(4) Einheitlichkeit und Differenzierung (*Differenzierungsantinomie*),

(5) Autonomie und Heteronomie (*Autonomieantinomie*) (vgl. Helsper, 2004, S. 76-83).

Die professionstheoretischen Deutungen lassen Lehrerhandeln als eine in hohem Maße unsichere, konflikt-, mitunter krisenhafte Tätigkeit erscheinen, die das wiederkehrende Scheitern zum Normalfall des Lehrerberufes macht (vgl. kritisch dazu u.a. Tenorth, 2002; Wagner, 1998; Wernet, 2003). Pädagogisches Handeln daher als *riskantes* Handeln (Combe & Buchen, 1996, S. 267) zu beschreiben, mag allzu drastisch konnotiert sein, die verschiedenen Zuschreibungen verdeutlichen jedoch, dass Lehrkräfte mit strukturellen, nicht auflösbaren Antinomien umgehen müssen und Handlungsentscheidungen zu treffen haben, die den antagonistischen Geltungsansprüchen nicht gleichzeitig gerecht werden können (vgl. Baumert & Kunter, 2006).

Lehrerhandeln erfordert ein Ausbalancieren zwischen widersprüchlichen Handlungsanforderungen (vgl. Dirks & Hansmann, 1999), wobei die verschiedenen Forschungsansätze immer wieder die hohe Bedeutung einer reflexiven Kompetenz für den angemessenen Umgang mit Antinomien betonen (u.a. Arnold, Bastian, Combe, Reh & Schelle, 2000; Combe & Buchen, 1996; Dirks, 1999, 2000; Hansmann, 1999; Helsper, 2004; Schütze 1996). Zentral erscheint demnach die Fähigkeit, „Antinomien rekonstruktiv zu erschließen und konstruktiv unterschiedliche Möglichkeiten des Handelns in antinomischen Kontexten zu entwerfen" (Helsper, 2000b, S. 41). Lehrern muss es gelingen, die divergierenden Handlungsanforderungen in eine widersprüchliche Einheit zu bringen. Die Qualität der professionellen Praxis ist somit – wenn auch nicht ausschließlich – von dem reflektierten Umgang mit den Antinomien abhängig (vgl. Helsper, 2004; Kolbe, 2004).

Mit Blick auf die Lehrerbildung stellt sich die Frage, wie Reflexionskompetenzen als entscheidendes Merkmal professionellen Lehrerhandelns bereits im Studium ausgebildet und gefördert werden können. Professionstheoretisch betrachtet erfordert der reflektierte Umgang mit den Widerspruchsverhältnissen im Lehrerhandeln nicht nur eine theoretische und historisch-genetische, sondern u.a. auch eine fallrekonstruktive Erschließung der Antinomien in konkreten schulischen Praxissituationen. Studierenden muss die Möglichkeit gegeben werden, relevante Handlungserfahrungen entlastet von ständigen Entscheidungszwängen und praktischen Handlungsanforderungen des beruflichen Alltags machen zu können, diese zu reflektieren und dadurch ihre Reflexionskompetenzen weiterzuentwickeln (vgl. Helsper, 2000a; s. auch Altrichter & Fichten, 2005). Forschenden und reflexiven Ansätzen in der Lehrerbildung (u.a. Dirks & Hansmann, 1999; Obolenski & Meyer, 2003) wird damit eine auch aus professionstheoretischer Perspektive hohe Bedeutung für die Herausbildung von Reflexionskompetenzen zugesprochen. Hinreichend begleitete und reflexiv konzipierte Praxisphasen im Lehramtsstudium können in dieser Sicht als ein „geschützter Erfahrungsraum" zur systematischen Vorbereitung auf die im Lehrerhandeln immanenten Unsicherheiten gesehen werden, sofern beobachtete oder selbst erfahrene antinomische Praxiserfahrungen genügend rekonstruiert und reflektiert werden.

4.3.2 Unterrichten als komplexes Interaktionsgeschehen

Die professionstheoretischen Beschreibungen des Lehrerhandelns als eine widersprüchliche, nicht-standardisierbare und dadurch in hohem Maße unsichere und unbestimmte Tätigkeit finden ihre Entsprechungen ebenso in der kognitionspsychologischen Lehrerwissensforschung, die immer wieder auf die *Komplexität* von Unterricht hinweist. So häufig der Komplexitätsbegriff als vielbeschriebener Topos zur Charakterisierung des Lehrerhandelns herangezogen wird, so wenig präzise ist er jedoch bislang definiert (vgl. ausführlicher Minnameier, 2000). Die semantische Beliebigkeit wird zumindest eingegrenzt, indem verschiedene Strukturmerkmale komplexen Unterrichts herausgearbeitet wurden, die weitgehend kongruent sind. Eine breit rezipierte Darstellung von Doyle (1986) differenziert sechs Merkmale, von denen sich die ersten vier häufig in anderen Darstellungen wiederfinden (vgl. im Folgenden Bromme, 1992; Doyle, 1986; s. auch Dick, 1996):

(1) *Multidimensionality* (Mehrdimensionalität): große Anzahl von Ereignissen in einer Klasse oder Unterrichtssituation sowie deren Vernetzung und daraus resultierende Konsequenzen,

(2) *Simultaneity* (Simultanität): das zeitgleiche Auftreten verschiedener Unterrichtsereignisse

(3) *Immediacy* (Unmittelbarkeit): die schnelle Folge von Unterrichtsereignissen, die kaum Reflexionsphasen während des Unterrichtens zulassen,

(4) *Unpredictability* (Unvorhersehbarkeit, Unberechenbarkeit): Unterrichtsverläufe sind nur bedingt planbar und nehmen z.T. unerwartete Wendungen,

(5) *Publicness* (Öffentlichkeit): das Lehrerhandeln wird von allen Schülern beobachtet, möglicherweise unangemessenes Handeln (z.B. nicht Eingehen auf Unterrichtsstörungen) hat Konsequenzen für den Unterricht,

(6) *History* (Geschichtlichkeit): die gemeinsam verbrachte Unterrichtszeit führt zu einer Akkumulation gemeinsamer Erfahrungen, Erwartungen, Routinen und Normen als Schulklasse, die das aktuelle Unterrichtsgeschehen mitprägen.

Floden/Clark (1991) beschreiben „Unsicherheiten des Unterrichtens" und differenzieren mit Bezug auf ein gleichnamiges Buchkapitel von Jackson (1986):

(1) *Unsicherheit hinsichtlich des Verständnisses der Schüler* (gemeint ist nicht hinreichend präzises Wissen über die genauen Lernvoraussetzungen und Verstehensleistungen der Schüler),

(2) *unsichere Effekte des Unterrichtens* (verstanden als Unsicherheit zwischen beabsichtigter und faktischer Bildungswirkung von Unterricht),

(3) *Unsicherheiten über Fachinhalte* (basierend auf mangelndem Fachwissen des Lehrers angesichts der sog. „Wissensexplosion" in der Informationsgesellschaft),

(4) *unsichere Autorität im Unterricht* (in sozialer und intellektueller Hinsicht).

Fragwürdig erscheint in der Darstellung von Floden und Clark (1991) insbesondere die Lehrern attestierte unsichere Autorität aufgrund ihrer „schmalen intellektuellen Grundlage" (ebd., S. 197). Der bei Lehrern befürchtete Eindruck, sie könnten infolgedessen „dem selbständigen Schülerurteil über Fachfragen wenig entgegenzusetzen haben" (ebd., S. 197), ist m. E. eine zu pessimistische Sicht sowohl auf das Selbstkonzept als auch das fachwissenschaftliche Wissen von Lehrern.

In Deutschland wurde die Notwendigkeit in komplexen Unterrichtsituationen schnell handeln zu müssen, unter der Wendung „Handeln unter Druck" (Wahl 1991) bekannt. Angelehnt an u.a. Dörner, Kreuzig, Reither und Stäudel (1983) und Fuhrer (1984) charakterisiert Wahl (1991) das Lehrerhandeln als eine Tätigkeit, die geprägt ist durch „Wechselwirkungen zwischen Komplexität, Vernetztheit, partieller Intransparenz und Polytelie einerseits sowie Situationsdynamik, Erwartungs- und Bewertungsdruck andererseits" (ebd., S. 25f.). Fuhrer (1984) spricht wie auch Kaminski (1983) von „Mehrfachhandlungen", die simultan ausgeführt werden müssen.

Schnelles Handeln als ein wesentliches Merkmal unterrichtlichen Handelns wurde in verschiedenen Untersuchungen der Lehrerkognitionsforschung herausgearbeitet, wobei erfahrene Lehrer ihr Handeln offensichtlich als weniger komplex und weitgehend intuitiv erleben, da diesem kaum planende Überlegungen oder bewusste Entscheidungen zwischen Handlungsalternativen vorausgehen (vgl. Bromme, 1992). „Wenn keine außergewöhnlichen Schwierigkeiten auftauchen, lösen Experten weder Probleme, noch treffen sie Entscheidungen; sie machen einfach das, was normalerweise funktioniert" (Dreyfus & Dreyfus, 1987, S. 55). Clark und Peterson (1986) berichten in einer Zusammenfassung mehrerer empirischer Studien, dass Lehrer im Unterricht nur durchschnittlich alle zwei Minuten eine bewusste Entscheidung treffen (definiert als das Abwägen von mindestens einer Handlungsalternative). Dazwischen handeln sie offensichtlich auf Grundlage von Situationstypisierungen, für die bereits passende Reaktionen bzw. Problemlösungen aus früheren Situationen in schnell abrufbaren Informationseinheiten (Chunks) „verdichtet" abgespeichert sind (vgl. Bromme, 1992; s. auch Bohnsack, 2000; Neuweg, 2002). Bauer (1998) spricht in diesem Zusammenhang von „Handlungsrepertoires" als „hoch verdichtete kognitive Strukturen mit motorischen Abläufen, die es Handlungsträgern ermöglichen, rasch, ohne Verzögerung, sicher und zielstrebig in komplexen Situationen zu agieren" (S. 344).

Wahl (2001) differenziert zwischen *Situationsklassen, -typen bzw. -Prototypen* und *Handlungs-Prototypen* bzw. *-klassen* als handlungssteuernde Wissensstrukturen, auf die im Handlungsprozess zurückgegriffen wird. Demnach beurteilt der Handelnde zunächst die Situation (Erkennen einer gleichen Situationsklasse bzw. eines gleichen Situationstyps, -Prototyps) und entscheidet anschließend, welche der abgespeicherten Handlungsmuster für die Situationsbewältigung aktiviert werden sollen. In der Regel sind einer typischen Situation ein bis zwei typische Handlungsmöglichkeiten zugeord-

net (vgl. Wahl, 2001; s. auch Bauer et al., 1999). Im routinierten Umgang mit Schülerantworten konnte Wahl (1991) für einen Mathematiklehrer einer Realschule beispielsweise empirisch sechs Situationsklassen und acht entsprechende Handlungsklassen mit
jeweils ein bis zwei Zuordnungen identifizieren (vgl. Abbildung 6).

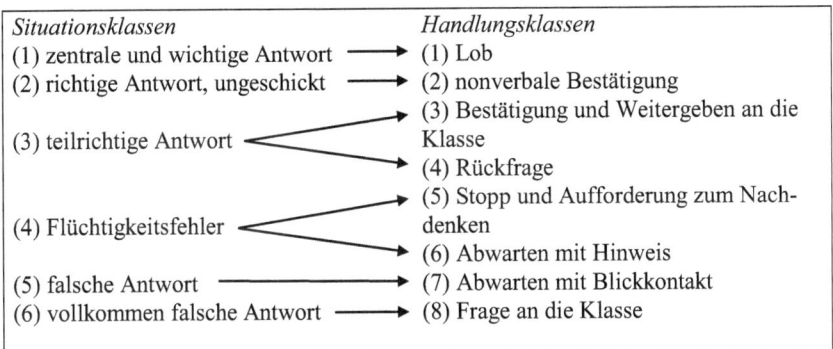

*Abbildung 6: Beispielhafte formale Verknüpfungen zwischen Situations- und Handlungsklassen eines
Lehrers beim Umgang mit Schülerantworten (nach Wahl, 1991, S. 157)*

Erfahrenes Lehrerhandeln, das wurde damit handlungstheoretisch skizziert, basiert zu
einem wesentlichen Teil auf Wissen, das mit bereits durchgeführten Handlungen verbunden ist. Dieses erfahrungsbasierte professionelle Wissen ermöglicht sowohl schnelles als auch angemessenes Handeln in komplexen, wiederkehrenden Situationen (vgl.
genauer Kapitel 4.4.2).

Studierende im Praktikum verfügen als Novizen noch nicht über elaboriertes Pro-
fessions- bzw. Expertenwissen. Sie sind daher im Gegensatz zu erfahrenen Lehrern
nicht in der Lage, die Komplexität von Unterricht durch den Rückgriff auf Situationsklassen und das Nutzen von routinierten Handlungsmustern zu reduzieren. „Handeln
unter Druck" (Wahl, 1991) kennzeichnet daher in besonderem Maße das Handeln im
Praktikum und unterstreicht abermals die immer wieder vorgetragene, vielfach jedoch
nicht eingelöste Forderung, Praktika hinreichend zu betreuen. Um Überforderungen
und damit unerwünschte Folgewirkungen (etwa geringere Selbstwirksamkeitserwartungen hinsichtlich der Fähigkeit zu unterrichten) zu vermeiden, muss Studierenden die
Möglichkeit gegeben werden, Unterrichtserfahrungen schrittweise und genügend angeleitet machen zu können.

4.4 Modellvorstellungen zum Verhältnis von Wissen und Handeln

4.4.1 Wissensverwendungs- und Professionsforschung

Überblickt man Darstellungen, in denen die Entwicklung der Theoriebildung zum Verhältnis von wissenschaftlichem und handlungspraktischem Wissen seit den 1960er Jahren aus verwendungstheoretischer Sicht rekonstruiert wird (u.a. Bommes, Dewe & Radtke, 1996; Dewe, Ferchhoff & Radtke, 1990, 1992; Radtke, 1996, 2004), so scheint die Frage, auf welchem Wissen Handeln beruht, lange Zeit allzu schlicht beantwortet worden zu sein.

Die Modellvorstellung vom *Wissenstransfer* ging zunächst von einer unmittelbaren Anwendbarkeit wissenschaftlichen Wissens nach dem Muster „knowledge informs action" aus. Prägend war die behavioristisch und strukturfunktionalistisch beeinflusste Annahme, „wissenschaftliches Wissen ließe sich im Zuge der Ausbildung als parzellierte Information speichern und im handlungspraktischen Kontext der Schulklasse situativ verausgaben" (Dewe et al., 1992, S. 72). Die Handlungspraxis sollte durch die Anwendung wissenschaftlichen Wissens auf das als höher angenommene Rationalitätsniveau der Wissenschaften gehoben werden. Als prominente Beispiele einer derartig wissenschaftszentrierten „Transfermentalität" (ebd., S. 71) können für das Lehrerhandeln die Arbeiten von Döring (1974, 1980) gelesen werden.

Professionalisierung gleichgesetzt mit „Verwissenschaftlichung" kennzeichneten den Diskussionsstand und die Bildungsreformen der 1960er und 1970er Jahre. Das Bild eines direkten Transfers wissenschaftlichen Wissens in die berufliche Praxis erschien ebenso eingängig wie schlicht; vermutlich prägt es deshalb bis heute manches Alltagsverständnis zum Theorie-Praxis-Verhältnis. Die konstante Klage, universitär vermitteltes Wissen sei in der Praxis meist nicht anwendbar und daher nutzlos, beruht gerade auf jener technischen Transfervorstellung.

Die These des unmittelbaren Wissenstransfers konnte empirisch nie hinreichend belegt werden und wurde auch theoretisch zunehmend in Frage gestellt: Wissenschaftliches Wissen sei – so der Einwand – Reflexionswissen und „dessen Gültigkeit gerade an die Bedingungen der Entlastung von praktischen Entscheidungs- und Handlungszwängen gebunden"; Studierende seien darüber hinaus im Studium „nur zur fragmentarischen und partikularen Aneignung wissenschaftlicher Theorien in der Lage"; schließlich bestehe „die Gefahr einer Vernachlässigung der Dignität pädagogischer Praxis" (Bommes et al., 1996, S. 10f.; vgl. auch Blömeke, 2002).

Anstatt von einem *Wissenstransfer* auszugehen, in dessen optimalem Verlauf wissenschaftliches Wissen das praktische Handlungswissens schlicht ersetzt, orientierte sich die Wissensverwendungsforschung in einem nächsten Schritt der Theoriebildung an dem Modell der *Wissenstransformation*. Beeinflusst durch phänomenologisch-interaktionistische und kognitionspsychologische Theorieansätze wurde von einem *strukturellen* Unterschied zwischen Wissenschafts- und Handlungswissen ausgegangen. Demnach ist wissenschaftliches Wissen „auf Generalisierung ausgerichtet" und „prinzipiell unanwendbar" (Bommes et al., 1996, S. 220). Es dient der Begründung und orientiert sich am Wahrheitskriterium. Handlungswissen dagegen richtet sich nach dem Kriterium der Angemessenheit des Einzelfalls und dient der situativen Entscheidung. Die Vermittlung von Theorie und Praxis erschien nicht mehr als Transferproblem, sondern als ein Problem differenter Wissensstrukturen. Wissenschaftliches Wissen sei nicht zwangsläufig praxisrelevant, sondern müsse für die Praxis verwandelt werden bzw. sich verwandeln, um an- bzw. verwendbar zu sein (vgl. Dewe et al., 1992; Radtke, 2004).

Anfängliche Konzepte verorteten die Transformationsprozesse noch auf Seiten der Wissenschaft; gefragt wurde etwa nach geeigneten wissenschaftsdidaktischen Vermittlungsmöglichkeiten, mit denen die Wissensverwendung kontrolliert und verbessert werden könnte. Später wurde von einer wechselseitigen Bereicherung beider Wissensformen ausgegangen und der Blick richtete sich zunehmend auf die Praxis und die *selektiven* Transformationsprozesse durch den Handelnden selbst. In einer Radikalisierung des Modells wurde die Wissensverwendung schließlich nur noch von der Seite des Handelnden her gedacht. Der Umgang mit wissenschaftlichem Wissen – so die Annahme – lasse sich nicht mehr von der Wissenschaftsseite beeinflussen, sondern folge jeweils spezifischen, situativ-pragmatischen Regeln. Im Adaptionsprozess werde wissenschaftliches Wissen erst durch den Handelnden selbst aktiv in praktische Problemlösungsweisen und -situationen eingeführt (vgl. Dewe et al., 1992).

Von Engelhardt (1982) z.B. identifizierte in einer groß angelegten Studie über „die pädagogische Arbeit des Lehrers" eine hoch selektive Wissensverwendung von Pädagogen und relativierte mit seinen Ergebnissen gleichzeitig allzu optimistische Innovationshoffnungen der wissenschaftlichen Lehrerbildung: Er differenzierte die Formen der Wissensverwendung in (1) *Abschirmung* (wissenschaftliches Wissen wird nur dann genutzt, wenn es der eigenen Praxis entspricht), (2) *Umfunktionierung* (das Wissen wird so verändert, dass es mit Handlungspraxis kompatibel ist), (3) *inkontingente Abspaltung* (Wissensangebote werden gar nicht genutzt) sowie (4) *produktive Auseinandersetzung*. Lediglich in dieser letzten, empirisch eher seltenen Form der Wissensverwendung werde der Versuch unternommen, neues wissenschaftliches Wissen in die eigene Handlungspraxis zu deren Verbesserung reflexiv zu transformieren. Beck und Bonß (1989) haben im Hinblick auf die selektive Wissensverwendung von „strategischer und diskursiver Adaption" gesprochen, die mehr die Praxis stabilisiere als innovative Effekte hervorzubringen (vgl. von Engelhardt, 1982; s. auch Dewe et al., 1992; Radtke, 2006).

Das offensichtliche Vermittlungsproblem zwischen Wissenschaftswissen und praktischem Handlungswissen wurde bereits in älteren pädagogischen Theorieströmungen als Theorie-Praxis-Problem erkannt und breit diskutiert. Klassische Pädagogen wie Kant, Herbart, Schleiermacher und Dilthey benannten dabei ein drittes vermittelndes Element zwischen Theorie und Praxis über das Lehrer verfügen müssen und das die Qualität ihrer Arbeit kennzeichnet: „Urteilskraft", „pädagogischer Takt", „leitendes Gefühl", „Handeln aus Struktureinsicht" (vgl. Bennack & Jürgens, 2002; ausführlich Beckmann, 1968; Homfeld, 1978).

In einer Zuspitzung ihrer Differenzthese negierte die Wissensverwendungsforschung die Möglichkeit einer Vermittlung von Theorie und Praxis. Weder Transfer- noch Transformationsvorstellungen seien geeignet, um das Verhältnis zwischen Wissen und Handeln zu bestimmen, da Handeln nicht über Wissen, sondern allein über „Können" gesteuert werde, welches sich erst im Vollzug einer Tätigkeit unter Umgehung von Regelkenntnis ausbilde. Wissen wird als soziales Konstrukt aufgefasst, das kollektiv erarbeitete Lösungsmuster bereithält (vgl. Combe & Kolbe 2008). Dewe und Radtke (1991) führen aus:

> „Wenn noch von Wissen die Rede sein kann, dann ist es nicht im Kopf des einzelnen Handelnden zu vermuten, sondern es ist eingeschrieben in den organisatorischen Kontext, in dem gehandelt wird. Es wird tradiert in den approbierten Lösungen, die in einer langwierigen kollektiven Praxis zu Mustern entwickelt und als Routinen angeeignet wurden" (S. 154).

Wissenschafts- und Handlungswissen könnten demnach nicht miteinander in Beziehung gesetzt werden, sondern stünden in einer dauerhaften Differenz zueinander. Es sei nicht Ziel, „Theorie *in* Praxis, Wissen *in* Können zu verwandeln" (Radtke, 1996, S. 106; Hervorhebung im Orig.). Wissenschaftswissen habe vielmehr die Funktion, dem Pädagogen einen differenzierten Blick auf sein Tätigkeitsfeld zu ermöglichen, wobei noch zu untersuchen bleibe, inwiefern die in der akademischen Ausbildung neu erworbenen Sichtweisen die Praxis beeinflussen. Vor allem versetze Wissenschaftswissen den Pädagogen in die Lage, sein Handeln nachträglich zu begründen und zu reflektieren (vgl. Dewe & Radtke, 1991).

Neuere Konzeptionen der Wissensverwendung gehen ebenso nicht mehr von einer Anwendung bzw. Umsetzung wissenschaftlichen Wissens in der Praxis im Sinne eines Sender-Empfänger-Modells aus. Mit Bezug auf den Konstruktivismus und die neuere Systemtheorie wird jedoch die Konstituierung einer eigenständigen „dritten" Wissensform angenommen, die aus der Begegnung von Wissenschafts- und Handlungswissen resultiere und die das Handeln präge. Die Wissenschaft transferiere also weder neues Wissen in die Praxis, noch selektiere die Praxis Relevantes aus dem wissenschaftlichen Wissen. Beide Wissensbereiche ergänzten sich vielmehr im Sinne eines komplementären Verhältnisses (vgl. Dewe et al., 1992; Kolbe, 2004). Metaphorisch werden die beiden Wissensbereiche als „übereinander geblendet" (Bommes et al., 1996, S. 225) oder „übereinandergeschoben" (Radtke 1988, zit. nach Dewe et al., 1992, S. 78) beschrieben.

Das auf diese Weise gebildete sog. Professionswissen stellt die Grundlage für professionelles Handeln dar, das sich sowohl am Wahrheitskriterium der Wissenschaft als auch an dem Kriterium der Angemessenheit des Einzelfalls orientiert. „Wissenschaftliche Erkenntnis und praktisches Handlungswissen beobachten sich gegenseitig und können die blinden Flecken der jeweils anderen Perspektive aufdecken" (Dewe et al., 1992, S. 79). Professionen bilden so betrachtet „eine Institutionalisierungsform der Relationierung von Theorie und Praxis, in der wissenschaftliche Wissensbestände praktisch-kommunikativ in den Prozess der alltäglichen Organisation des Handelns und der Lösung hier auftretender Probleme eingewoben werden" (ebd., S. 82).

Während die konventionelle Professionalisierungstheorie von relativ unabhängig nebeneinander existierenden Wissensformen ausging, die additiv zusammengesetzt „gleichsam automatisch den Kern dessen ergeben, was man als Professionswissen bezeichnen könnte" (Dewe et al., 1990, S. 308), deutet die neuere Wissensverwendungsforschung das Professionswissen nicht als ein vom Wissenschaftswissen abgeleitetes Wissen, sondern verortet es kategorial als einen Bestandteil des praktischen Handlungswissens (vgl. ebd.).

Aufgegeben wird die Vorstellung, dass Handeln durch mehr oder weniger bewusste Regulationsprozesse (Handlungsplanung, Erinnern von Wissen oder Abwägen von Handlungsalternativen) geleitet wird. Anknüpfend an das Konzept des *tacit knowledge* von Polanyi (1985) und dessen ursprünglich auf Ryle (1949) zurückgehende Unterscheidung in *knowing that* als allgemeines Regelwissen und *knowing how* als eigenes Können wird vielmehr ein eher intuitives und dennoch gekonntes Handeln auf Grundlage eines impliziten, erfahrungsbasierten Wissens angenommen, das nur teilweise durch nachträgliche Reflexion verbalisierbar und explizierbar ist (vgl. Kolbe 2004). Dewe et al. (1990) greifen in diesem Zusammenhang auf die heuristische Figur „Sprechen als Metapher für Handeln" zurück: Sprechen basiert auf Grammatik, die nachträglich, im Zuge der Theoriebildung rekonstruiert werden kann, die allerdings weder Bestandteil des Alltagswissens ist, noch beim Sprechen „angewendet" wird. Der Sprecher braucht die Grammatik sogar nicht zu kennen, um sprechen zu können (vgl. ebd.). Handeln findet, wie Radtke (1996) beschreibt, „auf der Basis sehr begrenzter Wahrnehmungen/Informationen statt, die auf dem Hintergrund vorangegangener Erfahrungen typisiert werden und in einem Abkürzungsverfahren zur Wahl von bewährten Lösungen führen" (S. 67). Dieser Zusammenhang von Wissen und Handeln betont zweierlei: Zum einen wird professionelles Können durch Reflexion von Erfahrungen im Umgang mit konkreten Handlungsanforderungen erworben. Zum anderen wird das dabei verwendete Wissenschaftswissen durch den Handelnden selektiv und in einer von der Wissenschaft nicht steuerbaren, eigenständigen Weise verwendet, wobei im professionellen Handeln zunehmend auf erfahrungsgestützte Typisierungen und Handlungsmuster zurückgegriffen wird (vgl. Kolbe, 2004).

In dieser dargestellten Sichtweise der Wissensverwendung kann von einer kategorialen Differenz zwischen wissenschaftlichem Wissen und praktischem Handlungswissen nur noch in einer analytischen Ausdifferenzierung gesprochen werden; im professionell Handelnden selbst lässt sich die Unterscheidung nicht wiederfinden – das zeigt sich auch in der Schwierigkeit von berufserfahrenen Lehrkräften über das Wissen, das ihrem Handeln erkennbar zugrunde liegt, Auskunft geben zu können. Wissenschafts- wissen und praktisches Handlungswissen werden im Verlauf der Entwicklung vom Novizen zum Experten offensichtlich so stark miteinander „verschmolzen", dass Wis- sen und Handeln eine Einheit bilden (vgl. Blömeke, 2002).

4.4.2 Kognitionspsychologische Lehrerwissensforschung

Die kognitionspsychologische Lehrerwissensforschung nimmt einen anderen Zugang zum Verhältnis von Wissen und Handeln als die Wissensverwendungsforschung: Sie fragt nicht nach der Verwendung von Wissen im Handeln, sondern untersucht die Wis- sensstrukturen von berufserfahrenen Lehrkräften im Kontext beruflicher Anforderun- gen. Lehrer werden dabei als Experten für das Lernen und Lehren in der Schule ange- sehen, ihr berufsbezogenes Wissen und Können wird als Lehrerexpertise bezeichnet (vgl. Bromme, 2008). Übereinstimmend wird die Vorstellung negiert, dass wissen- schaftliches Regelwissen die Handlungsbasis von Lehrerexperten darstellt. Im Gegen- satz zur radikalen Differenzthese der Wissensverwendungsforschung, wonach Handeln weder durch Wissen ermöglicht noch gesteuert wird, geht die kognitionspsychologi- sche Lehrerwissensforschung allerdings von der Verwendung wissenschaftlichen Wis- sens in der Praxis aus und beschreibt Wissen als Grundlage professionellen Handelns.

Berufserfahrene Lehrkräfte greifen demnach im Handeln nicht ausschließlich auf wissenschaftliches Regelwissen zurück, sondern auf ein sog. professionelles Wissen, das auch als Expertenwissen bezeichnet wird. Es handelt sich um ein individualisiertes fachbezogenes Wissen, das sich durch die zunehmende Integration der verschiedenen Wissensdomänen des Lehrerwissens und spezifischen subjektiven Handlungserfahrun- gen im Laufe der beruflichen Tätigkeit entwickelt. Wie beim Konstrukt des Professi- onswissens wird metaphorisch von einer „Verschmelzung" gesprochen.

Expertenwissen ist im Gegensatz zum Wissen von Berufsanfängern situations- und fallspezifisch organisiert, wobei im Laufe der beruflichen Entwicklung offensichtlich komplexe kognitive Schemata gebildet werden, die Wahrnehmung, Interpretation und Handeln in Mustern verbinden: Das Wissen ist „verdichtet" in Informationseinheiten (*Chunks*) gespeichert und mit jenen fall- und episodenbasierten Handlungsoptionen verbunden, die erfolgsversprechendes Reagieren ermöglichen, also mit einem Können, das auf eigenen Erfahrungen basiert. Berufserfahrene Lehrer besitzen etwa Schemata über erfahrungsgemäß besonders aktive Schülergruppen oder Vorstellungen von sog. Aktivitätsszenarien, d.h. Kategorien für Unterrichtsereignisse (vgl. Berliner, 1987a,b; Leinhardt & Greeno, 1986). Im Gegensatz zu Anfängern können sie komplexe Situati- onen unmittelbar und ganzheitlich wahrnehmen (vgl. Bromme, 1992; Combe & Kolbe 2008; Koch-Priewe, 2002).

Die Wirkung des professionellen Wissens muss demnach verstanden werden als eine Veränderung der kategorialen Wahrnehmung von Unterrichtssituationen. Schema-

ta ermöglichen Experten „das Sehen von lösungsdienlichen Strukturen und funktionalen Zusammenhängen, die für den Nicht-Experten wenig strukturiert oder unübersicht-
lich erscheinen (...)" (Bromme, 1992, S. 42). Bemerkenswert ist dabei, dass Experten
bereits in der Wahrnehmung einer Situation Handlungsoptionen bewerten, ohne bewusst darüber nachdenken zu müssen. Dieser kognitive Prozess verläuft unabhängig
von einer bewussten Kontrolle des gedanklichen Operierens und wirkt situationsinter-
pretierend und handlungsleitend. Dadurch sind berufserfahrene Lehrer in der Lage, Situationen schnell zu beurteilen als auch rasch und angemessen darauf zu reagieren
(vgl. Bromme, 1997; Combe & Kolbe, 2008).

4.4.3 Lehrerbildung als Wissenserwerb und Anbahnung von wissensbasierter Handlungsfähigkeit

Folgt man den Vorstellungen einer „Legierung" der beiden Wissensbereiche, so erhalten die Reflexion von Erfahrungen im Umgang mit Handlungsanforderungen und der
Aufbau von Erfahrungswissen einen zentralen Stellenwert in der Herausbildung von
Expertise. Theoriewissen ist eine notwendige, aber nicht hinreichende Voraussetzung
zum Aufbau professionellen Wissens. Auch aus den unterschiedlich entworfenen Stu-
fenmodellen der Expertise-Entwicklung (vgl. z.B. das breit rezipierte Modell von
Dreyfus und Dreyfus (1986), das Koch-Priewe (2002) auf den Lehrerberuf angewendet
hat) lassen sich drei Stufen ableiten, die auf dem Weg zur Expertise durchlaufen werden: (1) der Erwerb von theoretischem Fachwissen, (2) praktische Erfahrungen sowie
(3) die Integration von theoretischem Wissen und Erfahrungswissen durch Wissens-
enkapsulierung (vgl. Gruber & Mandl, 1996; Kolbe, 2004).

Welche Funktion den einzelnen Phasen der Lehrerbildung in diesem Professionalisierungsprozess zukommt, wird unterschiedlich eingeschätzt. Gegenüberstellen lassen
sich zwei kontroverse Positionen, die unmittelbar an Diskussionen über die Praxisorientierung der hochschulischen Lehrerbildung anschließen: Auf der einen Seite wird der
Erwerb der unterschiedlichen Wissensformen jeweils den einzelnen Ausbildungsphasen zugesprochen. Der Vermittlung von berufsbezogenem wissenschaftlichen Wissen
und der Herausbildung eines sog. wissenschaftlichen Habitus in der ersten Phase folgt
demnach die Aneignung von Handlungs- bzw. Erfahrungswissen im Referendariat und
die Verbindung dieser beiden Wissensformen zu einem professionellen Wissen im
Laufe der Berufstätigkeit, d.h. vor allem in der dritten Phase der Lehrerbildung (u.a.
Radtke, 1996; Radtke & Webers, 1998).

Die andere Position verortet Handlungswissen dagegen bereits in der ersten Phase.
Die Lernorte Universität und Schule müssten in einer Lernorganisation integriert wer-
den (u.a. Wildt, 1996), wobei zu klären bleibt, wie diese Integration zu gestalten ist.
Eine Verlängerung von Praxisphasen wie sie in Konzepten sog. Praxissemester derzeit
Aktualität erfahren (vgl. Kapitel 3.4.2) muss kritisch gesehen werden, solange diese
nicht intensiv universitär betreut werden. Der Aufbau von Erfahrungswissen darf nicht

missverstanden werden als eine möglichst frühe und vielfältige Übernahme beruflicher Fertigkeiten. Die wiederholt geäußerte Gefahr, „dass sich Lehrerstudenten schon früh den Systemzwängen der Schule unterwerfen, noch bevor sie sich mit kritischen Theorien gewappnet haben" (von Hentig 1996, S. 24), verweist gerade auf jene unerwünschten Lerneffekte von Praktika, die aus der unreflektierten Adaption einer zumindest teilweise problematischen Schul- und Unterrichtspraxis resultieren. Regenbrecht (1999) formuliert: „Soweit unter Praxis in der ersten Ausbildungsphase eine Einübung in berufliche Fertigkeiten (miss-)verstanden wird, ist gegen eine Absonderung dieser Praxis in einen zweiten Ausbildungsabschnitt nichts einzuwenden" (ebd., S. 73).

Als Element der hochschulischen Ausbildungsphase müssen praxisbezogene Studienanteile hinreichend theoriebezogen vorbereitet, begleitet und ausgewertet werden. Das Lernpotenzial von Praktika liegt gerade in der Möglichkeit, angeleitete schulpraktische Erfahrungen in einem „geschützten" Rahmen unabhängig von Anforderungen des beruflichen Alltags machen zu können und die Schul- und Unterrichtspraxis aus wissenschaftlicher Perspektive zu beobachten und zu reflektieren. Gruber und Rehrl (2005) konstatieren: „Lernen in der Praxis findet (...) nur bei theoretisch fundierter Reflexion statt. Bloße, unreflektierte Praxis hat selten Lernwert. Vielmehr trägt umfangreiches theoretisches Wissen dazu bei, die eigenen Erfahrungen qualitativ bewerten und in bereits bestehende Wissensstrukturen einordnen zu können" (S. 13). Ein so verstandener Aufbau von Erfahrungswissen im Rahmen universitärer Praxisphasen soll zu einer wissenschaftlich-reflektierten Haltung gegenüber der Praxis führen und wird als „Schnittstelle" zwischen Theorie und Praxis verstanden, indem die strukturelle Differenz beider Bereiche reflexiv erfahrbar gemacht wird. Beachtung haben in diesem Zusammenhang Konzepte des sog. „forschenden Lernens" und reflexiv konzipierte Praktika gefunden (vgl. u.a. Altrichter, 2006; Altrichter & Lobenwein, 1999; Frenzel, 2006; Roters et al., 2009).

In Weiterführung dieser Argumentationslinie lohnt ein Verweis auf das handlungstheoretische Konzept der *reflective practice* von Schön (1983), das in der anglo-amerikanischen Erziehungswissenschaft große Aufmerksamkeit erfahren hat und rasch in die Lehrerfortbildung, später auch in die Lehrergrundausbildung implementiert wurde (vgl. ausführliche Darstellung in Altrichter, 2000; Newman, 1999). Handeln findet demnach in Routinesituationen grundsätzlich ohne bewusste Reflexion statt (*tacit knowing-in-action*). Um jedoch Handlungsprobleme bewältigen zu können, ist die Fähigkeit zur Reflexion erforderlich – entweder *während* des Handelns selbst (*reflection-in-action*) oder im Anschluss als Reflexion *über* das Handeln (*reflection-on-action*), wobei der Handelnde dafür aus dem Handlungsfluss heraustreten muss, was im schulischen Berufsalltag angesichts des Handelns unter Druck (Wahl, 1991) in der Regel nicht möglich ist.

In den Vorstellungen Schöns erhält das *reflective practicum* einen besonderen Stellenwert in der Ausbildung professioneller Praktiker. Es fungiert als *organisierte* Lernumgebung, „in which practitioners learn to reflect on their own tacit theories of the phenomena of practice, in the presence of representatives of those disciplines whose formal theories are comparable to the tacit theories of practitioners" (Schön, 1987, S. 321). Komplexe Probleme der späteren Berufspraxis werden in dem Praktikum als Simulation oder als reale Situation vorweggenommen. Die Mentoren sollen in diesem Prozess die Aufgabe von *coaches* übernehmen und das Handeln und die Reflexion der Studierenden fördern, womit Schön auf die beträchtliche und inzwischen auch empirisch belegte Bedeutung von Mentoren für Lernprozesse von Studierenden im Praktikum verweist (vgl. Kapitel 3.6.2). Der Wert von mentoriell und universitär hinreichend betreuten Praktika, das sei vor diesem Hintergrund nochmals gesagt, liegt in der Ermöglichung von angeleiteten und theoriebezogenen Handlungserfahrungen mit dem Ziel reflexive Lernprozesse zu initiieren und den Erwerb von Erfahrungswissen aufzubauen. Auch wenn Professionswissen als Basis des Lehrerhandelns in einem langjährigen beruflichen Prozess ausgebildet wird, kann in hochschulischen Praxisphasen die Genese dieses Wissens kontrolliert angebahnt werden.

Auf die Bedeutung einer fallverstehenden Reflexivität als ein wesentliches Ziel von hochschulischen Praxiserfahrungen und entscheidendes Moment im Professionalisierungsprozess von Lehrkräften wird in der Literatur vielfach hingewiesen. Wesentlich seltener spiegelt sich die Forderung in entsprechend darauf ausgerichteten und ausgearbeiteten Praktikumskonzeptionen wider. Spezifische Fort- und Weiterbildungen für Mentoren sind selten, die universitäre Betreuung der Studierenden im Praktikum erschöpft sich vielfach in einzelnen Unterrichtsbesuchen in den Schulen. Gesagt ist damit nichts Neues und es bedürfte an dieser Stelle einer differenzierten Analyse einzelner universitärer Praktikumsmodelle. Ebenso ließen sich positive Gegenbeispiele beschreiben (vgl. etwa Kapitel 3.4.5). Dennoch muss es verwundern, dass die Betreuung von Praktika gegenwärtig vielerorts eher „stiefmütterlich" organisiert ist und universitäre Praxisphasen gleichzeitig mit vielfältigen und eben nicht einfach zu realisierenden Qualifizierungsfunktionen belegt werden (vgl. Zusammenfassung in Kapitel 3.2). Praktika sind nicht zwangsläufig lernwirksam. Sollen sie mehr sein als eine Möglichkeit zur Berufswahlüberprüfung und einen effektiven Lernkontext an der Schnittstelle zwischen Theorie und Praxis bilden, dann müssen sie als Ausbildungselement ernst genommen und entsprechend konzipiert werden.

4.5   Zusammenfassung

Die Auseinandersetzung mit dem Verhältnis von Wissen und Handeln kann als Weiterführung der in wissenschaftstheoretischen und pädagogischen Theoriezusammenhängen seit langem geführten Theorie-Praxis-Debatte gesehen werden. Die Frage, wie professionelles Lehrerhandeln gesteuert und auf welche Wissensbestände dabei in welcher Weise zurückgegriffen wird, ist mittlerweile in einem interdisziplinärem Forschungsfeld verortet. Gegenwärtige Forschungsansätze zum Lehrerberuf und zur Professionalität des Lehrers sind sich weitgehend darin einig, dass professionelles Lehrerhandeln auf einer Verbindung von *Wissen und Können*, d.h. auf deklarativem, prozeduralem und metakognitivem Wissen, beruht. Sowohl ein hinreichend entwickelter „wissenschaftlich-reflexiver Habitus" als auch ein „Habitus des routinierten, praktischen Könnens" werden als Kern von Lehrerprofessionalität angesehen (Helsper, 2001, S. 13). Dissens besteht nach wie vor im Hinblick auf die Struktur, Topologie und Genese professionellen Wissens und Könnens, die verschiedenen Wissenstypen und ihren epistemischen Status sowie ihre mentale Repräsentation (vgl. Baumert & Kunter, 2006; Bromme, 1997; Kolbe, 2004).

Wissen und Handeln stehen in einem engen Zusammenhang, wobei universitär erworbenes Wissen in der beruflichen Praxis offensichtlich selektiv und situationsspezifisch verwendet wird und zahlreiche Wissensbestände als sog. träges Wissen (Renkl, 1996) nicht handlungswirksam werden. Eine wesentliche Basis des Handelns bilden subjektive Theorien, die das Handeln vielfach stärker steuern als wissenschaftliche Theorien. Ansätze des situierten Lernens betonen in diesem Zusammenhang die Situations- und Kontextgebundenheit des Wissenserwerbs und die Notwendigkeit möglichst ähnlicher Lern- und Anwendungssituationen für die Anwendbarkeit von Wissen. Eine entscheidende Bedingung für professionelles Lehrerhandeln wird von verschiedenen Forschungsansätzen in der Fähigkeit gesehen, das eigene unterrichtliche Handeln und seine Wirkungen zu reflektieren. In dem handlungstheoretischen Konzept des *reflective practitioner* von Schön (1983) bildet das *reflective practicum* das Zentrum der Ausbildung.

Neben der üblich gewordenen Unterscheidung des Lehrerwissens in allgemeines pädagogisches Wissen, Fachwissen und fachdidaktisches Wissen liegen inzwischen differenziertere Klassifikationsmodelle vor, von denen die Taxonomie des Lehrerwissens nach Shulman (1987) häufig als Referenzmodell dient. Ergebnisse der Expertise- und Lehrerwissensforschung beschreiben die Wissensbestände von berufserfahrenen Lehrern als domänenspezifisch und gut vernetzt (vgl. im Überblick Bromme, 1992, 1997, 2004). Das disziplinär getrennt erworbene Wissen wird demnach in der Berufspraxis kognitiv zu einem sog. professionellen Wissen integriert, zunehmend in Informationseinheiten (Chunks) abgespeichert und mit bewährten fall- und episodenbasierten Handlungsmustern verknüpft. Berufserfahrene Lehrkräfte sind dadurch zu einer kategorialen Wahrnehmung von Unterrichtssituationen in der Lage und können in wiederkehrenden Situationen routiniert, schnell und angemessen handeln.

Die neuere Verwendungs- und Professionsforschung negiert frühere verwendungstheoretische Vorstellungen eines Wissenstransfers bzw. einer Wissenstransformation und sprechen von der Herausbildung eines Professionswissens, das sich aus der Verbindung von wissenschaftlichem Wissen und praktischem Handlungswissen im Laufe langjähriger beruflicher Tätigkeit entwickelt (vgl. im Überblick Dewe et al., 1992). Professionswissen ist implizit und kann von Lehrkräften nur teilweise durch nachträgliche Reflexion verbalisiert bzw. expliziert werden. Es bildet die Grundlage für professionelles Lehrerhandeln, das speziell in professionstheoretischen Ansätzen als eine situativ komplexe, antinomische, nur bedingt planbare und daher strukturell unsichere Tätigkeit beschrieben wird (u.a. Helsper, 2004).

Die Bedeutung von hochschulischen Praxisphasen als Schnittstelle zwischen Theorie und Praxis kann vor dem dargestellten Hintergrund mindestens in folgenden Aspekten gesehen werden:

(1) Praktika stellen authentische und situationsgebundene Lernkontexte im Sinne des situierten Lernens dar und ermöglichen aktiv-konstruktive, selbstgesteuerte, soziale und intrinsisch motivierte Lernprozesse.

(2) Hochschulische Praxisphasen ermöglichen den Aufbau von Erfahrungswissen; die Genese von Professionswissen kann zielorientiert angebahnt werden.

(3) Praktika bieten die Gelegenheit, fremde und eigene Erfahrungen als Fall bzw. Fallgeschehen zu strukturieren und dadurch „die differenten Wissens- und Handlungssphären von beruflicher (pädagogischer) Praxis und Wissenschaft (wissenschaftliches Studieren) aufeinander zu beziehen" (Wildt, 2000, S. 228). Das dem Können von Expertenlehrern zugrunde liegende wissenschaftliche Wissen kann aufgedeckt werden (vgl. Blömeke, 2002).

(4) Praktika bilden einen „geschützten" Erfahrungsraum, in dem Studierende auf die Differenz von Theorie und Praxis und die dem Lehrerhandeln immanenten Unsicherheiten und Antinomien systematisch vorbereitet werden können, sofern die beobachteten oder selbst gemachten Praxiserfahrungen genügend reflektiert werden.

(5) Hinreichend universitär betreute Praktika sind ein geeigneter Kontext, um subjektive Theorien von Studierenden aufzudecken und zu bearbeiten.

(6) Praktika bieten die Möglichkeit zur theoriegeleiteten Analyse und Reflexion von eigenen und fremden Handlungserfahrungen und damit zum gezielten Aufbau reflexiver Kompetenz.

5 Empirische Studie

5.1 Fragestellungen und Hypothesen

Die vorangegangenen Ausführungen zum empirischen Forschungsstand haben einen erheblichen Bedarf an weiterführenden Studien im Hinblick auf die Überprüfung der Lernwirksamkeit von Schulpraktika deutlich gemacht. Im Rahmen der Lehrerbildungsforschung ist bislang kaum untersucht, ob die vielfältigen Qualifizierungsfunktionen, die schulpraktischen Ausbildungsphasen zugesprochen werden (vgl. Kapitel 3.2), tatsächlich erfüllt werden – eine Frage, die im Zuge der Kompetenzorientierung der Lehrerbildung und deren Ausrichtung auf festgelegte Standards und Kompetenzen von besonderem Interesse ist. Bisherige Untersuchungen erfassten teilweise nicht ausschließlich Lerneffekte von Praxiserfahrungen, da die Messzeitpunkte nicht unmittelbar vor und nach den Schulpraktika lagen und somit weitere Einflüsse (vor allem Lerneffekte anderer Studienbereiche) nicht auszuschließen sind. Es fehlen intern valide Prä-Post-Studien, die Lerneffekte von Schulpraktika tatsächlich unabhängig von weiteren Lernkontexten erfassen. Ebenso mangelt es an Studien, die zentrale Einflussbedingungen auf die Kompetenzentwicklung nachweisen, Veränderungen der Lehrer-Selbstwirksamkeitserwartung von Studierenden untersuchen und zusätzlich die zeitliche Stabilität von Lerneffekten über die Praktikumszeit hinaus in den Blick nehmen.

Aufgrund der dargestellten Forschungsdesiderate untersucht die vorliegende Studie folgende Forschungsfragen:

Fragestellung 1   *Kompetenzentwicklung*: Wie verläuft die selbsteingeschätzte Kompetenzentwicklung von Studierenden hinsichtlich der allgemeindidaktischen Planungskompetenz in einem vierwöchigen Blockpraktikum? Bleiben die Effekte über einen Zeitraum von drei Monaten stabil (Follow-up-Messung)?

Fragestellung 2   *Entwicklung von Lehrer-Selbstwirksamkeitserwartung als persönlichkeitsbezogene Lernwirkung*: Wie entwickelt sich die Lehrer-Selbstwirksamkeitserwartung von Studierenden im Verlauf eines vierwöchigen Blockpraktikums? Bleiben die Effekte über einen Zeitraum von drei Monaten stabil (Follow-up-Messung)?

Fragestellung 3   *Bedingungen der Kompetenzentwicklung*: Welchen Einfluss auf die Kompetenzentwicklung haben (a) schulpädagogisch-didaktisches Wissen, (b) pädagogische Vorerfahrungen, (c) die Qualität der Beziehung zum Mentor sowie (d) die Lehrer-Selbstwirksamkeitserwartung von Studierenden bzw. in welcher Wechselwirkung stehen diese Bedingungsfaktoren mit der Kompetenzentwicklung?

5.1.1 Kompetenzentwicklung

Die vorliegenden Studien zur Lernwirksamkeit von Schulpraktika (vgl. u.a. Bodensohn & Schneider, 2009; Müller, 2010; Schubarth et al. 2009; s. auch Kapitel 3.6.2) deuten darauf hin, dass – korrespondierend zum Verlauf im Studium – in schulpraktischen Ausbildungsphasen eine Kompetenzsteigerung stattfindet, insbesondere in den Fach- bzw. Unterrichtskompetenzen. Studierende schätzen ihre Kompetenzen bereits vor Beginn des Praktikums relativ hoch ein; gleichwohl können noch Kompetenzzugewinne der Selbsteinschätzung einzelner Kompetenzbereiche nachgewiesen werden. Die bisherigen Forschungsbefunde lassen somit erwarten, dass innerhalb des Blockpraktikums die selbsteingeschätzte allgemeindidaktische Planungskompetenz der Studierenden ansteigt. Da im weiteren Studienverlauf bis zur Follow-up-Messung keine zusätzlichen curricularen Lern- und Übungsgelegenheiten für den Erwerb bzw. die Erweiterung allgemeindidaktischer Kompetenz bestehen, ist davon auszugehen, dass das erreichte Kompetenzniveau der Studierenden nach dem Praktikum nicht weiter ansteigt, sondern erhalten bleibt.

Vergleiche der Selbsteinschätzung von Studierenden mit der Fremdeinschätzung durch betreuende Mentoren zeigen mehrheitlich, dass Studierende in ihrer Selbsteinschätzung strenger sind als die sie betreuenden Mentoren in ihrem Fremdurteil (vgl. Kapitel 1.3.5). Es kann daher angenommen werden, dass die Selbsteinschätzung der Studierenden hinsichtlich ihrer allgemeindidaktischen Kompetenz ungünstiger ausfällt als die Fremdeinschätzung durch Mentoren.

Hypothese 1:
Die selbsteingeschätzte allgemeindidaktische Planungskompetenz von Studierenden steigt im Verlauf eines vierwöchigen Blockpraktikums an.

Hypothese 2:
Die selbsteingeschätzte allgemeindidaktische Planungskompetenz von Studierenden bleibt im weiteren dreimonatigen Verlauf des Studiums stabil.

Hypothese 3:
Die Selbsteinschätzung von Studierenden hinsichtlich ihrer allgemeindidaktischen Planungskompetenz fällt ungünstiger aus als die Fremdeinschätzung durch die sie betreuenden Mentoren.

5.1.2 Entwicklung von Lehrer-Selbstwirksamkeitserwartung

Die Befunde zur Entwicklung von Lehrer-Selbstwirksamkeitserwartung im Verlauf des Studiums und in schulpraktischen Ausbildungsphasen sind nicht einheitlich. Es wurden Rückgänge nachgewiesen sowie keine substanziellen Veränderungen gefunden. Mehrheitlich deuten die Studien jedoch darauf hin, dass Lehrer-Selbstwirksamkeitserwar-

tung im Verlauf des Studiums und in schulpraktischen Ausbildungsphasen kontinuier-
lich ansteigt (vgl. Kapitel 2.4.3). Da die Studierenden in der vorliegenden Studie bis
zum Follow-up-Messzeitpunkt nach drei Monaten keine zusätzlichen schulpraktischen
Lerngelegenheiten mit möglichen Erfolgs- bzw. Misserfolgserfahrungen in lehrerberufsspezifischen Anforderungsbereichen machen können, ist davon auszugehen, dass
sich ihre Lehrer-Selbstwirksamkeitserwartung in dieser Zeit nicht verändert.

Hypothese 4:
Die Lehrer-Selbstwirksamkeitserwartung von Studierenden steigt im Verlauf eines
vierwöchigen Blockpraktikums an.

Hypothese 5:
Die Lehrer-Selbstwirksamkeitserwartung von Studierenden bleibt im weiteren dreimonatigen Verlauf des Studiums stabil.

5.1.3 Bedingungen der Kompetenzentwicklung

Studien zur Bedeutung von Wissen für die Lernprozesse in Schulpraktika konnten zeigen, dass universitär erworbenes Theoriewissen nur wenig das Handeln und die Lernprozesse von Studierenden im Praktikum beeinflusst. Das Handeln ist mehr intuitiv
und von subjektiven Theorien bestimmt als theoriegeleitet (vgl. Kapitel 3.6.2). Es wird
davon ausgegangen, dass Studierende, die über mehr schulpädagogisch-didaktisches
Wissen verfügen, ihre eigene allgemeindidaktische Planungskompetenz zu Beginn des
Praktikums höher einschätzen. Auf Grundlage der bisherigen Forschungsbefunde kann
allerdings vermutet werden, dass das schulpädagogisch-didaktische Wissen der Studierenden die Kompetenzentwicklung im Schulpraktikum nicht beeinflusst.

Hypothese 6:
Das schulpädagogisch-didaktische Wissen von Studierenden beeinflusst die Kompetenzselbsteinschätzung der allgemeindidaktischen Planungskompetenz zu Beginn eines
vierwöchigen Blockpraktikums, hat allerdings keinen Einfluss auf die Kompetenzentwicklung im Praktikum.

Die Bedeutung von pädagogischen Vorerfahrungen für die Kompetenzentwicklung in
Schulpraktika ist bislang nicht hinreichend geklärt. Die Befunde empirischer Studien
ergeben ein eher inkonsistentes Bild. Sowohl negative und positive Korrelationen als
auch keine Zusammenhänge zwischen pädagogischen Vorerfahrungen und Lernergebnissen im Praktikum konnten ermittelt werden (vgl. Kapitel 3.6.2). In einigen Kompetenzbereichen sind Effekte nachweisbar (vgl. Moser & Hascher, 2000, S. 82f.). In der
vorliegenden Studie wird davon ausgegangen, dass pädagogische Vorerfahrungen ei-

nen Einfluss auf die Kompetenzselbsteinschätzung und die Kompetenzentwicklung im Praktikum haben.

Hypothese 7:
Pädagogische Vorerfahrungen haben einen Einfluss auf die Kompetenzselbsteinschätzung der allgemeindidaktischen Planungskompetenz zu Beginn eines vierwöchigen Blockpraktikums und auf die Kompetenzentwicklung im Praktikum.

Studien zur Bedeutung von Mentoren für die Kompetenzentwicklung in schulpraktischen Ausbildungsphasen zeigen, dass Studierende ihre Kompetenzausprägung umso höher einschätzen, je günstiger die mentorielle Betreuungsqualität im Praktikum wahrgenommen wird (vgl. Kapitel 3.6.2). Es ist anzunehmen, dass auch die Beziehungsqualität zum Mentor hinsichtlich der Zufriedenheit mit der Zusammenarbeit in einem positiven Zusammenhang mit der Kompetenzentwicklung im Blockpraktikum steht, insbesondere vor dem Hintergrund jener Befunde, die verdeutlichen, dass Mentoren bei Studierenden als eine der wichtigsten Lernquellen im Praktikum gelten (vgl. Kapitel 3.6.2).

Hypothese 8:
Die wahrgenommene Beziehungsqualität zum Mentor hinsichtlich der Zufriedenheit mit der Zusammenarbeit korreliert positiv mit der selbsteingeschätzten Entwicklung der allgemeindidaktischen Planungskompetenz von Studierenden in einem vierwöchigen Blockpraktikum.

Hinsichtlich der empirischen Beziehung zwischen der selbsteingeschätzten Kompetenz von Studierenden und ihrer Lehrer-Selbstwirksamkeitserwartung kann angenommen werden, dass die beiden Konstrukte in einem bedeutsamen Zusammenhang stehen. Bisher vorliegende Studien (vgl. Kapitel 2.4.1 und 2.4.2) haben gezeigt, dass geringe Selbstwirksamkeitserwartungen mit einer pessimistischen Einstellung gegenüber der eigenen Leistung sowie mit einer Unterschätzung von Fähigkeiten einhergehen. Anforderungen werden eher als bedrohlich erlebt. Hohe Selbstwirksamkeitserwartungen führen dagegen zu optimistischen Einstellungen und zur Interpretation schwieriger Aufgaben als Herausforderungen (vgl. Schwarzer, 1994). Für den Lehrerberuf konnte Lipowsky (2003) nachweisen, dass Lehrer-Selbstwirksamkeit einen bedeutsamen Prädiktor für die berufliche Zufriedenheit mit der eigenen Kompetenzentwicklung darstellt. Je selbstwirksamer sich Lehrkräfte einschätzen, desto zufriedener sind sie mit ihrer Kompetenzentwicklung (vgl. ebd., S. 372). Woolfolk Hoy und Burke-Spero (2005) ermittelten ebenso einen signifikanten Zusammenhang zwischen Lehrer-Selbstwirksamkeit und der Zufriedenheit von Lehrkräften mit ihrer beruflichen Leistung (vgl. Kapitel 2.4.3).

In der vorliegenden Studie soll die Wirkungsbeziehung zwischen Lehrer-Selbstwirksamkeitserwartung und allgemeindidaktischer Planungskompetenz näher untersucht werden. Bong und Clark (1999) sowie Satow und Schwarzer (2000) folgend (vgl. Kapitel 2.4.2) wird dabei von einer kausalen Prädominanz der Lehrer-Selbstwirksamkeitserwartung ausgegangen.

Hypothese 9:

Die Lehrer-Selbstwirksamkeitserwartung von Studierenden hat einen signifikanten Einfluss auf die selbsteingeschätzte allgemeindidaktische Planungskompetenz in einem vierwöchigen Blockpraktikum.

5.2   Methode

5.2.1   Untersuchungsdesign

Die vorliegende Untersuchung ist eine Teilstudie des Forschungsprojekts ESIS (Entwicklung Studierender in Schulpraktika), das die Kompetenzentwicklung von Studierenden innerhalb der schulpraktischen Ausbildungsphasen an der Universität Hildesheim untersucht (Bach et al., 2010, 2012). Mit dem Projekt ESIS werden zwei übergreifende Ziele verfolgt: Einerseits wird im Rahmen der *Lehrerbildungsforschung* die bislang kaum untersuchte Problemstellung angegangen, Lerneffekte von konsekutiven, allgemeinen Schulpraktika unter Berücksichtigung von zentralen Einflussbedingungen nachzuweisen. Zum anderen wird im Rahmen der *allgemeindidaktischen Forschung* ein Desiderat aufgegriffen: Durch eine Operationalisierung von zentralen Aspekten didaktischer Planungsmodelle in einem Selbsteinschätzungsinstrument als auch in einem anwendungsbezogenen Leistungstest soll deren vielfach beklagte Empirieferne (Terhart, 2002b, 2005b, 2008; Bohl, 2004; Blömeke, Herzig & Tulodziecki, 2007; Blömeke, 2008) überwunden werden (vgl. Bach et al., 2010).

Bei der hier beschriebenen Teilstudie handelt es sich um eine Fragebogenuntersuchung im Paneldesign mit drei Messzeitpunkten (Prä-Post- und Follow-up-Messung), in der die Entwicklung der allgemeindidaktischen Planungskompetenz sowie der Lehrer-Selbstwirksamkeitserwartung von Studierenden in einem vierwöchigen allgemeinen Blockpraktikum und über einen Zeitraum von etwa drei Monaten über das Schulpraktikum hinaus analysiert wird. Die Selbsteinschätzung der Studierenden zu den drei Messzeitpunkten wird im Sinne eines Multiinformantenansatzes ergänzt durch eine Fremdeinschätzung der praktikumsbetreuenden Mentoren am Ende des Blockpraktikums (vgl. Abbildung 7).

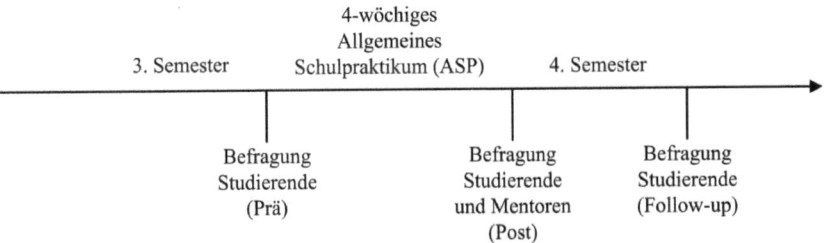

Abbildung 7: Erhebungsdesign der Studie

5.2.2 Variablen

5.2.2.1 Unabhängige Variablen

Die Erhebungszeitpunkte der Längsschnittstudie können als Ausprägung der unabhängigen Variable (UV) angesehen werden. Neben den beiden Messzeitpunkten unmittelbar vor und nach dem Blockpraktikum wird eine Follow-up-Messung am Ende der Vorlesungszeit des Semesters durchgeführt. Damit können Veränderungen der selbsteingeschätzten Kompetenz- und Selbstwirksamkeitsentwicklung innerhalb eines Blockpraktikums sowie die Stabilität der erreichten Effekte über das Praktikum hinaus untersucht werden.

5.2.2.2 Abhängige Variablen

Die Studie erfasst als abhängige Variablen (AV) die selbsteingeschätzte allgemeindidaktische Planungskompetenz (APK) sowie die Lehrer-Selbstwirksamkeitserwartung von Studierenden (LSW). Darüber hinaus wird die Kompetenzselbsteinschätzung mit der Fremdeinschätzung durch praktikumsbetreuende Mentoren verglichen.

5.2.2.3 Mediatorvariablen

Als Einflussfaktoren auf die Kompetenzentwicklung sind (1) das schulpädagogisch-didaktische Wissen (SDW), (2) die pädagogischen Vorerfahrungen (PV), (3) die Einschätzung der Beziehungsqualität zum Mentor (QBM) sowie (4) die Lehrer-Selbstwirksamkeitserwartung (LSW) der Studierenden erhoben.

5.2.3 Untersuchungsinstrumente

Tabelle 4 zeigt eine Übersicht zu den eingesetzten Untersuchungsinstrumenten der Studie, die im Folgenden näher erläutert werden.

Tabelle 4: Übersicht der eingesetzten Untersuchungsinstrumente

Variable	Untersuchungsinstrument	Messzeitpunkt (MZP)
Allgemeindidaktische Planungskompetenz (APK-S)	Im Forschungsprojekt ESIS entwickelte Selbsteinschätzungsskala zur Erfassung allgemeindidaktischer Planungskompetenz von Studierenden	MZP 1, MZP 2, MZP 3
Allgemeindidaktische Planungskompetenz (APK-F)	Im Forschungsprojekt ESIS entwickelte Fremdeinschätzungsskala zur Erfassung allgemeindidaktischer Planungskompetenz durch Mentoren	MZP 2
Lehrer-Selbstwirksamkeitserwartung (LSW)	Skala zur individuellen Lehrer-Selbstwirksamkeitserwartung von Schwarzer & Schmitz (1999)	MZP 1, MZP 2, MZP 3
Schulpädagogisch-didaktisches Wissen der Studierenden (SDW)	Erhebung der Klausurnoten aus der Vorlesung „Einführung in die Schulpädagogik und Allgemeine Didaktik" an der Universität Hildesheim	MZP 1
Pädagogische Vorerfahrungen der Studierenden (PV)	Direkt abgefragt (ja/nein-Antwort)	MZP 1
Einschätzung der Qualität der Beziehung zum Mentor (QBM)	Skala in Anlehnung an Schüpbach (2007)	MZP 2

5.2.3.1 Allgemeindidaktische Planungskompetenz

Die allgemeindidaktische Planungskompetenz (APK) wird mit einem im Rahmen des Forschungsprojekts ESIS entwickelten Selbsteinschätzungsinstrument (APK-S) erfasst. Die Skala APK-S ist aus einem Itempool von ursprünglich 31 Items entstanden, der Aussagen zur Unterrichtsplanung, -durchführung und -analyse enthielt. In einer Vorstudie konnten mit einer konfirmatorischen Faktorenanalyse die drei theoretisch postulierten Faktoren der Fähigkeiten zur Planung, Durchführung und Analyse von Unterricht für einen Messzeitpunkt bestätigt werden (vgl. Bach et al., 2010).

In weiteren Analyseschritten der Vorstudie ließ sich diese dreifaktorielle Skalenstruktur nicht für sämtliche Messzeitpunkte der Untersuchung replizieren. Ziel war es, über die Instrumentenvalidierung im Querschnitt hinaus die Skala für alle Messzeitpunkte im Längsschnitt, d.h. für insgesamt sechs Messzeitpunkte der Selbsteinschätzung, zu validieren. Um die Dimensionalität der Skala zu klären und homogene Faktoren zu identifizieren, die über alle Messzeitpunkte hinweg haltbar sind, wurden zunächst explorative Faktorenanalysen (EFA) berechnet. Dabei konnten stabil für alle Messzeitpunkte zwei Faktoren ermittelt werden, die sich inhaltlich als zwei Dimensionen zur Unterrichtsplanung interpretieren ließen. Auf der Grundlage dieser Ergebnisse wurden in einem nächsten Schritt konfirmatorische Faktorenanalysen (CFA) für die angenommene zweifaktorielle Skalenstruktur berechnet. Dabei konnte für alle sechs Messzeitpunkte der Studie das postulierte Zwei-Faktorenmodell bestätigt werden. Die

Unterrichtsplanung als Hauptkomponente des ursprünglich dreifaktoriellen Modells ließ sich nach der psychometrischen Reduktion des Itempools identifizieren, ohne substanzielle Iteminhalte auszulassen (vgl. Bach et al., 2012).

Mit dem ersten Faktor „Planungskomponenten (PK)" werden zentrale Aspekte der „großen" allgemeindidaktischen Planungsmodelle für Unterricht (das Perspektivenschema von Klafki (1994) und die Lehrtheoretische Didaktik von Schulz (1980)) operationalisiert und somit jener allgemeindidaktische Kompetenzbereich einbezogen, der als Anwendung des didaktischen Wissens über Planungsmodelle für Unterricht beschreibbar ist. Die Items des Faktors umfassen die allgemeindidaktischen Inhaltsbereiche „Unterrichtsmethoden", „didaktische Fachsprache bei der schriftlichen Planung", „Kerncurriculum", „Lernvoraussetzungen von Schülern" sowie „Wechselbeziehungen von Ziel-, Inhalts- und Methodenentscheidungen" (Itembeispiel: „Ich berücksichtige die Wechselbeziehung von Ziel-, Inhalts- und Methodenentscheidungen."). Der zweite Faktor „aktueller Literaturbezug (AL)" erfasst die Verwendung von Literatur bei der Planung von Unterrichtsstunden. Im Sinne eines Wechselverhältnisses zwischen allgemeindidaktischer und fachdidaktischer Unterrichtsplanung bezieht sich der Faktor auf allgemeindidaktische und fachdidaktische Verwendung von Literatur, die eine gemeinsame Fähigkeitskomponente abbilden (Itembeispiel: „Ich verwende aktuelle allgemeindidaktische Literatur.").

Die Selbsteinschätzungsskala umfasst insgesamt 7 Items (5 Items PK, 2 Items AL) und erfasst die Anwendungshäufigkeit der Kompetenzen auf einer 4-stufigen Ratingskala mit verbalen Marken („nie" bis „sehr oft"). Das Instrument wird ebenso als Fremdeinschätzungsskala (APK-F) eingesetzt, indem die praktikumsbetreuenden Mentoren jeden Studierenden mit Hilfe der Skala APK-F einschätzen. Die Ergebnisse der Überprüfung der faktoriellen Validität der Skala für die drei Messzeitpunkte der vorliegenden Studie sind in Kapitel 5.3.1 dargestellt. Die Items der Skala können der *Tabelle A.1* im Anhang entnommen werden.

5.2.3.2 Lehrer-Selbstwirksamkeitserwartung

Die Lehrer-Selbstwirksamkeitserwartung der Studierenden (LSW) wird mit der Skala zur individuellen Lehrer-Selbstwirksamkeitserwartung von Schwarzer und Schmitz (1999) erfasst. Das einfaktorielle Instrument basiert auf Banduras sozial-kognitiver Lerntheorie (vgl. Kapitel 2.2) und umfasst zehn Items, die sich auf vier Bereiche mit unterschiedlichen Kompetenzanforderungen innerhalb des Berufsfeldes von Lehrern beziehen: (a) berufliche Leistung, (b) berufliche Weiterentwicklung, (c) soziale Interaktionen mit Schülern, Eltern und Kollegen sowie (d) den Umgang mit Berufsstress. Wie Schmitz und Schwarzer (2000) ausführen, erfolgte die Itemauswahl für die Skala primär im Gruppendiskurs aufgrund theoretischer Überlegungen zur Inhaltsvalidität, weniger aufgrund empirischer Itemkennwerte. Einbezogen werden sollten relevante Handlungsbereiche im Lehrerberuf. Die Items, die vierstufig beantwortet werden können („stimmt nicht" bis „stimmt genau"), weisen eine für Selbstwirksamkeitserwartungen typische semantische Struktur auf: Die Einschätzung der subjektiven Überzeugung auch dann noch Handlungsmöglichkeiten zu haben, wenn Schwierigkeiten auftreten. Ein Beispielitem lautet: „Ich weiß, dass ich es schaffe, selbst den problematischsten Schülern den prüfungsrelevanten Stoff zu vermitteln." Trotz relativ heterogener Items besitzt die Skala eine hohe interne Konsistenz (vgl. Schmitz & Schwarzer, 2000; Schwarzer & Schmitz, 1999).

5.2.3.3 Schulpädagogisch-didaktisches Wissen

Das schulpädagogisch-didaktische Wissen (SDW) wird über die Klausurnote aus der für alle Studierenden im ersten Semester verpflichtenden Vorlesung „Einführung in die Schulpädagogik und Allgemeine Didaktik" an der Universität Hildesheim erfasst. Da die Vorlesung einen Überblick über das Lehren und Lernen im Unterricht gibt und in didaktische Theorien einführt, erscheint die Einführungsveranstaltung geeignet, durch Überprüfung des Lernstands bezüglich der Inhalte der Vorlesung das schulpädagogisch-didaktische Wissen angemessen abzuschätzen.

5.2.3.4 Pädagogische Vorerfahrungen

Die pädagogischen Vorerfahrungen (PV) der Studierenden werden in der Studie direkt abgefragt (ja/nein-Antwort).

5.2.3.5 Qualität der Beziehung zum Mentor

Zur Erfassung der von den Studierenden wahrgenommenen Beziehungsqualität zu ihrem Mentor (QBM) werden Items aus dem Fragebogen von Schüpbach (2007) eingesetzt. Das Instrument bezieht sich auf die Einschätzung des Verhältnisses zum Mentor bezüglich der Zufriedenheit mit der Zusammenarbeit. Von den folgenden sieben Items wurde das erste Item umformuliert, die Items 4, 6 und 7 wurden neu entwickelt. Als Antwortformat wurde eine vierstufige Skala (von 1 = „sehr unzutreffend" bis 4 = „sehr zutreffend") übernommen.

1. „Ich fühle mich im Umgang mit meinem Praktikumslehrer wohl."

2. „So wünsche ich mir einen künftigen Kollegen."

3. „Ich konnte mich auf diesen Praktikumslehrer verlassen."

4. „Mein Praktikumslehrer konnte mir bei Problemen kompetente Ratschläge geben."

5. „Ich hatte den Eindruck, dass der Praktikumslehrer gerne mit mir zusammenarbeitete."

6. „Bei zukünftigen Problemen würde ich auch meinen Praktikumslehrer um Hilfe bitten."

7. „Ich würde mit meinem Praktikumslehrer Teamteaching durchführen."

Die faktorielle Validität der Skala wurde mit einer konfirmatorischen Faktorenanalyse überprüft. Dabei konnte das postulierte Ein-Faktormodell der Skala bestätigt werden. Die Ergebnisse der konfirmatorischen Faktorenanalyse sind in Kapitel 5.3.2 dargestellt.

5.2.4 Stichprobe

Untersucht wurde die gesamte Kohorte von Studierenden eines Jahrgangs der lehramtsbezogenen Bachelor-Studiengänge an der Universität Hildesheim, die das vierwöchige Allgemeine Schulpraktikum (ASP) im Jahr 2011 absolvierten. Von den insgesamt 488 Studierenden nahmen 424 zum ersten Messzeitpunkt, 451 zum zweiten Messzeitpunkt sowie 240 zum dritten Messzeitpunkt (Follow-up-Messung) an der Erhebung teil. Die Rücklaufquote beträgt somit 86,9 % (erster Messzeitpunkt), 92,4 % (zweiter Messzeitpunkt) bzw. 49,2 % (dritter Messzeitpunkt). Darüber hinaus wurde das Fremdurteil der insgesamt 293 betreuenden Mentoren erhoben, von denen 188 an der Befragung teilnahmen. Dies entspricht einer Rücklaufquote von 64,2 %. Die Mentoren gaben für 276 Studierende eine Fremdeinschätzung ab. In der Regel betreute ein Mentor zwei Studierende im Praktikum.

Tabelle 5 gibt einen Überblick über den Stichprobenumfang und die Teilnahmequote pro Erhebungsinstrument zu den drei Messzeitpunkten. Die Stichprobengröße erweist sich als hinreichend groß, um Strukturgleichungsmodellierungen durchführen zu können.

Tabelle 5: Stichprobenumfang und Teilnahmequote pro Erhebungsinstrument

	MZP 1		MZP 2		MZP 3	
	N = 424		N = 451		N = 240	
Variable						
APK-S						
Gültig N	424	(100 %)	441	(97,78 %)	237	(98,75 %)
Fehlend N	0	(0 %)	10	(2,22 %)	3	(1,25 %)
SWE						
Gültig N	423	(99,76 %)	449	(99,56 %)	238	(99,17 %)
Fehlend N	1	(0,24 %)	2	(0,44 %)	2	(0,83 %)
SDW						
Gültig N	389	(91,75 %)				
Fehlend N	35	(8,25 %)				
PV						
Gültig N	406	(95,75 %)				
Fehlend N	18	(4,25 %)				
QBM						
Gültig N			446	(98,89 %)		
Fehlend N			5	(1,11 %)		

Anmerkung. MZP = Messzeitpunkt.

Das durchschnittliche Alter der Studierenden liegt bei M = 23.66 Jahren (SD = 4.04). Die Alterspanne reicht von 20 Jahren bis 57 Jahren. 81,3 % der Probanden sind weiblich, 18,7 % männlich. Die Studierenden befanden sich mit Beginn des Schulpraktikums überwiegend am Ende des dritten Fachsemesters (94,4 % der Studierenden). Als präferierte Schulform gaben die Studierenden mehrheitlich die Grundschule an (65,6 %), gefolgt von der Realschule (29,0 %) und der Gesamtschule (14,9 %). Lediglich 6,6 % der Probanden konnte sich zu diesem Zeitpunkt vorstellen, später an einer Hauptschule zu unterrichten. Die am häufigsten studierten Unterrichtsfächer sind Deutsch (42,0 %), Mathematik (25,0 %) und Englisch (15,8 %). Eines der beiden studierten Hauptfächer muss an der Universität Hildesheim Deutsch, Mathematik, Englisch oder Wirtschaft (nur bei Schwerpunkt Haupt- oder Realschule wählbar) sein.

5.2.5 Untersuchungsdurchführung

Die Studie wurde im Februar und März 2011 (erster und zweiter Messzeitpunkt) sowie im Juli 2011 (Follow-up-Messung) durchgeführt. Die Erhebungen fanden in der Woche unmittelbar vor und nach dem Blockpraktikum im Rahmen von universitären Vor- und Nachbereitungsveranstaltungen sowie am Ende der Vorlesungszeit im Rahmen einer Vorlesung (Follow-up-Messung) statt und dauerten pro Erhebung etwa 30 Minuten.

Der Fragebogen für die praktikumsbetreuenden Mentoren zur Fremdeinschätzung der Studierenden wurde durch Tutoren im Rahmen ihrer Unterrichtsbesuche in den Schulen persönlich übergeben und durch die Studierenden zu den Nachbereitungsveranstaltungen wieder abgegeben. Zum Ausfüllen des Fragebogens stand den Mentoren somit genügend Zeit zur Verfügung. Die Mentoren wurden gebeten, die Fremdeinschätzung möglichst am Ende des Praktikums vorzunehmen, um die Studierenden hinreichend lange zu kennen. Ein Anschreiben informierte die Mentoren über Inhalt, Zielsetzung und Durchführung der Studie. Zusätzlich konnten die Tutoren auftretende Fragen persönlich bei den Unterrichtsbesuchen beantworten.

5.2.6 Auswertungs- und Analyseverfahren

Die Datenauswertung erfolgt mit Hilfe linearer Strukturgleichungsmodelle mit dem Programm Mplus Version 5.21 (Muthén & Muthén, 2009). Insbesondere für Längsschnittstudien sind lineare Strukturgleichungsmodelle ein geeignetes statistisches Verfahren, mit dem komplexe Zusammenhangsstrukturen zwischen mehreren Variablen simultan untersucht und verschiedene Hypothesen in einer Analyse gleichzeitig geprüft werden können. Im Unterschied zu Regressionsmodellen kann eine Variable sowohl unabhängige als auch abhängige Variable sein, wodurch vielfältige Modellierungen und Analysen von Wechselbeziehungen zwischen Variablen möglich werden. Ein entscheidender Vorteil von linearen Strukturgleichungsmodellen liegt darüber hinaus darin, unsystematisch auftretende Messfehler in der Analyse explizit berücksichtigen und

damit unerwünschte Messfehlereffekte vermeiden zu können. Die Kontrolle von Mess-
fehlern wird in linearen Strukturgleichungsmodellen durch die Differenzierung zwischen einer Mess- und einer Strukturebene und der damit korrespondierenden Unterscheidung von manifesten (gemessenen) und latenten (nicht gemessenen) Variablen
ermöglicht. Im Messmodell wird spezifiziert, wie die latenten Variablen durch Indikatoren (manifeste Variablen) gemessen werden. Das Strukturmodell stellt die Zusammenhänge zwischen den latenten Variablen anhand eines Pfadmodells dar. Lineare
Strukturgleichungsmodelle mit latenten Variablen kombinieren somit die Faktoren-
und Pfadanalyse, wobei die Parameter des Mess- und Strukturmodells in einer Struk-
turgleichungsanalyse simultan geschätzt werden. In linearen Strukturgleichungsmodellen, die Zusammenhänge nur zwischen manifesten Variablen, d.h. auf manifester Ebene betrachten, können Messfehlereinflüsse nicht explizit modelliert und berücksichtigt
werden. Dies kann zu verzerrten Parameterschätzungen führen (vgl. Geiser, 2010;
Reinecke & Pöge, 2010; ausführliche Darstellungen zu Strukturgleichungsmodellen
s. Bollen, 1989; Kline, 2011; Reinecke, 2005; Weiber & Mühlhaus, 2010).

5.2.6.1 Modelltestung

Speziell für die Auswertung von Längsschnittdaten sind verschiedene Strukturgleichungsmodelle entwickelt worden, die sich allgemein danach systematisieren lassen,
ob mit ihnen *Variabilität*, d.h. zeitlich zumeist instabile und reversible Veränderungen
(z.B. Stimmungsschwankungen) oder *Veränderungen* im engeren Sinne, also relativ
überdauernde, situationsübergreifende und häufig nur partiell reversible Veränderungen analysiert werden (vgl. Eid, 2003; s. auch Überblick in Eid, Geiser & Nußbeck,
2008). Für die in der vorliegenden Studie beabsichtigte Veränderungsmessung der beiden Konstrukte allgemeindidaktische Planungskompetenz (APK) und Lehrer-
Selbstwirksamkeitserwartung (LSW) wird davon ausgegangen, dass es sich um durch
Lernprozesse erworbene und über die Zeit hinweg relativ stabile Merkmale („Traits")
handelt, deren Veränderungen sich nicht relativ kurzfristig ereignet haben und deren
Messwerte kaum situationsbedingt und damit messgelegenheitsspezifisch variieren.
    Die längsschnittlichen Veränderungen der beiden Konstrukte werden durch ein La-
tent-Change-(LC)Modell analysiert, das eine Variante eines Trait-Veränderungsmo-
dells darstellt. Veränderung wird hierbei über sog. latente Differenzvariablen modelliert, wodurch interindividuelle Unterschiede in intraindividuellen Veränderungen auf
latenter und damit messfehlerfreier Ebene untersucht werden können. Da es von Interesse ist, Veränderungen zwischen den unmittelbar aufeinanderfolgenden Messzeitpunkten zu analysieren (vom ersten zum zweiten und vom zweiten zum dritten Messzeitpunkt), wird ein Neighbor-Change-(NC)Modell (Geiser, 2010; Steyer et al., 1997,
2000) als Spezialfall eines LC-Modells spezifiziert. Um die Bedeutsamkeit der Veränderungsprozesse bestimmen zu können, wird jeweils die Effektstärke d nach Cohen
(1988) berichtet, mit der die Größe des Unterschieds zwischen den Mittelwerten ange-

geben werden kann. Dabei verweist ein Wert von $d = .20$ bis $d = .50$ auf einen kleinen, von $d = .51$ bis $d = .80$ auf einen mittleren und ab $d = .81$ auf einen starken Effekt. Der Einfluss der weiteren als zeitüberdauernd angenommenen bzw. nur einmalig gemessenen Mediatorvariablen kann in Rahmen der NC-Modelle geprüft werden, indem sie als Mediatoren in das Modell aufgenommen werden. Die Wirkungsbeziehungen zwischen allgemeindidaktischer Planungskompetenz und Lehrer-Selbstwirksamkeitserwartung werden über ein autoregressives Modell abgebildet, in dem die beiden Variablen im Längsschnitt über Kreuzpfade verbunden sind (sog. Cross-Lagged-Panel-Design). Neben autoregressiven Veränderungsprozessen über die Zeit kann damit geprüft werden, welche der beiden Variablen den größeren Einfluss (kreuzverzögerten Effekt) auf die Veränderung der jeweils anderen besitzt (vgl. Geiser, 2010; Reinders, 2006).

Bevor die beschriebenen Modelle spezifiziert werden, erfolgt jeweils die Testung grundlegender Aspekte und Voraussetzungen für die Analyse von Längsschnittdaten. Hierzu zählen die Frage nach der Homogenität der Indikatoren (indikatorspezifische Effekte) und die Überprüfung der Messinvarianz der Messmodelle. Da bei wiederholten Messungen gleicher Indikatoren Korrelationen zwischen den Residuen derselben Indikatoren über die Zeit auftreten, empfehlen Jöreskog (1979) sowie Marsh und Hau (1996) diese Korrelationen mit zu modellieren, um die Stabilitätskoeffizienten im Strukturmodell nicht zu überschätzen. Ein Nachteil dieser Methode mit sog. autokorrelierten Fehlervariablen besteht nach Geiser (2010) darin, „dass indikatorspezifische Effekte auf diese Weise mit Fehlervarianz konfundiert bleiben und nicht als Quelle systematischer (reliabler) Varianz von der Fehlervarianz separiert werden können" (ebd., S. 99). Um die daraus im Allgemeinen resultierende Unterschätzung der Reliabilitäten der Indikatoren zu vermeiden, wird in der vorliegenden Studie den Empfehlungen von Eid, Schneider und Schwenkmezger (1999) sowie Geiser (2010) gefolgt, indikatorspezifische Effekte über sog. indikatorspezifische Faktoren zu modellieren (vgl. Geiser, 2010).

Da der Vergleich latenter Mittelwertsveränderungen in Veränderungsstudien voraussetzt, dass sich die Messstruktur über die Zeit nicht verändert, ist es weiterhin notwendig zu überprüfen, ob die Parameter der Messmodelle für die latenten Variablen über die Messzeitpunkte konstant bleiben, wobei mindestens starke faktorielle Invarianz (Gleichheit der Faktorenstruktur, Faktorladungen und Intercepts) vorliegen muss (vgl. Geiser, 2010). Der Grad an Messinvarianz wird in der vorliegenden Studie über den Vergleich von Modellen mit verschiedenen Gleichheitsrestriktionen ermittelt.

Beide Analyseschritte (Modellierung indikatorspezifischer Effekte, Überprüfung der Messinvarianz über die Zeit) werden anhand eines wenig restriktiven Latent-State-(LS)Modells durchgeführt, um Ursachen möglicher Modell-Misfits leichter identifizieren zu können. LS-Modelle entsprechen CFA-Modellen für Längsschnittanalysen. In ihnen erfolgt keine Trennung zwischen stabilen und messgelegenheitsspezifischen Varianzanteilen. Gleichwohl eignen sie sich als wenig restriktive und einfach aufgebaute

Modelle, um grundlegende Aspekte für das Messmodell zu testen und darauf aufbauend speziellere Längsschnittmodelle für die vorliegende Studie zu spezifizieren. Da
LC-Modelle und autoregressive Modelle auf LS-Modellen basieren, ist eine relativ einfache Umformulierung („Reparametrisierung") eines LS-Modells zu einem LC-Modell
bzw. zu einem autoregressiven Modell möglich (vgl. Geiser, 2010).

5.2.6.2 Parameterschätzung und Beurteilung der Modellanpassungsgüte

Für die Parameterschätzung in linearen Strukturgleichungsmodellen sind verschiedene
Verfahren entwickelt worden (vgl. genauer Reinecke, 2005). Die am häufigsten eingesetzte Maximum-Likelihood (ML)-Methode (vgl. ausführlicher Gautschi, 2010) führt
zu präzisen Schätzungen, stellt allerdings auch hohe und in vielen Fällen nicht erfüll-
bare Voraussetzungen an die Variablen und Daten (u.a. großer Stichprobenumfang,
metrisches Messniveau, multivariate Normalverteilung der Indikatorvariablen). In der
vorliegenden Studie wird das in Mplus implementierte Maximum Likelihood Robust
(MLR)-Verfahren eingesetzt, das eine korrekte Parameterschätzung auch bei ordinalen
und nicht-normalverteilten Variablen ermöglicht (vgl. Geiser, 2010).

Die Beurteilung der Modellanpassungsgüte erfolgt bei linearen Strukturgleichungsmodellen allgemein über sog. Fit-Indizes, die anzeigen, wie hoch die Übereinstimmung zwischen der empirischen und der modellimplizierten Varianz-/
Kovarianzmatrix ist, d.h. wie gut das postulierte Modell die Datenstruktur reproduzieren kann. Der χ^2-Test testet die statistische Nullhypothese der Gleichheit der beiden
Varianz-/Kovarianzstrukturen. Die Anwendung des Tests ist an verschiedene Voraussetzungen gebunden, die in der Praxis häufig nicht erfüllt sind (s. genauer Reinecke,
2005). Der Test ist sowohl sensitiv gegenüber der Verletzung der Multinormalverteilung als auch gegenüber der Stichprobengröße. Modelle mit großen Datensätzen werden bereits bei substanziell geringen Differenzen zwischen den Matrizen verworfen.
Nicht zuletzt unterstellt die Nullhypothese die unrealistische Annahme einer exakten
Modellpassung (vgl. Schermelleh-Engel, Moosbrugger & Müller, 2003).

Aufgrund der Nachteile des χ^2-Tests sind in den letzten Jahren eine Reihe von deskriptiven Fit-Indizes entwickelt worden, die eine Beurteilung eines Modells nach sog.
Cut-off-Werten (Schwellenwerten) ermöglichen, d.h. einen approximativen Modellfit
zulassen. Da es sich bei diesen Maßen nicht um statistische Tests handelt, sind sie
weitgehend stichprobenunabhängig und relativ robust gegenüber Verletzungen der Annahme einer Multinormalverteilung der Variablen (vgl. Weiber & Mühlhaus, 2010).
Nach Kline (2011, S. 204) werden in Publikationen zu Strukturgleichungsmodellen
folgende vier Fit-Indizes häufig zur Modellevaluation herangezogen: (1) *Root Mean
Square Error of Approximation* (RMSEA, Steiger, 1990), (2) *Goodness of Fit Index*
(GFI, Jöreskog & Sörbom, 1982), (3) *Comparative Fit Index* (CFI, Bentler, 1990), (4)
Standardized Root Mean Square Residual (SRMR). Schermelleh-Engel, Moosbrugger
und Müller (2003) empfehlen den χ^2-Test ebenso nicht als alleinige Basis der Modell-

beurteilung zu wählen, sondern sprechen sich für die Fit-Indizes RMSEA, SRMR, NNFI und CFI aus (vgl. ebd.).

In der vorliegenden Studie wird der Empfehlung gefolgt, mehrere Fit-Indizes zu unterschiedlichen Aspekten der Anpassungsgüte zu verwenden (vgl. u.a. Kline, 2011; Rost, 2007; Schermelleh-Engel et al., 2003; Weiber & Mühlhaus, 2010). Neben dem χ^2-Test werden die Fit-Indizes CFI, RMSEA und SRMR herangezogen. Die Modellbeurteilung richtet sich nach den Empfehlungen von Schermelleh-Engel et al. (2003). Demnach sollte der CFI für einen guten Modellfit mindestens .97, der RMSEA und der SRMR jeweils höchstens .05 betragen. Für eine akzeptable Modellgüte werden für den CFI Werte zwischen .95 und .97, für den RMSEA Werte zwischen .05 und .08, für den SRMR Werte zwischen .05 und .10 angegeben (vgl. ebd.).

Für den Vergleich von hierarchisch geschachtelten Modellen („nested models") wird der Likelihood-Ratio(LR)-Test (χ^2-Differenztest) eingesetzt. Die Testung erfolgt mit Hilfe der Software „Chi-Square Difference Calculator" (CDC) von Crayen (2010). Zusätzlich erfolgt der Vergleich über die informationstheoretischen Maße *Akaike Information Criterion* (AIC, Akaike, 1974) und *Bayesian Information Criterion* (BIC, Schwarz, 1978), die dasjenige Modell favorisieren, das einen besseren Modellfit und weniger Modellparameter aufweist. Neben der Modellgüte wird somit auch die Sparsamkeit des Modells bewertet. Entscheidungskriterium ist das Modell mit dem kleinsten AIC- bzw. BIC-Wert.

5.2.7 Umgang mit fehlenden Werten

Fehlende Werte (*missing data*) stellen ein grundlegendes Problem in der sozialwissenschaftlichen Forschung und hier insbesondere in Längsschnittstudien dar. Neben dem Verlust an Teststärke aufgrund der reduzierten Stichprobengröße und dem erschwerten Umgang mit den Daten, da statistische Standardverfahren vollständige Datenmatrizen voraussetzen, besteht bei systematischen Unterschieden zwischen den beobachteten und den fehlenden Daten die Gefahr verzerrter Parameterschätzungen. Rubin (1976) hat eine bis heute akzeptierte Klassifikation vorgenommen, die fehlende Werte darin unterscheidet, ob ihr Fehlen systematisch erklärbar ist: Der Ausfallprozess bei (1) „vollständig zufällig" fehlenden Werten (*missing completely at random, MCAR*) steht in keinem systematischen Zusammenhang mit der Ausprägung der fehlenden Werte. Ein fehlender Wert hängt also weder von den betrachteten Variablen selbst noch von anderen Variablen ab. Ist der Ausfallprozess (2) „zufällig" (*missing at random, MAR*), hängt das Fehlen eines Wertes bei einer bestimmten Variable mit der Ausprägung auf anderen beobachteten Variablen zusammen, nicht aber von der Ausprägung auf der Variablen selbst. (3) „Nicht zufällig" fehlende Werte (*missing not at random, MNAR*) liegen vor, wenn die fehlenden Werte auch nach Kontrolle der im Datensatz beobachteten Variablen von der Ausprägung der Variablen selbst abhängen (vgl. Lüdtke, Robitzsch, Trautwein & Köller, 2007).

Inzwischen existieren verschiedene Verfahren zum Umgang mit fehlenden Werten, wobei häufig zwischen traditionellen und modernen Ansätzen differenziert wird (Allison, 2001; Schafer & Graham, 2002). Lüdtke et al. (2007) unterscheiden *klassische Verfahren* (z.b. fallweiser oder paarweiser Ausschluss) von *imputationsbasierten* und *modellbasierten Verfahren*. Klassische Verfahren zum Umgang mit fehlenden Werten sind mit einer z.t. deutlichen Verringerung der Stichprobengröße und damit Reduktion der Teststärke verbunden. Auch kann ihre Anwendung zu erheblichen Parameterverzerrungen führen, sofern die ohnehin seltene MCAR-Annahme für den Ausfallprozess fehlender Werte nicht gegeben ist. Lüdtke et al. (2007) empfehlen klassische Verfahren aufgrund ihrer Nachteile nicht mehr oder nur noch mit Einschränkungen. Modellbasierte Verfahren und Multiple Imputationsverfahren gelten in der aktuellen Literatur zum Umgang mit fehlenden Werten inzwischen als die überlegensten Methoden, die auch noch bei einer Verletzung der MAR-Annahme zu valideren Ergebnissen führen als klassische Ansätze (vgl. Lüdtke et al., 2007; s. auch Graham, Cumsille & Elek-Fisk, 2003; Schafer & Graham, 2002).

In der vorliegenden Studie wird das in dem Programm Mplus implementierte *Full Information Maximum Likelihood* (FIML-)Verfahren angewendet. Bei diesem modellbasierten Verfahren werden die Modellschätzung und die Behandlung der fehlenden Werte in einem Schritt vollzogen; fehlende Werte werden direkt im Rahmen der Parameterschätzung eines Modells ersetzt. Die FIML-Schätzung bei fehlenden Werten hat sich als statistisch effizienter Schätzer erwiesen. Selbst bei nicht vollständig gegebenen MAR-Bedingungen führt das Schätzverfahren zu geringsten Verzerrungen (vgl. Weiber & Mühlhaus, 2010).

5.3   Ergebnisse

5.3.1   Faktorielle Validität der Skala „allgemeindidaktische Planungskompetenz (APK)"

Die faktorielle Validität der Skalen APK-S (Studierenden-Selbsteinschätzung) und APK-F (Mentoren-Fremdeinschätzung) wurde mit konfirmatorischen Faktorenanalysen für jeden Messzeitpunkt der Studie überprüft. Abbildung 8 zeigt das postulierte Zwei-Faktorenmodell.

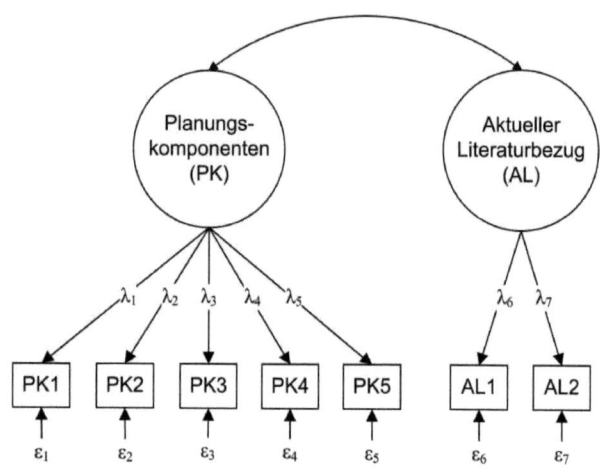

Abbildung 8: Zwei-Faktorenmodell der Skalen APK-S und APK-F

In *Tabelle 6* sind die standardisierten Faktorladungen und Standardfehler der Messmodelle für die Skalen APK-S und APK-F zu den einzelnen Messzeitpunkten aufgeführt.
Die Werte für die Intercepts, Residualvarianzen und die R^2-Werte können den *Tabel-
len* A.2 bis A.5 im Anhang entnommen werden.

*Tabelle 6: Standardisierte Faktorladungen (λ) und Standardfehler (SE) der Indikatoren Allgemeiner
Literaturbezug (AL) und Planungskomponenten (PK) für das Zwei-Faktorenmodell der Skalen APK-S
und APK-F*

	APK-S MZP 1		APK-S MZP 2		APK-S MZP 3		APK-F MZP 2	
	λ	(SE)	λ	(SE)	λ	(SE)	λ	(SE)
PK1	.64***	(.06)	.64***	(.05)	.65***	(.06)	.79***	(.03)
PK2	.40***	(.07)	.46***	(.06)	.67***	(.07)	.63***	(.06)
PK3	.50***	(.06)	.48***	(.06)	.52***	(.07)	.64***	(.05)
PK4	.50***	(.06)	.50***	(.07)	.35***	(.10)	.62***	(.05)
PK5	.44***	(.06)	.45***	(.06)	.34**	(.10)	.81***	(.03)
AL1	.73***	(.08)	.74***	(.08)	.72***	(.08)	.84***	(.05)
AL2	.93***	(.10)	.89***	(.08)	.86***	(.09)	.84***	(.05)

*Anmerkungen. * $p < .05$, ** $p < .01$, *** $p < .001$; MZP = Messzeitpunkt.*

Die Ergebnisse der Messmodelle für die Skala APK-S verdeutlichen überwiegend moderate Faktorladungen für den Faktor „Planungskomponenten (PK)" ($\lambda = .34$ bis λ
$= .67$) und hohe Faktorladungen für den Faktor „Aktueller Literaturbezug (AL)" ($\lambda =$
$.72$ bis $\lambda = .93$). Die Standardfehler variieren zwischen .05 und .10. Das Messmodell
der Skala APK-F zeigt für beide Faktoren überwiegend hohe Faktorladungen ($\lambda = .62$

bis $\lambda = .84$). Die Standardfehler liegen zwischen .03 und .06. Alle Indikatoren der Skalen tragen signifikant zur Varianzaufklärung bei – mit Ausnahme der beiden Indikatoren „PK4" und „PK5" der Skala APK-S zum dritten Messzeitpunkt, was vermutlich
mit der deutlich geringeren Stichprobengröße bei der Follow-up-Messung (vgl. Kapitel
5.2.4) erklärbar ist. Die Korrelationen zwischen den Faktoren „Aktueller Literaturbezug (AL)" und „Planungskomponenten (PK)" sind für die Skala APK-S zu den ersten
beiden Messzeitpunkten moderat ($r = .30$ und $r = .33$), für den dritten Messzeitpunkt
liegt die Korrelation höher ($r = .49$). Für die Skala APK-F beträgt die Korrelation der
beiden Faktoren .63.

In *Tabelle 7* sind die Fit-Statistiken des Zwei-Faktorenmodells zu den drei Messzeitpunkten dargestellt. Wie zu erkennen, weist das Messmodell für die Skala APK-S
zum ersten und zweiten Messzeitpunkt einen guten Modellfit auf. Auch für die Skala
APK-F ist die Anpassungsgüte des Modells als gut zu beurteilen. Das Messmodell für
die Skala APK-S zum dritten Messzeitpunkt zeigt einen signifikanten χ^2-Wert, wonach
die Nullhypothese einer exakten Modellpassung in der Population abgelehnt werden
muss. Die RMSEA- und SRMR-Werte liegen im akzeptablen Bereich. Der CFI-Wert
unterschreitet nach den Empfehlungen von Schermelleh-Engel et al. (2003) den Cut-
off-Wert von .95. Hoyle (2011) verweist darauf, dass in der Praxis vielfach ein CFI-
Wert von .90 als noch akzeptable Untergrenze angesehen wird. Entsprechend berichten
auch Weiber und Mühlhaus (2010) von einem häufig in der Literatur verwendeten Cut-
off-Wert des CFI von .90. Dieser Wert stellte eine lange Zeit übliche Untergrenze der
Goodness-of-Fit-Werte dar, wobei Hu und Bentler (1999) inzwischen das strengere
Cut-off-Kriterium von .95 vorschlagen, auf das sich auch Schermelleh-Engel et al.
(2003) beziehen (vgl. Marsh, Hau & Wen, 2004 zur Übergeneralisierung der Forschungsergebnisse von Hu und Bentler (1999)). Im vorliegenden Fall wird der CFI-
Wert von .91 als noch akzeptabel angenommen.

Tabelle 7: Fit-Indizes des Zwei-Faktorenmodells

	χ^2	df	CFI	RMSEA	SRMR
APK-S MZP 1	12.47	13	1.000	.000	.027
APK-S MZP 2	19.02	13	.984	.032	.034
APK-S MZP 3	33.87**	13	.909	.082	.057
APK-F MZP 2	15.61	13	.996	.027	.026

Anmerkungen. * $p < .05$; ** $p < .01$; *** $p < .001$; MZP = Messzeitpunkt.

Zur Überprüfung eines alternativen Messmodells für die Variable „allgemeindidaktische Planungskompetenz (APK)" wurde in einem ergänzenden Analyseschritt überprüft, ob ein Ein-Faktormodell (Generalfaktor-Modell) die Daten ebenso gut reproduzieren kann. Hierbei wird angenommen, dass nicht zwei Dimensionen der Planung unterschieden werden müssen, sondern dass alle Indikatoren auf nur einem Faktor laden.
Die überwiegend moderaten Korrelationen zwischen den beiden Planungsfaktoren der

Messmodelle der Skala APK-S ($r = .30$ bis $r = .49$) deuten bereits darauf hin, dass ein Generalfaktor-Modell vermutlich nicht angemessen ist. Für die Fremdeinschätzungs-skala APK-F besteht dagegen eine höhere Korrelation zwischen den beiden Planungs-faktoren ($r = .63$). Eine konfirmatorische Faktorenanalyse für ein entsprechendes Ein-Faktormodell zeigte für die Skala APK-S erwartungsgemäß einen nicht mehr akzeptab-len Modellfit für jeden Messzeitpunkt. Auch für die Skala APK-F stellt ein Ein-Faktormodell insgesamt keine angemessene Lösung dar (vgl. *Tabelle 8*).

Tabelle 8: Fit-Indizes des Ein-Faktorenmodells

	χ^2	df	CFI	RMSEA	SRMR
APK-S MZP 1	158.92***	14	.614	.156	.114
APK-S MZP 2	160.87***	14	.603	.154	.111
APK-S MZP 3	101.03***	14	.622	.162	.092
APK-F MZP 2	101.13***	14	.855	.150	.068

Anmerkungen. * p < .05; ** p < .01; *** p < .001; MZP = Messzeitpunkt.

Die Spezifikation eines Modells höherer Ordnung (Higher-Order-Modell), das einen gemeinsamen Faktor 2. Ordnung für die beiden latenten Planungsdimensionen des Zwei-Faktorenmodells annimmt, ist im vorliegenden Fall nicht überprüfbar, da das Modell mathematisch identisch mit dem Zwei-Faktorenmodell erster Ordnung ist und entsprechend auch den gleichen Modellfit aufweist (vgl. Geiser, 2010). Die überwie-gend moderaten Korrelationen zwischen den Planungsfaktoren der Skala APK-S spre-chen aber für zwei voneinander abgegrenzte Subdimensionen der allgemeindidakti-schen Planungskompetenz.

5.3.2 Faktorielle Validität der Skala „Qualität der Beziehung zum Mentor (QBM)"

Die faktorielle Validität der Skala QBM wurde mit einer konfirmatorischen Faktoren-analyse überprüft. In Abbildung 9 ist das postulierte Ein-Faktormodell mit standardi-sierten Faktorladungen dargestellt. Die Werte für die Intercepts, Residualvarianzen und die R^2-Werte können der *Tabelle A.6* im Anhang entnommen werden.

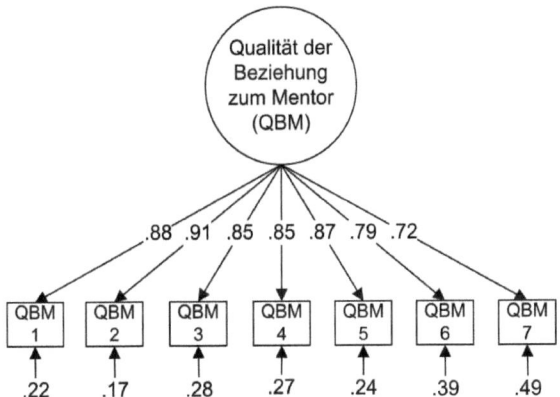

Abbildung 9: Ein-Faktormodell der Skala Beziehungsqualität zum Mentor (QBM)

Die Ergebnisse für das Messmodell zeigen hohe Faktorladungen für die Indikatoren ($\lambda = .72$ bis $\lambda = .91$), die Standardfehler variieren zwischen .01 und .03. Alle Indikatoren tragen signifikant zur Varianzaufklärung bei (vgl. *Tabelle A.7* im Anhang). Für das Gesamtmodell fällt der χ^2-Wert signifikant aus, die übrigen Fit-Indizes verweisen auf eine gute bis akzeptable Passung des Modells ($\chi^2 = 37.48$; $df = 14$; $p < .01$; CFI = .980; RMSEA = .061; SRMR = .026).

5.3.3 Deskriptive Befunde

Im Folgenden werden die deskriptiven Statistiken für die Variablen „schulpädagogisch-didaktisches Wissen (SDW)", „Qualität der Beziehung zum Mentor (QBM)" und „pädagogische Vorerfahrungen (PV)" berichtet. Da die Mittelwerte für die Variablen „allgemeindidaktische Planungskompetenz (APK-S)" und „Lehrer-Selbstwirksamkeitserwartung (LSW)" erst in den späteren Längsschnittanalysen ermittelt werden, sind diese Ergebnisse in den entsprechenden Kapiteln 5.3.4 und 5.3.5 dargestellt.

5.3.3.1 Schulpädagogisch-didaktisches Wissen und Qualität der Beziehung zum Mentor

Mittelwert, Standardabweichung, Minimum und Maximum der beiden Variablen können *Tabelle 9* entnommen werden. Wie zu erkennen, liegt der Mittelwert der Note in der Klausur „Einführung in die Schulpädagogik und Allgemeine Didaktik" bei M = 3.07; der Wert streut um knapp einen Skalenpunkt. Das schulpädagogisch-didaktische Wissen der Studierenden ist demnach nur mittelmäßig ausgeprägt. Auf der Notenskala von 1 bis 5 sind alle Werte vertreten.

Die Qualität der Beziehung zum Mentor hinsichtlich der Zufriedenheit mit der Zusammenarbeit wurde von den Studierenden im Mittel mit „zutreffend" beantwortet. Somit kann von einer im Durchschnitt positiv wahrgenommenen Beziehungsqualität zum Mentor ausgegangen werden. Die Streuung der Skala liegt bei .80. Die Extremwerte verdeutlichen darüber hinaus, dass die gesamte Bandbreite der Skala ausgenutzt wurde.

Tabelle 9: Stichrobenumfänge (N), Mittelwerte (M), Standardabweichungen (SD) sowie Minimum (Min) und Maximum (Max) der Variable „schulpädagogisch-didaktisches Wissen (SDW) und „Qualität der Beziehung zum Mentor (QBM)"

	N	M	SD	Min	Max
SDW	389	3.07	.92	1	5
QBM	446	3.30	.80	1	4

Anmerkungen. Notenskala SDW von 1 bis 5. 4-stufige Skala QBM (1 = sehr unzutreffend, 4 = sehr zutreffend).

5.3.3.2 Pädagogische Vorerfahrungen

Die Mehrheit der Studierenden hat vor dem Schulpraktikum pädagogische Vorerfahrungen erworben. Von den 406 Probanden, die eine Antwort gaben, bejahten 313 die Frage. Dies entspricht 77,1 %.

5.3.4 Entwicklung der allgemeindidaktischen Planungskompetenz

Die Entwicklung der allgemeindidaktischen Planungskompetenz von Studierenden wurde im Rahmen einer Latent-Change-Analyse untersucht. Den Ausgangspunkt für die Analyse bildete ein weniger komplexes Latent-State-(LS)Modell, um zunächst indikatorspezifischer Effekte über einen indikatorspezifischen Faktor zu modellieren und damit Korrelationen zwischen Residuen derselben Indikatoren über die Zeit zu berücksichtigen. Als Voraussetzung für die Veränderungsmessung wurde darüber hinaus anhand des LS-Modells die Messinvarianz des Messmodells überprüft. Das LS-Modell wurde anschließend zu einem Latent-Change-(LC)Modell erweitert. Die Ergebnisse der einzelnen Analysen sind im Folgenden dargestellt.

5.3.4.1 Modellierung indikatorspezifischer Effekte

Abbildung 10 zeigt das spezifizierte LS-Modell mit standardisierten Parameterschätzungen für die Variable „allgemeindidaktische Planungskompetenz (APK-S)" und einem indikatorspezifischem Faktor (IS_2) zur Modellierung indikatorspezifischer Effekte über die Zeit. Die beiden Planungsfaktoren „Aktueller Literaturbezug (AL)" und „Planungskomponenten (PK)" bilden über die Mittelwerte ihrer Items die beiden Indikatoren für den latenten State-Faktor APK-S, der das Konstrukt zeitspezifisch zu jedem Messzeitpunkt repräsentiert. Der Indikator „Planungskomponenten (PK)" wurde als

Referenzindikator gewählt, da er das latente Konstrukt inhaltlich am besten repräsentiert. Der Referenzindikator lädt jeweils nur auf dem State-Faktor, während die Indikatoren „Aktueller Literaturbezug (AL)" darüber hinaus auf dem indikatorspezifischen Faktor laden. Dieser ist als Residualfaktor bezüglich der State-Faktoren definiert und mit allen State-Faktoren unkorreliert (vgl. Geiser, 2010; s. auch Eid, 2000; Eid et al., 1999).

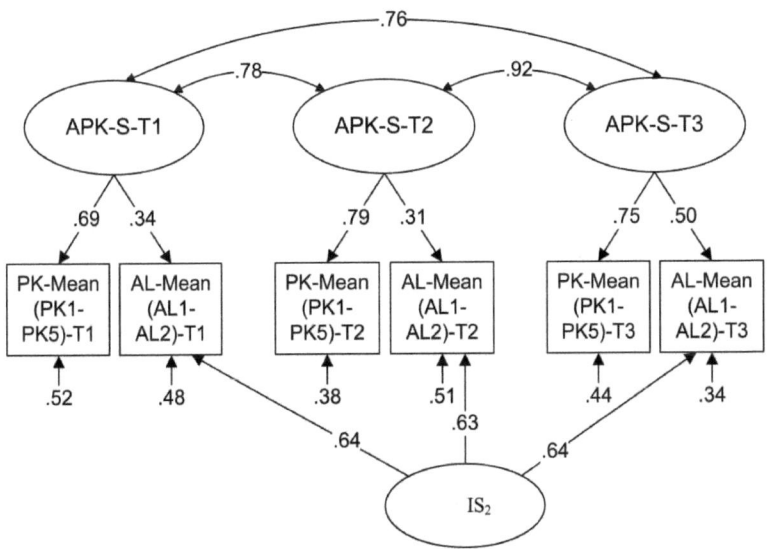

Abbildung 10: Latent-State(LS)-Modell für die Variable „allgemeindidaktische Planungskompetenz (APK-S)" zu den drei Messzeitpunkten (T1-T3)

Die Faktorladungen der beiden Indikatoren auf die State-Faktoren sind für den Indikator „Aktueller Literaturbezug (AL)" moderat bis hoch (λ = .30 bis λ = .50), für den Indikator „Planungskomponenten (PK)" hoch (λ = .69 bis λ = .79). Die Werte für die Intercepts, Residualvarianzen und die R^2-Werte können der *Tabelle A.8* im Anhang entnommen werden. Die Standardfehler variieren zwischen .07 und .11. Alle Indikatoren tragen signifikant zur Varianzaufklärung bei (vgl. *Tabelle A.9* im Anhang). Wie die hohen Ladungen auf dem indikatorspezifischen Faktor verdeutlichen (λ = .63 bis λ = .64), liegen bedeutsame indikatorspezifische Effekte vor, die zudem statistisch signifikant sind. Der indikatorspezifische Faktor kann zwischen 39,3 % und 41,0 % der Varianz der Indikatoren erklären. Die Ergebnisse sprechen dafür, dass die Indikatoren wie zu erwarten heterogen sind und unterschiedliche Facetten der Planungskompetenz abbilden. Die hohen Korrelationen zwischen den drei latenten Variablen (r = .76 bis

$r = .92$) deuten darüber hinaus auf eine relativ hohe zeitliche Stabilität interindividueller Differenzen in intraindividuellen Veränderungen der allgemeindidaktische Planungskompetenz hin. Das spezifizierte LS-Modell weist eine gute Anpassungsgüte auf ($\chi^2 = .74$; $df = 3$; $p = .86$; CFI = 1.000; RMSEA = .000; SRMR = .010). Um zu überprüfen, ob sich durch die Wahl eines anderen Referenzindikators die Ergebnisse des Strukturmodells bedeutsam verändern, wurde zusätzlich ein LS-Modell mit indikatorspezifischem Faktor für den ersten Indikator (PK) spezifiziert. Die Ergebnisse zeigten eine gute Anpassungsgüte des Modells ($\chi^2 = 2.99$; df = 3; $p = .39$; CFI = 1.000; RMSEA = .000; SRMR = .019), wobei der χ^2-Wert und der SRMR-Wert etwas ungünstiger ausfallen. Die Parameterschätzungen sind vergleichbar (Korrelationen zwischen den State-Variablen zwischen .73 und .90). Für die weiteren Analysen wurde daher das LS-Modell mit indikatorspezifischem Faktor für den zweiten Indikator (AL) beibehalten.

5.3.4.2 Messinvarianzanalyse

Der Grad an Messinvarianz des Messmodells wurde über Modellvergleiche des in Abbildung 10 dargestellten LS-Modells getestet, indem das Modell durch Gleichsetzung von Parametern sukzessive restriktiver spezifiziert und die Anpassungsgüte des Modells mit dem jeweils weniger restriktiven Modell verglichen wurde. Favorisiert wurde das Modell mit den meisten Invarianzrestriktionen (und damit das sparsamste Modell), das noch einen akzeptablen Modellfit aufweist und nach dem χ^2-Differenztest bzw. dem AIC- und BIC-Index nicht verworfen werden muss. *Tabelle 10* gibt einen Überblick über die Fit-Indizes der einzelnen Modelle.

Tabelle 10: Fit-Indizes des LS-Modells für die Variable „allgemeindidaktische Planungskompetenz (APK-S)" mit unterschiedlichem Grad an Messinvarianz

Messinvarianz	χ^2	df	p	CFI	RMSEA	SRMR	AIC	BIC
Konfigurale Invarianz	.74	3	.86	1.000	.000	.010	2949.73	3058.40
Schwache faktorielle Invarianz	3.51	7	.83	1.000	.000	.036	2944.52	3035.08
Starke faktorielle Invarianz	7.00	9	.64	1.000	.000	.048	2944.01	3025.51
Strikte faktorielle Invarianz	10.62	13	.64	1.000	.000	.055	2940.31	3003.71

Die Ergebnisse in *Tabelle 10* zeigen, dass das LS-Modell mit über die Zeit invariant gesetzten Faktorladungen (Modell schwacher faktorieller Invarianz) einen guten Modellfit aufweist, der sich nicht bedeutsam von dem des Ausgangsmodells ohne gleichgesetzte Ladungen (Modell konfiguraler Invarianz) unterscheidet (ΔCFI = .000; ΔRMSEA = .000; ΔSRMR = .017). Der χ^2-Differenztest zum Vergleich beider Modelle erbrachte einen nicht signifikanten χ^2-Differenzwert ($\Delta\chi^2 = 2.71$; $\Delta df = 4$; $p = .61$), d.h. das Modell schwacher faktorieller Invarianz passt nicht signifikant schlechter auf die Daten als das Ausgangsmodell. Die Annahme schwacher faktorieller Invarianz muss demnach nicht verworfen werden. Auch die AIC- und BIC-Werte sind für das Modell mit schwacher faktorieller Invarianz günstiger als für das Ausgangsmodell, so dass aufgrund der Ergebnisse das restriktivere Modell zu favorisieren ist.

Die zusätzliche Gleichsetzung der Intercepts der Indikatoren über die Zeit (Modell starker faktorieller Invarianz) führte ebenso zu einer guten Anpassungsgüte des Modells. Der Vergleich mit dem weniger restriktiven Modell schwacher faktorieller Invarianz zeigte keine deutliche Verschlechterung der Fitstatistik (ΔCFI = .000; ΔRMSEA = .000; ΔSRMR = .012) und erwartungsgemäß einen nicht signifikanten χ^2-Differenzwert ($\Delta\chi^2$ = 3.46; Δdf = 2; p = .18). Auch die AIC- und BIC-Werte fielen nicht ungünstiger aus als für das Modell mit schwacher faktorieller Invarianz, so dass aufgrund der Ergebnisse das restriktivere Modell nicht verworfen werden muss.

Das Modell strikter faktorieller Invarianz, bei dem zusätzlich die Fehlervarianzen über die Zeit invariant gesetzt wurden, weist einen guten Modellfit auf, der sich nicht bedeutsam von der Güte des Modells mit starker faktorieller Invarianz unterscheidet (ΔCFI = .000; ΔRMSEA = .000; ΔSRMR = .007). Der χ^2-Differenztest zum Vergleich beider Modelle zeigt einen nicht signifikanten χ^2-Differenzwert ($\Delta\chi^2$ = 3.56; Δdf = 4; p = .47), d.h. das Modell strikter faktorieller Invarianz passt nicht signifikant schlechter auf die Daten als das Modell starker faktorieller Invarianz. Die Annahme strikter faktorieller Invarianz muss demnach nicht verworfen werden. Die AIC- und BIC-Werte sind für das Modell mit strikter faktorieller Invarianz günstiger als für das Modell starker faktorieller Invarianz. Aufgrund der Ergebnisse ist das restriktivere Modell mit der Annahme strikter faktorieller Invarianz zu favorisieren. Das Ergebnis verdeutlicht, dass sich die Messstruktur der Skala über die Zeit nicht verändert hat, so dass eine Analyse von latenten Mittelwertsveränderungen der allgemeindidaktischen Planungskompetenz möglich ist.

In einem letzten Analyseschritt auf der Konstruktebene wurde überprüft, ob sich durch die Gleichsetzung der Mittelwerte der latenten Faktoren der Modellfit signifikant verschlechtert. Wäre dies nicht der Fall, müsste davon ausgegangen werden, dass sich die allgemeindidaktische Planungskompetenz über die Zeit nicht bedeutsam verändert. Die Gleichsetzung der Mittelwerte in dem LS-Modell mit strikter Messinvarianz führte erwartungsgemäß zu einem insgesamt nicht mehr akzeptablen Modellfit (χ^2 = 60.85; df = 15; p < .001; CFI = .795; RMSEA = .067; SRMR = .116). Auch der χ^2-Differenztest favorisiert das weniger restriktive Modell mit ungleichen Mittelwerten ($\Delta\chi^2$ = 47.13; Δdf = 2; p < .001). Demnach muss von bedeutsamen Mittelwertsunterschieden in der allgemeindidaktischen Planungskompetenz ausgegangen werden. Da die Intercepts der drei State-Faktoren in dem LS-Modell strikter faktorieller Invarianz exakt den State-Faktor-Mittelwerten entsprechen, lassen sich an ihnen die Mittelwerte ablesen (vgl. Geiser, 2010). Die Ergebnisse zeigen, dass die allgemeindidaktische Planungskompetenz zwischen den ersten beiden Messzeitpunkten, d.h. innerhalb des

Schulpraktikums, leicht ansteigt ($M_{APK-S-T1}$ = 3.07 (SD = .30); $M_{APK-S-T2}$ = 3.23 (SD = .31) und im Verlauf des weiteren Studiums konstant bleibt ($M_{APK-S-T3}$ = 3.23 (SD = .34)).

5.3.4.3 Latent-Change-Analyse

Das zuvor spezifizierte LS-Modell mit einem indikatorspezifischem Faktor für den zweiten Indikator und der Annahme strikter faktorieller Invarianz (Gleichheit der Faktorladungen, Intercepts und Residualvarianzen über die Zeit) diente als Ausgangsmodell zur Modellierung eines Latent-Change(LC)-Modells, um Veränderungen der allgemeindidaktischen Planungskompetenz als Trait-Veränderungen über die Zeit zu untersuchen. Wie zuvor in den Analysen zu den latenten Mittelwertunterschieden über die Zeit gezeigt wurde, müssen bedeutsame Mittelwertsveränderungen in der allgemeindidaktischen Planungskompetenz vorliegen, da die Gleichsetzung der Mittelwerte der latenten Faktoren der allgemeindidaktischen Planungskompetenz in dem LS-Modell zu einer signifikanten und nicht mehr akzeptablen Verschlechterung der Anpassungsgüte des Modells führte.

In Abbildung 11 ist das LC-Modell mit standardisierten Parameterschätzungen für die Variable „allgemeindidaktische Planungskompetenz" in der Version eines Neighbor-Change(NC)-Modells dargestellt, das die Veränderung über die Zeit (latente Mittelwertsunterschiede) sowie die interindividuellen Differenzen in den intraindividuellen Veränderungen (Varianzen der latenten Veränderungsfaktoren) spezifiziert. Die latente Differenz zwischen den einzelnen Messzeitpunkten wird über zwei latente Differenzvariablen (APK-S-T2 – APK-S-T1 und APK-S-T3 – APK-S-T2) modelliert, wobei im Sinne eines NC-Modells Veränderungen zwischen unmittelbar benachbarten Messzeitpunkten analysiert werden. Die Differenzvariablen sind nicht direkt mit den manifesten Indikatoren verbunden. Um sie in das Modell einführen zu können, wurden sie mit einem „by-Befehl" mit dem Indikator „PK" zum ersten Messzeitpunkt verbunden, die Ladungen auf den Indikator gleichzeitig aber auf null fixiert. Zur Spezifikation „perfekter" Regressionen der Variablen APK-S-T2 und APK-S-T3 auf die Variable APK-S-T1 und die latenten Differenzvariablen wurden die latenten Pfadkoeffizienten von APK-S-T1 und der ersten Differenzvariable (APK-S-T2 – APK-S-T1) auf die latente Variable APK-S-T2 auf eins fixiert, ebenso die latenten Pfadkoeffizienten von APK-S-T1 sowie der ersten Differenzvariable (APK-S-T2 – APK-S-T1) und der zweiten Differenzvariable (APK-S-T3 – APK-S-T2) auf APK-S-T3. Zusätzlich wurde die Residualvarianz für die Variablen APK-S-T2 und APK-S-T3 auf null fixiert. Durch die Modellspezifikationen erhalten die Variablen APK-S-T2 – APK-S-T1 und APK-S-T3 – APK-S-T2 ihre Bedeutung als latente Differenzvariablen (vgl. Geiser, 2010).

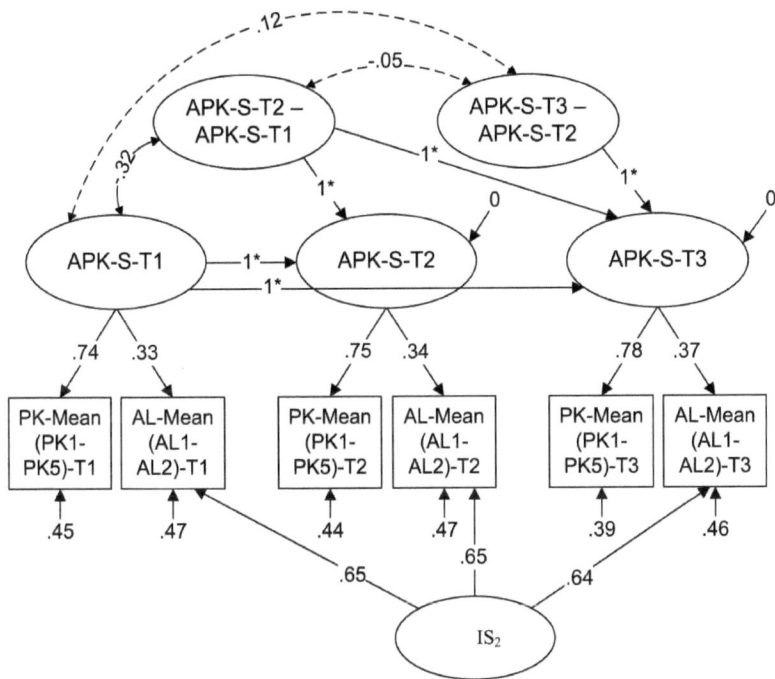

Abbildung 11: Neighbor-Change(NC)-Modell für die Variable „allgemeindidaktische Planungskompetenz (APK-S)" zu den drei Messzeitpunkten (T1-T3) (* = Die latenten Pfadkoeffizienten von APK-S-T1 und der ersten Differenzvariable (APK-S-T2 – APK-S-T1) auf die latente Variable APK-S-T2 sowie von APK-S-T1, der ersten Differenzvariable (APK-S-T2 – APK-S-T1) und der zweiten Differenzvariable (APK-S-T3 – APK-S-T2) auf APK-S-T3 sind auf eins fixiert. Nicht-signifikante Pfade gestrichelt.).

Das dargestellte NC-Modell ist statistisch äquivalent zu dem zuvor spezifizierten LS-Modell strikter faktorieller Invarianz, da es aus einer Reparametrisierung des LS-Modells hervorgegangen ist. Dadurch weist das NC-Modell die gleichen guten Modellfit-Werte auf wie das LS-Modell (χ^2 = 10.62; df = 13; p = .64; CFI = 1.000; RMSEA = .000; SRMR = .055). Der *Tabelle A.10* im Anhang können die Werte für die Intercepts, Residualvarianzen und die R^2-Werte entnommen werden.

Im LS-Modell strikter faktorieller Invarianz konnten die latenten Mittelwerte der APK-S-Faktoren über die Werte der Intercepts abgelesen werden ($M_{APK-S-T1}$ = 3.07 (SD = .30); $M_{APK-S-T2}$ = 3.23 (SD = .31); $M_{APK-S-T3}$ = 3.23 (SD = .34)). Die in dem NC-Modell geschätzten latenten Mittelwerte für die beiden Differenzvariablen, die die latente Veränderung vom ersten zum zweiten bzw. vom zweiten zum dritten Messzeitpunkt repräsentieren, entsprechen exakt der Differenz zwischen den Mittelwerten der jeweiligen APK-S-Faktoren. Für die erste Differenzvariable (APK-S-T2 – APK-S-T1) beträgt der latente Mittelwert .16, für die zweite Differenzvariable (APK-S-T3 – APK-S-T2) -.00. Der Mittelwertsunterschied für die erste Differenzvariable (APK-S-T2 – APK-S-T1) fällt signifikant aus ($z = 7.10$, $p < .001$), somit liegt ein statistisch bedeutsamer Anstieg der mittleren allgemeindidaktischen Planungskompetenz vom ersten zum zweiten Messzeitpunkt, d.h. innerhalb des Praktikums, vor. Die Effektstärke beträgt $d = .77$, was der Klassifikation von Cohen (1988) als mittlerer Effekt anzusehen ist. Für die zweite Differenzvariable (APK-S-T3 – APK-S-T2) ist der Mittelwertsunterschied nicht signifikant ($z = -.14$, $p = .89$), d.h. die mittlere allgemeindidaktische Planungskompetenz der Studierenden hat sich nach drei Monaten des Praktikums statistisch nicht bedeutsam verändert.

Bereits im LS-Modell verwiesen die hohen Korrelationen zwischen den drei latenten Variablen (zwischen $r = .76$ und $r = .92$) auf eine relativ hohe zeitliche Stabilität interindividueller Differenzen in intraindividuellen Veränderungen der allgemeindidaktische Planungskompetenz. Anhand der Parameterschätzungen des NC-Modells kann diese Annahme differenzierter betrachtet werden: Die geschätzte Varianz der allgemeindidaktischen Planungskompetenz zum ersten Messzeitpunkt (APK-S-T1) beträgt .09 ($p < .001$) und verdeutlicht, dass interindividuelle Differenzen, d.h. Unterschiede zwischen den Studierenden, im Ausgangswert der allgemeindidaktischen Planungskompetenz vorliegen. Die Studierenden unterscheiden sich demnach zu Beginn des Praktikums in ihrer Kompetenzausprägung. Zwischen dem Kompetenzausgangswert und der ersten Differenzvariable besteht eine moderate negative Korrelation von -.32, die statistisch signifikant ausfällt ($p < .05$). Studierende mit hohen Kompetenzausgangswerten zeigen demnach eine tendenziell geringere Kompetenzveränderung im Praktikum. Der Kompetenzanstieg im Verlauf des Praktikums ist somit abhängig vom Ausgangswert der allgemeindidaktischen Planungskompetenz. Der Schätzwert für die Varianz der ersten Differenzvariable beträgt .05 ($p = .11$), für die zweite Differenzvariable .02 ($p = .59$). Beide Werte sind allerdings nicht signifikant, woraus geschlussfolgert werden müsste, dass die Studierenden sich nicht statistisch bedeutsam in ihren latenten Veränderungswerten unterscheiden. Das divergente Ergebnis wird ausführlicher in Kapitel 5.4 diskutiert.

5.3.5 Selbst- vs. Fremdeinschätzung

Zur Überprüfung der kriterienorientierten Validität wurde die Selbsteinschätzung der Studierenden zu ihrer allgemeindidaktischen Planungskompetenz mit der Fremdscheinätzung der sie betreuenden Mentoren verglichen (Multiinformantenansatz). Dazu wurde das Messmodell der Selbsteinschätzungsskala (APK-S) für die Studierenden zum zweiten Messzeitpunkt korrelativ mit der Fremdeinschätzungsskala (APK-F) ebenfalls zum zweiten Messzeitpunkt in Beziehung gesetzt. Um Korrelationen zwi-

schen den Residuen derselben Indikatoren der Fremd- und Selbsteinschätzung zu be-
rücksichtigen, wurde zusätzlich ein indikatorspezifischer Faktor modelliert, wobei der
Indikator „Planungskomponenten" als Referenzindikator gewählt wurde, da er das
Konstrukt inhaltlich am besten repräsentiert.

Die Fit-Statistiken für das spezifizierte Modell verdeutlichten eine gute Anpassung
an die Daten (χ^2 = .14; df = 1; p = .71; CFI = 1.000; RMSEA = .000; SRMR = .006).
Gleichwohl trat eine unzulässige Parameterschätzung in Form einer negativen Residualvarianz für den Indikator „Planungskomponenten" der Fremdeinschätzung auf. Das
Ergebnis ist in Kapitel 5.4.2 genauer zu diskutieren.

Aufgrund der unzulässigen Parameterschätzung wurde zur Untersuchung der Fragestellung der Zusammenhang zwischen der Selbst- und Fremdeinschätzung auf manifester Ebene verglichen. Das Ergebnis zeigt, dass beide Einschätzungen zum gleichen
Messzeitpunkt moderat und signifikant miteinander korrelieren (r = .30; p <. 01). Bemerkenswert ist, dass die Korrelation von der Höhe her dem Ergebnis auf latenter
Ebene entspricht. Der manifeste Mittelwert beträgt für die Selbsteinschätzung
M = 3.13 (SD = .37), für die Fremdeinschätzung M = 3.16 (SD = .52). Die durchschnittliche allgemeindidaktische Planungskompetenz (APK) wird demnach über die
Selbsteinschätzung in ähnlicher Größenordnung abgebildet wie über die Fremdeinschätzung. Ein genereller Strengeeffekt in der Selbsteinschätzung (vgl. Kapitel 1.3.5)
kann nicht nachgewiesen werden. Auf interindividueller Ebene besteht ein eher moderater Zusammenhang zwischen Selbst- und Fremdeinschätzung, d.h. es gibt einen nicht
unbeträchtlichen Anteil von Selbstüberschätzungen bzw. -unterschätzungen bei den
Studierenden.

5.3.6 Entwicklung der Lehrer-Selbstwirksamkeitserwartung

Zur Untersuchung der Entwicklungsprozesse der Lehrer-Selbstwirksamkeitserwartung
wurde eine Latent-Change-Analyse durchgeführt. Anhand eines weniger komplexen
Latent-State(LS)-Modells wurden zunächst indikatorspezifischer Effekte über einen
indikatorspezifischen Faktor modelliert, um Korrelationen zwischen Residuen derselben Indikatoren über die Zeit zu berücksichtigen. Weiterhin wurde als Voraussetzung
für die Veränderungsmessung die Messinvarianz des Messmodells überprüft. Das LS-
Modell wurde anschließend zu einem Latent-Change-Modell umformuliert. Im Folgenden sind die Ergebnisse der einzelnen Analysen dargestellt.

5.3.6.1 Modellierung indikatorspezifischer Effekte

Abbildung 12 zeigt das spezifizierte LS-Modell mit standardisierten Parameterschätzungen für die Variable „Lehrer-Selbstwirksamkeitserwartung (LSW)" und einem indikatorspezifischen Faktor (IS_2) zur Modellierung indikatorspezifischer Effekte über
die Zeit. Die beiden Indikatoren der latenten State-Faktoren LSW wurden durch Item-
aufteilung (Parcelling) gebildet, wobei jeweils fünf Items der einfaktoriellen Skala von

Schwarzer und Schmitz (1999) zu Itemparcels zusammengefügt wurden (alternierend in Bezug auf die ursprüngliche Reihenfolgeposition der Items der Skala). Als Referenzindikator wurde der erste Indikator gewählt. Dieser lädt nur auf dem State-Faktor, während die jeweils zweiten Indikatoren der latenten Variablen darüber hinaus auf dem indikatorspezifischen Faktor laden. Dieser ist als Residualfaktor bezüglich der State-Faktoren definiert und mit allen State-Faktoren unkorreliert (vgl. Geiser, 2010; s. auch Eid, 2000; Eid et al., 1999).

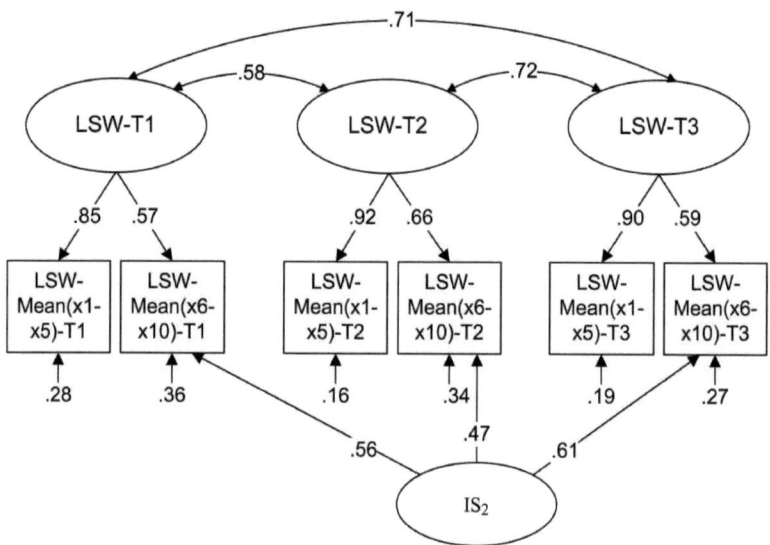

Abbildung 12: Latent-State(LS)-Modell für die Variable „Lehrer-Selbstwirksamkeitserwartung (LSW)" zu den drei Messzeitpunkten (T1-T3)

Die Ergebnisse der Modellschätzung zeigen für beide Indikatoren hohe Faktorladungen auf die State-Faktoren (λ = .57 bis λ = .92). Der *Tabelle A.11* im Anhang können die Werte für die Intercepts, Residualvarianzen und die R^2-Werte entnommen werden. Die Standardfehler liegen zwischen .05 und .07. Alle Indikatoren tragen signifikant zur Varianzaufklärung bei (vgl. *Tabelle A.12* im Anhang). Die hohen Ladungen auf dem indikatorspezifischen Faktor (λ = .47 bis λ = .61) verdeutlichen, dass hohe indikatorspezifische Effekte vorliegen, die zudem statistisch signifikant sind. Der indikatorspezifische Faktor kann zwischen 22,4 % und 37,7 % der Varianz der Indikatoren erklären. Die Ergebnisse verweisen darauf, dass die Indikatoren der latenten Variablen heterogen sind und hohe spezifische Anteile besitzen. Entsprechend den unterschiedlichen thematischen Bereichen der Skala zur Lehrer-Selbstwirksamkeitserwartung (vgl. Kapitel 5.3.2) bilden die Indikatoren jeweils unterschiedliche Facetten des Konstrukts ab.

Die hohen Korrelationen zwischen den drei latenten Variablen ($r = .58$ bis $r = .72$) deuten darüber hinaus auf eine relativ hohe zeitliche Stabilität interindividueller Differenzen in intraindividuellen Veränderungen der Lehrer-Selbstwirksamkeitserwartung hin. Der absolute Fit des spezifizierten Modells zeigt eine gute Anpassung an die Daten ($\chi^2 = 3.51$; df = 3; $p = .32$; CFI = 0.999; RMSEA = .016; SRMR = .023).

In einem ergänzenden Analyseschritt wurde ein LS-Modell mit indikatorspezifischem Faktor für den ersten Indikator spezifiziert, um zu überprüfen, ob sich durch die Wahl eines anderen Referenzindikators die Ergebnisse deutlich verändern. Die Ergebnisse zeigen eine gute Anpassungsgüte für dieses Modell ($\chi^2 = 2.61$; $df = 3$; $p = .46$; CFI = 1.000; RMSEA = .000; SRMR = .018) und vergleichbare Parameterschätzungen (Korrelationen zwischen den State-Variablen zwischen $r = .61$ und $r = .69$). Für die weiteren Analysen wurde das LS-Modell mit indikatorspezifischem Faktor für den zweiten Indikator beibehalten, da die Ergebnisse für beide Modelle nicht bedeutsam differieren.

5.3.6.2 Messinvarianzanalyse

Die Messinvarianzanalyse erfolgte über Modellvergleiche des in Abbildung 12 dargestellten LS-Modells, indem das Modell durch Parametergleichsetzungen sukzessive restriktiver spezifiziert und der Modellfit mit dem jeweils weniger restriktiven Modell verglichen wurde. Das Modell mit den meisten Invarianzrestriktionen (und damit das sparsamste Modell), das noch einen akzeptablen Modellfit aufweist und nach dem χ^2-Differenztest bzw. dem AIC- und BIC-Index nicht verworfen werden muss, wurde als Ausgangsmodell für die Latent-Change-Analyse herangezogen. *Tabelle 11* gibt einen Überblick über die Fit-Indizes der einzelnen Modelle.

Tabelle 11: Fit-Indizes des LS-Modells für die Variable „Lehrer-Selbstwirksamkeitserwartung (LSW)" mit unterschiedlichem Grad an Messinvarianz

Messinvarianz	χ^2	df	p	CFI	RMSEA	SRMR	AIC	BIC
Konfigurale Invarianz	3.51	3	.32	.999	.016	.023	1705.05	1813.97
Schwache faktorielle Invarianz	5.24	7	.63	1.000	.000	.021	1699.10	1789.87
Starke faktorielle Invarianz	7.76	9	.56	1.000	.000	.030	1697.53	1779.21
Strikte faktorielle Invarianz	18.32	13	.15	.990	.024	.095	1700.53	1764.06

Die Ergebnisse in *Tabelle 11* verdeutlichen, dass das LS-Modell mit über die Zeit invariant gesetzten Faktorladungen (Modell schwacher faktorieller Invarianz) eine gute Anpassungsgüte aufweist, die sich nicht bedeutsam von dem des Ausgangsmodells ohne gleichgesetzte Ladungen (Modell konfiguraler Invarianz) unterscheidet (ΔCFI = -.001; ΔRMSEA = .016; ΔSRMR = .002). Der χ^2-Differenzwert zum Vergleich beider Modelle ist nicht signifikant ($\Delta\chi^2 = 1.96$; $\Delta df = 4$; $p = .74$), d.h. das Modell schwacher faktorieller Invarianz bildet die Daten nicht signifikant schlechter ab als das Ausgangsmodell. Demnach muss die Annahme schwacher faktorieller Invarianz nicht verworfen werden. Auch die AIC- und BIC-Werte fallen für das Modell mit schwacher faktorieller Invarianz günstiger aus als für das Ausgangsmodell, so dass aufgrund der Ergebnisse das restriktivere Modell zu bevorzugen ist.

Das Modell starker faktorieller Invarianz, bei dem zusätzlich zu den Faktorladungen die der Intercepts der Indikatoren über die Zeit gleichgesetzt wurden, zeigt ebenso eine gute Anpassungsgüte an die Daten. Der Vergleich mit dem weniger restriktiven Modell schwacher faktorieller Invarianz verdeutlicht keine bedeutsame Verschlechterung der Fitstatistik (ΔCFI = .000; ΔRMSEA = .000; ΔSRMR = .009) und erwartungsgemäß einen nicht signifikanten χ^2-Differenzwert ($\Delta\chi^2 = 2.54$; $\Delta df = 2$; $p = .28$). Auch die AIC- und BIC-Werte fielen nicht ungünstiger aus als für das Modell mit schwacher faktorieller Invarianz, so dass aufgrund der Ergebnisse das restriktivere Modell nicht verworfen werden muss.

Die zusätzliche Gleichsetzung der Fehlervarianzen über die Zeit (Modell strikter faktorieller Invarianz) führte mit Ausnahme des SRMR-Wertes zu einem guten Modellfit, der sich allerdings bedeutsam von der Güte des Modells starker faktorieller Invarianz unterscheidet (ΔCFI = -.010; ΔRMSEA = .024; ΔSRMR = .065). Der χ^2-Differenztest zum Vergleich beider Modelle zeigt einen signifikanten χ^2-Differenzwert ($\Delta\chi^2 = 9.87$; $\Delta df = 4$; $p < .05$), d.h. das Modell strikter faktorieller Invarianz passt signifikant schlechter auf die Daten als das weniger restriktive Modell. Die Annahme strikter faktorieller Invarianz muss demnach verworfen werden. Auch der AIC-Wert ist im Modell starker faktorieller Invarianz geringer. Lediglich nach dem BIC-Index wäre das Modell strikter faktorieller Invarianz zu bevorzugen. Insgesamt zeigen die Ergebnisse, dass es nicht angemessen ist, die Annahme strikter faktorieller Invarianz beizubehalten. Stattdessen muss von starker faktorieller Messinvarianz für die Messstruktur des Modells ausgegangen werden. Da für die Untersuchung latenter Mittelwertsveränderungen mindestens starke faktorieller Invarianz vorliegen muss (vgl. Geiser, 2010), ist im vorliegenden Fall eine Analyse von latenten Mittelwertsveränderungen möglich.

Ob für die Lehrer-Selbstwirksamkeitserwartung tatsächlich statistisch bedeutsame Veränderungsprozesse im untersuchten Zeitraum stattfinden, wurde in einem letzten Analyseschritt auf der Konstruktebene überprüft, indem die Mittelwerte der latenten LSW-Faktoren gleichgesetzt wurden und der Modellfit mit dem des LS-Modells ohne gleichgesetzte Mittelwerte verglichen wurde. Bei keiner signifikanten Verschlechterung der Modellanpassungsgüte müsste davon ausgegangen werden, dass sich die Lehrer-Selbstwirksamkeitserwartung über die Zeit nicht bedeutsam verändert. Die Gleichsetzung der Mittelwerte in dem LS-Modell starker faktorieller Invarianz führte erwartungsgemäß zu einem insgesamt nicht mehr akzeptablen Modellfit ($\chi^2 = 75.44$; $df = 11$; $p < .001$; CFI = .882; RMSEA = .092; SRMR = .109) und einem signifikanten χ^2-Differenzwert ($\Delta\chi^2 = 52.71$; $\Delta df = 2$; $p < .001$), wonach von bedeutsamen Mittelwertsunterschieden in der Lehrer-Selbstwirksamkeit ausgegangen werden muss. Die Intercepts der drei State-Faktoren entsprechen exakt den State-Faktor-Mittelwerten, sodass sich an ihnen die Mittelwerte ablesen lassen (vgl. Geiser, 2010). Die Ergebnisse verdeutlichen, dass die Lehrer-Selbstwirksamkeitserwartung der Studierenden vom ersten zum zweiten Messzeitpunkt, d.h. innerhalb des Schulpraktikums, ansteigt (M_{LSW-T1} = 2.97 (SD = .34); M_{LSW-T2} = 3.15 (SD = .38)), bis zum dritten Messzeitpunkt, d.h. im Verlauf des Studiums, wieder leicht absinkt (M_{LSW-T3} = 3.06 (SD = .36)).

5.3.6.4 Latent-Change-Analyse

Das zuvor spezifizierte LS-Modell mit einem indikatorspezifischem Faktor für den zweiten Indikator und der Annahme starker faktorieller Invarianz (Gleichheit der Faktorladungen und Intercepts über die Zeit) wurde zu einem Latent-Change(LC)-Modell erweitert, um Veränderungen der Lehrer-Selbstwirksamkeitserwartung als Trait-Veränderungen über die Zeit zu untersuchen. Die Analysen zu den latenten Mittelwertsunterschieden über die Zeit zeigten, dass bedeutsame Mittelwertsveränderungen in der Lehrer-Selbstwirksamkeitserwartung der Studierenden vorliegen, da die Gleichsetzung der Mittelwerte der latenten LSW-Faktoren in dem LS-Modell eine signifikante und nicht mehr akzeptable Verschlechterung der Anpassungsgüte des Modells zur Folge hatte.

Das spezifizierte LC-Modell, das die Analyse von Veränderung über die Zeit (latente Mittelwertsunterschiede) sowie von interindividuellen Differenzen in den intraindividuellen Veränderungen (Varianzen der latenten Veränderungsfaktoren) ermöglicht, ist in Abbildung 13 mit standardisierten Parameterschätzungen dargestellt. Es handelt sich um die Variante eines Neighbor-Change(NC)-Modells, bei dem die latente Differenz zwischen den Messzeitpunkten über zwei latente Differenzvariablen modelliert wird, wobei Veränderungen zwischen unmittelbar benachbarten Messzeitpunkten analysiert werden. Die Differenzvariablen sind nicht mit den manifesten Indikatoren verbunden. Zur Spezifikation der Differenzvariablen ohne „eigene" manifeste Indikatoren wurden diese mit einem „by-Befehl" mit dem zweiten Indikator zum ersten Messzeitpunkt verbunden, die Ladungen auf den Indikator gleichzeitig aber auf null fixiert. Um „perfekte" Regressionen der Variablen LSW-T2 und LSW-T3 auf die Variable LSW-T1 und die latenten Differenzvariablen zu spezifizieren, wurden die latenten Pfadkoeffizienten von LSW-T1 und der ersten Differenzvariable (LSW-T2 – LSW-T1) auf die latente Variable LSW-T2 auf eins fixiert, ebenso die latenten Pfadkoeffizienten von LSW-T1 und der ersten Differenzvariable (LSW-T2 – LSW-T1) sowie der zweiten Differenzvariable (LSW-T3 – LSW-T2) auf LSW-T3. Außerdem wurde die Residualvarianz für die Variablen LSW-T2 und LSW-T3 auf null gesetzt. Durch die Modellspezifikationen erhalten die Variablen LSW-T2 – LSW-T1 und LSW-T3 – LSW-T2 ihre Bedeutung als latente Differenzvariablen (vgl. Geiser, 2010).

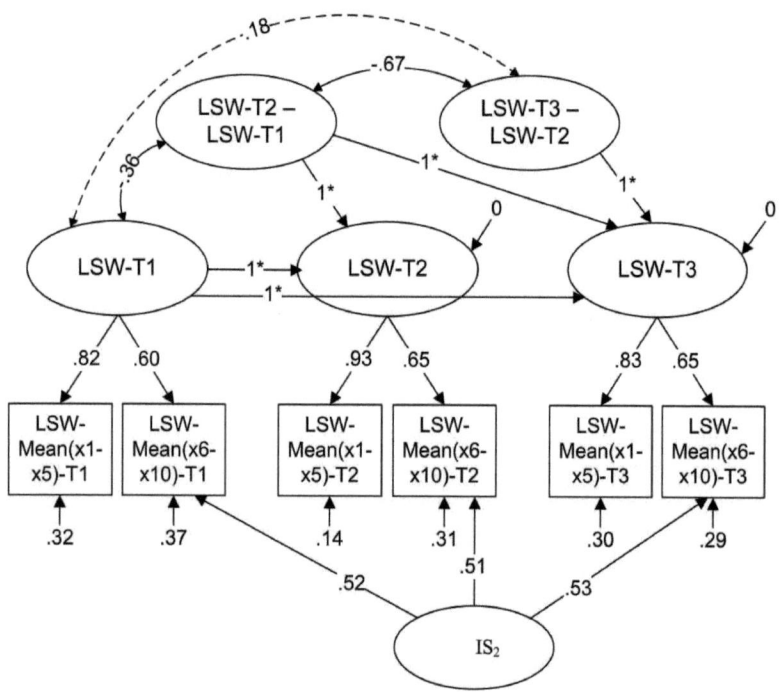

Abbildung 13: Neighbor-Change(NC)-Modell für die Variable „Lehrer-Selbstwirksamkeitserwartung (LSW)“ zu den drei Messzeitpunkten (T1-T3) (* = Die latenten Pfadkoeffizienten von LSW-T1 und der ersten Differenzvariable (LSW-T2 – LSW-T1) auf die latente Variable LSW-T2 sowie von LSW-T1, der ersten Differenzvariable (LSW-T2 – LSW-T1) und der zweiten Differenzvariable (LSW-T3 – LSW-T2) auf LSW-T3 sind auf eins fixiert. Nicht-signifikante Pfade gestrichelt.).

Da das dargestellte NC-Modell aus einer Reparametrisierung des LS-Modells hervorgegangen ist, ist es statistisch äquivalent zu dem zuvor spezifizierten LS-Modell starker faktorieller Invarianz und weist die gleichen guten Modellfit-Werte auf ($\chi^2 = 7.76$; $df = 9$; $p = .56$; CFI = 1.000; RMSEA = .000; SRMR = .030). Die Werte für die Intercepts, Residualvarianzen und die R^2-Werte sind in *Tabelle A.13* im Anhang aufgeführt.

Die latenten Mittelwerte der LSW-Faktoren ließen sich im LS-Modell über die Werte der Intercepts ablesen ($M_{LSW-T1} = 2.97$ (SD = .34); $M_{LSW-T2} = 3.15$ (SD = .38); $M_{LSW-T3} = 3.06$ (SD = .36)). In dem NC-Modell entsprechen die geschätzten latenten Mittelwerte für die beiden Differenzvariablen, die die latente Veränderung vom ersten zum zweiten bzw. vom zweiten zum dritten Messzeitpunkt repräsentieren, exakt der Differenz zwischen den Mittelwerten der jeweiligen LSW-Faktoren. Die Parameterschätzungen des Modells ergaben für die erste Differenzvariable (LSW-T2 – LSW-T1) einen latenten Mittelwert .19, für die zweite Differenzvariable (LSW-T3 – LSW-T2) beträgt der Wert -.09. Beide Mittelwertsunterschiede fallen signifikant aus (z = 8.29, $p < .001$ bzw. z = -3.65, $p < .001$). Die Ergebnisse verdeutlichen somit einen statistisch bedeutsamen Anstieg der mittleren Lehrer-Selbstwirksamkeitserwartung vom ersten zum zweiten Messzeitpunkt, d.h. innerhalb des Praktikums sowie einen signifikanten Rückgang der mittleren Lehrer-Selbstwirksamkeitserwartung der Studierenden nach drei Monaten des Praktikums. Die Effektstärke für den Anstieg der Lehrer-Selbstwirksamkeitserwartung im Praktikum beträgt $d = .56$ und ist nach der Klassifikation von Cohen (1988) als mittlerer Effekt zu interpretieren. Für den Rückgang im Verlauf des Studiums ergibt sich eine Effektstärke von $d = .32$, die als kleiner Effekt betrachtet werden kann.

Der Schätzwert für die Varianz der Lehrer-Selbstwirksamkeitserwartung zum ersten Messzeitpunkt (LSW-T1) beträgt .12 ($p < .001$) und zeigt, dass signifikante interindividuelle Differenzen, d.h. Unterschiede zwischen den Studierenden, im Ausgangswert der Lehrer-Selbstwirksamkeitserwartung vorliegen. Die Studierenden unterscheiden sich demnach zu Beginn des Praktikums in ihrer Ausprägung der Lehrer-Selbstwirksamkeitserwartung. Der Schätzwert für die Varianz der ersten Differenzvariable beträgt .11 ($p < .001$), für die zweite Differenzvariable .08 ($p < .001$). Beide Werte fallen ebenfalls signifikant aus, woraus geschlussfolgert werden kann, dass die Studierenden sich auch statistisch bedeutsam in ihren latenten Veränderungswerten unterscheiden. Dieser Befund wird durch die Korrelationen zwischen dem ersten latenten LSW-Faktor (LSW-T1) und der ersten Differenzvariable bzw. zwischen den beiden Differenzvariablen unterstützt: Die moderate negative Korrelation zwischen dem Ausgangswert und dem Veränderungswert ($r = -.36$; $p < .001$) verweist darauf, dass Studierende mit einer höheren Lehrer-Selbstwirksamkeitserwartung zu Beginn des Praktikums einen tendenziell geringeren Anstieg innerhalb des Praktikums aufweisen. Die hohe negative Korrelation zwischen den beiden Differenzvariablen ($r = -.67$; $p < .001$) zeigt, dass eine hohe Veränderung im Praktikum mit einer geringeren Veränderung im Studienverlaufeinhergeht, d.h. je höher der Anstieg der Lehrer-Selbstwirksamkeitserwartung im Praktikum ausfällt, desto geringer ist der Rückgang im Verlauf des Studiums. Obwohl die hohen Korrelationen zwischen den drei latenten Variablen (zwischen $r = .58$ und $r = .72$) im LS-Modell (vgl. Abbildung 12) auf eine relativ hohe zeitliche Stabilität interindividueller Differenzen in intraindividuellen Veränderungen der Lehrer-Selbstwirksamkeitserwartung verwiesen haben, lassen sich anhand der Parameterschätzungen des NC-Modells somit noch statistisch bedeutsame Differenzen in den Veränderungswerten der Lehrer-Selbstwirksamkeitserwartung belegen.

5.3.7 Entwicklungsbedingungen der allgemeindidaktischen Planungskompetenz

Ausganspunkt zur Untersuchung der Bedingungen der Entwicklung der allgemeindidaktischen Planungskompetenz bildete das in Kapitel 5.3.4 spezifizierte Neighbor-

Change(NC)-Modell mit der Annahme strikter faktorieller Invarianz. In der Latent-Change-Analyse konnten interindividuelle Unterschiede im Ausgangswert der Kompetenzselbsteinschätzung nachgewiesen werden. Mit den im Folgenden berichteten Analysen wurde versucht, zum einen diese festgestellte Varianz im Kompetenzausgangswert zu Beginn des Praktikums durch die zusätzliche Aufnahme ausgewählter Mediatorvariablen in das Modell aufzuklären. Zum anderen wurde der Einfluss der Mediatoren auf die Kompetenzentwicklung untersucht. Neben dem schulpädagogisch-didaktischen Wissen und den pädagogischen Vorerfahrungen der Studierenden wurde als möglicher Einflussfaktor die Qualität der Beziehung zum Mentor analysiert. Die Wirkungsbeziehungen zwischen allgemeindidaktischer Planungskompetenz und Lehrer-Selbstwirksamkeitserwartung wurde im Rahmen einer Cross-Lagged-Panel-Analyse untersucht.

5.3.7.1 Schulpädagogisch-didaktisches Wissen, pädagogische Vorerfahrungen, Qualität der Beziehung zum Mentor

Das NC-Modell mit den drei in das Modell aufgenommenen Variablen ist in Abbildung 14 mit standardisierten Parameterschätzungen dargestellt. Das schulpädagogisch-didaktische Wissen (erfasst über eine Klausurnote) und die pädagogischen Vorerfahrungen der Studierenden (ja/nein-Antwort) wurden als exogene manifeste Variablen modelliert und die Regression von allgemeindidaktischer Planungskompetenz zum ersten Messzeitpunkt (APK-S-T1) sowie der beiden Differenzvariable (APK-S-T2 – APK-S-T1 und APK-S-T3 – APK-S-T2) auf das schulpädagogisch-didaktische Wissen bzw. auf die pädagogischen Vorerfahrungen spezifiziert. Die Variable „Qualität der Beziehung zum Mentor" wurde latent in das Modell aufgenommen und eine korrelative Beziehung zwischen den beiden Differenzvariable (APK-S-T2 – APK-S-T1 und APK-S-T3 – APK-S-T2) und der „Qualität der Beziehung zum Mentor" modelliert, da in diesem Fall die Variable „Qualität der Beziehung zum Mentor" zeitlich nicht den beiden Differenzvariablen vorgelagert ist. Die Korrelationen des indikatorspezifischen Faktors mit den Mediatoren wurden jeweils auf null fixiert.

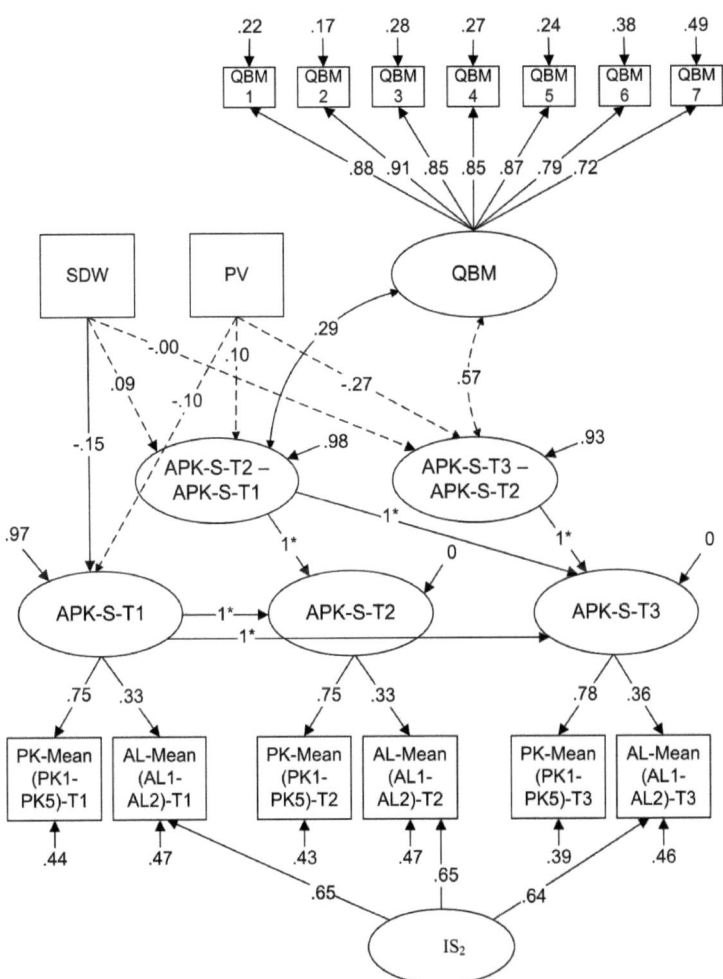

Abbildung 14: Neighbor-Change(NC)-Modell für die Variable „allgemeindidaktische Planungskompetenz (APK-S)" zu den drei Messzeitpunkten (T1-T3) mit den Mediatoren „schulpädagogisch-didaktisches Wissen (SDW)", „pädagogische Vorerfahrungen (PV)" und „Qualität der Beziehung zum Mentor (QBM)" (* = Die latenten Pfadkoeffizienten von APK-S-T1 und der ersten Differenzvariable (APK-S-T2 – APK-S-T1) auf die latente Variable APK-S-T2 sowie von APK-S-T1 und der zweiten Differenzvariable (APK-S-T3 – APK-S-T2) auf APK-S-T2 sind auf eins fixiert. Nicht-signifikante Pfade sind gestrichelt). Die Korrelationen der Mediatorvariablen untereinander sind alle nicht signifikant und sind aus Gründen der Übersichtlichkeit nicht dargestellt. Ebenso nicht abgebildet sind die Korrelationen zwischen den Differenzvariablen sowie zwischen APK-S-T1 und den Differenzvariablen.

Die Ergebnisse der Modellschätzung zeigen für das Gesamtmodell einen signifikanten χ^2-Wert. Die übrigen Fit-Indizes verweisen auf eine gute Anpassungsgüte an die Daten (χ^2 = 125.56; df = 85; p < .01; CFI = .982; RMSEA = .026; SRMR = .044). Die Werte für die Intercepts, Residualvarianzen und die R^2-Werte können der *Tabelle A.14* im Anhang entnommen werden. Der standardisierte Regressionskoeffizient für die Regression von APK-S-T1 auf SDW beträgt -.15 und ist statistisch signifikant (z = -2.39; p = < .05). Das negative Vorzeichen des Wertes verdeutlicht aufgrund der Kodierung der Variable (je geringer der Skalenwert, desto besser die Klausurnote), dass Studierende, die über eine bessere Note und damit höchstwahrscheinlich über mehr schulpädagogisch-didaktisches Wissen verfügen, sich statistisch bedeutsam kompetenter zum ersten Messzeitpunkt einschätzen. Das schulpädagogisch-didaktische Wissen der Studierenden stellt in der modellierten Wirkungsbeziehung somit einen signifikanten Prädiktor für die Einschätzung der allgemeindidaktischen Planungskompetenz zu Beginn des Praktikums dar. Die standardisierten Regressionskoeffizienten für die Regression der beiden Differenzvariablen (APK-S-T2 – APK-S-T1 bzw. APK-S-T3 – APK-S-T2) auf SDW betragen β = .09 und β = -.00. Bemerkenswert ist, dass die Regression von SDW auf die erste Differenzvariable positiv ausfällt, wonach aufgrund der Kodierung der Variable SDW geschlussfolgert werden könnte, dass das schulpädagogisch-didaktische Wissen einen negativen Einfluss auf den Zuwachs der Kompetenzselbsteinschätzung ausübt. Beide Effekte sind allerdings statistisch nicht signifikant (z = .75; p = .45 und z = -.01; p = .99). Das schulpädagogisch-didaktische Wissen hat somit keinen statistisch bedeutsamen Einfluss auf die Kompetenzentwicklung der Studierenden im Praktikum sowie auf den Verlauf der Kompetenzentwicklung nach dem Praktikum.

Hinsichtlich der interessierenden Frage nach dem Einfluss von pädagogischen Vorerfahrungen auf die allgemeindidaktische Planungskompetenz der Studierenden zeigen die Parameterschätzungen des Modells, dass keine statistisch bedeutsamen Wirkungsbeziehungen zwischen den Variablen bestehen. Der Regressionskoeffizient für die Regression von APK-S-T1 auf PV fällt negativ aus (β = -.10) und ist statistisch nicht signifikant (z = -1.56; p = .12). Die Regression von der ersten Differenzvariable (APK-S-T2 – APK-S-T1) auf PV beträgt β = .10. Auch dieser Effekt ist nicht signifikant (z = .88; p = .38). Das Regressionsgewicht für die Regression der zweiten Differenzvariable (APK-S-T3 – APK-S-T2) auf PV beträgt β = -.27 und ist ebenfalls statistisch nicht bedeutsam (z = -.85; p = .40). Die pädagogischen Vorerfahrungen der Studierenden beeinflussen demnach weder die Kompetenzselbsteinschätzung zu Beginn des Praktikums noch die Kompetenzentwicklung im Praktikum bzw. im Verlauf des Studiums.

Die Qualität der Beziehung zum Mentor korreliert statistisch signifikant mit der Kompetenzentwicklung im Praktikum (r = .29; z = 2.75; p < .01), allerdings nicht mit der Entwicklung im weiteren Verlauf des Studiums (r = .57; z = 1.13; p = .26). Eine statistisch bedeutsame Wirkungsbeziehung besteht somit nur für die Entwicklung der allgemeindidaktischen Planungskompetenz im Praktikum.

Insgesamt beträgt die Varianzaufklärung in dem Modell lediglich 1,8 % für die ersten Differenzvariable und 7,1 % für die zweite Differenzvariable, wobei beide R^2-Werte nicht signifikant ausfallen ($p = .59$ und $.67$). Die Residualvarianz der Differenzvariablen liegt bei 98,2 % und 92,9 %. Die interindividuellen Unterschiede im Kompetenzausgangswert der Studierenden lassen sich nur zu 3,2 % durch das schulpädagogisch-didaktische Wissen und die pädagogischen Vorerfahrungen aufklären, wobei auch dieser R^2-Wert nicht signifikant ausfällt ($p = .14$).

5.3.7.2 Lehrer-Selbstwirksamkeitserwartung

Zur Untersuchung der Wirkungsbeziehung zwischen allgemeindidaktischer Planungskompetenz und Lehrer-Selbstwirksamkeitserwartung wurde ein autoregressives Modell spezifiziert. *Tabelle 12* zeigt die auf der Grundlage des Messmodells ermittelten latenten Korrelationen der beiden Konstrukte. Wie zu erkennen, korrelieren beide Konstrukte zum jeweils gleichen Messzeitpunkt hoch miteinander ($r = .52$ bis $r = .58$), während der Zusammenhang im Längsschnitt, d.h. von der allgemeindidaktischen Planungskompetenz bzw. Lehrer-Selbstwirksamkeitserwartung des ersten Messzeitpunkts zu dem jeweils anderen Konstrukt des zweiten bzw. dritten Messzeitpunkts, abnimmt. Für beide Konstrukte ist darüber hinaus eine hohe Stabilität über die Zeit feststellbar, so dass für das autoregressive Modell hohe Autokorrelationen und geringe kreuzverzögerte Effekte anzunehmen sind.

Tabelle 12: Latente Korrelationen der Konstrukte im Längsschnitt

	LSW-T1	LSW-T2	LSW-T3	APK-S-T1	APK-S-T2
LSW-T1					
LSW-T2	.60***				
LSW-T3	.77***	.72***			
APK-S-T1	.54***	.42***	.33*		
APK-S-T2	.37***	.59***	.52***	.74***	
APK-S-T3	.37**	.41***	.54***	.67***	.89***

*Anmerkungen. LSW = Lehrer-Selbstwirksamkeitserwartung; APK-S = Allgemeindidaktische Planungskompetenz; T = Zeitpunkt; * $p < .05$, ** $p < .01$, *** $p < .001$.*

Das Ausgangsmodell der Cross-Lagged-Panel-Analyse bildete das Messmodell, in dem keine autoregressiven und kreuzverzögerten Pfade modelliert wurden. Anschließend wurde ein autoregressives Modell zweiter und erster Ordnung spezifiziert. Um zu überprüfen, welches der Modelle die Daten am besten reproduzieren kann, wurde mit Hilfe des χ^2-Differenztests das weniger restriktive Modell gegen das jeweils restriktivere Modell getestet. *Tabelle 13* zeigt die Modellfit-Werte der Modelle im Vergleich.

Tabelle 13: Modellfit-Werte der unterschiedlichen autoregressiven Modelle

	χ^2	df	p	CFI	RMSEA	SRMR	AIC	BIC
Messmodell	38.29	42	.63	1.000	.000	.052	4462.80	4680.77
Modell 2. Ordnung	42.41	44	.54	1.000	.000	.053	4462.82	4671.71
Modell 1. Ordnung	52.98	46	.22	.993	.015	.061	4469.69	4669.50

Die Ergebnisse verdeutlichen, dass alle Modelle eine gute Anpassung an die Daten aufweisen, wobei der SRMR-Wert für das autoregressive Modell erster Ordnung im akzeptablen Bereich liegt. Nach dem χ^2-Differenztest zum Vergleich des Messmodells mit dem autoregressiven Modell zweiter Ordnung ist das restriktivere Modell zu favorisieren ($\Delta\chi^2 = 4.31$; $\Delta df = 2$; $p = .12$). Der AIC-Wert fällt für das Messmodell geringfügig besser aus, während der BIC-Wert für das autoregressive Modell zweiter Ordnung günstiger ist. Der Modellvergleich der autoregressiven Modelle zweiter und erster Ordnung zeigte, dass das autoregressive Modell zweiter Ordnung zu bevorzugen ist ($\Delta\chi^2 = 10.02$; $\Delta df = 2$; $p < .01$). Der AIC-Wert fällt für das autoregressive Modell zweiter Ordnung ebenso günstiger aus. Lediglich der BIC-Wert ist für das Modell erster Ordnung geringfügig besser. Aufgrund der Ergebnisse wurde das autoregressive Modell zweiter Ordnung beibehalten.

Das spezifizierte Modell ist in Abbildung 15 dargestellt. Es basiert auf den LS-Modellen in Kapitel 5.3.4 und 5.3.5 und wurde durch die Modellierung autoregressiver und kreuzverzögerter Pfade zwischen den latenten Variablen zu einem autoregressiven Modell zweiter Ordnung erweitert. Insgesamt wurden sechs autoregressive Pfade (jeweils vom ersten zum zweiten sowie vom ersten zum dritten Messzeitpunkt) geschätzt. Die vier kreuzverzögerten Effekte modellieren Effekte von der Lehrer-Selbstwirksamkeitserwartung zum ersten bzw. zweiten Messzeitpunkt auf die allgemeindidaktische Planungskompetenz zum zweiten bzw. dritten Messzeitpunkt sowie umgekehrt von der allgemeindidaktischen Planungskompetenz zum ersten bzw. zweiten Messzeitpunkt auf die Lehrer-Selbstwirksamkeitserwartung zum zweiten bzw. dritten Messzeitpunkt.

Analog zu den beiden LS-Modellen wurden indikatorspezifische Effekte jeweils über einen indikatorspezifischen Faktor (IS_{21} und IS_{12}) modelliert, wobei Korrelationen des IS_{21} mit den APK-S-Faktoren und -residuen sowie Korrelationen des IS_{12} mit den LSW-Faktoren und -residuen zugelassen wurden. Darüber hinaus wurden Korrelationen der latenten Residualvariablen zum gleichen Messzeitpunkt geschätzt. Die Messinvarianztestung erfolgte bereits in den LS-Analysen in Kapitel 5.3.4 und 5.3.5. Für die Messstruktur der Variable APK-S kann strikte Messinvarianz, für die Messstruktur der Variable LSW starke Messinvarianz angenommen werden. Der *Tabelle A.15* im Anhang können die Werte für die Intercepts, Residualvarianzen und die R^2-Werte entnommen werden.

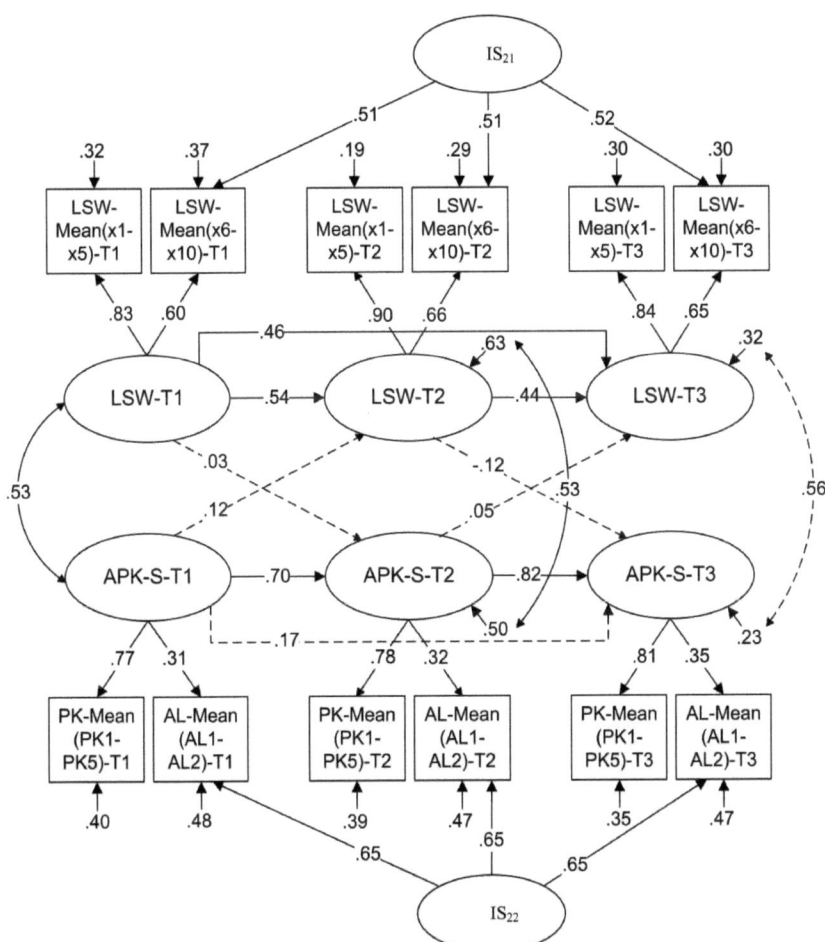

Abbildung 15: Autoregressives Modell zweiter Ordnung für die Variablen „allgemeindidaktische Planungskompetenz (APK-S)" und „Lehrer-Selbstwirksamkeitserwartung (LSW)" zu den drei Messzeitpunkten (T1-T3). Die Korrelationen der indikatorspezifischen Faktoren untereinander und mit den latenten Variablen des jeweils anderen Konstrukts sind aus Gründen der Übersichtlichkeit nicht dargestellt (nicht-signifikante Pfade gestrichelt).

Wie die Ergebnisse der Modellschätzung zeigen, liegen für die Lehrer-Selbstwirksamkeitserwartung statistisch bedeutsame Autokorrelationen erster ($\beta = .54$ und $\beta = .44$) und zweiter Ordnung ($\beta = .46$) vor. Eine statistisch bedeutsame mittlere intraindividuelle Stabilität über die Zeit besteht somit nicht nur zwischen den unmittelbar zeitlich

aufeinanderfolgenden Messzeitpunkten, sondern die Lehrer-Selbstwirksamkeitserwartung zum ersten Messzeitpunkt hat darüber hinaus einen statistisch bedeutsamen
direkten Effekt auf die Lehrer-Selbstwirksamkeitserwartung zum dritten Messzeitpunkt.

Für die allgemeindidaktischen Planungskompetenz verdeutlichen die Ergebnisse
hohe und signifikante Autokorrelationen erster Ordnung und damit hohe zeitliche Sta-
bilitäten zwischen dem ersten und zweiten ($\beta = .70$) sowie zwischen dem zweiten und
dritten Messzeitpunkt ($\beta = .82$). Die Autokorrelation zweiter Ordnung ist gering und
nicht signifikant ($\beta = .17$). Die Einschätzung der allgemeindidaktischen Planungskompetenz hat somit nur einen statistisch bedeutsamen Einfluss auf die Kompetenzselbsteinschätzung zum unmittelbar folgenden Messzeitpunkt, allerdings besteht kein signifikanter autokorrelierter Effekt vom ersten zum dritten Messzeitpunkt.

Hinsichtlich der interessierenden Fragestellung, inwiefern sich die beiden Konstrukte wechselseitig beeinflussen, zeigen die Parameterschätzungen der Kreuzpfade,
dass in dem Modell keine signifikanten zeitverzögerten Effekte nachgewiesen werden
können. Die Höhe der Pfadkoeffizienten deutet zumindest eine sich im Verlauf des
Längsschnitts umkehrende Wirkungsrichtung an: Vom ersten zum zweiten Messzeitpunkt fällt der kreuzverzögerte Effekt von allgemeindidaktischer Planungskompetenz
auf Lehrer-Selbstwirksamkeitserwartung höher aus ($\beta = .12$) als der umgekehrte kreuzverzögerte Effekt ($\beta = .03$). Vom zweiten zum dritten Messzeitpunkt ist der Pfad von
Lehrer-Selbstwirksamkeitserwartung auf allgemeindidaktische Planungskompetenz höher ($\beta = -.12$) als die umgekehrte Wirkrichtung ($\beta = .05$). Der Pfad ist zudem negativ.
Insgesamt zeigt sich jedoch, dass sich beide Konstrukte trotz hoher Korrelation zu den
jeweiligen Messzeitpunkten (vgl. *Tabelle 12*) statistisch nicht bedeutsam beeinflussen.

Die Korrelationen zwischen den Residualvariablen zum zweiten ($r = .53$;
$p < .001$) und dritten Messzeitpunkt ($r = .56$; $p = .09$) sind von der Größe substanziell,
allerdings zum dritten Messzeitpunkt nicht signifikant. Zum zweiten Messzeitpunkt
liegt demnach eine gemeinsame messspezifische Varianz vor, die nicht durch Autokorrelationen und kreuzverzögerte Effekte erklärt werden kann. Möglicherweise spielt der
Erhebungszeitpunkt unmittelbar nach dem Praktikum eine Rolle, der sich sowohl auf
die Einschätzung der allgemeindidaktischen Planungskompetenz als auch der Lehrer-
Selbstwirksamkeitserwartung auswirkt. Hier muss vermutlich von einer höheren Mess-
gelegenheitsspezifität unter dem Eindruck des gerade beendeten Praktikums ausgegangen werden (vgl. Geiser, 2010).

Durch das spezifizierte autoregressive Modell zweiter Ordnung können 50,2 % der
Varianz der allgemeindidaktischen Planungskompetenz zum zweiten Messzeitpunkt
und 77,3 % zum dritten Messzeitpunkt erklärt werden. Für die Lehrer-Selbstwirksamkeitserwartung beträgt der aufgeklärte Varianzanteil 37,2 % zum zweiten und 68,3 %
zum dritten Messzeitpunkt. Die relativ hohe aufgeklärte Varianz der latenten Variablen
lässt sich vor allem auf die Autokorrelationen zurückführen.

Aufgrund der festgestellten nicht-signifikanten kreuzverzögerten Effekte in dem Modell wurde in einem abschließenden Analyseschritt überprüft, ob ein autoregressives Modell, in dem keine Kreuzpfade modelliert werden (sog. isolated stability model, vgl. Hertzog & Nesselroad, 1987), die Daten ebenso gut reproduzieren kann. Die Modellfit-Werte für dieses Modell zeigen eine gute Anpassungsgüte (χ^2 = 44.05; df = 48; p = .64; CFI = 1.000; RMSEA = .000; SRMR = .052). Nach dem χ^2-Differenztest ist das restriktivere Modell ohne Kreuzpfade zu favorisieren ($\Delta\chi^2$ = 1.83; Δdf = 4; p = .77). Auch die AIC- und BIC-Werte fallen für das Modell zweiter Ordnung (AIC = 4462.82, BIC = 4671.71) ungünstiger aus als für das Modell ohne Kreuzpfade (AIC = 4456.89, BIC = 4647.61). Der aufgeklärte Varianzanteil in diesem Modell beträgt für die allgemeindidaktische Planungskompetenz zum zweiten Messzeitpunkt 47,7 % und zum dritten Messzeitpunkt 71,0 %. Für die Lehrer-Selbstwirksamkeitserwartung werden im Modell 37,3 % zum zweiten Messzeitpunkt und 69,0 % zum dritten Messzeitpunkt erklärt. Insgesamt unterstützt das Ergebnis dieser abschließenden Modellierung den bisherigen Befund, wonach die Annahme von kreuzverzögerten Effekten zwischen der allgemeindidaktischen Planungskompetenz und der Lehrer-Selbstwirksamkeitserwartung zu vernachlässigen ist. Beide Konstrukte stehen in keiner statistisch bedeutsamen Wirkungsbeziehung zueinander.

5.4 Diskussion

Die vorliegende Wirksamkeitsstudie zu Lerneffekten von Schulpraktika untersuchte, wie sich die selbsteingeschätzte allgemeindidaktische Planungskompetenz und die Lehrer-Selbstwirksamkeitserwartung von Studierenden innerhalb eines allgemeinen Blockpraktikums und im weiteren dreimonatigen Studienverlauf entwickelt. Für die allgemeindidaktische Planungskompetenz wurde zusätzlich die Frage analysiert, welchen Einfluss zentrale Bedingungsfaktoren (schulpädagogisch-didaktisches Wissen, pädagogische Vorerfahrungen, Qualität der Beziehung zum Mentor, Lehrer-Selbstwirksamkeitserwartung) auf die Kompetenzentwicklung haben bzw. in welcher Wechselwirkung diese Bedingungsfaktoren mit der Kompetenzentwicklung stehen. Im Folgenden werden die aus den drei zentralen Fragestellungen abgeleiteten Hypothesen der Studie (vgl. Kapitel 5.1) zusammenfassend beantwortet und die Ergebnisse vor dem Hintergrund bislang vorliegender Forschungsbefunde diskutiert.

5.4.1 Entwicklung der allgemeindidaktischen Planungskompetenz

Die dargestellten Ergebnisse hinsichtlich der Entwicklung der allgemeindidaktischen Planungskompetenz (vgl. Kapitel 5.3.4) verdeutlichen analog zu den bisherigen Forschungsbefunden der Lehrerbildungsforschung (u.a. Bodensohn & Schneider, 2009; Mücke et al., 2006; Schubarth et al., 2009) einen relativ hohen Kompetenzausgangswert zu Beginn des Praktikums, wobei weiterführend gezeigt werden konnte, dass sich die Studierenden signifikant in dem Ausgangswert ihrer allgemeindidaktischen Planungskompetenz unterscheiden, d.h. es liegen statistisch bedeutsame interindividuelle Differenzen in der Kompetenzausprägung vor.

Trotz des relativ hohen Ausgangsniveaus zu Beginn des Praktikums ist in der Latent-Change-Analyse noch ein signifikanter Anstieg der allgemeindidaktischen Planungskompetenz im vierwöchigen Praktikumsverlauf nachweisbar. Nach der Klassifikation von Cohen (1988) ist der Kompetenzzuwachs mit einer Effektstärke von $d = .77$ als moderat zu bezeichnen. Auch dieser Befund korrespondiert mit den bisherigen Studien, die ebenso Kompetenzentwicklungen in schulpraktischen Ausbildungsphasen belegen, insbesondere im Bereich der Unterrichtskompetenzen (vgl. u.a. Bodensohn & Schneider, 2009; Schubarth et al., 2009; s. auch Kapitel 3.6.2).

Die negative Korrelation zwischen dem Kompetenzausgangswert und dem Veränderungswert im Praktikum verweist auf differentielle Entwicklungsverläufe der Studierenden. Je höher die allgemeindidaktische Planungskompetenz vor dem Praktikum eingeschätzt wurde, desto geringer verlief der Kompetenzanstieg in der schulpraktischen Phase, wobei die Varianz des Veränderungswerts nicht signifikant ausfiel. Hieraus wäre zu schlussfolgern, dass die gefundenen interindividuellen Differenzen in der allgemeindidaktischen Planungskompetenz zu Beginn des Praktikums sich nicht bedeutsam verändern, d.h. keine signifikanten differentiellen Veränderungsprozesse stattfinden. Möglicherweise verfügte der Varianztest aber über nicht genügend Power, so dass der Veränderungswert nicht signifikant wurde. Diese Annahme wird dadurch unterstützt, dass bei den Analysen zu den Einflussbedingungen auf die Kompetenzentwicklung durchaus Einflüsse nachweisbar waren (vgl. Kapitel 5.3.7). Generell sind bei Lernzuwächsen differentielle Entwicklungsverläufe zu erwarten. Bei einem hohen Ausgangswert in einem curriculumbezogenen Test kann nicht viel Kompetenz dazugewonnen werden (Deckeneffekt). Insofern stellt das Ergebnis einen erwartbaren und plausiblen Befund dar.

Festzuhalten bleibt, dass im Rahmen des Schulpraktikums eine statistisch bedeutsame Kompetenzentwicklung in der allgemeindidaktischen Planungskompetenz nachgewiesen werden konnte, wobei die individuellen Differenzen in den Kompetenzausgangswerten zwischen den Studierenden geringer wurden und sich tendenziell annäherten. Das Schulpraktikum stellte somit für die Gruppe der Studierenden offensichtlich in unterschiedlicher Weise eine Lern- bzw. Übungsgelegenheit dar.

Im weiteren dreimonatigen Verlauf des Studiums veränderte sich die allgemeindidaktische Planungskompetenz statistisch nicht bedeutsam und blieb nahezu stabil. Dieses Ergebnis fällt wie erwartet aus, da für die Studierenden in dem Zeitraum keine curricularen Lern- und Übungsgelegenheiten zur Erweiterung ihrer allgemeindidaktischen Planungskompetenz bestanden. Hypothese 1, die eine Kompetenzentwicklung innerhalb des Praktikums postulierte sowie Hypothese 2, die die Stabilität dieser Lerneffekte bis zur Follow-up-Messung angenommen hat, werden somit bestätigt. Im Unterschied zu Studien, die Lerneffekte von Schulpraktika häufig nicht ohne Störeinflüsse (z.B. Lerneffekte des Studiums) untersuchen konnten, da die Messzeitpunkte einen

Teil des Studiums einschlossen (u.a. Bodensohn & Schneider, 2008), kann die vorliegende Studie in besonderem Maße als intern valide angesehen werden. Die Messzeitpunkte liegen unmittelbar vor und nach dem Praktikum. Da es sich um ein zeitintensi-
ves Blockpraktikum in der vorlesungsfreien Zeit handelte, sind weitere Lern- und
Übungsgelegenheiten unwahrscheinlich und der nachgewiesene Anstieg der Kompetenz-Selbsteinschätzung lässt sich mit großer Wahrscheinlichkeit auf tatsächliche Effekte des Praktikums zurückführen.

5.4.2 Fremd- vs. Selbsteinschätzung

Der Vergleich der Selbsteinschätzung der Studierenden mit der Fremdeinschätzung der
praktikumsbetreuenden Mentoren am Ende des Praktikums konnte aufgrund unzulässi-
ger Ergebnisse bei der Schätzung der Modellparameter nicht auf latenter Ebene durchgeführt werden. Die Ursachen für derartige „Heywood Cases" können vielfältig sein
(vgl. Geiser, 2010). Im vorliegenden Fall ist zu berücksichtigen, dass aufgrund der geringen Indikatorenanzahl das Modell mit nur einem Freiheitsgrad identifiziert war. Die
festgestellte Missspezifikation könnte daher auf zu wenige Indikatoren pro Faktor zurückzuführen sein. Die Fragestellung wurde daher auf manifester Ebene untersucht und
die damit einhergehenden Einschränkungen thematisiert (vgl. Kapitel 5.2.6).

Auf manifester Ebene zeigte sich, dass die Einschätzungen der Studierenden moderat mit der Fremdeinschätzung durch Mentoren korreliert und die Mittelwerte der
Selbst- und Fremdeinschätzung nicht bedeutsam voneinander abweichen, wobei das
Fremdurteil der Mentoren geringfügig besser ausfällt als die Einschätzung der Studierenden. Hypothese 3, die von einer schlechteren Selbsteinschätzung ausgegangen ist,
kann somit bestätigt werden. Das Ergebnis fügt sich in die bisherigen Forschungsbefunde ein, die belegen, dass Lehramtsstudierende in ihrer Selbsteinschätzung strenger sind als die sie betreuenden Mentoren in ihrem Fremdurteil (Bodensohn & Schneider, 2009; Moser & Hascher, 2000; Boekhoff et al., 2008) bzw. dass die Einschätzungen nur geringfügig voneinander abweichen (Moser & Hascher, 2000; Müller, 2010).

Auf interindividueller Ebene konnte darüber hinaus ein eher moderater Zusammenhang zwischen Selbst- und Fremdeinschätzung festgestellt werden, d.h. es liegt ein
nicht unbeträchtlicher Anteil von Selbstüberschätzungen bzw. -unterschätzungen bei
den Studierenden vor. Die Problematik der Selbsteinschätzung von Kompetenzen wurde ausführlich in Kapitel 1.3.5 diskutiert (vgl. hierzu auch Kapitel 6.4.5). Es kann zudem nicht ausgeschlossen werden, dass Mentoren die Kompetenzen ihrer betreuten
Studierenden aus unterschiedlichen Gründen nicht realistisch einschätzen (z.B. durch
Beobachtungsfehler aufgrund des zumeist engen und persönlichen Bereuungsverhält-
nisses oder aufgrund der eigenen Beteiligung an der Stundenplanung der Studierenden). Es ist somit möglich, dass es auch hierbei zu Über- und Unterschätzungen
kommt. Die zusätzliche Erfassung von Kompetenzen durch objektive Testverfahren ist
notwendig, um derartige Beurteilungsfehler zu relativieren.

5.4.3 Entwicklung der Lehrer-Selbstwirksamkeitserwartung

Für die Frage nach der Entwicklung der Lehrer-Selbstwirksamkeitserwartung ist ein signifikanter Anstieg innerhalb des Praktikums von mittlerer Effektstärke nachweisbar. Die Hypothese 3 wird somit bestätigt. Das Ergebnis stützt bisherige Studien, die mehrheitlich von ansteigenden Entwicklungsverläufen in Praxisphasen und im Laufe der Lehrerausbildung berichten (Fives, Hamman & Olivarez, 2007; Gorrell & Hwang, 1995; Housego, 1992; Knoblauch & Woolfolk Hoy, 2008; Newman, Lenhart, Moss & Newman, 2000; Wenner, 2001; Woolfolk Hoy & Burke-Spero, 2005; s. auch Kapitel 2.4.3), steht für den deutschsprachigen Raum allerdings im Widerspruch zu dem jüngeren Befund von Schulte (2008), die mit dem Einsatz des Instruments von Schmitz und Schwarzer (1999) innerhalb eines Blockpraktikums keine substanziellen Veränderungen feststellen konnte. Divergente Ergebnisse zeigen sich für die Entwicklung der Lehrer-Selbstwirksamkeitserwartung insgesamt (vgl. Kapitel 2.4.3) und sind z.T. auf unterschiedliche Forschungsdesigns und Praktikumsstrukturen zurückzuführen. Die Studierenden der vorliegenden Studie haben vor dem Blockpraktikum zwei intensiv betreute, semesterbegleitende schulpraktische Studien (SPS) sowie ein zweiwöchiges Blockpraktikum absolviert (vgl. Kapitel 3.4.5), mit denen ein sukzessives Heranführen an die komplexen Handlungsstrukturen von Unterricht ermöglicht wird und die möglicherweise eine günstige Voraussetzung für die folgenden Entwicklungsprozesse der Lehrer-Selbstwirksamkeitserwartung im untersuchten Praktikum darstellten. Das Ausmaß an Unterstützung bildet nach bisherigem Kenntnisstand einen zentralen, protektiven Faktor für die Lehrer-Selbstwirksamkeit insgesamt und insbesondere für die Entwicklungsprozesse von Studierenden in Praxisphasen (vgl. Kapitel 2.4.3).

Festzuhalten bleibt, dass Schulpraktika für Studierende offensichtlich eine Lerngelegenheit darstellen können, in der sie schul- und unterrichtsbezogene Erfolgserfahrungen sammeln, die sie in ihrer Überzeugung stärken, Schwierigkeiten berufsspezifischer Anforderungssituationen des Lehrerberufs bewältigen zu können. Dabei kann auf individueller Ebene nicht ausgeschlossen werden, dass überhöhte Selbstwirksamkeitserwartungen ausgebildet werden, die unter Umständen auch eine abträgliche Wirkung auf die Bereitschaft zur Weiterentwicklung der eigenen Kompetenzen haben können. Grundsätzlich ist ein Anstieg der Lehrer-Selbstwirksamkeitserwartung aus Sicht der Lehrerbildung gleichwohl positiv zu beurteilen – insbesondere angesichts der wiederholt nachgewiesenen positiven Auswirkungen von Lehrer-Selbstwirksamkeitserwartungen auf die Gesundheit und das Verhalten von Lehrkräften im Unterricht als auch auf das Schülerverhalten (vgl. Kapitel 2.4.3). Curriculare Elemente des Lehramtsstudiums, die zu einer substanziellen Verringerung der berufsspezifischen Wirksamkeitseinschätzungen und damit zu nicht intendierten Lernwirkungen führten, müssten dagegen kritisch hinsichtlich ihrer Relevanz als Ausbildungsbestandteil hinterfragt werden. Es kann nicht Ziel der Lehrerbildung sein, diesbezüglich systematische Rückgänge her-

beizuführen, es sei denn Lehramtsstudierende würden zu unrealistisch hohen Selbstwirksamkeitserwartungen neigen, was sicherlich kaum der Fall ist.

Im Gegensatz zu den mehrheitlichen Forschungsbefunden, die einen Anstieg der
Lehrer-Selbstwirksamkeitserwartung auch im Verlauf des Studiums belegen (vgl. Kapitel 2.4.3), zeigt sich in der vorliegenden Studie für den Zeitraum von drei Monaten
nach dem Schulpraktikum ein statistisch bedeutsamer Rückgang der Lehrer-Selbstwirksamkeitserwartung von kleiner Effektstärke – entgegen der Erwartung eines zeitstabilen Verlaufs aufgrund insbesondere fehlender schulpraktischer Lerngelegenheiten
mit möglichen Erfolgs- bzw. Misserfolgserfahrungen in lehrerberufsspezifischen Anforderungsbereichen. Hypothese 4 kann somit nicht bestätigt werden. Hinsichtlich der
interessierenden Frage nach der Nachhaltigkeit von Lehrer-Selbstwirksamkeitserwartungen muss demnach von einer reduzierten zeitlichen Stabilität der Lerneffekte
ausgegangen werden. Offensichtlich wird die eigene Wirksamkeit im Hinblick auf die
Anforderungen des Lehrerberufs in der Retrospektive kritischer eingeschätzt. Möglicherweise spielt hierbei sowohl der Eindruck der Anforderungen des Studiums eine Rolle
als auch der zeitliche Abstand zum Praktikum und damit zu den unmittelbaren schulpraktischen Erfolgserfahrungen, die als wesentliche Quelle für Selbstwirksamkeits-
werwartungen gelten (vgl. Kapitel 2.2.1). Das Ergebnis korrespondiert mit dem Befund
von Ross (1994), wonach die Selbstwirksamkeitserwartungen von Lehrkräften erst im
Laufe der beruflichen Entwicklung zunehmend stabiler und veränderungsresistenter
werden. Auch Bandura (1997) verweist in diesem Zusammenhang darauf, dass Misserfolge insbesondere dann Selbstwirksamkeitserwartungen schwächen, wenn noch nicht
genügend hohe Selbstwirksamkeitserwartungen entwickelt worden sind.

Die dargestellten Ergebnisse der Latent-Change-Analyse (vgl. Kapitel 5.3.5) er-
brachten darüber hinaus Belege für differenzielle Entwicklungsverläufe der Lehrer-
Selbstwirksamkeitserwartung. Die Studierenden unterscheiden sich nicht nur statistisch
bedeutsam im Ausgangswert ihrer Wirksamkeitseinschätzung, sondern auch in ihren
Veränderungswerten, d.h. der Anstieg der Lehrer-Selbstwirksamkeitserwartung im
Verlauf des Praktikums und der Rückgang im weiteren Studium vollzieht sich nicht in
gleicher Weise, sondern die individuellen Differenzen zwischen den Studierenden verändern sich, wobei zwei Veränderungsprozesse beobachtet werden konnten: Eine höhere Lehrer-Selbstwirksamkeitserwartung zu Beginn des Studiums geht zum einen mit
einer geringeren Entwicklung im Praktikum einher. Hier zeigte sich ein moderater Zusammenhang. Dieser Befund ist bei Lernzuwächsen generell erwartbar, da bei einem
hohen Ausgangswert ein geringerer Zuwachs möglich ist. Zum anderen ist der Rückgang der Wirksamkeitseinschätzung im Verlauf des Studiums umso stärker, je geringer
sich der Anstieg im Praktikum vollzieht. Diese Wirkungsbeziehung fiel hoch aus. Studierende machen vermutlich in unterschiedlichem Umfang Erfolgs- bzw. Misserfolgserfahrungen im Praktikum, wodurch sich differenzielle Veränderungsprozesse erklären lassen. Wenn nur wenige Erfolgserfahrungen im Praktikum gemacht werden
und damit der Anstieg der Wirksamkeitseinschätzung eher gering ist, hat dies offenbar

auch eine abträgliche Wirkung auf den weiteren Entwicklungsverlauf der Lehrer-Selbstwirksamkeitserwartung im Studium.

5.4.4 Entwicklungsbedingungen der allgemeindidaktischen Planungskompetenz

5.4.4.1 Schulpädagogisch-didaktisches Wissen

Hinsichtlich der Bedingungen der Kompetenzentwicklung (vgl. Kapitel 5.3.7) zeigte sich in der vorliegenden Studie, dass das schulpädagogisch-didaktische Wissen der Studierenden zwar erwartungsgemäß die Kompetenzselbsteinschätzung zu Beginn des Praktikums gering beeinflusst, allerdings nicht die Kompetenzentwicklung im Praktikum. Studierende, die über mehr schulpädagogisch-didaktisches Wissen verfügen, schätzen sich zu Beginn des Praktikums kompetenter ein, allerdings resultiert daraus kein günstigerer Entwicklungsverlauf innerhalb des Praktikums. Hypothese 6, die keinen Einfluss des schulpädagogisch-didaktischen Wissens der Studierenden auf die Kompetenzentwicklung postulierte, kann somit bestätigt werden. Der Befund stützt die bisherigen Forschungsbefunde, dass offenbar eine deutliche Kluft zwischen dem universitär erworbenen Wissen, das als wenig brauchbar für das planungsbezogene Handeln in der Praxis wahrgenommen wird, und den Lernprozessen im Praktikum besteht (u.a. Alexander et al., 1992; Borko & Mayfield, 1995; Frykholm, 1996, 1999; Hascher, 2007; Hascher & Wepf, 2007; s. auch Kapitel 3.6.2). Bislang ist nicht hinreichend untersucht, inwiefern Studierende in Schulpraktika auf theoretische Wissensbestände zurückgreifen. Allerdings stehen für Studierende die Bewältigung unmittelbarer Handlungsanforderungen im Praktikum und das Sammeln von Erfahrungen stark im Vordergrund (vgl. Hascher, 2007). Modell-Lernen von dem beobachteten Unterricht der Mentoren stellt für Studierende die zentrale Form des Lernens im Praktikum dar. Daneben sind im Praktikum Lernprozesse durch eigenes Unterrichten relevant („learning by doing"). Schulpraktika bieten hierzu vielfältige Handlungsmöglichkeiten, die derartige Selbstlernprozesse begünstigen (vgl. Arnold et al., 2011). Der Rückgriff auf theoretisches Wissen scheint im Kontext dieser Lernprozesse offensichtlich nicht von substanzieller Bedeutung zu sein – das gilt auch für den spezifischen Bereich der allgemeindidaktischen Planungskompetenz und das zuvor erworbene schulpädagogisch-didaktische Wissen. Ein höheres Wissen in diesem Bereich begünstigt nicht eine stärkere Kompetenzentwicklung im Praktikum bzw. stellt keine Bedingung für einen erfolgreichen Lernprozess im Praktikum dar.

5.4.4.2 Pädagogische Vorerfahrungen

Für die Variable der pädagogischen Vorerfahrungen konnte kein signifikanter Einfluss nachgewiesen werden – sowohl hinsichtlich der Kompetenzselbsteinschätzung zu Beginn des Praktikums als auch bezogen auf die Kompetenzentwicklung im Praktikum. Hypothese 7, die einen solchen Einfluss unterstellte, kann somit nicht bestätigt werden. Pädagogische Vorerfahrungen sind nach dem vorliegenden Ergebnis statistisch nicht bedeutsam für die Lernergebnisse im Praktikum. Das Ergebnis unterstützt den Befund von Mayr (2006), der in einer Längsschnittstudie zeigen konnte, dass pädagogische Vorerfahrungen langfristig nicht zu besseren Praxisleistungen führen. Das Ergebnis der vorliegenden Studie muss vor dem Hintergrund interpretiert werden, dass die Mehrheit der Studierenden über pädagogische Vorerfahrungen verfügt (vgl. Kapitel 5.3.3). Deckeneffekte sind somit nicht auszuschließen. Berücksichtigt werden muss darüber hinaus, dass in dieser Studie der Kompetenzbereich der allgemeindidaktischen Planungskompetenz erfasst wurde, der einen Ausbildungsgegenstand im Rahmen der universitären Lehramtsausbildung darstellt und höchstwahrscheinlich keine explizite Lerngelegenheit im Kontext pädagogischer Vorerfahrungen bildet. Der nicht nachweisbare Einfluss pädagogischer Vorerfahrungen auf die Kompetenzentwicklung der Studierenden im Praktikum lässt sich daher mit der Spezifität des Kompetenzbereichs erklären, für den Vorerfahrungen in anderen pädagogischen Kontexten offensichtlich nicht bedeutsam sind. Es ist davon auszugehen, dass die Ergebnisse je nach operationalisiertem Konstrukt variieren. Hascher und Moser (2000) konnten für verschiedene Items unterschiedliche Wirkungsbeziehungen nachweisen. Negative Korrelationen zeigten sich für die Items „Eine positive Beziehung zur Klasse aufbauen", „Verantwortung übernehmen", „sicher vor der Klasse stehen", „eine angstfreie und positive Lern- und Unterrichtsatmosphäre schaffen", „den Ablauf einer Lektion strukturieren", „Hilfsmittel für den Unterricht bereitstellen" sowie „mit vorhandenen Medien umgehen". Positive Zusammenhänge konnten ermittelt werden für Aussagen zu „erweiterten Lehr-/Lernformen" (z.B. projektartiger Unterricht, Fallstudien durchführen) und „traditionellen Lehr-/Lernformen" (z.B. der Lehr-/Lernform Erzählen) sowie hinsichtlich des individualisierten Umgangs mit Schülern (z.B. mit Lernstörungen umgehen und individuelle Unterschiede berücksichtigen) (vgl. ebd., S. 82f.).

5.4.4.3 Qualität der Beziehung zum Mentor

Die Qualität der Beziehung zum Mentor zeigte sich signifikant und moderat mit der Kompetenzentwicklung im Praktikum korreliert (vgl. Kapitel 5.3.7). Somit wird Hypothese 8 bestätigt. Je zufriedener die Studierenden mit der Zusammenarbeit mit ihrem Mentor sind, desto stärker entwickelt sich ihre selbsteingeschätzte allgemeindidaktische Planungskompetenz im Praktikum. Der Lernerfolg steht offensichtlich in einer bedeutsamen Beziehung zur wahrgenommenen Beziehungsqualität zum Mentor.

Das Ergebnis fügt sich in die bisherigen Forschungsergebnisse ein, die die zentrale Bedeutung von Mentoren für die Lernprozesse von Studierenden in Praxisphasen hervorheben. Mentoren werden von Studierenden als zentrale Lernquelle im Praktikum beschrieben (Hascher, 2007). Handlungsweisen und -muster des Mentors werden häufig von Studierenden adaptiert (Alexander, Muir & Chant, 1992; Kümmel & Uhle, 1982; Moser & Hascher, 2000; Stadelmann, 2006; s. auch Kapitel 3.6.2). Schubarth et al. (2009) konnten zeigen, dass die Kompetenzeinschätzung im Bereich Unterrichten umso höher ausfällt, je besser die Betreuungsqualität im Praktikum wahrgenommen wird. Der Befund der vorliegenden Studie stützt die Annahme, dass auch das Verhältnis zum Mentor eine zentrale Bedingung für einen erfolgreichen Kompetenzentwicklungsprozess im Praktikum darstellt. Es ist davon auszugehen, dass eine positiv erlebte Betreuung während des Praktikums mit einer guten Beziehung zum Mentor einhergeht.

5.4.4.4 Lehrer-Selbstwirksamkeitserwartung

Die Cross-Lagged-Panel-Analyse des Zusammenhangs zwischen allgemeindidaktischer Planungskompetenz und Lehrer-Selbstwirksamkeitserwartung ergab anders als erwartet keine signifikanten Wirkungsbeziehungen zwischen beiden Konstrukten. Keiner der modellierten Kreuzpfade ist statistisch bedeutsam. Somit lässt sich Hypothese 9 nicht bestätigen. Die Höhe der Kreuzpfade deutet zumindest auf eine reziproke Wirkungsrichtung hin: Während der Effekt von allgemeindidaktischer Planungskompetenz zum ersten Messzeitpunkt auf Lehrer-Selbstwirksamkeitserwartung zum zweiten Messzeitpunkt höher ausfällt, kehrt sich dieser Befund vom zweiten zum dritten Messzeitpunkt um. Hier liegt ein stärkerer Effekt von Lehrer-Selbstwirksamkeitserwartung auf allgemeindidaktische Planungskompetenz vor, der zudem negativ ausfällt. Alle Einflüsse sind allerdings gering und statistisch nicht bedeutsam.

Das Ergebnis steht im Widerspruch zu Studien zum Zusammenhang von Selbstwirksamkeit und Leistung, die signifikante Wirkungsbeziehungen nachweisen konnten (für den Bereich der akademischen Leistung u.a. Multon, Brown & Lent, 1991) und hinsichtlich der kausalen Wirkungsrichtung allgemein von einem reziproken Zusammenhang (u.a. Schunk & Schwartz, 1993; Zimmerman, 2000), teilweise auch von einer kausalen Prädominanz der Selbstwirksamkeit ausgehen (u.a. Satow & Schwarzer, 2000; s. auch Kapitel 2.4.2). Auch auf der Grundlage allgemeiner Befunde, die den Einfluss von Selbstwirksamkeitserwartungen auf verschiedene Prozesse der Selbstregulation belegen (vgl. Kapitel 2.4.1), wäre zu erwarten, dass sich die Lehrer-Selbstwirksamkeitserwartung positiv auf die Einschätzung der eigenen Kompetenzen auswirkt.

Eine Erklärung für die schwachen und nicht signifikanten kreuzverzögerten Effekte liegt in der relativ hohen zeitlichen Stabilität insbesondere der allgemeindidaktischen Planungskompetenz, die in dem autoregressiven Modell gefunden wurde. Durch die geringe Veränderungsvarianz der Variablen lassen sich kreuzverzögerte Effekte schwerer nachweisen. So konnten auch Mittag, Kleine und Jerusalem (2002) für den Zusammenhang zwischen schulbezogener Selbstwirksamkeit und Schulleistung nur schwache, aber statistisch bedeutsame Kreuzeffekte belegen, wobei die Autokorrelationen wesentlich höher ausfielen als im vorliegenden autoregressiven Modell.

Berücksichtig werden muss zudem, dass bisherige Studien die Wirkungsbeziehungen zwischen Leistung in verschiedenen Bereichen (u.a. schulische, akademische, be-

rufliche Leistung) und Selbstwirksamkeitserwartung untersuchten (vgl. Kapitel 2.4.2).
Die vorliegende Studie realisiert hingegen eine Cross-Lagged-Panel-Analyse zwischen
der Lehrer-Selbstwirksamkeitserwartung von Studierenden und ihrer Selbsteinschätzung hinsichtlich der allgemeindidaktischen Planungskompetenz. In dieser längsschnittlichen Analyse erwies sich die Lehrer-Selbstwirksamkeitserwartung der Studierenden trotz hoher Anfangskorrelation zwischen beiden Konstrukten nicht als substanzielle Einflussgröße für die Kompetenzselbsteinschätzung zu einem späteren Messzeitpunkt. Die mit dem Instrument von Schwarzer und Schmitz (1999) erfassten
lehrerberufsspezifischen Anforderungsbereiche sind offenbar weniger bedeutsam für
die Kompetenzeinschätzung in dem speziellen Bereich der allgemeindidaktischen Planungskompetenz. Die operationalisierten Bereiche der Skala umfassen unterschiedliche Kompetenzanforderungen (berufliche Leistung, berufliche Weiterentwicklung, soziale Interaktionen mit Schülern, Eltern und Kollegen sowie Umgang mit Berufsstress),
die sich nicht unmittelbar auf Planungsmomente von Unterricht beziehen. Das Aus-
bleiben kreuzverzögerter Effekte könnte somit durch die verschiedenen Inhaltsbereiche
beider Konstrukte und ihrer inhaltlichen Spezifität erklärt werden, die eine Einschätzung der eigenen allgemeindidaktischen Planungskompetenz weitgehend unabhängig
von der durch Schwarzer und Schmitz (1999) entwickelten Skala zur Lehrer-Selbstwirksamkeitserwartung ermöglicht.

5.4.5 Methodik der Studie

5.4.5.1 Instrumente

Die vorliegende Studie nutzte ein Selbsteinschätzungsinstrument zur Erfassung der allgemeindidaktischen Planungskompetenz von Studierenden. Unter dem Gesichtspunkt
der Validität wird somit das Selbstkonzept der Planungskompetenz erfasst. Korrelationen von bereichsspezifischen Selbstkonzepten mit den entsprechenden testbasiert erfassten Kompetenzen fallen im Bildungssystem für ältere Schüler recht hoch aus
(Helmke, 1992; Moschner & Dickhäuser, 2006), wobei allerdings die validitäts-
mindernden Einflüsse von Antworttendenzen (soziale Erwünschtheit, differenzielle
Selbstüberschätzung) berücksichtigt werden müssen (vgl. Kapitel 1.3.5).

Im Hinblick auf die Messung allgemeindidaktischer Planungskompetenz kommen
verschiedene instrumentelle Erfassungsstrategien in Frage, die gleichwohl ebenso mit
Einschränkungen verbunden sind. Die in der Lehrerbildungsforschung häufig als eine
objektive Alternative zu Selbsteinschätzungsverfahren diskutierte Erfassung von Ver-
haltensdaten, etwa durch die Beobachtung der Unterrichtsplanungen von Studierenden
bzw. Interviews zur Planung sowie Unterrichtsbeobachtungen und deren Analyse,
stellt bereits für eine einzelne Messung ein methodisch zu aufwändiges Verfahren dar,
um eine Kompetenzmessung bei einer großen Stichprobe realisieren zu können. Zudem
wären hierbei eher sogar mehrere Messungen erforderlich, um die schulfachliche und
klassenbezogene Variabilität der Planungs- und Durchführungsbedingungen berück-

sichtigen zu können. Nicht zuletzt müssen bei der Kompetenzmessung durch Unterrichtsbeobachtungen auch Fragen nach der Auswertungsobjektivität (Beobachtungsfehler der Diagnostiker) bedacht werden.

Die Erfassung von lehrerberufsspezifischen Kompetenzen und deren Entwicklungsverläufe in den Phasen der Lehrerbildung stellt nach wie vor eine methodische Herausforderung für die vergleichsweise junge Lehrerbildungsforschung dar. Weiterreichende Studien sind erforderlich, um genügend belastbare Ergebnisse über die Kompetenzen und Kompetenzentwicklungen (angehender) Lehrkräfte zu erhalten. Insbesondere in größer angelegten Untersuchungen können aufwändige Studiendesigns realisiert werden, etwa die bislang kaum durchgeführte Kombination von subjektiven und objektiven Erfassungsmethoden zur Kompetenzmessung (vgl. hierzu Kunter & Pohlmann, 2010), womit die Perspektive eröffnet wird, das komplexe Forschungsfeld der Kompetenzentwicklung in der Lehrerbildung angemessen berücksichtigen zu können und die spezifischen Vorteile der jeweiligen Erfassungsmethode zu nutzen. So wird beispielsweise in dem Forschungsprojekt ESIS (Bach et al., 2010) an der Entwicklung eines anwendungsorientierten Leistungstests gearbeitet, mit dem Unterrichtskompetenzen objektiv erfasst werden sollen und die in den Vergleich zu Selbsteinschätzungen durch Studierende gesetzt werden. Der Test wird durchweg Multiple-Choice Fragen enthalten, die u. a. in Weiterentwicklung von offenen Fragen der TEDS-M bzw. des LEK-Tests (vgl. König, 2010; König & Blömeke, 2010) entwickelt werden.

Die Lehrer-Selbstwirksamkeitserwartung der Studierenden wurde mit der Skala zur individuellen Lehrer-Selbstwirksamkeitserwartung von Schwarzer und Schmitz (1999) erfasst. Die Skala wurde für *praktizierende* Lehrkräfte konzipiert. Daher muss diskutiert werden, inwiefern ein Einsatz dieses Instruments bei Studierenden gerechtfertigt erscheint. Es ist davon auszugehen, dass sich im Laufe der beruflichen Entwicklung die Einschätzung der eigenen Fähigkeiten hinsichtlich der Bewältigung berufsspezifischer Anforderungen verändert – insbesondere aufgrund zunehmender Schul- und Unterrichtserfahrungen, aber auch aufgrund der Entwicklung eines möglicherweise realistischeren Berufs- und Selbstbildes. Ein Einsatz der Skala bei *angehenden* Lehrkräften erscheint insofern angemessen, als dass sich die Iteminhalte zum größten Teil auf thematische Bereiche beziehen, die relevante Erfahrungs- und damit Anforderungsbereiche für Studierende innerhalb eines Blockpraktikums darstellen. Es ist bedeutsam zu untersuchen, inwiefern Studierende auf der Basis ihrer bisherigen Kompetenzen davon überzeugt sind, spezifische Anforderungen des Berufes, mit denen sie im Schulpraktikum – eventuell auch erstmals – konfrontiert werden, bewältigen zu können und inwiefern sich diese selbstbezogenen Kognitionen durch eigene Erfolgs- bzw. Misserfolgserfahrungen verändern. Studierende müssen im Rahmen von Blockpraktika eine nicht unerhebliche Anzahl zumeist angeleiteter, gleichwohl selbstständig durchgeführter Unterrichtsversuche erbringen. Die interessierende und bislang weitgehend offene Frage ist, inwiefern sich die lehrerberufsspezifische Selbstwirksamkeitserwartung

von Studierenden durch eine derart frühzeitige und intensive Konfrontation mit Schul-
und Unterrichtspraxis, d.h. vor dem Hintergrund wenig vorhandener berufsrelevanter
Kompetenzen, verändert. Gegen den Einsatz beispielsweise der *allgemeinen* Selbstwirksamkeitserwartung (vgl. Kapitel 2.2.2) spricht nicht zuletzt die von Bandura
(2006) hervorgehobene Bereichsspezifität des Konstrukts: „The self-efficacy belief
system is not a global trait but a differentiated set of self-beliefs linked to distinct
realms of functioning" (S. 307).

5.4.5.2 Design

Der vorliegenden Studie liegt ein vor-experimenteller Versuchsplan mit nur einer untersuchten Gruppe von Studierenden zugrunde (vgl. Kapitel 5.2.1). Ein derartiges Untersuchungsdesign genügt nicht den strengen Anforderungen eines experimentellen
Designs. Zum Nachweis von Wirkungseffekten einer Intervention wird üblicherweise
ein Experimental-Kontrollgruppen-Design verwendet, um Hypothesen unter kontrol-
lierten Bedingungen überprüfen zu können und Alternativerklärungen für beobachtete
Effekte auszuschließen (vgl. Campbell & Stanley, 1963; Rost, 2007).

Bei der hier vorgenommenen Untersuchung handelt es sich um eine Vollerhebung
der gesamten Kohorte eines Jahrgangs der lehramtsbezogenen Bachelor-Studiengänge
an der Universität Hildesheim. Die Studierenden absolvieren nach dem dritten Semester das curricular vorgesehene vierwöchige Schulpraktikum. Der Einbezug einer Gruppe von Studierenden, die in dieser Zeit kein Praktikum belegen, und damit die Zu-
fallsaufteilung der Untersuchungsgruppe in Versuchs- und Kontrollgruppe, waren
nicht möglich. Trotz dieser designbezogenen Einschränkung ist es allerdings als sehr
unwahrscheinlich anzunehmen, dass die beobachteten Effekte „zufällig" ohne das
Praktikum, etwa durch Reifung oder andere Erfahrungen, eingetreten sind.

Die Ergebnisse basieren darüber hinaus auf einem einzelnen Standort der Lehrerausbildung, an dem ein spezifisches, d. h. stark an allgemeindidaktischen Konzepten
orientiertes Modell der schulpraktischen Ausbildung implementiert ist. Lehramtsstudierende an der Universität Hildesheim absolvieren vor dem in dieser Studie untersuchten Schulpraktikum universitär intensiv betreute Schulpraktische Studien, die semesterbegleitend bzw. in Blockform aufeinander aufbauen und einen frühzeitigen Praxisbezug mit spezifischen Lernerfahrungen ermöglichen (vgl. Kapitel 3.4.5).

Zur Prüfung der Generalisierbarkeit der Ergebnisse wären Mehrebenenanalysen
(vgl. u.a. Ditton, 1998) notwendig, mit denen Effekte unterschiedlicher Analyseebenen
und Interaktionen zwischen den verschiedenen Ebenen abgeschätzt werden können.
Unter anderem wäre zu prüfen, inwiefern Programmeffekte angesichts der verschiedenen Ausbildungsgänge für Lehrkräfte in Deutschland existieren, etwa vor dem Hintergrund eines geringeren Anteils des erziehungswissenschaftlichen Studiums für das
gymnasiale Lehramt im Vergleich zum Lehramt für Grundschule bzw. Sekundarstufe I.
Von Interesse ist ebenso die Frage, welche Bedeutung institutionellen Implementati-

onseffekten zukommt, d.h. der unterschiedlichen Umsetzung ähnlicher Ausbildungs-
curricula an unterschiedlichen Standorten bzw. in unterschiedlichen Institutionen. Insbesondere angesichts der in Deutschland heterogenen Lehrerbildungsprogramme mit
unterschiedlichen Praktikumskonzeptionen ist darüber hinaus zu prüfen, inwiefern
Curriculum- bzw. Institutioneneffekte eine Rolle spielen. Hierbei wären mehrere Institutionen der Lehrerbildung einzubeziehen, die partiell abweichende Praktikumsmodelle aufweisen. Schließlich ließen sich auch mögliche Effekte unterschiedlicher Dozenten bzw. Mentoren, die die Praxisphasen betreuen, überprüfen. Derartig aufwändige
mehrebenenanalytische Untersuchungen stellen ein Forschungsdesiderat der Lehrerbildungsforschung dar. Für den Bereich der Schuleffektivitätsforschung hat Luyten
(1994) eine vielbeachtete Zerlegung des Einzelschuleffektes veröffentlicht und damit
die Bedeutung von Merkmalen der Einzelschule für die Varianzaufklärung von Schulleistungen relativiert und zugleich dem Faktor „Lehrerkompetenz" eine zentrale Rolle
für die Wirksamkeit von Schulen zugesprochen (vgl. für einen Überblick zur Schuleffektivitätsforschung Teddlie & Reynolds, 2000; s. auch Scheerens, Glas & Thomas,
2003).

5.4.5.3 Modellierung

Das in der vorliegenden Studie eingesetzte Verfahren der Strukturgleichungsmodellierung bietet gegenüber anderen statistischen Analysemethoden wie beispielsweise Kor-
relations-, Regressions- oder Pfadanalysen einige Vorteile, die insbesondere darin liegen, dass komplexe Variablenbeziehungen simultan und auf latenter und damit messfehlerfreier Ebene untersucht werden können. Anhand unterschiedlicher Modellgüte-
kriterien lässt sich überprüfen, inwiefern ein theoretisch postuliertes Modell von
Beziehungen zwischen verschiedenen Variablen mit den vorliegenden empirischen Daten vereinbar ist. Insbesondere für Veränderungsmessungen stellen lineare Strukturgleichungsmodelle ein geeignetes Verfahren dar, mit dem vielfältige Analysen ermöglicht werden (vgl. Kapitel 5.2.6; s. auch Eid et al., 2008; Geiser, 2010).

Gleichwohl muss auch auf die Grenzen von Strukturgleichungsmodellierungen
hingewiesen werden. So ist es nicht möglich, mit Strukturgleichungsmodellen kausale
Beziehungen aufzufinden. Die Modellschätzungen in Strukturgleichungsmodellen basieren zunächst auf ungerichteten Korrelationen zwischen den einzelnen Variablen.
Erst inhaltliche bzw. theoretische Überlegungen legen vor der Datenanalyse fest, wie
das Modell spezifiziert wird und welche Richtung die zu überprüfenden Kausalzu-
sammenhänge haben. Der Nachweis von Kausalität ist dabei an erhebliche Voraussetzungen gebunden. Unter anderem muss theoriegeleitet begründbar sein, dass die unabhängige Variable die einzige Erklärung für die Veränderung der abhängigen Variablen
darstellt. Darüber hinaus ist es erforderlich, dass die angenommene Ursache der Wirkung zeitlich vorausgeht. Die letztere Bedingung ist nur in Längsschnittstudien erfüllt,
wobei nicht jede Längsschnittstudie generell eine Kausalanalyse darstellt. Zudem ist

nicht ausgeschlossen, dass zu dem spezifizierten Modell mehrere Alternativmodelle existieren, mit denen die Datenstruktur ebenso gut reproduziert werden kann (vgl. Eid, 2003; Reinecke & Pöge, 2010).

In der vorliegenden Studie konnte für die Wirkungsbeziehung zwischen allgemeindidaktischer Planungskompetenz und schulpädagogisch-didaktischem Wissen bzw. pädagogischen Vorerfahrungen der Studierenden ein kausaler Zusammenhang angenommen werden, da beide Mediatorvariablen der Kompetenz-Selbsteinschätzung zeitlich vorgelagert sind. Die Studierenden haben vor Beginn des Praktikums schulpädagogisch-didaktisches Wissen erworben und pädagogische Vorerfahrungen gesammelt. Beide Variablen wurden daher durch die Modellierung regressiver Pfade in das Neighbor-Change-Modell aufgenommen (vgl. Kapitel 5.3.7). Zwischen der ebenfalls einmalig gemessene Variable „Qualität der Beziehung zum Mentor" und der Variable „allgemeindidaktische Planungskompetenz" wurde kein kausaler, sondern ein korrelativer Zusammenhang modelliert, da beide Merkmale nicht zu unterschiedlichen Messzeitpunkten erhoben wurden und daher verschiedene Wirkungsrichtungen plausibel sind. Die Untersuchung der Kausalbeziehung zwischen den Konstrukten Lehrer-Selbstwirksamkeitserwartung und allgemeindidaktischer Planungskompetenz konnte aufgrund der mehrmaligen Messung beider Merkmale über die Modellierung kreuzverzögerter Effekte im Rahmen eines Cross-Lagged-Panel-Designs realisiert werden, womit geprüft werden konnte, welche der beiden Variablen einen größeren Einfluss auf die jeweils andere Variable zu einem späteren Messzeitpunkt ausübt.

Trotz der für diese Untersuchung günstigen Voraussetzungen zur Analyse von Kausalitätsbeziehungen, die darauf hindeuten, dass mit Hilfe von Strukturgleichungsmodellen in längsschnittlichen Fragebogenstudien prinzipiell Kausalität nachgewiesen werden kann (vgl. Reinders, 2006), muss abschließend darauf verwiesen werden, dass letztlich randomisierte Experimentalstudien erforderlich sind, um Störfaktoren nach Möglichkeit zu eliminieren und Annahmen über kausale Beziehungen von Variablen erhärten zu können.

5.5 Zusammenfassung und Ausblick

Inwiefern stellen schulpraktische Ausbildungsphasen im Lehramtsstudium einen Lernkontext für die Entwicklung allgemeindidaktischer Planungskompetenz und für den Aufbau lehrerberufsspezifischer Selbstwirksamkeitserwartungen dar, von welchen Bedingungen werden die kompetenzbezogenen Lernprozesse beeinflusst und schließlich wie nachhaltig sind die erreichten Lerneffekte? Diese zentralen Fragen sollten in der vorliegenden Studie zur Lernwirksamkeit eines allgemeinen Schulpraktikums geklärt werden – jenes Ausbildungselement, das sowohl national als auch international in fast allen Lehrerbildungsprogrammen implementiert ist, allerdings erst in jüngerer Zeit wirksamkeitsbezogen untersucht wird. Mit dem folgenden Kapitel wird nicht das Ziel verfolgt, alle bisherigen theoretischen und empirischen Erkenntnisse der Studie chronologisch zusammenzufassen. Vielmehr sollen Schulpraktika vor dem Erkenntnishintergrund nochmals resümierend als Element der Ausbildung von Lehrkräften kritisch reflektiert werden. Dafür wird ein Bogen gespannt von dem im letzten Jahrzehnt besonders wachsenden Forschungsinteresse für die Lehrerbildung und damit auch für deren schulpraktischen Ausbildungsphasen über aktuelle empirische Befunde, die mit der vorliegenden Studie ergänzt und erweitert werden, hin zu Forschungsdesiderata und -perspektiven sowie zentralen Herausforderungen.

Die Lehrerbildung in Deutschland war lange Zeit ein kaum beachtetes Forschungsfeld der Erziehungswissenschaft. Fragen nach der Qualität der Ausbildung von Lehrkräften wurden mehr normativ, weniger empirisch diskutiert. Dass in dem vergangenen Jahrzehnt zunehmend die Wirksamkeit der Lehrerbildung in das bildungspolitische wie empirische Interesse rückte und z.T. umfangreiche Reformprozesse initiiert wurden, ist nicht zufällig. Der Topos „PISA-Schock" wirkte in gewisser Weise auch als „Lehrerbildungs-Schock" und kulminierte in der Frage, ob Lehrkräfte in Deutschland überhaupt hinreichend gut ausgebildet werden, um ihre Schüler zu guten Lernergebnissen zu führen. Auch wenn die Wirkungskette Lehrerausbildung – Handeln der Lehrkräfte im Unterricht – Leistungen der Schüler empirisch ungeklärt ist (vgl. Blömeke, 2004), wurden die Ursachen für das schlechte Abschneiden der deutschen Schüler im internationalen Leistungsvergleich konsequenterweise auch in der Ausbildung ihrer Lehrkräfte gesucht.

Eine die Lehrerbildung seit ihrer Institutionalisierung bestimmende Diskussion ist die Frage nach dem angemessen Verhältnis von Theorie und Praxis (vgl. Kapitel 3.1), wobei bis heute Uneinigkeit darüber besteht, wie dieses Verhältnis am besten zu bestimmen ist. Das Spannungsfeld zwischen wissenschaftlicher Erkenntnisbildung als zentrales Element der Universitäten und Berufsvorbereitung als ihr Ausbildungsziel betrifft ebenso andere Studiengänge (z.B. Jura, Medizin). Es ist für die Lehrerbildung allerdings eklatant und ein beständiger Diskussionsgegenstand. Das Erbe einer auf Anlernprozessen in der Praxis basierenden Ausbildung von Lehrkräften, die später in schulähnlicher, wenig akademisierter Form organisierte Ausbildung für das niedere Lehramt und schließlich ihre historisch gesehen junge Anbindung an die Universitäten wirken möglicherweise bis heute nach und prägen manches Verständnis der universitären Lehrerbildung als eine zwingend praxisorientierte Ausbildung.

Die diskursgeschichtlich alte Debatte um die Praxisferne des Lehramtsstudiums findet zumindest eine empirische Basis im Urteil ihrer Studierenden und Absolventen, die sich nicht hinreichend auf ihren späteren Beruf vorbereitet fühlen. Theorielastig, abstrakt, kaum brauchbar – so plakativ lassen sich die Stimmen zur Qualität der universitären Ausbildung zusammenfassen, und das gilt insbesondere für den erziehungswissenschaftlichen Teil des Studiums, dessen Ziel gerade in der Anbahnung von beruflicher Handlungsfähigkeit liegt (vgl. Überblick in Flach et al., 1997; Schaefers, 2002; s. auch Lersch, 2006). Offenbar lässt sich von Studierenden das wissenschaftliche Wissen nur eingeschränkt oder unter besonderen Bedingungen in der Praxis anwenden.

Schulpraktika werden dagegen als die genuine Lerngelegenheit für den Erwerb berufsrelevanter Kompetenzen beschworen, auch wenn Studierende das Sammeln von Erfahrungen vielfach mit Lernen gleichsetzen, was Hascher (2005) als „Erfahrungsfalle"
beschrieb. Praxiserfahrungen erhalten im Studium, das zumeist als theoretisch abstrakt
und wenig brauchbar wahrgenommen wird, den Rang des Authentisch-Wertvollen,
nicht nur um die Berufseignung zu überprüfen, sondern ebenso um die berufliche Entwicklung voranzutreiben. Gleichzeitig entsteht zuweilen eine Abkehr von der Relevan-
zeinschätzung der theoretischen Ausbildung an der Universität, wobei diesbezüglich
auch gegenteilige Ergebnisse vorliegen, d.h. die stärkere Einsicht in die Bedeutung der
theoretischen Ausbildung durch schulpraktische Erfahrungen (vgl. Kapitel 3.6.1). Aus
Sicht der universitären Lehrerbildung müssen Befunde zur scheinbaren Unvereinbar-
keit theoretischer und praktischer Ausbildungselemente irritieren, wird Praxisphasen
doch gerade die Theorie-Praxis-Verknüpfung als eine zentrale Aufgabe zugeschrieben
(vgl. Kapitel 3.2). Die Befunde verweisen aber zugleich auf die unterschiedlichen Erwartungen an Schulpraktika: Für Studierende stellen Praktika in erster Linie ein
Übungs- und Bewährungsfeld dar, um unmittelbare Handlungskompetenzen zu erwerben, weniger um Theorie und Praxis miteinander in Beziehung zu setzen.

Die ebenso vehement wie vage vorgetragene Forderung, „mehr Praxis" in die universitäre Phase der Lehrerbildung zu implementieren, blieb trotz der schlechten Urteile
von Studierenden und Absolventen über ihre Ausbildung lange Zeit weitgehend unbeachtet. Erst die jüngeren standardbezogenen Reformprozesse der Lehrerbildung in
Deutschland, die eine stärkere Praxisorientierung u.a. auch in Form sog. Praxissemester zu erreichen versuchen (vgl. Kapitel 3.4.3), können als richtungsweisende, gleichwohl nicht unumstrittene curriculare Umgestaltung der universitären Ausbildung von
Lehrkräften gesehen werden – umstritten nicht nur, weil die Lehrerbildung abermals
reformiert wird, ohne empirisch abgesicherte Erkenntnisse über die Wirkungsweisen
ihrer einzelnen Ausbildungselemente zu haben, sondern ebenso, weil die Gefahr einer
lediglich quantitativen Erhöhung von Praxisanteilen im Studium bei kaum veränderten
Rahmenbedingungen für die Betreuung dieser Praxiserfahrungen gesehen werden
muss.

Mit der derzeitigen Entwicklung hin zu einer vermehrten Praxisorientierung der
universitären Lehrerbildung gewinnt die Frage nach dem Potential von Schulpraktika
als ernstzunehmendes Ausbildungselement zum Erwerb bzw. zur Erweiterung professioneller Kompetenzen neue Bedeutung. Gleichzeitig werden Überlegungen zu den
Möglichkeiten und Grenzen einer Verknüpfung der Praxisphasen mit den theoretischen
Studienelementen sowie des theoretischen Wissens mit den schulpraktischen Erfahrungen zentral. Vor dem Hintergrund der Ergebnisse der neueren Verwendungs- und
Professionsforschung müssen schlichte Anwendungs- und Transfervorstellungen des
Lehrerwissens negiert werden. Die Prozesse der Herausbildung professionellen Wissens als eine Verbindung von wissenschaftlichem und praktischem Wissen im Laufe
langjähriger Berufserfahrungen wurde in Kapitel 4.4 dargestellt, ebenso die Bedeutung

von Schulpraktika als relevanter Lernkontext an der Schnittstelle zwischen Theorie und Praxis (vgl. Kapitel 4.5).

Die offenkundige Skepsis gegenüber Praxisphasen im Lehramtsstudium ist nicht zuletzt dadurch begründet, dass die empirische Lehrerbildungsforschung bislang wenige Forschungsbefunde über die kompetenzbezogenen Lernprozesse von Studierenden in schulpraktischen Ausbildungsphasen vorweisen kann. Welche intendierten und nicht-intendierten, d.h. auch ungünstigen Lernwirkungen Praxisphasen zur Folge haben, von welchen Bedingungsfaktoren die Lernwirksamkeit abhängig ist und schließlich – als eine Folge aus derart notwendigen Analysen – welche curriculare und inhaltliche Gestaltung von Praxisphasen für unterschiedliche Zielsetzungen und möglicherweise für verschiedene Studierendengruppen die angemessenste ist – all das sind Fragen, die auf Grundlage der bisherigen Studien nicht hinreichend beantwortbar sind. Das Forschungsdesiderat wurde in der vorliegenden Studie herausgearbeitet (vgl. Kapitel 3.6.2). Auch in dem jüngst erschienenen „Handbuch der Forschung zum Lehrerberuf" (Terhart, Bennewitz & Rothland, 2011), mit dem zugleich die gewachsene Lehrerbildungsforschung einer vorläufigen Systematisierung unterzogen wird, konstatiert Hascher (2011), dass die Lernprozesse in praktischen Ausbildungsphasen noch zu wenig erforscht sind (vgl. ebd.). Rund zehn Jahre nach der bekannten Studie zur Wirksamkeit des Lehrerbildungssystems in der Schweiz (Oser & Oelkers, 2001) und der in der Folge in Deutschland initiierten Forschungsprojekte ist nach wie vor nicht hinreichend belegt, ob Schulpraktika zum Kompetenzerwerb in den für den Lehrerberuf relevanten Kompetenzbereichen beitragen. Letztlich zeigen sich auch hier die Schwierigkeiten und Herausforderungen, die mit der Kompetenzmessung und ihrer methodischen und theoretischen Anschlussfähigkeit zu anderen Studien verbunden sind (vgl. Blömeke, 2007; Kapitel 1.4). Die Notwendigkeit der Analyse von Prozessen der Kompetenzentwicklung von Studierenden ist unbestritten zumindest einer der zentralen Forschungsbereiche der an Bedeutung gewonnenen Lehrerbildungsforschung.

Die bisher vorliegenden Einzeluntersuchungen deuten in Bezug auf die Lernprozesse von Studierenden in Schulpraktika darauf hin, dass Kompetenzentwicklungen in unterschiedlichen Kompetenzdimensionen stattfinden, wenngleich unerwünschte und nicht einfach zu vermeidende Lernwirkungen, z.B. die kaum theoriebezogene Auseinandersetzung mit den Praxiserfahrungen und die unreflektierte Adaption unerwünschter Handlungsmuster, nicht ausgeschlossen werden können (vgl. Kapitel 3.6.2). Längere Praktikumsphasen – darauf verweist das Ergebnis des Modellversuchs „Praxisjahr Biberach" (vgl. Dieck et al., 2010) – scheinen dabei nicht besser für die Ausbildung berufsspezifischer Kompetenzen geeignet zu sein als herkömmliche Praktika, die semesterbegleitend und in Blockform in das Studium integriert sind. Entscheidender als die Länge des Praktikums ist offenbar die Qualität der Praxiserfahrungen. Weitere Studien, die differentielle Lernwirkungen verschiedener Praktikumsformen analysieren, sind allerdings notwendig.

Das aus Sicht der Lehrerbildung erfreuliche Ergebnis ansteigender Kompetenzentwicklungen in Praktika kann mit der vorliegenden Studie bestätigt werden, wobei die bisherige Forschung insofern ergänzt und erweitert wird, als Lernwirkungen in dem spezifischen Kompetenzbereich der allgemeindidaktischen Planungskompetenz untersucht wurden und zentrale Einflussfaktoren auf die Kompetenzentwicklung einbezogen wurden.

Die Planung von Unterricht stellt einen wesentlichen Lern- und Entwicklungsbereich von Schulpraktika dar (u.a. Topsch, 2004). Die Analyse der Effektivität von Praktika als relevanter Lern- und Übungskontext für die Unterrichtsplanung ist somit von besonderem Interesse. Das Konstrukt der allgemeindidaktischen Planungskompetenz wurde in der vorliegenden Studie mit einer neu entwickelten Skala erfasst, die Kategorien der allgemeindidaktischen Planungsmodelle für Unterricht operationalisiert (vgl. Kapitel 5.2.3) – Modelle, die in der universitären Lehrerbildung als Ausbildungsgegenstand nach wie vor weit verbreitet sind, im Rahmen der allgemeindidaktischen Forschung bislang allerdings kaum empirischen Analysen zugänglich gemacht wurden. Insofern wurde mit dieser Studie nicht nur ein Forschungsdesiderat der Lehrerbildungsforschung, sondern auch der allgemeindidaktischen Forschung aufgegriffen und versucht, beide Forschungsbereiche miteinander zu verknüpfen. Der Fokus lag entsprechend den Zielsetzungen von *allgemeinen* Schulpraktika, die nicht beanspruchen, fachdidaktische Qualifizierungen zu erfüllen, auf Konzepten der Allgemeinen Didaktik. Inwiefern hierbei kumulative Lernwirkungen mit den im Studienverlauf später folgenden fachdidaktischen Praktika bestehen, stellt ein Forschungsdesiderat dar (vgl. Arnold et al., 2011). Vermutlich muss aber von nicht unerheblichen Lerneffekten ausgegangen werden.

Für die in der vorliegenden Studie im Rahmen von linearen Strukturgleichungsmodellen untersuchte Entwicklung der allgemeindidaktischen Planungskompetenz von Studierenden zeigte sich ein statistisch bedeutsamer Kompetenzanstieg von mittlerer Effektstärke innerhalb eines vierwöchigen Blockpraktikums. Die erreichten Lerneffekte blieben im Studienverlauf über drei Monate des Untersuchungszeitraums, in dem keine weiteren curricularen Lern- und Übungsgelegenheiten zur Erweiterung der allgemeindidaktischen Kompetenz bestanden, stabil. Darüber hinaus konnten differenzielle Entwicklungsverläufe beobachtet werden. Die Ergebnisse machen deutlich, dass die Kompetenzentwicklung im Praktikum offensichtlich interindividuell unterschiedlich verläuft. Die Praxis stellt für Studierende in unterschiedlicher Weise einen geeigneten Lern- bzw. Übungskontext dar – abhängig von dem Kompetenzausgangswert der Studierenden zu Beginn des Praktikums. Studierende, die ihre Kompetenzen zu Beginn des Praktikums geringer einschätzen, zeigen eine höhere Kompetenzentwicklung innerhalb der Praxisphase, wobei bei Lernzuwächsen generell derartige differentielle Entwicklungsverläufe zu erwarten sind.

Einschränkend muss jedoch berücksichtigt werden, dass die Ergebnisse – wie die Mehrheit der Studien der Lehrerbildungsforschung (vgl. Kapitel 1.5.1) – auf Selbsteinschätzungen beruhen. Auch wenn die Kombination und Überprüfung des Zusammenhangs von der Selbst- mit der Fremdeinschätzung durch Mentoren in der vorliegenden Studie keine deutlichen Unterschiede erkennen ließ, sollte die objektive Erfassung von Kompetenzen z.b. durch Testverfahren künftig ergänzt und mit subjektiven Ansätzen kombiniert werden. Die multimodale Kompetenzmessung ist dringend notwendig, um aussagekräftige Befunde zur Wirksamkeit der Lehrerbildung und speziell von Praktika zu erhalten. Für die Analyse tatsächlicher Lerneffekte von Praxisphasen ist es weiterhin erforderlich, die Untersuchungsdesigns nach Möglichkeit so zu konzipieren, dass andere Störeinflüsse (z.b. Lerneffekte des Studiums) weitgehend ausgeschlossen werden können. In der vorliegenden Studie kann von einer hohen internen Validität ausgegangen werden, da die Messzeitpunkte der Erhebung unmittelbar vor und nach dem Blockpraktikum lagen und mögliche Alternativerklärungen für die nachgewiesenen Lerneffekte unwahrscheinlich sind.

Für die Erfassung von Kompetenzen ist es darüber hinaus relevant sich auf Modelle der Kompetenzentwicklung beziehen zu können, mit denen sich Niveaustufen der Entwicklung identifizieren lassen. In der Lehrerbildungsforschung fehlen differenziert ausgearbeitete Modelle, die die Stufung bzw. Abfolge des Kompetenzerwerbsprozesses von Studierenden in der ersten Phase der Lehrerbildung und damit auch innerhalb von schulpraktischen Ausbildungsphasen detailliert abbilden können. Letztlich geht es hierbei auch um die Frage, welche Kompetenzanstiege in Praktika realistisch sind und ob sehr hohe bzw. die höchsten Kompetenzstufen bereits in der ersten Phase der Lehrerbildung erreicht werden können. Daraus ableitbar wären spezifischere Formulierungen, welche Kompetenzen in welcher Ausprägung auf den jeweiligen Entwicklungsstufen gelernt werden sollten bzw. zu erwarten sind. Die Standards für die Bildungswissenschaften der KMK (2004) klassifizieren elf Kompetenzbereiche für die praktischen Ausbildungsabschnitte und differenzieren diese in jeweils mehrere Standards, die als Kompetenzanforderungen für das Handeln von Lehrkräften formuliert werden, allerdings beziehen sie sich zusammenfassend auf die erste und zweite Phase der Lehrerbildung. In welcher Sequenzierung die Kompetenzen erworben werden sollen, wird nicht ausgeführt. Notwendig sind auf den KMK-Standards aufbauende Modelle, die eine stärkere Ausdifferenzierung von Teilprozessen der Kompetenzentwicklung ermöglichen.

Neben der Kompetenzentwicklung wurde in der vorliegenden Studie die Entwicklung der Lehrer-Selbstwirksamkeitsentwicklung untersucht. Hierbei zeigten sich in der Latent-Change-Analyse ein statistisch bedeutsamer Anstieg von mittlerer Effektstärke im Verlauf des Praktikums und ein Rückgang von kleiner Effektstärke im weiteren dreimonatigen Studium. Darüber hinaus ließen sich differentielle Entwicklungsverläufe nachweisen: Der Ausgangswert der Wirksamkeitseinschätzung steht in einem moderat negativen Zusammenhang mit der Entwicklung im Praktikum. Zudem geht eine günstige Kompetenzentwicklung innerhalb der Praxisphase mit einem geringen Rückgang der Lehrer-Selbstwirksamkeitserwartung im Studium einher. Die Ergebnisse verweisen darauf, dass Praktika grundsätzlich geeignet sind, um Wirksamkeitsüberzeugungen hinsichtlich lehrerberufsspezifischer Anforderungen aufzubauen, wobei das Absinken der Wirksamkeitsüberzeugungen nach dem Praktikum auf einen eher kurzfristigen Effekt hindeutet. Weitere Forschungsarbeiten, mit denen die Entwicklung der Lehrer-Selbstwirksamkeitserwartung von Studierenden in Studiengängen mit unterschiedlichen Praktikumsmodellen untersucht wird, sind erforderlich, um differenzierte Erkenntnisse hinsichtlich der Entwicklungsbedingungen von Wirksamkeitsüberzeugungen zu erhalten. Es ist genauer empirisch zu erhellen, inwiefern und zu welchem Zeitpunkt des Studiums längere Praxiserfahrungen Selbstwirksamkeitserwartungen verändern und welche Bedeutung anderen Einflussfaktoren (z.B. die Anzahl eigener Unterrichtsversuche, Bedingungen der Praktikumsschule) zukommt. Darüber hinaus sind Studien erforderlich, die die Entwicklung von Lehrer-Selbstwirksamkeitserwartungen in Längsschnittstudien über einen längeren Zeitraum in den Blick nehmen, um insbesondere genauer die Stabilität von Lehrer-Selbstwirksamkeitserwartung innerhalb der Ausbildung zu untersuchen.

Hinsichtlich der Bedingungen für Kompetenzentwicklungen in Schulpraktika liegen bislang wenige empirische Befunde vor (vgl. Kapitel 3.6.2). Die vorliegende Studie untersuchte als relevante Bedingungsfaktoren das schulpädagogisch-didaktische Wissen von Studierenden, ihre pädagogischen Vorerfahrungen, die von ihnen wahrgenommene Beziehungsqualität zum Mentor sowie ihre Lehrer-Selbstwirksamkeitserwartung. Dabei wurden die genannten Variablen als Mediatoren in die längsschnittliche Analyse anhand eines Neighbor-Change-Modells aufgenommen (vgl. Kapitel 5.3.7). Eine statistisch bedeutsame Wirkungsbeziehung konnte zwischen der Entwicklung der allgemeindidaktischen Planungskompetenz im Praktikum und der Beziehungsqualität zum Mentor nachgewiesen werden. Pädagogische Vorerfahrungen und schulpädagogisch-didaktisches Wissen zeigten sich dagegen nicht als signifikante Prädiktoren für die Kompetenzentwicklung. Lediglich die Kompetenzeinschätzung zu Beginn des Praktikums lässt sich substanziell durch das schulpädagogisch-didaktische Wissen vorhersagen. Für den Lernprozess im Praktikum ist dieses Wissen als Einflussfaktor statistisch nicht bedeutsam. Auch zwischen der Lehrer-Selbstwirksamkeitserwartung der Studierenden und ihrer allgemeindidaktischen Planungskompetenz konnten entgegen der Erwartung keine signifikanten Wirkungsbeziehungen belegt werden. Mögliche Erklärungen wurden in Kapitel 5.4 diskutiert.

Bemerkenswert ist, dass die Bedeutung von Mentoren für die Lernprozesse von Studierenden auch mit der vorliegenden Studie bekräftigt wird. Eine zentrale Voraussetzung für die Wirksamkeit von Praktika und damit eine wesentliche Determinante für deren Verbesserung muss in der Betreuung der Praxiserfahrungen gesehen werden, was insbesondere Fragen nach der Qualifikation von Mentoren aufwirft und nicht nur deren Lernbereitschaft voraussetzt, sondern auch verbindliche und systematische Angebotsstrukturen für entsprechende Fort- und Weiterbildungen erforderlich macht. Berücksichtigt werden sollten hierbei insbesondere der Bereich der theoriebezogenen Unterrichtsnachbesprechungen und Kenntnisse über die Durchführung professioneller Beratungsgespräche mit Studierenden. Überraschenderweise ist die Qualifizierung von Mentoren für ihre umfangreichen Ausbildungsaufgaben in Praktika eine bislang weitgehend vernachlässigte Größe, obgleich nachgewiesen ist, dass Praktikumslehrer die wichtigste Lernquelle für Studierende bilden. Reflexive Lernprozesse stellen sich in schulpraktischen Ausbildungsphasen nicht gleichsam automatisiert ein, sondern müssen angeleitet werden. Dass diese Anleitung in den meisten Betreuungssituationen nicht hinreichend gelingt, ist ebenfalls empirisch bestätigt (vgl. Kapitel 3.6.2). Forschungsergebnisse, wonach Studierende im Praktikum die vorgefundene Schul- und Unterrichtspraxis und insbesondere die Unterrichtsfertigkeiten ihrer betreuenden Lehrkräfte adaptieren und die Mentoren diese Lernprozesse eher noch verstärken, rufen gerade deshalb Kritik auf Seiten der Lehrerbildner hervor, weil jene Sozialisationsprozesse zu einem Zeitpunkt in der Ausbildung stattfinden, zu dem Studierende noch nicht über hinreichende Kompetenzen zur kritischen Reflexion ihrer (möglicherweise auch problematischen) Schul- und Unterrichtserfahrungen verfügen. Nicht zuletzt wird die Gefahr einer Abkehr von den Lernzielen und dem Kompetenzerwerb in der Hochschule gesehen (vgl. Hascher, 2011). Eine Dichotomisierung zwischen Theorie und Praxis wird auf dieser Ebene ebenso sichtbar wie die fehlenden Abstimmungsprozesse zwischen beiden Ausbildungsbereichen.

Im theoretischen Kontext der vorliegenden Studie und insbesondere vor dem Hintergrund der Forschungen zu den Lernprozessen von Studierenden in Schulpraktika (vgl. Kapitel 3.6.2) zeigte sich eines klar: Die oftmals unzureichend in das Studium integrierten schulpraktischen Ausbildungsphasen bedürfen einer größeren Aufmerksamkeit, sofern sie mehr sein sollen als der Ort alleiniger Berufswahlüberprüfung. Die wiederholt vorgetragene Forderung, Praxiserfahrungen vor allem zum Aufbau wissenschaftlich-reflexiver Kompetenz zu nutzen, erfordern Praktikumskonzeptionen, die einem wissenschaftlichen Anspruch gerecht werden und die eine lerneffektive Verknüpfung von theoretischem und praktischem Wissen anzubahnen ermöglichen. Ausgearbeitete und systematisch in die Lehrerbildungsprogramme implementierte Praktikumsmodelle sind nicht durchgängig realisiert, was in den aktuellen Reformbestrebungen der Lehrerbildung einen wesentlichen Kritikpunkt darstellt. Ansätze von reflexiv bzw. forschungsorientiert konzipierten Praktika sollten weiterentwickelt werden, um eine stärkere Theorie-Praxis-Verknüpfung zu ermöglichen und Praxisphasen als eine Gelegenheit zur Durchführung von angeleiteten Schul- und Unterrichtsstudien zu nutzen. Erforderlich sind hierfür insbesondere systematische Methodenschulungen und eine intensive hochschulische Betreuung, um forschendes Lernen anzuleiten und die Durchführung von Studien in schulpraktischen Ausbildungsphasen gezielt zu fördern. Nicht zuletzt intendieren derartige Bemühungen, die Forschungsbasierung der Lehrerausbildung zu stärken und die praktische Lehrerausbildung intensiver mit der Bildungsforschung zu verknüpfen.

Die Ausbildung von Studierenden in Schulpraktika ist zeitintensiv und anspruchsvoll. Nicht nur die Qualifizierung für die umfangreichen Aufgaben, sondern auch die personalen und zeitlichen Ressourcen für eine angemessene Betreuung müssen gegeben sein. Bislang erlaubt die (hoch)schulische Betreuungspraxis von Schulpraktika eine oftmals nur unzureichende theoriebezogene Reflexion der Schul- und Unterrichtserfahrungen von Studierenden. Die Optimierung von Lernprozessen Studierender in Praxisphasen stellt an verschiedene Seiten hohe Anforderungen. Die Hochschulen sind aufgefordert, detaillierte Praktikumskonzeptionen auszuarbeiten und in die Ausbildung zu integrieren, die stärker als bisher einem wissenschaftlichen Anspruch gerecht werden. Ebenso müssen vermehrt Aus- und Fortbildungsangebote für Mentoren entwickelt und angeboten werden. Mentoren sollten sich ihrer zentralen Ausbildungsaufgabe bewusst sein und bereit sein, Aus- und Fortbildungsangebote wahrzunehmen. Die Bildungspolitik muss letztlich die dafür notwendigen rechtlichen, strukturellen und finanziellen Rahmenbedingungen schaffen. Wenngleich Schulpraktika als eine beachtenswerte Lerngelegenheit im Lehramtsstudium gesehen werden können, augenfällig ist nach wie vor ihre Reformbedürftigkeit und die Notwendigkeit weiterführender Bemühungen, die sich stärker als zuvor mit der theoretischen Begründung und curricularen Einbettung von Schulpraktika als auch der optimalen Förderung von Lernprozessen in diesen berufspraktischen Ausbildungsphasen befassen.

Literatur

Abele, A. E. & Candova, A. (2007). Prädiktoren des Belastungserlebens im Lehrerberuf. Befunde einer 4-jährigen Längsschnittstudie. *Zeitschrift für Pädagogische Psychologie, 21* (2), 107-118.

Abramson, L. Y., Seligman, M. E. P. & Teasdale, J. (1978). Learned helplessness in humans: Critique and reformulation. *Journal of Abnormal Psychology, 87*(1), 49-74.

Abramson, L. Y., Metalsky, G. I. & Alloy, L. B. (1989). Hopelessness depression: A theory-based subtype of depression. *Psychological Review, 96*(2), 358-372.

Abs, H. J. (2006). Zur Bildung diagnostischer Kompetenz in der zweiten Phase der Lehrerbildung. In C. Allemann-Ghionda & W. Terhart (Hrsg.), *Kompetenzen und Kompetenzentwicklung von Lehrerinnen und Lehrern: Ausbildung und Beruf (Zeitschrift für Pädagogik, 51. Beiheft)* (S. 217-234). Weinheim: Beltz.

Abs, H. J. (2007). Überlegungen zur Modellierung diagnostischer Kompetenz bei Lehrerinnen und Lehrern. In M. Lüders & J. Wissinger (Hrsg.), *Forschung zur Lehrerbildung: Kompetenzentwicklung und Programmevaluation* (S. 63-84). Münster: Waxmann.

Adl-Amini, B. & Künzli, R. (1991). *Didaktische Modelle und Unterrichtsplanung.* Weinheim: Juventa.

Akaike, H. (1974). A new look at the statistical model identification. *IEEE Transactions on Automatic Control, 19*(6), 716-723.

Alexander, D., Muir, D. & Chant, D. (1992). Interrogating stories: How teachers think they learned to teach. *Teaching and Teacher Education, 8* (1), 59-68.

Allinder, R. M. (1994). The relationship between efficacy and the instructional practices of special education teachers and consultants. *Teacher Education and Special Education, 17*(2), 86-95.

Allison, P. D. (2001). *Missing data.* Thounsands Oaks, CA: Sage.

Altet, M. (2008). Universitäre Lehrerausbildung in Frankreich. Kompetenzentwicklung in den IUFM. *Journal für Lehrerinnen- und Lehrerbildung, 8*(3), 30-38.

Altrichter, H. (2000). Handlung und Reflexion bei Donald Schön. In G. H. Neuweg (Hrsg.), *Wissen – Können – Reflexion. Ausgewählte Verhältnisbestimmungen* (S. 201-221). Innsbruck: Studien Verlag.

Altrichter, H. (2006). Forschende Lehrerbildung. In A. Obolenski & H. Meyer (Hrsg.), *Forschendes Lernen. Theorie und Praxis einer professionellen LehrerInnenausbildung* (S. 55-72). Oldenburg: Didaktisches Zentrum der Carl von Ossietzky Universität Oldenburg.

Altrichter, H. & Fichten, W. (2005). Lehrbildung und praxisnahe Forschung. In J. Bastian, J. Keuffer & R. Lehberger (Hrsg.), *Lehrerbildung in der Entwicklung. Das Bachelor-Master-System: Modelle – kritische Hinweise – Erfahrungen* (S. 94-105). Weinheim: Beltz.

Altrichter, H. & Hascher, T. (2005). Editorial. *Journal für Lehrerinnen- und Lehrerbildung, 5*(1), 4-7.

Altrichter, H. & Lobenwein, W. (1999). Forschendes Lernen in der Lehrerbildung? In U. Dirks & W. Hansmann (Hrsg.), *Reflexive Lehrerbildung. Fallstudien und Konzepte im Kontext berufsspezifischer Kernprobleme* (S. 169-196). Weinheim: Beltz.

Altrichter, H. J. (2004). Forschung in der Lehrerbildung. In S. Blömeke, P. Reinhold, G. Tulodziecki & J. Wildt (Hrsg.), *Handbuch Lehrerbildung* (S. 164-184). Bad Heilbrunn: Klinkhardt.

Amelang, M. & Bartussek, D. (2001). *Differentielle Psychologie und Persönlichkeitsforschung* (5. Auflage). Stuttgart: Kohlhammer.

Anderson, J. R. (1982). Acquisition of cognitive skill. *Psychological Review, 89*(4), 369-406.

Anderson, R., Greene, M. & Loewen, P. (1988). Relationships among teachers' and students' thinking skills, sense of efficacy, and student achievement. *Alberta Journal of Educational Research, 34*(2), 148-165.

Arens, B. (1999). Neue Formen Schulpraktischer Studien: Das Pädagogische Einführungspraktikum und das „integrative" Blockpraktikum. In D. Höltershinken (Hrsg.), *Lehrerbildung im Umbruch: Analysen und Vorschläge zur Neugestaltung* (S. 68-82). Bochum: Projekt-Verlag.

Armor, D., Conroy-Oseguera, P., Cox, M., King, N., McDonell, L., Pascal, A., Pauly, E. & Zellman, G. (1976). *Analysis of the school preferred reading programs in selected Los Angeles minority schools, REPORT NO. R-2007-LAUSD*. Santa Monica, CA: RAND Corporation (ERIC Document Reproduction Service No. 130 243).

Arning, F. (2000). Kompetenzorientierung der Lehrerausbildung. In M. Bayer, F. Bohnsack, B. Koch-Priewe & J. Wildt (Hrsg.), *Lehrerin und Lehrer werden ohne Kompetenz? Professionalisierung durch eine andere Lehrerbildung* (S. 302-315). Bad Heilbrunn: Klinkhardt.

Arnold, K.-H. (2004). Wissen, psychologisch. In R. W. Keck, U. Sandfuchs & B. Feige (Hrsg.), *Wörterbuch Schulpädagogik. Ein Nachschlagewerk für Studium und Schulpraxis* (S. 520-521). Bad Heilbrunn: Klinkhardt.

Arnold, K.-H. (2005). *Praxisorientierung in der Lehrerbildung. Schulpraktischen Studien (SPS) als wissenschaftlich begründetes Lernen im Handlungsfeld Schule* (unveröffentlichtes Manuskript). Hildesheim: Universität Hildesheim, Institut für Angewandte Erziehungswissenschaft und Allgemeine Didaktik.

Arnold, K.-H. (2007a). Generalisierungsstrukturen der kategorialen Bildung aus der Perspektive der Lehr-Lernforschung. In B. Koch-Priewe, F. Stübig & K.-H. Arnold (Hrsg.), *Das Potenzial der Allgemeinen Didaktik* (S. 28-42). Weinheim: Beltz.

Arnold, K.-H. (2007b). Standards für das Lehren und Lernen des Lehrens: Begründung, Operationalisierung und Evaluation von Standards für die Lehrerbildung. In K. Möller, P. Hanke, C. Beinbrech, A. K. Hein, T. Kleickmann & R. Schages (Hrsg.), *Qualität von*

Grundschulunterricht entwickeln, erfassen und bewerten (S. 67-82). Wiesbaden: VS Verlag für Sozialwissenschaften.

Arnold, K.-H. (2009). Unterricht als zentrales Konzept der didaktischen Theoriebildung und der Lehr-Lern-Forschung. In K.-H. Arnold, U. Sandfuchs & J. Wiechmann (Hrsg.), *Handbuch Unterricht* (2. Auflage, S. 15-22). Bad Heilbrunn: Klinkhardt.

Arnold, K.-H. & Bach, A. (2011). Theorie des Unterrichts. In S. Rahm & C. Nerowski (Hrsg.), *Enzyklopädie der Erziehungswissenschaft Online (EEO), Fachgebiet Schulpädagogik (www.erzwissonline.de: DOI 10.3262/EEO09110164)*. Weinheim: Juventa.

Arnold, K.-H. & Koch-Priewe, B. (2010). Traditionen der Unterrichtsplanung in Deutschland. *Bildung und Erziehung, 63*(4), 401-416.

Arnold, K.-H., Hascher, T., Messner, R., Niggli, A., Patry, J.-L. & Rahm, S. (2011). *Empowerment durch Schulpraktika: Perspektiven wechseln in der Lehrerbildung*. Bad Heilbrunn: Klinkhardt.

Arnold, R. (2002). Von der Bildung zur Kompetenzentwicklung. Anmerkungen zu einem erwachsenenpädagogischen Perspektivwechsel. In E. Nuissl, C. Schiersmann & H. Siebert (Hrsg.), Literatur- und Forschungsreport Weiterbildung, Jg. 49 (S. 26-38). Bielefeld: Bertelsmann.

Arnold, E., Bastian, J., Combe, A., Reh, S. & Schelle, C. (2000). *Schulentwicklung und Wandel der pädagogischen Arbeit. Arbeitssituation, Belastung und Professionalisierung von Lehrerinnen und Lehrern in Schulentwicklungsprozessen*. Hamburg: Bergmann und Helbig.

Arnold, R. & Schüssler, I. (2008). Entwicklung des Kompetenzbegriffs und seine Bedeutung für die Berufsbildung und für die Berufsbildungsforschung. In G. Franke (Hrsg.), *Komplexität und Kompetenz. Ausgewählte Fragen der Kompetenzforschung* (S. 52-74). Bonn: Bundesinstitut für Berufsbildung.

Ashton, P. T. & Webb, R. B. (1986). *Making a difference: Teachers' sense of efficacy and student achievement*. New York: Longman.

Bach, A., Besa, K.-S., Brodhäcker, S. & Arnold, K.-H. (2012). Kompetenzentwicklung in Schulpraktika: Erfassung allgemeindidaktischer Kompetenz zur Planung, Durchführung und Analyse von Unterricht. In T. Hascher & G. H. Neuweg (Hrsg), *Forschung zur (Wirksamkeit der) Lehrerbildung* (S. 105-122). Wien: LIT-Verlag.

Bach, A., Brodhäcker, S. & Arnold, K.-H. (2010). Entwicklung allgemeindidaktischer Kompetenz in Schulpraktika: Erfassung der Kompetenzen zur Unterrichtsplanung, -durchführung und -analyse. *Lehrerbildung auf dem Prüfstand, 3*(2), 158-178.

Baer, M., Dörr, G., Fraefel, U., Kocher, M., Küster, O., Larcher, S., Müller, P., Sempert, W. & Wyss, C. (2006). Standarderreichung in der Lehrerinnen- und Lehrerbildung: Analyse der Wirksamkeit der berufsfeldorientierten Ausbildung. In J. Seifried & J. Abel (Hrsg.), *Empirische Lehrerbildungsforschung. Stand und Perspektiven* (S. 141-160). Münster: Waxmann.

Baer, M., Dörr, G., Fraefel, U., Kocher, M., Küster, O., Larcher, S., Müller, P., Sempert, W. & Wyss, C. (2007). Werden angehende Lehrpersonen durch das Studium kompetenter? Kompetenzaufbau und Standarderreichung in der berufswissenschaftlichen Ausbildung an drei Pädagogischen Hochschulen in der Schweiz und in Deutschland. *Unterrichtswissenschaft, 35*(1), 15-47.

Baer, M., Dörr, G., Guldimann, T., Kocher, M., Larcher, S., Müller, P. & Wyss, C. (2008). Wirkt Lehrerbildung? Kompetenzaufbau und Standarderreichung in der berufswissenschaftlichen Ausbildung an drei Pädagogischen Hochschulen in der Schweiz und Deutschland. *Empirische Pädagogik, 22*(3), 259-273.

Baer, M., Guldimann, T., Kocher, M., Larcher, S., Wyss, C., Dörr, G., Müller, P. & Smit, R. (2009). Auf dem Weg zu Expertise beim Unterrichten – Erwerb von Lehrkompetenz im Lehrerinnen- und Lehrerstudium. *Unterrichtswissenschaft, 37*(2), 118-144.

Balzer, L., Bodensohn, R. & Frey, A. (2004). Diagnose und Rückmeldung von Handlungskompetenzen von Studierenden im Blockpraktikum – das Projekt VERBAL. *Journal für Lehrerinnen- und Lehrerbildung, (4)*1, 30-36.

Bandura, A. (Hrsg.) (1976). *Lernen am Modell. Ansätze zu einer sozial-kognitiven Lerntheorie.* Stuttgart: Klett.

Bandura, A. (1977). Self-efficacy: Toward a unifying theory of behavioral change. *Psychological Review, 84*(2), 191-215.

Bandura, A. (1986). *Social foundations of thought and action. A social cognitive theory.* Engelwood Cliffs, NJ: Prentice-Hall.

Bandura, A. (1993). Perceived self-efficacy in cognitive development and functioning. *Educational Psychologist, 28*(2), 117-148.

Bandura, A. (1995). Exercise of personal and collective efficacy in changing societies. In A. Bandura (Hrsg.), *Self-efficacy in changing societies* (S. 1-45). Cambridge: University Press.

Bandura, A. (1997). *Self-efficacy: The exercise of control.* New York: Freeman and Company.

Bandura, A. (2000). Exercise of human agency through collective efficacy. *Current Directions of Psychological Science, 9*(3), 75-78.

Bandura, A. (2006). Guide for constructing self-efficacy scales. In F. Pajares & T. Urdan (Hrsg.), *Self-efficacy beliefs of adolescents* (S. 307-337). Greenwich: Information Age Publishing.

Bandura, A. & Wood, R. (1989). Effect of perceived controllability and performance standards on self-regulation of complex decision making. *Journal of Personality and Social Psychology, 56*(5), 805-814.

Barfield, V. & Burlingame, M. (1974). The pupil control ideology of teachers in selected schools. *The Journal of Experimental Education, 42*(4), 6-11.

Barlage, H., Boekhoff, I. & Graumann, O. (2006). Theorie-Praxis-Verzahnung in einer konsekutiven Lehrerausbildung: das Hildesheimer Modell. In A. H. Hilligus & H. Rinkens (Hrsg.), *Standards und Kompetenzen – neue Qualität in der Lehrerausbildung?*

Neue Ansätze und Erfahrungen in nationaler und internationaler Perspektive (S. 135-142). Berlin: LIT Verlag.

Bastian, J. & Helsper, W. (2000). Professionalisierung im Lehrberuf – Bilanzierung und Perspektiven. In J. Bastian, W. Helsper, S. Reh & C. Schelle (Hrsg.), *Professionalisierung im Lehrerberuf. Von der Kritik der Lehrerrolle zur pädagogischen Professionalität* (S. 167-192). Opladen: Leske und Budrich.

Bastian, J., Keuffer, J. & Lehberger, R. (2005). *Lehrerbildung in der Entwicklung. Das Bachelor-Master-System: Modelle – kritische Hinweise – Erfahrungen.* Weinheim: Beltz.

Bauer, K. (1998). Pädagogisches Handlungsrepertoire und professionelles Selbst von Lehrerinnen und Lehrern. *Zeitschrift für Pädagogik, 44*(3), 343-359.

Bauer, K., Kopka, A. & Brindt, S. (1999). *Pädagogische Professionalität und Lehrerarbeit. Eine qualitativ empirische Studie über professionelles Handeln und Bewußtsein.* Weinheim: Juventa.

Baumert, J., Lehmann, R. H., Lehrke, M., Schmitz, B., Clausen, M., Hosenfeld, I., Köller, O. & Neubrand, J. (Hrsg.) (1997). *TIMSS – Mathematisch-naturwissenschaftlicher Unterricht im internationalen Vergleich. Deskriptive Befunde.* Opladen: Leske und Budrich.

Baumert, J. & Kunter, M. (2006). Stichwort: Professionelle Kompetenz von Lehrkräften. *Zeitschrift für Erziehungswissenschaft, 9*(4), 469-520.

Beck, E., Baer, M., Guldimann, T., Bischoff, S., Brühwiler, C., Müller, P., Niedermann, R., Rogalla, M. & Vogt, F. (2008). *Adaptive Lehrkompetenz. Analyse und Struktur, Veränderbarkeit und Wirkung handlungssteuernden Lehrerwissens.* Münster: Waxmann.

Beck, U. & Bonß, W. (1989). *Weder Sozialtechnologie noch Aufklärung? Analysen zur Verwendung sozialwissenschaftlichen Wissens.* Frankfurt am Main: Suhrkamp.

Becker, G. E. (1997). *Planung von Unterricht. Handlungsorientierte Didaktik, Teil I.* Weinheim: Beltz.

Beckmann, H. (1968). *Lehrerseminar, Akademie, Hochschule: das Verhältnis von Theorie und Praxis in drei Epochen der Volksschullehrerausbildung.* Weinheim: Beltz.

Beckmann, H. (1997). Das Verhältnis von Theorie und Praxis in der Pädagogik und Konsequenzen für die Lehrer(aus)bildung. In E. Glumpler & H. S. Rosenbusch (Hrsg.), *Perspektiven der universitären Lehrerbildung* (S. 97-121). Bad Heilbrunn: Klinkhardt.

Behse, G. (1977). Kompetenz. In J. Ritter, K. Gründer & G. Gabriel (Hrsg.), *Historisches Wörterbuch der Philosophie. Bd. 4: I-K.* (S. 918-934). Basel: Schwabe.

Bellenberg, G. & Thierack, A. (2003). *Ausbildung von Lehrerinnen und Lehrern in Deutschland: Bestandsaufnahme und Reformbestrebungen.* Opladen: Leske und Budrich.

Bennack, J. (1989). Möglichkeiten und Grenzen der Schulpraktika im erziehungswissenschaftlichen Lehramtsstudium. Gerhard Steindorf zum 60. Geburtstag. *Bildung und Erziehung, 42*(3), 331-346.

Bennack, J. & Jürgens, E. (2002). Schulpraktika in Lehramtsstudiengängen. In H. Otto, T. Rauschenbach & P. Vogel (Hrsg.), *Erziehungswissenschaft: Lehre und Studium* (S. 143-160). Opladen: Leske und Budrich.

Bentler, P. M. (1990). Comparative fit indexes in structural models. *Psychological Bulletin, 107*(2), 238-246.

Berliner, D. C. (1987a). Der Experte im Lehrerberuf: Forschungsstrategien und Ergebnisse. *Unterrichtswissenschaft, 15*(3), 295-305.

Berliner, D. (1987b). Thinking about students and classroom by more and less experienced teachers. In J. Calderhead (Hrsg.), *Exploring teachers' thinking* (S. 60-83). London: Cassell.

Berman, P., McLaughlin, M., Bass, G., Pauly, E. & Zellman, G. (1977). *Federal programs supporting educational change. Vol. VII: Factors affecting implementation and continuation (Report No. R-1589/7-HEW)*. Santa Monica, CA: The Rand Corporation (ERIC Document Reproduction Service No. 140 432).

Beyer, K. & Wisbert, R. (2006). Ziele und Funktionen des Schulpraktikums. In K. Beyer, R. Wisbert, W. Plöger, K. Wasmuth & E. Anhalt (Hrsg.), *Schulpraktikum. Einführung in die theoriegeleitete Planung, Durchführung und Reflexion* (S. 5-11). Baltmannsweiler: Schneider Verlag Hohengehren.

Blankertz, H. (1972/2000). *Theorien und Modelle der Didaktik*. Weinheim: Juventa.

Blömcke, S. (1999). Lehrerausbildung und PLAZ im Urteil von Studierenden. In H. Rinkens, G. Tulodziecki & S. Blömeke (Hrsg.), *Zentren für Lehrerbildung – Fünf Jahre Unterstützung und Weiterentwicklung der Lehrerausbildung. Ergebnisse des Modellversuchs PLAZ* (S. 245-277). Münster: LIT Verlag.

Blömeke, S. (2002). *Universität und Lehrerausbildung*. Bad Heilbrunn: Klinkhardt.

Blömeke, S. (2004). Empirische Befunde zur Wirksamkeit der Lehrerbildung. In S. Blömeke, P. Reinhold, G. Tulodziecki & J. Wildt (Hrsg.), *Handbuch Lehrerbildung* (S. 59-91). Bad Heilbrunn: Klinkhardt.

Blömeke, S. (2006a). „Fast fish – Loose fish": International-vergleichende Forschung zur Wirksamkeit der Lehrerausbildung. In A. H. Hilligus & H. Rinkens (Hrsg.), *Standards und Kompetenzen – neue Qualität in der Lehrerausbildung? Neue Ansätze und Erfahrungen in nationaler und internationaler Perspektive* (S. 189-214). Berlin: LIT Verlag.

Blömeke, S. (2006b). Struktur der Lehrerausbildung im internationalen Vergleich. *Zeitschrift für Pädagogik, 52*(3), 393-416.

Blömeke, S. (2006). KMK-Standards für die LehrerInnenbildung in Deutschland. *Journal für LehrerInnenbildung, 6*(1), 25-33.

Blömeke, S. (2007). Qualitativ – quantitativ, induktiv – deduktiv, Prozesse – Produkt, national – international. In M. Lüders & J. Wissinger (Hrsg.), *Forschung zur Lehrerbildung: Kompetenzentwicklung und Programmevaluation* (S. 13-36). Münster: Waxmann.

Blömeke, S. (2008). Allgemeine Didaktik ohne empirische Lernforschung? Perspektiven einer reflexiven Bildungsforschung. In K.-H. Arnold, S. Blömeke, R. Messner & J.

Schlömerkemper (Hrsg.), *Allgemeine Didaktik und Lehr-Lernforschung: Kontroversen und Entwicklungsperspektiven einer Wissenschaft vom Unterricht* (S. 13-26). Bad Heilbrunn: Klinkhardt.

Blömeke, S., Herzig, B. & Tulodziecki, G. (2007). Zum Stellenwert empirischer Forschung für die Allgemeine Didaktik. *Unterrichtswissenschaft, 21*(3), 355-381.

Blömeke, S., Kaiser, G. & Lehmann, R. (Hrsg.) (2008a). *Professionelle Kompetenz angehender Lehrerinnen und Lehrer. Wissen, Überzeugungen und Lerngelegenheiten deutscher Mathematikstudierender und -referendare. Erste Ergebnisse zur Wirksamkeit der Lehrerausbildung.* Münster: Waxmann.

Blömeke, S., Seeber, S., Lehmann, R., Kaiser, G., Schwarz, B., Felbrich, A. & Müller, C. (2008b). Messung des fachbezogenen Wissens angehender Mathematiklehrkräfte. In S. Blömeke, G. Kaiser & R. Lehmann (Hrsg.), *Professionelle Kompetenz angehender Lehrerinnen und Lehrer. Wissen, Überzeugungen und Lerngelegenheiten deutscher Mathematikstudierender und -referendare. Erste Ergebnisse zur Wirksamkeit der Lehrerausbildung* (S. 49-88). Münster: Waxmann.

Blömeke, S., Felbrich, A. & Müller, C. (2008). Theoretischer Rahmen und Untersuchungsdesign. In S. Blömeke, G. Kaiser & R. Lehmann (Hrsg.), *Professionelle Kompetenz angehender Lehrerinnen und Lehrer. Wissen, Überzeugungen und Lerngelegenheiten deutscher Mathematikstudierender und -referendare. Erste Ergebnisse zur Wirksamkeit der Lehrerausbildung* (S. 15-48). Münster: Waxmann.

Blömeke, S., Kaiser, G. & Lehmann, R. (2010). *TEDS-M 2008: Professionelle Kompetenz und Lerngelegenheiten angehender Primarstufenlehrkräfte im internationalen Vergleich.* Münster: Waxmann.

Blum, W., Neubrand, M., Ehmke, T., Senkbeil, M., Jordan, A., Ulfig, F. & Carstensen, C. H. (2004). *Mathematische Kompetenz. In PISA-Konsortium Deutschland (Hrsg.), PISA 2003. Der Bildungsstand der Jugendlichen in Deutschland – Ergebnisse des zweiten internationalen Vergleichs* (S. 47-92). Münster: Waxmann.

Bodensohn, R. (2002a). *Evaluation der Blockpraktika an der Universität in Landau.* Landau: edition-bodensohn.de.

Bodensohn, R. (2002b). *Experten zur Gewichtung von Kompetenzen in der 1. und 2. Phase der Lehrerbildung.* Landau: edition-bodensohn.de.

Bodensohn, R. (2003). Die inflationäre Anwendung des Kompetenzbegriffs fordert die bildungstheoretische Reflexion heraus. *Empirische Pädagogik, 17*(2), 256-271.

Bodensohn, R., Frey, A. & Balzer, L. (2002). *Entwicklungsbericht VERBAL Herbst 2004 Selbstbewertung. Zentrum für empirische pädagogische Forschung in Landau.* Verfügbar unter: http://www.uni-landau.de/schulprakt-studien/selbst_0304.pdf, 22.03.2011.

Bodensohn, R. & Schneider, C. (2006). Die Weiterentwicklung der Evaluationskultur in Schulpraktischer Studien am Beispiel von VERBAL und REBHOLZ. In R. Rotermund (Hrsg.), *Schulpraktische Studien – Evaluationsergebnisse und neue Wege der Lehrerbildung* (S. 87-115). Leipzig: Universitätsverlag.

Bodensohn, R. & Schneider, C. (2007). Fachkompetenzen in der Schulpraxis. Zur Bedeutung der Oserschen Standards professionellen Lehrerhandelns für den Berufsalltag und zur Kompetenzeinschätzung in Schulpraktischen Studien der ersten Phase der Lehrerbildung. In D. Flagmeyer & M. Rotermund (Hrsg.), *Mehr Praxis in der Lehrerbildung – aber wie? Möglichkeiten zur Verbesserung der Evaluation* (S. 149-176). Leipzig: Leipziger Universitätsverlag.

Bodensohn, R. & Schneider, C. (2008). Was nützen Praktika? Evaluation der Block-Praktika im Lehramt – Erträge und offene Fragen nach sechs Jahren. *Empirische Pädagogik, 22*(3), 274-304.

Bodensohn, R. & Schneider, C. (2009). Vier Studien zu Blockpraktika als Ausgangsbasis für die Entwicklung standardbezogener Evaluationen. In R. Bolle & M. Rotermund (Hrsg.), *Schulpraktische Studien in gestuften Studiengängen. Neue Wege und erste Evaluationsergebnisse* (S. 206-237). Leipzig: Leipziger Universitätsverlag.

Boekhoff, I. & Arnold, K.-H. (2007). *Evaluation der SPS im Rahmen des Projektes Edu-LikS (unveröffentlichtes Manuskript)*. Hildesheim: Universität Hildesheim, Institut für Erziehungswissenschaft, Abteilung Angewandte Erziehungswissenschaft.

Boekhoff, I., Franke, K., Dietrich, F. & Arnold, K. - H. (2008). *Effektivität universitärer Lehrerbildung in konsekutiven Studiengängen (EduLikS) unter besonderer Berücksichtigung Schulpraktischer Studien*. Hildesheim: Centrum für Unterrichts- und Bildungsforschung (CeBU).

Bölling, R. (1983). *Sozialgeschichte der deutschen Lehrer. Ein Überblick von 1800 bis zur Gegenwart*. Göttingen: Vandenhoeck Ruprecht.

Bohl, T. (2004). Empirische Unterrichtsforschung und Allgemeine Didaktik. Ein prekäres Spannungsverhältnis und Konsequenzen im Kontext der PISA-Studie. *Die Deutsche Schule, 96(4)*, 414-425.

Bohnsack, F. (2000). Probleme und Kritik der universitären Lehrerausbildung. In M. Bayer, F. Bohnsack, B. Koch-Priewe & J. Wildt (Hrsg.), *Lehrerin und Lehrer werden ohne Kompetenz? Professionalisierung durch eine andere Lehrerbildung* (S. 52-123). Bad Heilbrunn: Klinkhardt.

Bollen, K. A. (1989). *Structural equations with latent variables*. New York: Wiley

Bommes, M., Dewe, B. & Radtke, F. (1996). *Sozialwissenschaften und Lehramt. Der Umgang mit sozialwissenschaftlichen Theorieangeboten in der Lehrerausbildung*. Opladen: Leske und Budrich.

Bong, M. & Clark, R. E. (1999). Comparison between self-concept and self-efficacy in academic motivation research. *Educational Psychologist, 34*(3), 139-153.

Bong, M. & Skaalvik, E. M. (2003). Academic self-concept and self-efficacy: How different are they really? *Educational Psychology Review, 15*(1), 1-40.

Borges, M. A., Roth, A., Nichols, G. T. & Nichols, B. S. (1980). Effects of gender, age, locus of control, and self-esteem on estimates of college grades. *Psychological Reports, 47*(3), 831-837.

Borko, H. & Mayfield, V. (1995). The Roles of the cooperating teacher and university supervisor in learning to teach. *Teaching and Teacher Education, 11*(5), 501-518.

Boshuizen, H. P. A. & Schmidt, H. G. (1992). On the role of biomedical knowledge in clinical reasoning by experts, intermediates and novices. *Cognitive Science, 16*(2), 153-184.

Bosse, D. & Messner, R. (2008). Intensivpraktikum – Wie Lehrer/innen-Können universitär angebahnt werden kann. In C. Kraler & M. Schratz (Hrsg.), *Wissen erwerben, Kompetenzen entwickeln. Modelle zur kompetenzorientierten Lehrerbildung* (S. 53-70). Münster: Waxmann.

Brandtstädter, J. (2001). *Entwicklung – Intentionalität – Handeln.* Stuttgart: Kohlhammer.

Breckler, S. J. & Greenwald, A. G. (1986). Motivational facets of the self. In R. M. Sorrentino & E. T. Higgins (Hrsg.), *Handbook of motivation and cognition: Foundation of social behavior* (S. 145-164). New York, NY: Guilford.

Bromme, R. (1992). *Der Lehrer als Experte: zur Psychologie des professionellen Wissens.* Bern: Huber.

Bromme, R. (1995). Was ist „pedagogical content knowledge"? Kritische Anmerkungen zu einem fruchtbaren Forschungsprogramm. In S. Hopmann & K. Riquarts (Hrsg.), *Didaktik und/oder Curriculum. Grundprobleme einer international vergleichenden Didaktik* (S. 105-133). Weinheim: Beltz.

Bromme, R. (1997). Kompetenzen, Funktionen und unterrichtliches Handeln von Lehrern. In F. E. Weinert (Hrsg.), *Psychologie des Unterrichts und der Schule. Enzyklopädie der Psychologie Themenbereich D: Praxisgebiete, Serie I: Pädagogische Psychologie, Bd. 3* (S. 177-212). Göttingen: Hogrefe.

Bromme, R. (2004). Das implizite Wissen des Experten. In B. Koch-Priewe, F. Kolbe & J. Wildt (Hrsg.), *Grundlagenforschung und mikrodidaktische Reformansätze zur Lehrerbildung* (S. 22-48). Bad Heilbrunn: Klinkhardt.

Bromme, R. (2008). Lehrerexpertise. In W. Schneider & M. Hasselhorn (Hrsg.), *Handbuch der pädagogischen Psychologie* (S. 159-167). Göttingen: Hogrefe.

Brown, R. & Gibson, S. (1982). *Teachers' sense of efficacy: Changes due to experience.* Paper presented at the annual meeting of the California Educational Research Association, Sacramento, CA.

Brunner, M., Kunter, M., Krauss, S., Klusmann, U., Baumert, J. & Blum, W. (2006). Die professionelle Kompetenz von Mathematiklehrkräften: Konzeptualisierung, Erfassung und Bedeutung für den Unterricht. Eine Zwischenbilanz des COACTIV-Projekts. In M. Prenzel & L. Allolio-Näcke (Hrsg.), *Untersuchungen zur Bildungsqualität von Schule: Abschlussbericht des DFG-Schwerpunktprogramms* (S. 54-82). Münster: Waxmann.

Buchberger, F. (1997). Anmerkungen zur curricularen Gestaltung von Lehrerbildung in Europa. In M. Bayer, U. Carle & J. Wildt (Hrsg.), *Brennpunkt: Lehrerbildung. Strukturwandel und Innovationen im europäischen Kontext* (S. 219-235). Opladen: Leske und Budrich.

Bullough, R. V. (1989). Teacher education and teacher reflectivity. *Journal of Teacher Education, 40*(2), 15-21.

Burley, W. W., Hall, B. W., Villeme, M. G. & Brockmeier, L. L. (1991). *A path analysis of the mediating role of efficacy in first-year teachers' experiences, reactions, and plans.* Paper presented at the annual meeting of the American Educational Research Association, Chicago.

Byrne, B. M. (1996). Academic self-concept: Its structure, measurement, and relation to academic achievement. In B. A. Bracken (Hrsg.), *Handbook of self-concept: Developmental, social, and clinical considerations* (S. 287-316). New York: Wiley.

Campbell, D. T. & Stanley, J. C. (1963). Experimental and quasi-experimental designs for research. In N. L. Gage (Hrsg.), Handbook of research on teaching (S. 171-246). Chicago: Rand Mc-Nally.

Capa, Y. (2005). *Factors influencing first-year teachers sense of self efficacy.* Doctoral dissertation. Columbus: The Ohio State University.

Capa Aydin, Y. & Woolfolk Hoy, A. (2005). What predicts student teacher self-efficacy. *Academic Exchange Quarterly, 9*(4), 123-128.

Caprara, G. V., Barbaranelli, C., Borgogni, L. & Steca, P. (2003). Efficacy beliefs as determinants of teachers' job satisfaction. *Journal of Educational Psychology, 95*(4), 821-832.

Castle, S., Fox, R. K. & O'Hanlan Souder, K. (2006). Do Professional Development Schools (PDSs) make a difference? A comparative study of PDS and non-PDS teacher candidates. *Journal of Teacher Education, 57*(1), 65-80.

Chester, M. & Beaudin, B. Q. (1996). Efficacy beliefs of newly hired teachers in urban schools. *American Educational Research Journal, 33*(1), 233-257.

Chomsky, N. (1969). *Aspekte der Syntax-Theorie.* Frankfurt am Main: Suhrkamp.

Clancey, W. J. (1993). Situated action: A neuropsychological interpretation. Response to Vera and Simon. *Cognitive Science, 17*(1), 87-116.

Clark, C. & Peterson, P. (1986). Teachers' thought processes. In M. C. Wittrock (Hrsg.), *Handbook of research on teaching* (3. Auflage, S. 255-296). New York: Macmillan.

Cloetta, B., Dann, H., Helmreich, R., Müller-Fohrbrodt, G. & Pfeiffer, H. (1973). Berufsrelevante Einstellungen als Ziele der Lehrerausbildung. *Zeitschrift für Pädagogik, 19*(6), 919-941.

Cochran-Smith, M. & Zeichner, K. M. (2005). *Studying teacher education. The report of the AERA panel on research and teacher education.* Mahwah, NJ: Erlbaum.

Cognition and Technology Group at Vanderbilt (1990). Anchored instruction and its relationship to situated cognition. *Educational Researcher, 19*(6), 2-10.

Cohen, J. (1988). *Statistical power analysis for behavioral sciences.* Hillsdale, NJ: Erlbaum.

Coladarci, T. (1992). Teachers' sense of efficacy and commitment to teaching. *Journal of Experimental Education, 60*(4), 323-337.

Collins, A., Brown, J. S. & Newman, S. E. (1989). Cognitive apprenticeship. Teaching the crafts of reading, writing and mathematics. In L. B. Resnick (Hrsg.), *Knowing, learning, and instruction. Essays in honor of Robert Glaser* (S. 453-494). Hillsdale, NJ: Lawrence Erlbaum Associates.

Combe, A. & Buchen, S. (1996). *Belastung von Lehrerinnen und Lehrern. Fallstudien zur Bedeutung alltäglicher Handlungsabläufe an unterschiedlichen Schulformen.* Weinheim: Juventa Verlag.

Combe, A. & Kolbe, F. (2008). Lehrerprofessionalität: Wissen, Können, Handeln. In W. Helsper & J. Böhme (Hrsg.), *Handbuch der Schulforschung* (2. Auflage, S. 857-875). Wiesbaden: VS Verlag.

Cousins, J. B. & Walker, C. A. (2000). Predictors of educators' valuing of systematic inquiry in schools. *Canadian Journal of Program Evaluation, Special Issue,* 25-53.

Crayen, C. (2010). *Chi-square distributions calculator Version 3. [Computer software].* Berlin: Freie Universität.

Czerwenka, K. & Nölle, K. (2000). Probleme des Erwerbs professioneller Kompetenz im Kontext universitärer Lehrerausbildung. In O. Jaumann-Graumann & W. Köhnlein (Hrsg.), *Lehrerprofessionalität – Lehrerprofessionalisierung. Jahrbuch Grundschulforschung Band 3* (S. 67-77). Bad Heilbrunn: Klinkhardt.

Dann, H. (1994). Pädagogisches Verstehen: Subjektive Theorien und erfolgreiches Handeln von Lehrkräften. In K. Reusser & M. Reusser-Weyeneth (Hrsg.), *Verstehen. Psychologischer Prozess und didaktische Aufgabe* (S. 163-182). Bern: Huber.

Dann, H., Cloetta, B., Müller-Fohrbrodt, G. & Helmreich, R. (1978). *Umweltbedingungen innovativer Kompetenz: Eine Längsschnittuntersuchung zur Sozialisation von Lehrern in Ausbildung und Beruf.* Stuttgart: Klett-Cotta.

Dann, H. & Humpert, W. (1987). Eine empirische Analyse der Handlungswirksamkeit subjektiver Theorien von Lehrern in aggressionshaltigen Unterrichtssituationen. *Zeitschrift für Sozialpsychologie, 18*(1), 40-49.

Dann, H. & Krause, F. (1988). Subjektive Theorien: Begleitphänomen oder Wissensbasis des Lehrerhandelns bei Unterrichtsstörungen? *Psychologische Beiträge, 30*(3), 269-291.

De Jong, T. & Ferguson-Hessler, M. G. M. (1996). Types and qualities of knowledge. *Educational Psychologist, 31*(2), 105-113.

Denner, L. (2009). „...irgendwann hat man seine Linie gefunden." Der Portfolioansatz in der Lehrerbildung – Konzeption und Evaluation. In R. Bolle & M. Rotermund (Hrsg.), *Schulpraktische Studien in gestuften Studiengängen. Neue Wege und erste Evaluationsergebnisse* (S. 95-128). Leipzig: Leipziger Universitätsverlag.

Deutsches PISA-Konsortium (Hrsg.) (2007). *PISA? '06. Die Ergebnisse der dritten internationalen Vergleichsstudie.* Münster: Waxmann.

Dewe, B., Ferchhoff, W. & Radtke, F.-O. (1990). Die opake Wissensbasis pädagogischen Handelns - Einsichten aus der Verschränkung von Wissensverwendungsforschung und

Professionalisierungstheorie. In L. Alisch, J. Baumert & K. Beck (Hrsg.), *Professionswissen und Professionalisierung* (S. 291-320). Braunschweig: Technische Universität.

Dewe, B., Ferchhoff, W. & Radtke, F.-O. (1992). Das „Professionswissen" von Pädagogen. Ein wissenstheoretischer Rekonstruktionsversuch. In B. Dewe, W. Ferchhoff & F.-O. Radkte (Hrsg.), *Erziehen als Profession. Zur Logik professionellen Handelns in pädagogischen Feldern* (S. 70-91). Opladen: Leske und Budrich.

Dewe, B. & Radtke, F. (1991). Was Wissen Pädagogen über ihr Können? Professionstheoretische Überlegungen zum Theorie-Praxis-Problem in der Pädagogik. In J. Oelkers & H. Tenorth (Hrsg.), *Pädagogisches Wissen (Zeitschrift für Pädagogik, 27. Beiheft)* (S. 143-162). Weinheim: Beltz.

Dibbern, M. & Krause-Hotopp, D. (2008). Das Allgemeine Schulpraktikum in der Braunschweiger Lehrerausbildung. Ergebnisse einer Studierendenbefragung. In M. Rotermund, G. Dörr & R. Bodensohn (Hrsg.), *Bologna verändert die Lehrerbildung. Auswirkungen der Hochschulreform* (S. 111-131). Leipzig: Leipziger Universitätsverlag.

Dick, A. (1996). *Vom unterrichtlichen Wissen zur Praxisreflexion. Das praktische Wissen von Expertenlehrern im Dienste zukünftiger Junglehrer* (2. Auflage). Bad Heilbrunn: Klinkhardt.

Dick, R. v. (2006). *Stress und Arbeitszufriedenheit bei Lehrerinnen und Lehrern. Zwischen „Horrorjob" und Erfüllung.* (2. Auflage). Marburg: Tectum-Verlag.

Dickhäuser, O. & Stiensmeier-Pelster, J. (2002). Erlernte Hilflosigkeit am Computer? Geschlechtsunterschiede in computerspezifischen Attributionen. *Psychologie in Erziehung und Unterricht, 49*(1), 44-55.

Dieck, M., Dörr, G., Kucharz, D., Küster, O., Müller, K., Reinhoffer, B., Rosenberger, T., Schnebel, S. & Bohl, T. (2009). *Kompetenzentwicklung von Lehramtsstudierenden während des Praktikums. Erkenntnisse aus dem Modellversuch Praxisjahr Biberach.* Baltmannsweiler: Schneider Verlag Hohengehren.

Dieck, M., Kucharz, D., Küster, O., Müller, K., Rosenberger, T. & Schnebel, S. (2010). Kompetenzentwicklung von Studierenden in verlängerten Praxisphasen. Ergebnisse der wissenschaftlichen Begleitung des Modellversuchs „Praxisjahr Biberach" durch die Pädagogische Hochschule Weingarten. In A. Gehrmann, U. Hericks & M. Lüders (Hrsg.), *Bildungsstandards und Kompetenzmodelle: Beiträge zu einer aktuellen Diskussion über Schule, Lehrerbildung und Unterricht* (S. 99-110). Bad Heilbrunn: Klinkhardt.

Diederich, J. (1988). *Didaktisches Denken. Eine Einführung in Anspruch und Aufgabe, Möglichkeiten und Grenzen der Allgemeinen Didaktik.* Weinheim: Juventa.

Dirks, U. (1999). Kernprobleme im Berufsalltag von GymnasiallehrerInnen (Englisch). In U. Dirks & W. Hansmann (Hrsg.), *Reflexive Lehrerbildung. Fallstudien und Konzepte im Kontext berufsspezifischer Kernprobleme* (S. 25-41). Weinheim: Deutscher Studien Verlag.

Dirks, U. (2000). *Wie werden EnglischlehrerInnen professionell? Eine berufsbiographische Untersuchung in den neuen Bundesländern.* Münster: Waxmann.

Dirks, U. & Hansmann, W. (1999). *Reflexive Lehrerbildung. Fallstudien und Konzepte im Kontext berufsspezifischer Kernprobleme.* Weinheim: Deutscher Studien Verlag.

Ditton, H. (1998). *Mehrebenenanalyse. Grundlagen und Anwendungen des hierarchisch linearen Modells.* Weinheim: Juventa.

Ditton, H. (2009). Unterrichtsqualität. In K.-H. Arnold, U. Sandfuchs & J. Wiechmann (Hrsg.), *Handbuch Unterricht* (2. Auflage) (S. 177-183). Bad Heilbrunn: Klinkhardt.

Döring, K. W. (1974). Lehrerverhalten und das Konzept der Unterrichtstechnologie. *Zeitschrift für Pädagogik, 20*(2), 189-210.

Döring, K. W. (1980). *Lehrerverhalten: Forschung – Theorie – Praxis.* Weinheim: Beltz.

Dörner, D., Kreuzig, H. W., Reither, F. & Stäudel, T. (Hrsg.) (1983). *Lohhausen. Vom Umgang mit Unbestimmtheit und Komplexität.* Bern: Huber.

Dörr, G., Kucharz, D. & Küster, O. (2009a). Eine längsschnittliche Videostudie zur Untersuchung der Entwicklung unterrichtlicher Handlungskompetenzen in verlängerten Praxisphasen. In M. Dieck, G. Dörr, D. Kucharz, O. Küster, K. Müller, B. Reinhoffer, T. Rosenberger, S. Schnebel & T. Bohl (Hrsg.), *Kompetenzentwicklung von Lehramtsstudierenden während des Praktikums. Erkenntnisse aus dem Modellversuch Praxisjahr Biberach* (S. 127-160). Baltmannsweiler: Schneider Verlag Hohengehren.

Dörr, G., Müller, K. & Bohl, T. (2009b). Wie entwickeln sich Kompetenzselbsteinschätzungen bei Lehramtsstudierenden während des Praxisjahres? Ergebnisse einer längsschnittlichen Fragebogen- und Interviewstudie. In M. Dieck, G. Dörr, D. Kucharz, O. Küster, K. Müller, B. Reinhoffer, T. Rosenberger, S. Schnebel & T. Bohl (Hrsg.), *Kompetenzentwicklung von Lehramtsstudierenden während des Praktikums. Erkenntnisse aus dem Modellversuch Praxisjahr Biberach* (S. 161-181). Baltmannsweiler: Schneider Verlag Hohengehren.

Doyle, W. (1986). Classroom organization and management. In M. C. Wittrock (Hrsg.), *Handbook of research on teaching* (3. Auflage, S. 392-431). New York: Macmillan.

Dreyfus, H. L. & Dreyfus, S. E. (1986). *Mind over machine. The power of human intuition and expertise in the era of the computer.* New York: Free Press.

Dreyfus, H. L. & Dreyfus, S. E. (1987). *Künstliche Intelligenz. Von den Grenzen der Denkmaschine und dem Wert der Intuition.* Reinbeck: Rowohlt.

Dubs, R. (2008). Lehrerbildung zwischen Theorie und Praxis. In E.-M. Lankes (Hrsg.), *Pädagogische Professionalität als Gegenstand empirischer Forschung* (S. 11-28). Münster: Waxmann.

Eder, F. (1999). *Evaluation der Ausbildung im Unterrichtspraktikum.* Linz: Pädagogisches Institut des Bundes.

Eid, M. (2003). Veränderungsmessung und Kausalanalysen. In M. Jerusalem & H. Weber (Hrsg.), *Psychologische Gesundheitsförderung: Diagnostik und Prävention* (S. 105-120). Göttingen: Hogrefe.

Eid, M., Geiser, C. & Nußbeck, F. (2008). Neuere psychometrische Ansätze der Veränderungsmessung. *Zeitschrift für Psychiatrie, Psychologie und Psychotherapie, 56*(3), 181-189.

Eid, M., Schneider, C. & Schwenkmezger, P. (1999). Do you feel better or worse? The validity of perceived deviations of mood states from mood traits. *European Journal of Personality, 13*(4), 283-306.

Engelhardt, M. v. (1982). *Die pädagogische Arbeit des Lehrers*. Paderborn: Schöningh.

Erpenbeck, J. (1996). Kompetenz und kein Ende? *QUEM-Bulletin, 1*, 9-13.

Erpenbeck, J. & Rosenstiel, L. v. (2007). *Handbuch Kompetenzmessung. Erkennen, verstehen und bewerten von Kompetenzen in der betrieblichen, pädagogischen und psychologischen Praxis* (2. Auflage). Stuttgart: Schäffer-Poeschel.

Esslinger-Hinz, I., Unseld, G., Reinhard-Hauck, P., Röbe, E., Fischer, H., Kust, T. & Däschler-Seiler, S. (2007). *Guter Unterricht als Planungsaufgabe. Ein Studien- und Arbeitsbuch zur Grundlegung unterrichtlicher Basiskompetenzen*. Bad Heilbrunn: Klinkhardt.

Eurydice (2002). *Der Lehrerberuf in Europa: Profil, Tendenzen und Anliegen. Bericht I: Lehrerausbildung und Maßnahmen für den Übergang in das Berufsleben, Allgemein bildender Sekundarbereich I.* Brüssel: Eurydice.

Evans, E. D. & Tribble, M. (1986). Perceived teaching problems, self-efficacy and commitment to teaching among preservice teachers. *Journal of Educational Research, 80*(2), 81-85.

Feiman-Nemser, S. & Buchmann, M. (1987). When is student teaching teacher education? *Teaching and Teacher Education, 3*(4), 255-273.

Feiman-Nemser, S., McDiarmid, G. W., Melnick, S. L. & Parker, M. (1989). *Changing beginning teachers' conceptions: A description of an introductory teacher education course*. Michigan: Michigan State University.

Feiman-Nemser, S. & Floden, R. E. (1991). Berufskulturen von Lehrern. In E. Terhart (Hrsg.), *Unterrichten als Beruf. Neuere amerikanische und englische Arbeiten zur Berufskultur und Berufsbiographien von Lehrern und Lehrerinnen* (S. 41-84). Köln: Böhlau.

Felten, R. v. (2005). *Lernen im reflexiven Praktikum. Eine vergleichende Untersuchung.* Münster: Waxmann.

Fend, H. (2001). *Qualität im Bildungswesen: Schulforschung zu Systembedingungen, Schulprofilen und Lehrerleistung.* (2. Auflage). Weinheim: Juventa.

Fend, H. (2008). *Schule gestalten: Systemsteuerung, Schulentwicklung und Unterrichtsqualität.* Wiesbaden: VS Verlag für Sozialwissenschaften.

Fenstermacher, G. (1994). The knower and the known. The nature of knowledge in research on teaching. In L. Darling-Hammond (Hrsg.), *Review of research in education, Vol. 20* (S. 3-56). Washington, DC: American Educational Research Association.

Filipp, S. & Mayer, A.-K. (2005). Selbst und Selbstkonzept. In H. Weber & T. Rammsayer (Hrsg.), *Handbuch der Persönlichkeitspsychologie und differentiellen Psychologie* (S. 266-276). Göttingen: Hogrefe.

Fischer, F. & Wecker, C. (2006). Wissen: Erwerb und Anwendung. In K.-H. Arnold, U. Sandfuchs & J. Wiechmann (Hrsg.), *Handbuch Unterricht* (2. Auflage) (S. 65-69). Bad Heilbrunn: Klinkhardt.

Fitzner, K. D. (1979). *Das Schulpraktikum als soziales System. Eine Untersuchung des Problems der Übertragung von Systemleistungen in der 1. Phase der Lehrerausbildung.* Weinheim: Beltz.

Fives, H., Hamman, D. & Olivarez, A. (2007). Does burnout begin with student teaching? Analyzing efficacy, burnout, and support during the student-teaching semester. *Teaching and Teacher Education, 23*(6), 916-934.

Flach, H., Lück, J. & Preuss, R. (1997). *Lehrerausbildung im Urteil ihrer Studenten. Zur Reformbedürftigkeit der deutschen Lehrerbildung* (2. Auflage). Frankfurt am Main: Lang.

Flagmeyer, D. & Hoppe-Graff, S. (2006). Zu wenig Praxis, zu viel Theorie (Wissenschaft)? Ausgewählte Ergebnisse einer Befragung von Lehramtsstudierenden vor und nach den Schulpraktischen Studien. In M. Rotermund (Hrsg.), *Schulpraktische Studien – Evaluationsergebnisse und neue Wege der Lehrerbildung* (S. 65-86). Leipzig: Leipziger Universitätsverlag.

Flagmeyer, D., Hoppe-Graff, S. & Stalling, B. (2007). Der gute Lehrer und das „Theorie-Praxis-Problem" in der Lehramtsausbildung: Erste Ergebnisse einer Befragung von Referendaren. In D. Flagmeyer & M. Rotermund (Hrsg.), *Mehr Praxis in der Lehrerbildung – aber wie? Möglichkeiten zur Verbesserung der Evaluation* (S. 177-199). Leipzig: Leipziger Universitätsverlag.

Floden, R. E. & Clark, C. M. (1991). *Lehrerausbildung als Vorbereitung auf Unsicherheit. In E. Terhart (Hrsg.), Unterrichten als Beruf. Neuere amerikanische und englische Arbeiten zur Berufskultur und Berufsbiographie von Lehrern und Lehrerinnen* (S. 191-210). Köln: Böhlau.

Försterling, F. (2009). Attributionstheorie und attributionale Theorien. In V. Brandstätter & J. H. Otto (Hrsg.), *Handbuch der Allgemeinen Psychologie: Motivation und Emotion* (S. 126-134). Göttingen: Hogrefe.

Frech, H. (1976). *Empirische Untersuchung zur Ausbildung von Studienreferendaren. Berufsvorbereitung und Fachsozialisation von Gymnasiallehrern.* Berlin: Max-Planck-Institut für Bildungsforschung.

Frenzel, G. (2006). Forschungshaltung oder Handlungskompetenz? Studierende im ersten Schulpraktikum. In A. Obolenski & H. Meyer (Hrsg.), *Forschendes Lernen. Theorie und Praxis einer professionellen LehrerInnenausbildung* (2. Auflage) (S. 227-242). Oldenburg: Didaktisches Zentrum der Carl von Ossietzky Universität Oldenburg.

Frey, A. (2004). Die Kompetenzstruktur von Studierenden des Lehrerberufs. *Zeitschrift für Pädagogik, 50*(6), 903-925.

Frey, A. (2006). Methoden und Instrumente zur Diagnose beruflicher Kompetenzen von Lehrkräften. Eine erste Standortbestimmung zu bereits publizierten Instrumenten. In C. Allemann-Ghionda & W. Terhart (Hrsg.), *Kompetenzen und Kompetenzentwicklung von Lehrerinnen und Lehrern: Ausbildung und Beruf (Zeitschrift für Pädagogik, 51. Beiheft)* (S. 30-46). Beltz: Weinheim.

Frey, A. (2008). *Kompetenzstrukturen von Studierenden in der ersten und zweiten Phase der Lehrerbildung. Eine nationale und internationale Standortbestimmung.* Landau: Verlag Empirische Pädagogik.

Frey, A. & Balzer, L. (2003). Soziale und methodische Kompetenz – der Beurteilungsbogen smk: Ein Messverfahren für die Diagnose von sozialen und methodischen Kompetenzen. *Empirische Pädagogik, 17*(2), 148-175.

Fried, L. (1998). Zwischen Wissenschaftsorientierung und Orientierung an der Berufspraxis. Bilanz der Lehrerbildungsforschung. *Empirische Pädagogik, 12*(1), 49-90.

Fried, L. (2003). Dimensionen pädagogischer Professionalität. Lehrerausbildung in internationaler Sicht. In D. Lemmermöhle & D. Jahreis (Hrsg.), *Professionalisierung der Lehrerbildung: Perspektiven und Ansätze in internationalen Kontexten (Die Deutsche Schule, 7. Beiheft)* (S. 7-31). Weinheim: Juventa.

Frykholm, J. A. (1996). Pre-service teachers in mathematics: Struggling with the standards. *Teaching and Teacher Education, 12*(6), 665-681.

Frykholm, J. A. (1999). The impact of reform: Challenges for mathematics teacher Preparation. *Journal of Mathematics Teacher Education, 2*(1), 79-105.

Fuchs, C. (2005). *Selbstwirksam Lernen im schulischen Kontext. Kennzeichen – Bedingungen – Umsetzungsbeispiele.* Bad Heilbrunn: Klinkhardt.

Fuhrer, U. (1984). *Mehrfachhandeln in dynamischen Umfeldern. Vorschläge zu einer systematischen Erweiterung psychologisch-handlungstheoretischer Modelle.* Göttingen: Hogrefe.

Gautschi, T. (2010). Maximum-Likelihood Schätztheorie. In C. Wolf & H. Best (Hrsg.), *Handbuch der sozialwissenschaftlichen Datenanalyse* (S. 205-235). Wiesbaden: VS Verlag für Sozialwissenschaften.

Geiser, C. (2010). *Datenanalyse mit Mplus: Eine anwendungsorientierte Einführung.* Wiesbaden: VS Verlag für Sozialwissenschaften.

Geißler, K. A. & Orthey, F. M. (2002). Kompetenz: Ein Begriff für das verwertbare Ungefähre. In E. Nuissl, C. Schiersmann & H. Siebert (Hrsg.), *Literatur- und Forschungsreport Weiterbildung, Jg. 49* (S. 69-79). Bielefeld: Bertelsmann.

Gehrmann, A. (2007). Kompetenzentwicklung im Lehramtsstudium. Eine Untersuchung an der Universität Rostock. In M. Lüders & J. Wissinger (Hrsg.), *Forschung zur Lehrerbildung: Kompetenzentwicklung und Programmevaluation* (S. 85-102). Münster: Waxmann.

Gerstenmaier, J. & Mandl, H. (2000a). Einleitung. In H. Mandl & J. Gerstenmaier (Hrsg.), *Die Kluft zwischen Wissen und Handeln. Empirische und theoretische Lösungsansätze* (S. 11-23). Göttingen: Hogrefe.

Gerstenmaier, J. & Mandl, H. (2000b). Wissensanwendung im Handlungskontext: Die Bedeutung intentionaler und funktionaler Perspektiven für den Zusammenhang von Wissen und Handeln. In H. Mandl & J. Gerstenmaier (Hrsg.), *Die Kluft zwischen Wissen und Handeln. Empirische und theoretische Lösungsansätze* (S. 289-321). Göttingen: Hogrefe.

Gibson, S. & Dembo, M. (1984). Teacher efficacy: A construct validation. *Journal of Educational Psychology, 76*(4), 569-582.

Giest, H. (2006). Lehrerbildung zwischen Berufs- und Professionsorientierung – eine vergleichende empirische Untersuchung. In Zentrum für Lehrerbildung an der Universität Potsdam (Hrsg.), *Qualitätssicherung und Reformansätze in der Lehrerbildung. Tagungsband zu den Tagen der Lehrerbildung 2006 an der Universität Potsdam* (S. 49-69). Potsdam: Universitätsverlag.

Girmes, R. (2006). Lehrerprofessionalität in einer demokratischen Gesellschaft. Über Kompetenzen und Standards in einer erziehungswissenschaftlich fundierten Lehrerbildung. In C. Allemann-Ghionda & W. Terhart (Hrsg.), *Kompetenzen und Kompetenzentwicklung von Lehrerinnen und Lehrern: Ausbildung und Beruf (Zeitschrift für Pädagogik, 51. Beiheft)* (S. 14-29).

Gläser-Zikuda, M. S. (2008). Lehrerkompetenzen und Schüleremotionen. Wie nehmen Lernende ihre Lehrkräfte emotional wahr? In M. Gläser-Zikuda & J. Seifried (Hrsg.), *Lehrerexpertise: Analyse und Bedeutung unterrichtlichen Handelns* (S. 113-142). Münster: Waxmann.

Glickman, C. & Tamashiro, R. (1982). A comparison of first-year, fifth-year, and former teachers on efficacy, ego development, and problem solving. *Psychology in Schools, 19*(4), 558-562.

Glöckel, H. (2003). *Vom Unterricht. Lehrbuch der allgemeinen Didaktik.* (4. Auflage). Bad Heilbrunn: Klinkhardt.

Goddard, R. D., Hoy, W. K. & Woolfolk Hoy, A. (2000). Collective teacher efficacy. Its meaning, measure, and impact on student achievement. *American Educational Research Journal, 37*(2), 479-507.

Goodlad, J. I. (1990). *Teachers for our nation's schools.* San Francisco: Jossey-Bass.

Gorrell, J. & Hwang, Y. S. (1995). A study of self-efficacy beliefs among pre-service teachers in korea. *Journal of Research and Development in Education, 28*(2), 101-105.

Graham, J. W., Cumsille, P. E. & Elek-Fisk, E. (2003). Methods for handling missing data. In J. A. Schinka & W. F. Velicer (Hrsg.), *Handbook of psychology: Research methods in psychology* (S. 87-114). New York: John Wiley & Sons.

Gräsel, C. (1997). *Problemorientiertes Lernen: Strategieanwendung und Gestaltungsmöglichkeiten.* Göttingen: Hogrefe.

Graumann, O., Barlage, H. & Boekhoff, I. (2006). *Theorie-Praxis-Verzahnung auch in einer konsekutiven Lehrerausbildung – das „Hildesheimer Modell" (unveröffentlichtes Manuskript).* Hildesheim: Universität Hildesheim, Institut für Erziehungswissenschaft, Abteilung Angewandte Erziehungswissenschaft.

Greeno, J. G., Smith, D. R. & Moore, J. L. (1993). Transfer of situated learning. In D. K. Detterman & R. J. Sternberg (Hrsg.), *Transfer on trial: Intelligence, cognition, and instruction* (S. 99-167). Norwood, NJ: Ablex.

Greve, W. (1994). *Handlungsklärung. Die psychologische Erklärung menschlicher Handlungen.* Bern: Huber.

Griffin, G. A. (1989). A descriptive study of student teaching. *The Elementary School Journal, 89*(3), 343-364.

Groeben, N., Wahl, D., Schlee, J. & Scheele, B. (1988). *Das Forschungsprogramm Subjektive Theorien. Eine Einführung in die Psychologie des reflexiven Subjekts.* Tübingen: Francke.

Gröschner, A. (2011). *Innovation als Lernaufgabe. Eine quantitativ-qualitative Studie zur Erfassung und Umsetzung von Innovationskompetenz in der Lehrerbildung.* Münster: Waxmann.

Gröschner, A. & Nicklaussen, J. (2008). Erziehen und Innovieren im Lehrerberuf – Eine empirische Untersuchung zur Kompetenzeinschätzung in der ersten und zweiten Phase der Lehrerbildung. In W. Lütgert, A. Gröschner & K. Kleinespel (Hrsg.), *Die Zukunft der Lehrerbildung. Entwicklungslinien – Rahmenbedingungen – Forschungsbeispiele* (S. 136-161). Weinheim: Weinheim.

Gruber, H. (1999). *Erfahrung als Grundlage kompetenten Handelns.* Bern: Huber.

Gruber, H. (2008). Lernen und Wissenserwerb. In W. Schneider & M. Hasselhorn (Hrsg.), *Handbuch der pädagogischen Psychologie* (S. 95-104). Göttingen: Hogrefe.

Gruber, H. & Mandl, H. (1996). Das Entstehen von Expertise. In J. Hoffmann & W. Knitsch (Hrsg.), *Enzyklopädie der Psychologie. Themenbereich C: Praxisgebiete. Serie II: Kognition. Bd.7: Lernen* (S. 583-615). Göttingen: Hogrefe.

Gruber, H. & Rehrl, M. (2005). Praktikum statt Theorie? Eine Analyse relevanten Wissens zum Aufbau pädagogischer Handlungskompetenz. *Journal für LehrerInnenbildung, 5* (1), 8 - 16.

Gruber, H. & Renkl, A. (2000). Die Kluft zwischen Wissen und Handeln: Das Problem des trägen Wissens. In G. H. Neuweg (Hrsg.), *Wissen - Können - Reflexion. Ausgewählte Verhältnisbestimmungen* (S. 155-174). Innsbruck: Studien Verlag.

Gruschka, A. (1994). *Bürgerliche Kälte und Pädagogik. Moral in Gesellschaft und Erziehung.* Wetzlar: Büchse der Pandora.

Gruschka, A. (2001). Schulpädagogik. In A. Bernhard & L. Rothermel (Hrsg.), *Handbuch kritische Pädagogik Eine Einführung in die Erziehungs- und Bildungswissenschaft* (2. Auflage) (S. 256-269). Weinheim: Beltz.

Guskey, T. R. (1984). The influence of change in instructional effectiveness upon the affective characteristics of teachers. *American Educational Research Journal, 21*(2), 245-259.

Guskey, T. R. (1988). Teacher efficacy, self-concept, and attitudes toward the implementation of instructional innovation. *Teaching and Teacher Eduction, 4*(1), 63-69.

Haag, L. (1999). *Die Qualität des Gruppenunterrichts im Lehrerwissen und Lehrerhandeln.* Lengerich: Pabst Science Publishers.

Habermas, J. (1981a). *Theorie des kommunikativen Handelns. Band 1: Handlungsrationalität und gesellschaftliche Rationalisierung.* Frankfurt am Main: Suhrkamp.

Habermas, J. (1981). *Theorie des kommunikativen Handelns. Band 2: Zur Kritik der funktionalistischen Vernunft.* Frankfurt am Main: Suhrkamp.

Hacker, W. (1973). *Allgemeine Arbeits- und Ingenieurpsychologie. Psychische Struktur und Regulation von Arbeitstätigkeiten.* Berlin: Deutscher Verlag der Wissenschaften.

Hall, B., Burley, W., Villeme, M. & Brockmeier, L. (1992). *An attempt to explicate teacher efficacy beliefs among first year teachers.* Paper presented at the annual meeting of the American Educational Research Association, San Francisco.

Hansmann, W. (1999). Beispiele für Paradoxien des Lehrerhandelns und professionelle Balanceakte (Musik). In U. Dirks & W. Hansmann (Hrsg.), *Reflexive Lehrerbildung. Fallstudien und Konzepte im Kontext berufsspezifischer Kernprobleme* (S. 43-67). Weinheim: Deutscher Studien Verlag.

Hartig, J. (2008). Kompetenzen als Ergebnisse von Bildungsprozessen. In N. Jude, J. Hartig & E. Klieme (Hrsg.), *Kompetenzerfassung in pädagogischen Handlungsfeldern. Theorien, Konzepte und Methoden* (S. 13-24). Berlin: BMBF.

Hartig, J. & Jude, N. (2007). Empirische Erfassung von Kompetenzen und psychometrische Kompetenzmodelle. In J. Hartig & E. Klieme (Hrsg.), *Möglichkeiten und Voraussetzungen technologiebasierter Kompetenzdiagnostik* (S. 17-36). Berlin: BMBF.

Hartig, J. & Klieme, E. (2006). Kompetenz und Kompetenzdiagnostik. In K. Schweizer (Hrsg.), *Leistung und Leistungsdiagnostik* (S. 127-143). Heidelberg: Springer.

Hartig, J. & Klieme, E. (Hrsg.) (2007). *Möglichkeiten und Voraussetzungen technologiebasierter Kompetenzdiagnostik.* Berlin: BMBF.

Hascher, T. (2005a). Die Erfahrungsfalle. *Journal für Lehrerinnen- und Lehrerbildung, 5*(1), 39-45.

Hascher, T. (2005b). Pädagogische Standards in der Lehrerbildung. *Pädagogik, 57*(9), 35-38.

Hascher, T. (2006). Veränderungen im Praktikum – Veränderungen durch das Praktikum. Eine empirische Untersuchung zur Wirkung von schulpraktischen Studien in der Lehrerbildung. In C. Allemann-Ghionda & W. Terhart (Hrsg.), *Kompetenzen und Kompetenzentwicklung von Lehrerinnen und Lehrern: Ausbildung und Beruf (Zeitschrift für Pädagogik, 51. Beiheft)* (S. 130-148). Weinheim: Beltz.

Hascher, T. (2007). Lernort Praktikum. In A. Gastager, T. Hascher & H. Schwetz (Hrsg.), *Pädagogisches Handeln. Balancing zwischen Theorie und Praxis. Beiträge zur Wirksamkeitsforschung in pädagogisch-psychologischem Kontext* (S. 161-174). Landau: Verlag Empirische Pädagogik.

Hascher, T. (2011). Forschung zur Wirksamkeit der Lehrerbildung. In E. Terhart, H. Bennewitz & M. Rothland (Hrsg.), *Handbuch der Forschung zum Lehrerberuf* (S. 418-440). Münster: Waxmann.

Hascher, T., Baillod, J. & Wehr, S. (2004). Feedback von Schülerinnen und Schülern als Quelle des Lernprozesses im Praktikum von Lehramtsstudierenden. *Zeitschrift für Pädagogik, 50*(2), 223-243.

Hascher, T. & Moser, P. (1999). Lernen im Praktikum – die Rolle der Praktikumsleitenden in der berufspraktischen Ausbildung. *Bildungsforschung und Bildungspraxis, 21*(3), 312-355.

Hascher, T. & Moser, P. (2001). Betreute Praktika. Anforderungen an Praktikumslehrerinnen und -lehrer. *Beiträge zur Lehrerbildung, 19*(2), 217-231.

Hascher, T. & Wepf, L. (2007). Lerntagebücher im Praktikum von Lehramtsstudierenden. *Empirische Pädagogik, 21*(2), 101-118.

Heimann, P., Otto, G. & Schulz, W. (1965). *Unterricht – Analyse und Planung.* Hannover: Schroedel.

Hell, P. & Olbrich, P. (1993). *Unterrichtsvorbereitung: Grundlagen, Strukturen, praktische Hinweise.* Donauwörth: Auer.

Helmke, A. (1992). *Selbstvertrauen und schulische Leistungen.* Göttingen: Hogrefe.

Helmke, A. (2003). *Unterrichtsqualität: Erfassen, Bewerten, Verbessern.* Seelze: Kallmeyersche Verlagsbuchhandlung.

Helmke, A. (2007). Unterrichtsforschung. In H.-E. Tenorth & R. Tippelt (Hrsg.), *Beltz Lexikon Pädagogik* (S. 734-737). Weinheim: Beltz.

Helmke, A. (2009). *Unterrichtsqualität und Lehrerprofessionalität: Diagnose, Evaluation und Verbesserung des Unterrichts.* Seelze: Klett/Kallmeyer.

Helmke, A., Goellner, R., Kleinbub, I., Schrader, F. & Wagner, W. (2008). Standards – Motor oder Bremse der Unterrichtsentwicklung? *Seminar, 14*(1), 44-61.

Helmke, A. & Weinert, F. E. (1997). Unterrichtsqualität und Leistungsentwicklung: Ergebnisse aus dem SCHOLASTIK-Projekt. In F. E. Weinert & A. Helmke (Hrsg.), *Entwicklung im Grundschulalter* (S. 241-251). Weinheim: Psychologie Verlags Union.

Helsper, W. (1996). Antinomien des Lehrerhandelns in modernisierten pädagogischen Kulturen: Paradoxe Verwendungsweisen von Autonomie und Selbstverantwortlichkeit. In A. Combe & W. Helsper (Hrsg.), *Pädagogische Professionalität. Untersuchungen zum Typus pädagogischen Handelns* (S. 521-570). Frankfurt am Main: Suhrkamp.

Helsper, W. (2000a). Antinomien des Lehrerhandelns und die Bedeutung der Fallrekonstruktion – Überlegungen zu einer Professionalisierung im Rahmen universitärer Lehrerausbildung. In E. Cloer, D. Klika & H. Kunert (Hrsg.), *Welche Lehrer braucht das*

Land? Notwendige und mögliche Reformen der Lehrerbildung (S. 141-178). Weinheim: Juventa Verlag.

Helsper, W. (2000b). Zum systematischen Stellenwert der Fallrekonstruktion in der universitären LehrerInnenbildung. In C. Beck, W. Helsper, B. Heuer, B. Stelmaszyk & H. Ullrich (Hrsg.), *Fallarbeit in der universitären LehrerInnenbildung. Professionalisierung durch fallrekonstruktive Seminare? Eine Evaluation* (S. 29-50). Opladen: Leske und Budrich.

Helsper, W. (2001). Praxis und Reflexion. Die Notwendigkeit einer „doppelten Professionalisierung" des Lehrers. *Journal für Lehrer- und Lehrerinnenbildung, 1*(3), 7-15.

Helsper, W. (2004). Antinomien, Widersprüche, Paradoxien: Lehrerarbeit – ein unmögliches Geschäft? Eine strukturtheoretisch-rekonstruktive Perspektive auf das Lehrerhandeln. In B. Koch-Priewe, F. Kolbe & J. Wildt (Hrsg.), *Grundlagenforschung und mikrodidaktische Reformansätze zur Lehrerbildung* (S. 49-98). Bad Heilbrunn: Klinkhardt.

Helsper, W. & Keuffer, J. (2010). Unterricht. In H. Krüger & W. Helsper (Hrsg.), *Einführung in Grundbegriffe und Grundfragen der Erziehungswissenschaft* (9. Auflage, S. 91-102). Opladen: Budrich.

Hentig, H. v. (1996). Die Schule und die Lehrerbildung neu denken. In D. Hänsel & L. Huber (Hrsg.), *Lehrerbildung neu denken und gestalten* (S. 17-38). Weinheim: Beltz.

Hertzog, C. & Nesselroade, J. (1987). Beyond autoregressive models: Some implications of the trait-state distinction for the structural modeling of development change. *Child Development, 58*(1), 93-109.

Herzig, B. & Grafe, S. (2005). Lernen im Praktikum als Entwicklung einer Reflexionskultur. In A. H. Hilligus & H. Rinkens (Hrsg.), *Zentren für Lehrerbildung – Neue Wege im Bereich der Praxisphasen* (S. 149-170). Münster: LIT Verlag.

Herzog, W. (2005). Müssen wir Standards wollen? Skepsis gegenüber einem theoretisch (zu) schwachen Konzept. *Zeitschrift für Pädagogik, 51*(2), 252-258.

Heydorn, H. (1979). *Über den Widerspruch von Bildung und Herrschaft*. Frankfurt am Main: Syndikat.

Hill, H. C., Rowan, B. & Ball, D. L. (2005). Effects of teachers' mathematical knowledge for teaching on student achievement. *American Educational Research Journal, 42*(2), 371-406.

Hilligus, A. H. (2003). Strukturdebatte in der Lehrerbildung. Konzepte und Erfahrungen in europäischer Perspektive. In D. Lemmermöhle & D. Jahreis (Hrsg.), *Professionalisierung der Lehrerbildung: Perspektiven und Ansätze in internationalen Kontexten (Die Deutsche Schule, 7. Beiheft)* (S. 157-179). Weinheim: Juventa Verlag.

Hinsch, R. (1979). *Einstellungswandel und Praxisschock bei jungen Lehrern: eine empirische Längsschnittuntersuchung*. Weinheim: Beltz.

Hinz, R. (1999). *Die Rolle der LehrerInnen im Kontext des sich wandelnden Berufsbildes*. Oldenburger Vor-Drucke Nr. 388. Oldenburg: ZpB.

Hodkinson, H. & Hodkinson, P. (1999). Teaching to learn, learning to teach? School-based non-teaching activity in an initial teacher education and training partnership scheme. *Teaching and Teacher Education, 15*(3), 273-285.

Holmes Group (1986). *Tomorrow's teacher: A report of the Holmes Group.* East Lansing, MI: The Holmes Group.

Holmes Group (1990). *Tomorrow's schools: Principles for the design of professional development schools.* East Lansing, MI: The Holmes Group.

Holmes Group (1995). *Tomorrow's schools of education.* East Lansing, MI: The Holmes Group.

Homfeld, W. (1978). *Theorie und Praxis der Lehrerausbildung: Ziele und Auswirkungen der Reformdiskussion im 19. und 20. Jahrhundert.* Weinheim: Beltz.

Hoppe-Graf, S. & Flagmeyer, D. (2008). Haben die ersten beiden Semester Spuren hinterlassen? Ergebnisse einer Längsschnittstudie an Studierenden des Lehramts Gymnasium. In M. Rotermund, G. Dörr & R. Bodensohn (Hrsg.), *Bologna verändert die Lehrerbildung. Auswirkungen der Hochschulreform* (S. 147-183). Leipzig: Leipziger Universitätsverlag.

Hoppe-Graff, S., Schroeter, R. & Flagmeyer, D. (2008). Universitäre Lehrerausbildung auf dem Prüfstand: Wie beurteilen Referendare das Theorie-Praxis-Problem? *Empirische Pädagogik, 22*(3), 353-381.

Hörner, W. (2002). Berufswissen des Lehrers und Bezugswissenschaften der Lehrerbildung - Einführung in das Kongressthema. In W. Hörner & D. Schulz (Hrsg.), *Berufswissen des Lehrers und Bezugswissenschaften der Lehrerbildung. Ausgewählte Beiträge des 24. Jahreskongresses der Vereinigung für Lehrerbildung in Europa* (S. 27-39). Leipzig: Leipziger Universitätsverlag.

Horst, I. (1994). Lehrerausbildung im Urteil ost- und westdeutscher Studierender. *Pädagogik und Schulalltag, 49*(1), 118-125.

Housego, B. (1992). Monitoring student teachers' feeling of preparedness to teach, personal teaching efficacy, and teaching efficacy in a new secondary teacher education program. *Alberta Journal of Educational Research, 38*(1), 49-64.

Hoy, W. K. (1967). Organizational socialization: The student teacher and pupil control ideology. *Journal of Educational Research, 61*(4), 153-155.

Hoy, W. K., Sweetland, S. R. & Smith, P. A. (2002). Toward an organizational model of achievement in high schools: The significance of collective efficacy. *Educational Administration Quarterly, 38*(1), 77-93.

Hoy, W. K. & Woolfolk, A. E. (1990). Socialization of student teachers. *American Educational Research Journal, 27*(2), 279-300.

Hoy, W. K. & Woolfolk, A. E. (1993). Teachers' sense of efficacy and the organizational health of schools. *The Elementary School Journal, 93*(4), 356-372.

Hoyle, R. H. (2011). *Structural equation modeling for social and personality psychology.* Los Angeles: Sage.

HRK (2007). *Von Bologna nach Quedlinburg – die Reform des Lehramtsstudiums in Deutschland (Beiträge zur Hochschulpolitik 1/2007)*. Bonn: HRK.

Hu, L. T. & Bentler, P. M. (1999). Cutoff criteria for fit indexes in covariance structure analysis: Conventional criteria versus new alternatives. *Structural Equation Modeling, 6*(1), 1-55.

Hugener, I., Rakoczy, K., Pauli, C. & Reusser, K. (2006). Videobasierte Unterrichtsforschung: Integration verschiedener Methoden der Videoanalyse für eine differenzierte Sicht auf Lehr-Lernprozesse. In S. Rahm, I. Mammes & M. Schratz (Hrsg.), *Schulpädagogische Forschung. Unterrichtsforschung. Perspektiven innovativer Ansätze* (S. 41-53). Innsbruck: Studienverlag.

Innerhofer, P. (1977). *Das Münchner Trainingsmodell. Beobachtung, Interaktionsanalyse, Verhaltensänderung*. Berlin: Springer.

Jackson, P. W. (1986). *The practice of teaching*. New York: Teachers College Press.

Jäger, R. S. & Behrens, U. (1994). *Weiterentwicklung der Lehrerbildung*. Mainz: v. Hase & Koehler.

Jäger, R. S. & Milbach, B. (1994). Studierende im Lehramt als Praktikanten – eine empirische Evaluation des Blockpraktikums. *Empirische Pädagogik, 8*(2), 199-234.

Jank, W. & Meyer, H. (2003). *Didaktische Modelle* (6. Auflage). Berlin: Cornelsen.

Jerusalem, M. (1990). *Persönliche Ressourcen, Vulnerabilität und Streßerleben*. Göttingen: Hogrefe.

Jerusalem, M. (2005). Selbstwirksamkeit. In H. Weber & T. Rammsayer (Hrsg.), *Handbuch der Persönlichkeitspsychologie und differentiellen Psychologie* (S. 438-445). Göttingen: Hogrefe.

Jerusalem, M. & Satow, L. (1999). Schulbezogene Selbstwirksamkeitserwartungen. In R. Schwarzer & M. Jerusalem (Hrsg.), *Skalen zur Erfassung von Lehrer- und Schülermerkmalen. Dokumentation der psychometrischen Verfahren im Rahmen der wissenschaftlichen Begleitung des Modellversuchs Selbstwirksame Schulen* (S. 15-16). Berlin: Freie Universität Berlin.

Jerusalem, M. & Schwarzer, R. (1999). Allgemeine Selbstwirksamkeitserwartung. In R. Schwarzer & M. Jerusalem (Hrsg.), *Skalen zur Erfassung von Lehrer- und Schülermerkmalen. Dokumentation der psychometrischen Verfahren im Rahmen der wissenschaftlichen Begleitung des Modellversuchs Selbstwirksame Schulen* (S. 13-14). Berlin: Freie Universität Berlin.

Jöreskog, K. G. (1979). Statistical estimation of structural models in longitudinal investigations. In J. R. Nesselroade & B. Baltes (Hrsg.), *Longitudinal research in the study of behavior and development* (S. 303-351). New York: Academic Press.

Jöreskog, K. G. & Sörbom, D. (1982). Recent developments in structural equation modeling. *Journal of Marketing Research, 19*(4), 404-416.

Jonas, K. & Brömer, P. (2002). Die sozial-kognitive Theorie von Bandura. In D. Frey & M. Irle (Hrsg.), *Theorien der Sozialpsychologie. Band 2: Gruppen-, Interaktions- und Lerntheorien* (S. 277-299). Bern: Verlag Hans Huber.

Jones, D. R. (1982). The influence of length and level of student teaching on pupil control ideology. *High School Journal, 65*(7), 220-225.

Judge, T. A., Jackson, C., Shaw, J. C., Scott, B. A. & Rich, B. L. (2007). Self-efficacy and work-related performance: The integral role of individual differences. *Journal of Applied Psychology, 92*(1), 107-127.

Kaminski, G. (1983). Probleme einer ökopsychologischen Handlungstheorie. In L. Montada, K. Reusser & G. Steiner (Hrsg.), *Kognition und Handeln: Hans Aebli zum 60. Geburtstag* (S. 35-53). Stuttgart: Klett-Cotta.

Kant, I. (1803/1983). Über Pädagogik. In I. Kant (Hrsg.), *Werke in zehn Bänden. Bd. 10: Schriften zur Anthropologie, Geschichtsphilosophie, Philosophie, Politik und Pädagogik* (S. 693-761). Darmstadt: Wissenschaftliche Buchgesellschaft.

Keck, R. W. (1989). Die Entwicklung der Lehrerbildung in Deutschland im 18. und 19. Jahrhundert. In J. G. v. Hohenzollern & M. Liedtke (Hrsg.), *Schreiber, Magister, Lehrer* (S. 195-213). Bad Heilbrunn: Klinkhardt.

Kelchtermans, G. (1996). Berufsbiographie und professionelle Entwicklung. Eine narrativ-biographische Untersuchung bei Grundschullehrern. *Bildung und Erziehung, 49*(3), 257-276.

Kemnitz, H. (2004). Lehrerbildung in der DDR. In S. Blömeke, P. Reinhold, G. Tulodziecki & J. Wildt (Hrsg.), *Handbuch Lehrerbildung* (S. 92-110). Bad Heilbrunn: Klinkhardt.

Kemnitz, H. & Ritzi, C. (2005). *Die preußischen Regulative von 1854 im Kontext der deutschen Bildungsgeschichte.* Baltmannsweiler: Schneider Verlag Hohengehren.

Kennedy, M. M., Ahn, S. & Choi, J. (2008). The value added teacher education. In M. Cochran-Smith, S. Feiman-Nemser, D. J. McIntyre & K. E. Demers (Hrsg.), *Handbook of Research on Teacher Education* (S. 1249-1273). New York: Routledge.

Kerfien, S. & Pantaleeva, A. (2008). Praxisbezug im Lehramtsstudium. Ergebnisse einer Evaluation am Zentralinstitut für Lehrerbildung und Lehrerfortbildung (ZLL) der Technischen Universität München. In M. Rotermund, G. Dörr & R. Bodensohn (Hrsg.), *Bologna verändert die Lehrerbildung. Auswirkungen der Hochschulreform* (S. 91-110). Leipzig: Leipziger Universitätsverlag.

Keuffer, J. (2009). *Reform der Lehrerbildung und kein Ende? Eine Standortbestimmung. Vortrag auf der Tagung der DGfE vom 20.02.2009 in Jena.* Verfügbar unter: http://wwwhomes.uni-bielefeld.de/jkeuffer/09-02-20_Vortrag_Keuffer_DGfE_Jena _final_%5BKompatibilit%E4tsmodus%5D.pdf, 22.06.2009.

Kiper, H. (2003). Schulpraktische Studien und ihre disziplintheoretische Verortung aus Sicht der Schulpädagogik – Leitideen, Reformansätze und Erfahrungen unterschiedlicher Praktikumsvarianten und deren Kritik im Rahmen von Lehramtsstudiengängen. In

J. Schulze-Krüdener & H. G. Homfeldt (Hrsg.), *Praktikum – Eine Brücke schlagen zwischen Wissenschaft und Beruf* (S. 133-152). Bielefeld: Universitätsverlag Weber.

Klafki, W. (1958). Didaktische Analyse als Kern der Unterrichtsvorbereitung. *Die Deutsche Schule, 50*(10), 450-471.

Klafki, W. (1959). *Das pädagogische Problem des Elementaren und die Theorie der kategorialen Bildung*. Weinheim: Beltz.

Klafki, W. (Hrsg.) (1963). *Studien zur Bildungstheorie und Didaktik*. Weinheim: Beltz.

Klafki, W. (1976). Zum Verhältnis von Didaktik und Methodik. *Zeitschrift für Pädagogik, 22*(1), 77-94.

Klafki, W. (1980). Die bildungstheoretische Didaktik im Rahmen kritisch-konstruktiver Erziehungswissenschaft – Zur Neufassung der Didaktischen Analyse. *Westermanns Pädagogische Beiträge, 32*(1), 32-37.

Klafki, W. (Hrsg.) (1985). *Neue Studien zur Bildungstheorie und Didaktik. Beiträge zur kritisch-konstruktiven Didaktik*. Weinheim: Beltz.

Klafki, W. (1994). Zur Unterrichtsplanung im Sinne kritisch-konstruktiver Didaktik. In W. Klafki (Hrsg.), *Neue Studien zur Bildungstheorie und Didaktik. Zeitgemäße Allgemeinbildung und kritisch-konstruktive Didaktik* (S. 251-284). Weinheim: Beltz.

Kleber, E. W. (1992). *Diagnostik in pädagogischen Handlungsfeldern. Einführung in Bewertung, Beurteilung, Diagnose und Evaluation*. Weinheim: Juventa.

Klieme, E., Avenarius, H., Blum, W., Döbrich, P., Gruber, H., Prenzel, M., Reiss, K., Riquarts, K., Rost, J., Tenorth, H. E. & Vollmer, H. J. (2003). *Zur Entwicklung nationaler Bildungsstandards. Eine Expertise*. Berlin: BMBF.

Klieme, E. & Hartig, J. (2007). Kompetenzkonzepte in den Sozialwissenschaften und im erziehungswissenschaftlichen Diskurs. In M. Prenzel, I. Gogolin & H.-H. Krüger (Hrsg.), *Kompetenzdiagnostik (Zeitschrift für Erziehungswissenschaft, Sonderheft 8)* (S. 11-29). Wiesbaden: VS Verlag für Sozialwissenschaften.

Klieme, E. & Leutner, D. (2006). Kompetenzmodelle zur Erfassung individueller Lernergebnisse und zur Bilanzierung von Bildungsprozessen. Beschreibung eines neu eingerichteten Schwerpunktprogramms der DFG. *Zeitschrift für Pädagogik, 52*(6), 876-903.

Kline, R. B. (2011). *Principles and practice of structural equation modeling* (3. Auflage). New York: Guilford Press.

Klix, F. & Spada, H. (1998). Einleitung. In F. Klix & H. Spada (Hrsg.), *Enzyklopädie der Psychologie. Themenbereich C: Praxisgebiete. Serie II: Kognition. Bd.6: Wissen* (S. 1-14). Göttingen: Hogrefe.

KMK/Sekretariat der Ständigen Konferenz der Kultusminister der Länder in der Bundesrepublik Deutschland (Hrsg.) (2004). *Standards für die Lehrerbildung: Bildungswissenschaften. Beschluss der Kultusministerkonferenz vom 16.12.2004*. Bonn: KMK.

KMK/Sekretariat der Ständigen Konferenz der Kultusminister der Länder in der Bundesrepublik Deutschland (Hrsg.) (2005). *Eckpunkte für die gegenseitige Anerkennung von Bachelor- und Masterabschlüssen in Studiengängen, mit denen die Bildungsvorausset-*

zungen für ein Lehramt vermittelt werden. Beschluss der Kultusministerkonferenz vom 02.06.2005. Bonn: KMK.

KMK/Sekretariat der Ständigen Konferenz der Kultusminister der Länder in der Bundesrepublik Deutschland (Hrsg.) (2008). *Ländergemeinsame inhaltliche Anforderungen für die Fachwissenschaften und Fachdidaktiken in der Lehrerbildung. Beschluss der Kultusministerkonferenz vom 16.10.2008.* Bonn: KMK.

Knoblauch, D. & Woolfolk Hoy, A. (2008). „Maybe I can teach those kids." The influence of contextual factors on student teachers efficacy beliefs. *Teaching and Teacher Education, 24*(1), 166-179.

Koch, J. (1975). Auswirkungen von Hochschulunterricht auf berufsrelevante Einstellungen von Lehramtskandidaten. *Zeitschrift für Erziehungswissenschaftliche Forschung, 9*(4), 239-259.

Koch-Priewe, B. (2000). Zur Aktualität und Relevanz der Allgemeinen Didaktik in der LehrerInnenausbildung. In M. Bayer, F. Bohnsack, B. Koch-Priewe & J. Wildt (Hrsg.), *Lehrerin und Lehrer werden ohne Kompetenz? Professionalisierung durch eine andere Lehrerbildung* (S. 149-169). Bad Heilbrunn: Klinkhardt.

Koch-Priewe, B. (2002). Der routinierte Umgang mit Neuem. Wie die Professionalisierung von JunglehrerInnen gelingen kann. In S. Beetz-Rahm, L. Denner & T. Riecke-Baulecke (Hrsg.), *Jahrbuch für Lehrerforschung und Bildungsarbeit, Bd. 3* (S. 311-324). Weinheim: Juventa.

Köller, O. (2008). Bildungsstandards – Verfahren und Kriterien bei der Entwicklung von Messinstrumenten. *Zeitschrift für Pädagogik, 54*(2), 163-173.

Köller, O. & Möller, J. (2006). Selbstwirksamkeit. In D. H. Rost (Hrsg.), *Handwörterbuch Pädagogische Psychologie* (3. Auflage, S. 693-699). Weinheim: Beltz PVU.

König, J. (2009). Zur Bildung von Kompetenzniveaus im Pädagogischen Wissen von Lehramtsstudierenden: Terminologie und Komplexität kognitiver Bearbeitungsprozesse als Anforderungsmerkmale von Testaufgaben? *Lehrerbildung auf dem Prüfstand, 2*(2), 244-262.

Kolbe, F.-U. (1997). Lehrerbildung ohne normative Vorgaben für das praktische Handlungswissen? Eine angloamerikanische Kontroverse um die Bedeutung von Unterrichtsforschung beim Aufbau professionellen Wissens. In M. Bayer, U. Carle & J. Wildt (Hrsg.), *Brennpunkt: Lehrerbildung – Strukturwandel und Innovationen im europäischen Kontext* (S. 121-137). Opladen: Leske und Budrich.

Kolbe, F.-U. (2004). Verhältnis von Wissen und Handeln. In S. Blömeke, P. Reinhold, G. Tulodziecki & J. Wildt (Hrsg.), *Handbuch Lehrerbildung* (S. 206-232). Bad Heilbrunn: Klinkhardt.

Kounin, J. S. (1970). *Discipline and group management in classrooms.* New York: Holt, Rinehart and Winston.

Kraler, C. & Schratz, M. (2008). Einleitung. In C. Kraler & M. Schratz (Hrsg.), *Wissen erwerben, Kompetenzen entwickeln. Modelle zur kompetenzorientierten Lehrerbildung* (S. 7-12). Münster: Waxmann.

Krampen, G. (1982). *Differentialpsychologie der Kontrollüberzeugungen.* Göttingen: Hogrefe.

Krampen, G. (2000). *Handlungstheoretische Persönlichkeitspsychologie. Konzeptuelle und empirische Beiträge zur Konstrukterstellung* (2. Auflage). Göttingen: Hogrefe.

Krapp, A. & Ryan, R. M. (2002). Selbstwirksamkeit und Lernmotivation. Eine kritische Betrachtung der Theorie von Bandura aus Sicht der Selbstbestimmungstheorie und der pädagogisch-psychologischen Interessentheorie. In M. Jerusalem & D. Hopf (Hrsg.), *Selbstwirksamkeit und Motivationsprozesse in Bildungsinstitutionen (Zeitschrift für Pädagogik, 44. Beiheft)* (S. 54-82). Weinheim: Beltz.

Krauss, S., Kunter, M. & Brunner, M. (2004). COACTIV. Professionswissen von Lehrkräften, kognitiv aktivierender Mathematikunterricht und die Entwicklung von mathematischer Kompetenz. In J. Doll & M. Prenzel (Hrsg.), *Bildungsqualität von Schule. Lehrerprofessionalisierung, Unterrichtsentwicklung und Schülerförderung als Strategien der Qualitätsverbesserung.* (S. 31-53). Münster: Waxmann.

Kron, F. W. (2008). *Grundwissen Didaktik* (5. Auflage). München: Reinhardt.

Krüger, A., Loser, F., Rasch, J., Terhart, E. & Woitossek, A. (1988). *Lernprozesse in schulpraktischen Studien. Forschungsbericht.* Osnabrück: Universität Osnabrück.

Krummheuer, G. & Naujok, N. (1999). *Grundlagen und Beispiele interpretativer Unterrichtsforschung.* Opladen: Leske und Budrich.

Kucharz, D. (2009). Zusammenfassende Diskussion der Ergebnisse. In M. Dieck, G. Dörr, D. Kucharz, O. Küster, K. Müller, B. Reinhoffer, T. Rosenberger, S. Schnebel & T. Bohl (Hrsg.), *Kompetenzentwicklung von Lehramtsstudierenden während des Praktikums. Erkenntnisse aus dem Modellversuch Praxisjahr Biberach* (S. 183-198). Baltmannsweiler: Schneider Verlag Hohengehren.

Kümmel, K. & Uhle, E. (1982). Ausbildungsprobleme in der zweiten Phase. Eine explorative Studie zum Referendariat für berufliche Schulen. *Zeitschrift für Berufs- und Wirtschaftspädagogik, 78*(2), 116-129.

Künzel, R. & Schneider, G. (2002). *Evaluation von Lehre und Studium in den Grundwissenschaften der Lehramtsausbildung an den niedersächsischen Universitäten. Evaluationsbericht.* Hannover: ZEvA.

Küster, O. (2008). *Praktika und ihre Lernpotentiale in der Lehrerbildung. Eine längsschnittliche Videostudie zur Untersuchung der Entwicklung unterrichtlicher Handlungskompetenzen in verlängerten Praxisphasen.* Weingarten: Pädagogische Hochschule. Verfügbar unter: http://www.ub.uni-konstanz.de/opus-hsbwgt/ volltexte/2008/ 42/pdf/Dissertation_Oliver_Kuester.pdf, 15.06.2010.

Kunter, M. & Klusmann, U. (2010). Kompetenzmessung bei Lehrkräften – Methodische Herausforderungen. *Unterrichtswissenschaft, 38*(1), 68-86.

Kunter, M., Klusmann, U. & Baumert, J. (2009). Professionelle Kompetenz von Mathematiklehrkräften: Das COACTIV-Modell. In O. Zlatkin-Troitschanskaia, K. Beck, D. Sembill, R. Nickolaus & R. Mulder (Hrsg.), *Lehrprofessionalität. Bedingungen, Genese, Wirkungen und ihre Messung* (S. 153-165). Weinheim: Beltz.

Kunter, M. & Pohlmann, B. (2009). Lehrer. In E. Wild & J. Möller (Hrsg.), *Pädagogische Psychologie* (S. 261-282). Heidelberg: Springer.

Larcher, S., Müller, P., Baer, M., Dörr, G., Edelmann, D., Guldimann, T., Kocher, M. & Wyss, C. (2010). Unterrichtskompetenz über die Zeit. Unterrichten lernen zwischen Studienbeginn und Ende des ersten Berufsjahres. In J. Abel & G. Faust (Hrsg.), *Wirkt Lehrerbildung? Antworten aus der empirischen Forschung* (S. 57-72). Münster: Waxmann.

Larcher, S. & Oelkers, J. (2004). Deutsche Lehrerbildung im internationalen Vergleich. In S. Blömeke, P. Reinhold, G. Tulodziecki & J. Wildt (Hrsg.), *Handbuch Lehrerbildung* (S. 128-150). Bad Heilbrunn: Klinkhardt.

Lauck, G. (2008). Konzeption und Evaluation der Schulpraktischen Studien im Studiengang Wirtschaftspädagogik an der Universität Mannheim. In M. Rotermund, G. Dörr & R. Bodensohn (Hrsg.), *Bologna verändert die Lehrerbildung. Auswirkungen der Hochschulreform* (S. 132-146). Leipzig: Leipziger Universitätsverlag.

Lee, V., Dedick, R. & Smith, J. (1991). The effect of the social organization of schools on teachers' efficacy and satisfaction. *Sociology of Education, 64*(3), 190-208.

Lehmann-Grube, S. K. & Dann, H.-D. (1999). Methodische Rekonstruktion der Innensicht. In H.-D. Dann, T. Diegritz & H. S. Rosenbusch (Hrsg.), *Gruppenunterricht im Schulalltag. Realität und Chancen* (S. 153-175). Erlangen: Universitätsverlag.

Leinhardt, G. & Greeno, J. (1986). The cognitive skills of teaching. *Journal of Educational Psychology, 78(2),* 75-95.

Lersch, R. (2006). Lehrerbildung im Urteil der Auszubildenden. Eine empirische Studie zu beiden Phasen der Lehrerausbildung. In C. Allemann-Ghionda & W. Terhart (Hrsg.), *Kompetenzen und Kompetenzentwicklung von Lehrerinnen und Lehrern: Ausbildung und Beruf (Zeitschrift für Pädagogik, 51. Beiheft)* (S. 164-181). Weinheim: Beltz.

Levine, M. (1998). *Designing standards that work for professional development schools.* Washington, DC: National Council for Accreditation of Teacher Education.

Li, X. & Zhang, M. (2000). *Effects of early field experiences on preservice teachers' efficacy beliefs – a pilot study.* (ERIC Document Reproductive Service No. ED 444973).

Lin, H. & Gorrell, J. (2001). Exploratory analysis of pre-service teacher efficacy in Tawain. *Teaching an Teacher Education, 17*(5), 623-635.

Lipowsky, F. (2003). *Wege von der Hochschule in den Beruf. Eine empirische Studie zum beruflichen Erfolg von Lehramtsabsolventen in der Berufseinstiegsphase.* Bad Heilbrunn: Klinkhardt.

Lipowsky, F. (2006). Auf den Lehrer kommt es an. Empirische Evidenz für die Zusammenhänge zwischen Lehrerkompetenzen, Lehrerhandeln und dem Lernen der Schüler. In C. Allemann-Ghionda & W. Terhart (Hrsg.), *Kompetenzen und Kompetenzentwicklung von Lehrerinnen und Lehrern: Ausbildung und Beruf (Zeitschrift für Pädagogik, 51. Beiheft)* (S. 47-70). Weinheim: Beltz.

Lipowsky, F. (2009). Unterricht. In E. Wild & J. Möller (Hrsg.), *Pädagogische Psychologie* (S. 73-101). Heidelberg: Springer.

Litt, T. (1927/1962). *Führen oder Wachsenlassen. Eine Erörterung des pädagogischen Grundproblems*. Stuttgart: Klett.

Lortie, D. C. (1975). *Schoolteacher: A sociological study*. Chicago: University of Chicago Press.

Lüdtke, O., Robitzsch, A., Trautwein, U. & Köller, O. (2007). Umgang mit fehlenden Werten in der psychologischen Forschung. Probleme und Lösungen. *Psychologische Rundschau, 58*(2), 103-117.

Lütgert, W. (2008). Das Jenaer Modell der Lehrerbildung. In W. Lütgert, A. Gröschner & K. Kleinespel (Hrsg.), *Die Zukunft der Lehrerbildung. Entwicklungslinien – Rahmenbedingungen – Grundlagen* (S. 36-47). Weinheim: Beltz.

Luhmann, N. (1996). Das Erziehungssystem und die Systeme seiner Umwelt. In N. Luhmann & K. E. Schorr (Hrsg.), *Zwischen System und Umwelt: Fragen an die Pädagogik* (S. 14-52). Frankfurt am Main: Suhrkamp.

Luhmann, N. (1997). *Die Gesellschaft der Gesellschaft*. Frankfurt am Main: Suhrkamp.

Luhmann, N. & Schorr, K. E. (1979). *Reflexionsprobleme im Erziehungssystem*. Stuttgart: Klett.

Luyten, H. (1994). Stability of school effects in Dutch secondary education: The impact of variance across subjects and years. *International Journal of Educational Research, 21*(2), 197-216.

Maag Merki, K. (2009). Kompetenz. In S. Andresen, R. Casale, T. Gabriel, R. Horlacher, S. Larcher Klee & J. Oelkers (Hrsg.), *Handwörterbuch Erziehungswissenschaft* (S. 492-506). Weinheim: Beltz.

Maag Merki, K. & Grob, U. (2003). Überfachliche Kompetenzen: Zur Validierung eines Indikatorensystems. *Empirische Pädagogik, 17*(2), 123-147.

Maddux, J. E. & Gosselin, J. T. (2003). Self-efficacy. In M. R. Leary & J. P. Tangney (Hrsg.), *Handbook of self and identity* (S. 218-238). New York: Guilford Press.

Markus, H. & Sentis, K. (1982). The self in social information processing. In J. Suls (Hrsg.), *Psychological perspectives on the self* (S. 41-70). Hillsdale, N. J.: Erlbaum.

Marsh, H. W. & Hau, K. (1996). Assessing goodness of fit: Is parsimony always desirable? *The Journal of Experimental Education, 64*(4), 364-390.

Marsh, H. W., Hau, K. & Wen, Z. (2004). In search of golden rules: Comment on hypothesis-testing approaches to setting cutoff values for fit indexes and dangers in overgeneralizing Hu and Bentler's (1999) findings. *Structural Equation Modeling, 11*(3), 320-341.

Martial, I. v. & Bennack, J. (2004). *Einführung in schulpraktische Studien. Vorbereitung auf Schule und Unterricht*. (8. Auflage). Baltmannsweiler: Schneider Verlag Hohengehren.

Mayr, J. (2003). *Lehrerln werden (?)*. *Abschlussbericht zum Projekt Evaluierung des Bera-tungsmaterials „Lehrer/in werden?"*. Linz: Pädagogische Akademie der Diözese.

Mayr, J. (2006). Theorie + Übung + Praxis = Kompetenz? Empirisch begründete Rückfra-gen zu den „Standards in der Lehrerbildung". In C. Allemann-Ghionda & W. Terhart (Hrsg.), *Kompetenzen und Kompetenzentwicklung von Lehrerinnen und Lehrern: Aus-bildung und Beruf (Zeitschrift für Pädagogik, 51. Beiheft)* (S. 149-163). Weinheim: Beltz.

Mayr, J. (2007). Wie Lehrer/innen lernen. Befunde zur Beziehung von Lernvoraussetzun-gen, Lernprozessen und Kompetenz. In M. Lüders & J. Wissinger (Hrsg.), *Forschung zur Lehrerbildung: Kompetenzentwicklung und Programmevaluation* (S. 151-168). Münster: Waxmann.

MBWJK/Ministerium für Bildung, Wissenschaft, Jugend und Kultur (2007). *Das Reform-konzept der Lehrerinnen- und Lehrerausbildung in Rheinland-Pfalz*. Verfügbar unter: http://www.mbwjk.rlp.de/fileadmin/mbwjk.rlp.de/bildung/lehrerberuf /reform _der_ lehrerinnen_und_lehrerbildung/Reformkonzept.pdf, 08.05.2009.

McClelland, D. C. (1973). Testing for competence rather than for intelligence. *American Psychologist, 28*(1), 1-14.

Mead, G. H. (1974). *Mind, self and society from the standpoint of a social behaviorist*. London: University of Chicago Press.

Meijer, C. & Foster, S. (1988). The effect of teacher self-efficacy on referral chance. *Jour-nal of Special Education, 22*(3), 378-385.

Merkens, H. (2010). *Unterricht. Eine Einführung*. Wiesbaden: VS Verlag für Sozialwis-senschaften.

Meyer, H. (2009). *Was ist guter Unterricht?* (6. Auflage). Berlin: Cornelsen-Scriptor.

Meyer, M. A. (2008). Unterrichtsplanung aus der Perspektive der Bildungsgangforschung. In M. A. Meyer, M. Prenzel & S. Hellekamps (Hrsg.), *Perspektiven der Didaktik (Zeit-schrift für Erziehungswissenschaft, Sonderheft 9)* (S. 117-138). Wiesbaden: VS Verlag für Sozialwissenschaften.

Meyer, W. (2000). *Gelernte Hilflosigkeit: Grundlagen und Anwendungen in Schule und Unterricht*. Bern: Huber.

Midgley, C., Feldlaufer, H. & Eccles, J. (1989). Change in teacher efficacy and student self- and taskrelated beliefs in mathematics during the transition to junior high school. *Journal of Educational Psychology, 81*(2), 247-258.

Minnameier, G. (2000). Die Genese komplexer kognitiver Strukturen im Kontext von Wis-senserwerb und Wissensanwendung. In G. H. Neuweg (Hrsg.), *Wissen – Können – Re-flexion. Ausgewählte Verhältnisbestimmungen* (S. 131-154). Innsbruck: Studien Verlag.

Mintrop, H. (2006). Einen qualifizierten Lehrer für jede Klasse – Neue Ansätze der Lehr-erbildung in den Vereinigten Staaten von Amerika im Zuge der Standard-Bewegung. In A. H. Hilligus & H. Rinkens (Hrsg.), *Standards und Kompetenzen - neue Qualität in der Lehrerausbildung? Neue Ansätze und Erfahrungen in nationaler und internationa-ler Perspektive* (S. 89-116). Berlin: LIT Verlag.

Mittag, W., Kleine, D. & Jerusalem, M. (2002). Evaluation der schulbezogenen Selbstwirksamkeit von Sekundarschülern. In M. Jerusalem & D. Hopf (Hrsg.), *Selbstwirksamkeit und Motivationsprozesse in Bildungsinstitutionen (Zeitschrift für Pädagogik, 44. Beiheft)* (S. 145-173). Weinheim: Beltz.

Mittelstraß, J. (Hrsg.) (1995): *Enzyklopädie Philosophie und Wissenschaftstheorie. Band 2: H-O.* Stuttgart: Metzler.

Mittelstraß, J. (Hrsg.) (1996). *Enzyklopädie Philosophie und Wissenschaftstheorie. Band 4: Sp-Z.* Stuttgart: Metzler.

Mitter, W. (2002). Strukturen der Lehrerausbildung im europäischen Vergleich. In R. Hinz, H. Kiper & W. Mischke (Hrsg.), *Welche Zukunft hat die Lehrerbildung in Niedersachsen? Beiträge und Dokumentationen zum Kongress in Oldenburg, 9. und 10. November 2001* (S. 135-148). Baltmannsweiler: Schneider Verlag Hohengehren.

Möller, J. (2006). Attributionen. In D. H. Rost (Hrsg.), *Handwörterbuch Pädagogische Psychologie* (3. Auflage, S. 34-40). Weinheim: Beltz PVU.

Moore, W. & Esselman, M. (1992). *Teacher efficacy, power, school climate and achievement: A desegregating district's experience.* Paper presented at the annual meeting of the American Educational Research Association, San Francisco.

Moschner, B. & Dickhäuser, O. (2006). Selbstkonzept. In D. H. Rost (Hrsg.), *Handwörterbuch Pädagogische Psychologie* (3. Auflage, S. 685-692). Weinheim: Beltz PVU.

Moser, P. & Hascher, T. (2000). *Lernen im Praktikum. Projektbericht.* Bern: Universität Bern, Forschungsstelle für Schulpädagogik und Fachdidaktik. Verfügbar unter: http://edudoc.ch/record/2718/files/zu02055.pdf, 06.07.2009.

Mücke, S., Becher, K., Felger-Pärsch, A., Heusinger, R., Wegner, B. & Schründer-Lenzen, A. (2006). Das berufsbezogene Selbstkonzept von Lehramtsstudierenden der Primarstufe – Ergebnisse einer schriftlichen Befragung im Ein-Gruppen-Pretest-Protest-Design. *Qualitätssicherung und Reformansätze in der Lehrerbildung. Tagungsband zu den Tagen der Lehrerbildung 2006 an der Universität Potsdam* (S. 30-48). Potsdam: Universitäts-Verlag.

Müller, K. (2010). *Das Praxisjahr in der Lehrerbildung. Empirische Befunde zur Wirksamkeit studienintegrierter Langzeitpraktika.* Bad Heilbrunn: Klinkhardt.

Müller-Fohrbrodt, G. (1973). *Wie sind Lehrer wirklich? Ideale, Vorurteile, Fakten. Eine empirische Untersuchung über angehende Lehrer.* Stuttgart: Klett.

Müller-Fohrbrodt, G., Cloetta, B. & Dann, H. (1978). *Der Praxisschock bei jungen Lehrern: Formen, Ursachen, Folgerungen.* Stuttgart: Klett.

Mulholland, J. & Wallace, J. (2001). Teacher induction and elementary science teaching: enhancing self-efficacy. *Teaching and Teacher Education, 17*(2), 243-261.

Multon, K. D., Brown, S. D. & Lent, R. W. (1991). Relation of self-efficacy beliefs to academic outcomes: A meta-analytic investigation. *Journal of Counseling Psychology, 38*(1), 30-38.

Muthén, L. K. & Muthén, B. O. (2009). *Mplus 5.21 (Software).* Los Angeles.

Mutzeck, W. (1988). *Von der Absicht zum Handeln. Rekonstruktion und Analyse Subjektiver Theorien zum Transfer von Fortbildungsinhalten in den Berufsalltag.* Weinheim: Deutscher Studien Verlag.

Neuenschwander, M. P. (2004). Lehrerkompetenzen und ihre Beurteilung. *Journal für Lehrerinnen- und Lehrerforschung, 4*(1), 23-29.

Neumann, D. & Oelkers, J. (1984). Verwissenschaftlichung als Mythos? Legitimationsprobleme der Lehrerbildung in historischer Sicht. *Zeitschrift für Pädagogik, 30*(2), 229-252.

Neuweg, G. H. (1999). *Könnerschaft und implizites Wissen. Zur lehr-lerntheoretischen Bedeutung der Erkenntnis- und Wissenstheorie Michael Polanyis.* Münster: Waxmann.

Neuweg, G. H. (2002). Lehrerhandeln und Lehrerbildung im Lichte des Konzepts des impliziten Wissens. *Zeitschrift für Pädagogik, 48*(1), 10-29.

Newman, C., Lenhart, L., Moss, B. & Newman, D. (2000). *A four-year cross-sectional study of changes in self-efficacy and stages of concern among pre-service teachers.* Paper presented at the annual meeting of the Mid-Western Educational Research Association, Chicago, IL.

Newman, F. M., Rutter, R. A. & Smith, M. S. (1989). Organizational factors that affect school sense of efficacy, community and expectations. *Sociology of Education, 62*(4), 221-238.

Newman, S. (1999). *Philosophy and teacher education. A reinterpretation of Donald A. Schön's epistemology of reflective practice.* Aldershot: Ashgate.

Nieke, W. (2002). Kompetenz. In H. Otto, T. Rauschenbach & P. Vogel (Hrsg.), *Erziehungswissenschaft: Professionalität und Kompetenz* (S. 13-27). Opladen: Leske und Budrich.

Nölle, K. (2002). Probleme der Form und des Erwerbs unterrichtsrelevanten pädagogischen Wissens. *Zeitschrift für Pädagogik, 48*(1), 48-67.

Nolle, A. (2004). *Evaluation der universitären Lehrerinnen- und Lehrerausbildung. Erhebung zur pädagogischen Kompetenz von Studierenden der Lehramtsstudiengänge.* München: M-Press.

Obolenski, A. & Meyer, H. (Hrsg.) (2003). *Forschendes Lernen. Theorie und Praxis einer professionellen LehrerInnenausbildung.* Bad Heilbrunn: Klinkhardt.

Oelkers, J. (1996). Die Rolle der Erziehungswissenschaft in der Lehrerbildung. In D. Hänsel & L. Huber (Hrsg.), *Lehrerbildung neu denken und gestalten* (S. 39-53). Weinheim: Beltz.

Oelkers, J. (1999). Studium als Praktikum. Illusionen und Aussichten der Lehrerbildung. In F. Radtke (Hrsg.), *Lehrerbildung an der Universität. Zur Wissensbasis pädagogischer Professionalität. Dokumentation des Tages der Lehrerbildung an der Johann-Wolfgang-Goethe-Universität Frankfurt am Main* (S. 61-77). Frankfurt am Main: Johann Wolfgang Goethe-Universität.

246   Literatur

Oesterreich, D. (1987). Vorschläge von Berufsanfängern für die Veränderung in der Lehrerausbildung. *Zeitschrift für Pädagogik, 33*(6), 771-786.

Oesterreich, D. (1988). *Lehrerkooperation und Lehrersozialisation.* Weinheim: Deutscher
Studien Verlag.

Oevermann, U. (1991). Genetischer Strukturalismus und das sozialwissenschaftliche Problem der Erklärung der Entstehung des Neuen. In S. Müller-Doohm (Hrsg.), *Jenseits der
Utopie. Theoriekritik der Gegenwart* (S. 267-339). Frankfurt am Main: Suhrkamp.

Oevermann, U. (1996). Theoretische Skizze einer revidierten Theorie pädagogischen Handelns. In A. Combe & W. Helsper (Hrsg.), *Pädagogische Professionalität. Untersuchungen zum Typus pädagogischen Handelns* (S. 70-182). Frankfurt am Main: Suhrkamp.

Oevermann, U. (2002). Professionalisierungsbedürftigkeit und Professionalisiertheit am
Beispiel pädagogischen Handelns. In M. Kraul, W. Marotzki & C. Schweppe (Hrsg.),
Biographie und Profession (S. 19-63). Bad Heilbrunn: Klinkhardt.

Olson, P. M. & Carter, K. (1989). The Capabilities of Cooperating Teachers in USA
Schools for Communicating Knowledge about Teaching. *Journal of Education for
Teaching, 15*(2), 113-131.

Oser, F. (1997a). Standards in der Lehrerbildung. Teil 1: Berufliche Kompetenzen, die hohen Qualitätsmerkmalen entsprechen. *Beiträge zur Lehrerbildung, 15*(1), 26-37.

Oser, F. (1997b). Standards in der Lehrerbildung. Teil 2: Wie werden Standards in der
schweizerischen Lehrerbildung erworben? Erste empirische Ergebnisse. *Beiträge zur
Lehrerbildung, 15*(2), 210-228.

Oser, F. (2001a). Modelle der Wirksamkeit in der Lehrer- und Lehrerinnenbildung. In F.
Oser & J. Oelkers (Hrsg.), *Die Wirksamkeit der Lehrerbildungssysteme. Von der Allrounderbildung zur Ausbildung professioneller Standards* (S. 67-96). Zürich: Rüegger.

Oser, F. (2001b). Standards: Kompetenzen von Lehrpersonen. In F. Oser & J. Oelkers
(Hrsg.), *Die Wirksamkeit der Lehrerbildungssysteme. Von der Allrounderbildung zur
Ausbildung professioneller Standards* (S. 215-342). Zürich: Rüegger.

Oser, F. (2005). Schrilles Theoriegezerre, oder warum Standards gewollt sein sollen. Eine
Replik auf Walter Herzog. *Zeitschrift für Pädagogik, 51*(2), 266-274.

Oser, F. & Oelkers, J. (Hrsg.) (2001). *Die Wirksamkeit der Lehrerbildungssysteme. Von
der Allrounderbildung zur Ausbildung professioneller Standards.* Zürich: Rüegger.

Oser, F. & Renold, U. (2005). Kompetenzen von Lehrpersonen – über das Auffinden von
Standards und ihre Messung. *Zeitschrift für Erziehungswissenschaft, 8*(4), 119-140.

Oser, F., Curcio, G. & Düggeli, A. (2007). Kompetenzmessung in der Lehrerbildung als
Notwendigkeit. Fragen und Zugänge. *Beiträge zur Lehrerbildung, 25*(1), 14-26.

Oswald, M. E. & Gadenne, V. (1984). Wissen, Können und künstliche Intelligenz. Eine
Analyse der Konzeption des deklarativen und prozeduralen Wissens. *Sprache & Kognition, 3*(3), 173-184.

Pajares, F. (1996). Self-efficacy beliefs in academic settings. *Review of Educational Research, 66*(4), 533-578.

Patterson, J. H. (2000). *Impact of professional development schools on teacher education.* Paper presented at the Annual Meeting of the Mid-South Educational Research Association. Bowling Green KY. Verfügbar unter: http://www.eric.ed.gov/ERICDocs/data/ericdocs2sql/content_storage_01/0000019b/80/16/a1/d8.pdf, 08.06.2009.

Pearlman, M. & Tannenbaum, R. (2003). Teacher evaluation practices in the accountability era. In T. Kellaghan & D. L. Stufflebeam (Hrsg.), *International Handbook of Educational Evaluation* (S. 609-642). Dordrecht: Kluwer Academic Publishers.

Peterßen, W. H. (1982/2006). *Handbuch Unterrichtsplanung. Grundfragen, Modelle, Stufen, Dimensionen.* (9. Auflage). München: Oldenbourg.

Peterßen, W. H. (2001). *Lehrbuch Allgemeine Didaktik.* (6. Auflage). München: Oldenbourg.

Pigge, F. L. & Marso, R. N. (1993). *Outstanding teachers' sense of teacher efficacy at four stages of career development.* Paper presented at the Annual Conference of the Association of Teacher Educators, Los Angeles. Verfügbar unter: http://www.eric.ed.gov/ERICDocs/data/ericdocs2sql/content_storage_01/0000019b/80/13/a7/c9.pdf, 30.04.2010.

Plourde, L. A. (2002). The influence of student teaching on preservice elementary teachers' science self-efficacy and outcome expectancy beliefs. *Journal of Instructional Psychology, 29*(4), 245-253.

Podell, D. & Soodak, L. (1993). Teacher efficacy and bias in special education referrals. *Journal of Educational Research, 86*(4), 247-253.

Polanyi, M. (1985). *Implizites Wissen.* Frankfurt am Main: Suhrkamp.

Preiser, S. (2006). Kontrollüberzeugungen. In D. H. Rost (Hrsg.), *Handwörterbuch Pädagogische Psychologie* (3. Auflage, S. 349-355). Weinheim: Beltz PVU.

Radtke, F.-O. (1996). *Wissen und Können. Die Rolle der Erziehungswissenschaft in der Erziehung.* Opladen: Leske und Budrich.

Radtke, F.-O. (2004). Der Eigensinn pädagogischer Professionalität jenseits von Innovationshoffnungen und Effizienzerwartungen. Übergangene Einsichten aus der Wissensverwendungsforschung für die Organisation der universitären Lehrerbildung. In B. Koch-Priewe, F. Kolbe & J. Wildt (Hrsg.), *Grundlagenforschung und mikrodidaktische Reformansätze zur Lehrerbildung* (S. 99-149). Bad Heilbrunn: Klinkhardt.

Radtke, F.-O. (2006). Die Theorie kommt nach dem Fall. In Y. Nakamura, C. Böckelmann & D. Tröhler (Hrsg.), *Theorie versus Praxis? Perspektiven auf ein Missverständnis* (S. 73-88). Zürich: Verlag Pestalozzianum.

Radtke, F./Webers, H. (1998): Schulpraktische Studien und Zentren für Lehramtsausbildung. Eine Lösung sucht ihr Problem. In: *Die Deutsche Schule 90, 1998*(2), S. 199-216.

Raudenbush, S., Rowen, B. & Cheong, Y. (1992). Contextual effects on the self-perceived efficacy of high school teachers. *Sociology of Education, 65*(2), 150-167.

Rauin, U. & Meier, U. (2007). Subjektive Einschätzungen des Kompetenzerwerbs in der Lehramtsausbildung. In M. Lüders & J. Wissinger (Hrsg.), *Forschung zur Lehrerbildung: Kompetenzentwicklung und Programmevaluation* (S. 103-131). Münster: Waxmann.

Reble, A. (1989). Volksschullehrerbildung in der Weimarer Zeit. In J. G. v. Hohenzollern & M. Liedtke (Hrsg.), *Schreiber, Magister, Lehrer* (S. 259-290). Bad Heilbrunn: Klinkhardt.

Regenbrecht, A. (1999). Lehrerbildung an Universitäten. *karlsruher pädagogische beiträge, 1999*(48), 61-79.

Reh, S. (2005). Die Begründung von Standards in der Lehrerbildung. Theoretische Perspektiven und Kritik. *Zeitschrift für Pädagogik, 51*(2), 259-265.

Reinders, H. (2006). Kausalanalyse in der Längsschnittforschung. Das Crossed-Lagged-Panel-Design. *Diskurs Kindheits- und Jugendforschung, 1*(4), 569-587.

Reinecke, J. (2005). *Strukturgleichungsmodelle in den Sozialwissenschaften.* München: Oldenbourg.

Reinecke, J. & Pöge, A. (2010). Strukturgleichungsmodelle. In C. Wolf & H. Best (Hrsg.), *Handbuch der sozialwissenschaftlichen Datenanalyse* (S. 775-804). Wiesbaden: VS Verlag für Sozialwissenschaften.

Reinhoffer, B. (2009). Einleitung. In M. Dieck, G. Dörr, D. Kucharz, O. Küster, K. Müller, B. Reinhoffer, T. Rosenberger, S. Schnebel & T. Bohl (Hrsg.), *Kompetenzentwicklung von Lehramtsstudierenden während des Praktikums. Erkenntnisse aus dem Modellversuch Praxisjahr Biberach* (S. 3-23). Baltmannsweiler: Schneider-Verl. Hohengehren.

Reinhoffer, B., Barthold, R. & Küster, O. (2007). Modellversuch Praxisjahr Biberach (GHS). Eine neue Form der Theorie-Praxis-Verknüpfung in der Lehrerausbildung. In D. Flagmeyer & M. Rotermund (Hrsg.), *Mehr Praxis in der Lehrerbildung – aber wie? Möglichkeiten zur Verbesserung der Evaluation* (S. 77-94). Leipzig: Leipziger Universitätsverlag.

Reinhoffer, B. & Dörr, G. (2008). Zur Wirksamkeit Schulpraktischer Studien. In M. Rotermund, G. Dörr & R. Bodensohn (Hrsg.), *Bologna verändert die Lehrerbildung. Auswirkungen der Hochschulreform* (S. 10-31). Leipzig: Leipziger Universitätsverlag.

Reinhoffer, B. & Rosenberger, T. (2009). Beschreibung des Modellversuchs. In M. Dieck, G. Dörr, D. Kucharz, O. Küster, K. Müller, B. Reinhoffer, T. Rosenberger, S. Schnebel & T. Bohl (Hrsg.), *Kompetenzentwicklung von Lehramtsstudierenden während des Praktikums. Erkenntnisse aus dem Modellversuch Praxisjahr Biberach* (S. 25-34). Baltmannsweiler: Schneider Verlag Hohengehren.

Reinhold, P. & Hilligus, H. (2008). Forschung und Nachwuchsförderung – Perspektiven für Zentren für Lehrerbildung. In W. Lütgert, A. Gröschner & K. Kleinespel (Hrsg.), *Die Zukunft der Lehrerbildung: Entwicklungslinien – Rahmenbedingungen – Grundlagen* (S. 107-121). Weinheim: Beltz.

Reinmann-Rothmeier, G. & Mandl, H. (1996). *Wissen und Handeln. Eine theoretische Standortbestimmung. Forschungsbericht Nr. 70.* München: Ludwig-Maximilians-Universität München, Institut für Pädagogische Psychologie und Empirische Pädagogik.

Renkl, A. (1996). Träges Wissen: Wenn Erlerntes nicht genutzt wird. *Psychologische Rundschau, 47*(2), 78-92.

Renkl, A. (2006). Träges Wissen. In D. H. Rost (Hrsg.), *Handwörterbuch Pädagogische Psychologie* (3. Auflage, S. 778-782). Weinheim: Beltz PVU.

Renner, B. & Weber, H. (2005). Optimismus. In H. Weber & T. Rammsayer (Hrsg.), *Handbuch der Persönlichkeitspsychologie und differentiellen Psychologie* (S. 446-453). Göttingen: Hogrefe.

Richardson, V. (1996). The role of attitudes and beliefs in learning to teach. In J. Sikula, T. Buttery & E. Guyton (Hrsg.), *Handbook of Research on Teacher Education* (S. 102-119). New York: Macmillan.

Rosenberg, M. (1965). *Society and the adolescent self-image.* Princeton: Princeton University Press.

Rosenbusch, H. S., Sacher, W. & Schenk, H. (1988). *Schulreif? Die neue bayerische Lehrerbildung im Urteil ihrer Absolventen.* Frankfurt am Main: Lang.

Rosenholtz, S. (1989). *Teacher's workplace: The social organization of schools.* New York: Longman.

Ross, J. A. (1992). Teacher efficacy and the effect of coaching on student achievement. *Canadian Journal of Education, 17*(1), 51-65.

Ross, J. A. (1994). The impact of an inservice to promote cooperative learning on the stability of teacher efficacy. *Teaching and Teacher Education, 10*(4), 381-394.

Ross, J. A. (1995). Strategies for enhancing teachers' beliefs in their effectiveness: Research on a school improvement hypothesis. *Teachers College Record, 97*(2), 227-251.

Ross, J. A. (1998). The antecedents and consequences of teacher efficacy. In J. Brophy (Hrsg.), *Advances in research on teaching, Bd. 7* (S. 49-74). Greenwich, CT: JAI Press.

Ross, J. A., Cousin, J. B. & Gadalla, T. (1996). Within-teacher predictors of teacher efficacy. *Teaching and Teacher Education, 12*(4), 385-400.

Rost, D. H. (2007). *Interpretation und Bewertung pädagogisch-psychologischer Studien. Eine Einführung* (2. Auflage). Weinheim: Beltz.

Roters, B. (2008). Neue Lehrer braucht das Land? Lehrerbildung in den USA zwischen professionsbasierter und marktwirtschaftlicher Steuerung. In C. Kraler & M. Schratz (Hrsg.), *Wissen erwerben, Kompetenzen entwickeln. Modelle zur kompetenzorientierten Lehrerbildung* (S. 181-194). Münster: Waxmann.

Roters, B., Schneider, R., Koch-Priewe, B., Thiele, J. & Wildt, J. (Hrsg.) (2009). *Forschendes Lernen im Lehramtsstudium. Hochschuldidaktik, Professionalisierung, Kompetenzentwicklung.* Bad Heilbrunn: Klinkhardt.

Roth, H. (1971). *Pädagogische Anthropologie. II: Entwicklung und Erziehung.* Hannover: Schroedel.

Roth, W. (1981). Veränderung berufsrelevanter Einstellungen von Lehrerstudenten. *Psychologie in Erziehung und Unterricht, 28*(6), 344-350.

Rotter, J. B. (1954). *Social learning and clinical psychology.* Engelwood Cliffs: Prentice-Hall.

Rotter, J. (1966). Generalized expectancies for internal versus external control of reinforcement. *Psychological Monographs, 80*(1, whole No. 609), 1-28.

Rotter, J. B. (1972). An introduction to social learning theory. In J. B. Rotter, J. E. Chance & E. J. Phares (Hrsg.), *Applications of a social learning theory of personality* (S. 1-43). New York: Holt, Rinehart & Winston.

Rubin, D. B. (1976). Inference and missing data. *Biometrika, 63*(3), 581-592.

Rudinger, G. & Rietz, C. (2006). Spezifische methodische Probleme und Möglichkeiten der Entwicklungspsychologie. In W. Schneider & F. Wilkening (Hrsg.), *Theorien, Modelle und Methoden der Entwicklungspsychologie. Enzyklopädie der Psychologie. Themenbereich C: Theorie und Forschung, Serie V: Entwicklungspsychologie, Bd. 1* (S. 741-791). Göttingen: Hogrefe.

Rudolph, M. (Hrsg.) (2009). *Praktikumsrichtlinien. Hinweise und Richtlinien zur Gestaltung des Allgemeinen Schulpraktikums (ASP) im Studiengang BA GSKS und MNW.* Hildesheim: Universität Hildesheim, Institut für Erziehungswissenschaft, Abteilung Angewandte Erziehungswissenschaft.

Rustemeyer, R. (1993). *Aktuelle Genese des Selbst. Motive der Verarbeitung selbstrelevanter Rückmeldungen.* Münster: Aschendorff.

Rychen, D. S. & Salganik, L. H. (2001). *Defining and selecting key competencies.* Seattle: Hogrefe & Huber.

Ryle, G. (1949). *The concept of mind.* London: Hutchinson.

Sacher, W. (1988a). Theoretische Bezüge und leitende Fragestellungen. In H. Rosenbusch, W. Sacher & H. Schenk (Hrsg.), *Schulreif? Die neue bayerische Lehrerbildung im Urteil ihrer Absolventen* (S. 11-82). Frankfurt a.M.: Lang.

Sacher, W. (1988b). Praktika und Praxisbezogenheit im Studium. In H. Rosenbusch, W. Sacher & H. Schenk (Hrsg.), *Schulreif? Die neue bayerische Lehrerbildung im Urteil ihrer Absolventen* (S. 121-176). Frankfurt a.M.: Lang.

Sadri, G. & Robertson, I. T. (1993). Self-efficacy and work-related behavior: A review and metaanalysis. *Applied Psychology, 42*(2), 139-152.

Salewski, C. (2005). Kontrollüberzeugungen. In H. Weber & T. Rammsayer (Hrsg.), *Handbuch der Persönlichkeitspsychologie und differentiellen Psychologie* (S. 431-437). Göttingen: Hogrefe.

Sander, K.-H. (Hrsg.) (1996). *Schulpraktische Studien: Erfahrungen mit dem Braunschweiger Modell der Lehrerausbildung.* Braunschweig: Seminar für Schulpädagogik der Technischen Universität Braunschweig.

Sauer, M. (1987). *Volksschullehrerbildung in Preußen: die Seminare und Präparandenanstalten vom 18. Jahrhundert bis zur Weimarer Republik.* Köln: Böhlau.

Sandfuchs, U. (2004). Geschichte der Lehrerbildung in Deutschland. In S. Blömeke, P. Reinhold, G. Tulodziecki & J. Wildt (Hrsg.), *Handbuch Lehrerbildung* (S. 14-37). Bad Heilbrunn: Klinkhardt.

Sandfuchs, U. (2009). Grundfragen der Unterrichtsplanung. In K.-H. Arnold, U. Sandfuchs & J. Wiechmann (Hrsg.), *Handbuch Unterricht* (2. Auflage, S. 512-519). Bad Heilbrunn: Klinkhardt.

Satow, L. & Schwarzer, R. (2000). Selbstwirksamkeitserwartung, Besorgtheit und Schulleistung: Eine Längsschnittuntersuchung in der Sekundarstufe I. *Empirische Pädagogik, 14*(2), 131-150.

Schaefers, C. (2002). Forschung zur Lehrerausbildung in Deutschland – eine bilanzierende Übersicht der neuen empirischen Studien. *Schweizerische Zeitschrift für Bildungswissenschaften, 24*(1), 65-91.

Schaeper, K. (2008). Lehrerbildung nach Bologna. In W. Lütgert, A. Gröschner & K. Kleinespel (Hrsg.), *Die Zukunft der Lehrerbildung: Entwicklungslinien – Rahmenbedingungen - Grundlagen* (S. 27-35). Weinheim: Beltz.

Schafer, J. L. & Graham, J. W. (2002). Missing data. Our view of the state of the art. *Psychological methods, 7*(2), 147-177.

Schank, R. C., Berman, T. R. & Macpherson, K. A. (1999). Learning by doing. In C. M. Reigeluth (Hrsg.), *Instructional design theories and models, Bd. 2* (S. 161-181). Mahwah, NJ: Erlbaum.

Schaper, N. (2009). Aufgabenfelder und Perspektiven bei der Kompetenzmodellierung und -messung in der Lehrerbildung. *Lehrerbildung auf dem Prüfstand, 2*(1), 166-199.

Scheerens, J. & Bosker, R. J. (1997). *The foundations of educational effectiveness.* Oxford: Elsevier Science.

Scheerens, J., Glas, C. & Thomas, S. M. (2003). *Educational evaluation, assessment, and monitoring. A systematic approach.* Lisse: Swets & Zeitlinger B. V.

Scheier, M. F. & Carver, C. S. (1985). Optimism, coping, and health: Assessment and implications of generalized outcome expectancies. *Health Psychology, 4*(3), 219-247.

Scheier, M. F. & Carver, C. S. (1987). Dispositional optimism and physical well-being: The influence of generalized outcome expectancies on health. *Journal of Personality, 55*(2), 169-210.

Scheier, M. F. & Carver, C. S. (1992). Effects of optimism on psychological and physical well-being: Theoretical overview and empirical update. *Cognitive Therapy and Research, 16*(2), 201-228.

Schellack, A. & Lemmermöhle, D. (2008). Universitäre Lehrer/innen/bildung zwischen wissenschaftlichem Wissen und professionellen Kompetenzen. In C. Kraler & M.

Schratz (Hrsg.), *Wissen erwerben, Kompetenzen entwickeln. Modelle zur kompetenzorientierten Lehrerbildung* (S. 139-149). Münster: Waxmann.

Schermelleh-Engel, K., Moosbrugger, H. & Müller, H. (2003). Evaluating the fit of structural equation models: Tests of significance and descriptive goodness-of-fit measures. *Methods of Psychological Research Online, 8*(2), 23-74.

Schlee, J. (1992). Empirische Forschung zur Lehrerbildung. In K. Ingenkamp, R. S. Jaeger, H. Petillon & B. Wolf (Hrsg.), *Empirische Pädagogik 1970-1990. Eine Bestandsaufnahme der Forschung in der Bundesrepublik Deutschland* (S. 558-589). Weinheim: Deutscher Studien Verlag.

Schleiermacher, F. (1826/1983). Die Vorlesung aus dem Jahre 1826. In Schleiermacher, F., *Pädagogische Schriften I. Hrsg. von E. Weniger unter Mitwirkung von T. Schulz* (S. 1-369). Frankfurt am Main: Ullstein.

Schlömerkemper, J. (1987). *Lernen im Team-Kleingruppen-Modell. Biographische und empirische Untersuchungen zum sozialen Lernen in der Integrierten Gesamtschule Göttingen-Geismar*. Frankfurt am Main: Lang.

Schmelzing, S., Fuchs, C., Wüsten, S., Sandmann, A. & Neuhaus, B. (2009). Entwicklung und Evaluation eines Instruments zur Erfassung des fachdidaktischen Reflexionswissens von Biologielehrkräften. *Lehrerbildung auf dem Prüfstand, 2*(1), 57-81.

Schmitz, G. S. (1998). Entwicklung von Selbstwirksamkeitserwartungen von Lehrern. *Unterrichtswissenschaft, 26*(2), 140-157.

Schmitz, G. S. (2000). *Zur Struktur und Dynamik der Selbstwirksamkeitserwartung von Lehrern. Ein protektiver Faktor gegen Belastung und Burnout?*. Berlin: Freie Universität Berlin. Verfügbar unter: http://www.diss.fu-berlin.de/diss/receive/ FUDISS_thesis_000000000315, 10.04.2010.

Schmitz, G. S. (2001). Kann Selbstwirksamkeitserwartung vor Burnout schützen? Eine Längsschnittstudie in zehn Bundesländern. *Psychologie in Erziehung und Unterricht, 48*(1), 49-67.

Schmitz, G. S. & Schwarzer, R. (2000). Selbstwirksamkeitserwartung von Lehrern: Längsschnittbefunde mit einem neuen Instrument. *Zeitschrift für Pädagogische Psychologie, 14*(1), 12-25.

Schmitz, G. S. & Schwarzer, R. (2002). Individuelle und kollektive Selbstwirksamkeitserwartung von Lehrern. In M. Jerusalem & D. Hopf (Hrsg.), *Selbstwirksamkeit und Motivationsprozesse in Bildungsinstitutionen (Zeitschrift für Pädagogik, 44. Beiheft)* (S. 192-214). Beltz: Weinheim.

Schnebel, S. (2009). Beratungsprozesse zwischen Praktikanten und Mentoren – eine Studie zu den Unterrichtsbesprechungen. In M. Dieck, G. Dörr, D. Kucharz, O. Küster, K. Müller, B. Reinhoffer, T. Rosenberger, S. Schnebel & T. Bohl (Hrsg.), *Kompetenzentwicklung von Lehramtsstudierenden während des Praktikums. Erkenntnisse aus dem Modellversuch Praxisjahr Biberach* (S. 67-93). Baltmannsweiler: Schneider Verlag Hohengehren.

Schneider, C. & Bodensohn, R. (2008). Berufliche Handlungskompetenzen in der ersten Phase der Lehrerausbildung – Ergebnisse zur Entwicklung im Längsschnitt. In M. Rotermund, G. Dörr & R. Bodensohn (Hrsg.), *Bologna verändert die Lehrerbildung. Auswirkungen der Hochschulreform* (S. 32-63). Leipzig: Leipziger Universitätsverlag.

Schneider, R. & Wildt, J. (2001). Das Dortmunder Projekt „Berufspraktisches Halbjahr". Entwicklungslabor für forschendes Lernen in der Lehrerbildung. *Journal für Lehrerinnen- und Lehrerbildung, 1*(2), 20-27.

Schön, D. A. (1983). *The reflective practitioner. How professionals think in action.* New York: Basic Books.

Schön, D. A. (1987). *Educating the reflective practitioner. Toward a new design for teaching and learning in the professions.* San Francisco: Jossey-Bass.

Schönbächler, M. (2008). *Klassenmanagement. Situative Gegebenheiten und personale Faktoren in Lehrpersonen- und Schülerperspektive.* Bern: Haupt.

Schott, F. & Azizi Ghanbari, S. (2009). Modellierung, Vermittlung und Diagnostik der Kompetenz kompetenzorientiert zu unterrichten – wissenschaftliche Herausforderung und ein praktischer Lösungsversuch. *Lehrerbildung auf dem Prüfstand, 2*(1), 10-27.

Schreder, G. (2006). Betrachten PraktikantInnen das Praktikum als Schritt in Richtung Professionalisierung? Eine Auswertung von Praktikumsberichten. In M. Rotermund (Hrsg.), *Schulpraktische Studien – Evaluationsergebnisse und neue Wege der Lehrerbildung* (S. 10-35). Leipzig: Universitätsverlag.

Schubarth, W., Speck, K., Seidel, A. & Wendland, M. (2009). Unterrichtskompetenzen bei Referendaren und Studierenden. Empirische Befunde der Potsdamer Studien zur ersten und zweiten Phase der Lehrerausbildung. *Lehrerbildung auf dem Prüfstand, 2*(2), 304-323.

Schüpbach, J. (2007). *Über das Unterrichten reden: Die Unterrichtsnachbesprechung in den Lehrpraktika – eine „Nahtstelle von Theorie und Praxis"?.* Bern: Haupt.

Schütze, F. (1992). Sozialarbeit als bescheidene Profession. In B. Dewe, W. Ferchoff & F. Radtke (Hrsg.), *Erziehen als Profession: zur Logik professionellen Handelns in pädagogischen Feldern* (S. 132-171). Opladen: Leske und Budrich.

Schütze, F. (1996). Organisationszwänge und hoheitsstaatliche Rahmenbedingungen im Sozialwesen: Ihre Auswirkungen auf die Paradoxien des professionellen Handelns. In A. Combe & W. Helsper (Hrsg.), *Pädagogische Professionalität. Untersuchungen zum Typus pädagogischen Handelns* (S. 183-276). Frankfurt am Main: Suhrkamp.

Schütze, F. (2000). Schwierigkeiten bei der Arbeit und Paradoxien des professionellen Handelns. Ein grundlagentheoretischer Aufriß. *ZBBS, 1*(1), 49-96.

Schütze, F., Bräu, K., Liermann, H., Prokopp, K., Speth, M. & Wiesemann, J. (1996). Überlegungen zu Paradoxien des professionellen Lehrerhandelns in den Dimensionen der Schulorganisation. In W. Helsper, H.-H. Krüger & H. Wenzel (Hrsg.), *Schule und Gesellschaft im Umbruch* (S. 333-377). Weinheim: Deutscher Studien Verlag.

Schulte, K. (2008). *Selbstwirksamkeitserwartungen in der Lehrerbildung. Zur Struktur und dem Zusammenhang von Lehrer-Selbstwirksamkeitserwartungen, Pädagogischen Pro-*

fessionswissen und Persönlichkeitseigenschaften bei Lehramtsstudierenden und Lehrkräften. Göttingen: Universität Göttingen. Verfügbar unter: http://webdoc.sub.gwdg.de/diss/2008/schulte/schulte.pdf, 30.04.2010.

Schulte, K., Watermann, R. & Bögeholz, S. (2011). Überprüfung der faktoriellen Validität einer multidimensionalen Skala der Lehrer-Selbstwirksamkeitserwartung. *Empirische Pädagogik, 25*(2), 232-256.

Schulz, W. (1965). Unterricht – Analyse und Planung. In P. Heimann, G. Otto & W. Schulz (Hrsg.), *Unterricht – Analyse und Planung* (S. 13-47). Hannover: Schroedel.

Schulz, W. (1980). *Unterrichtsplanung.* München: Urban & Schwarzenberg.

Schunk, D. H. & Schwartz, C. W. (1993). Goal and progress feedback: Effects on self-efficacy and writing achievement. *Contemporary Educational Psychology, 18*(3), 337-354.

Schunk, D. H. & Zimmerman, B. J. (1998). *Self-regulated learning: From teaching to self-reflective practice.* New York: Guilford Publications.

Schwarz, G. (1978). Estimating the dimension of a model. *The Annals of Statistics, 6*(2), 461-464.

Schwarz, T. (1996). Rahmenbedingungen Schulpraktischer Studien. Ergebnisse einer empirischen Untersuchung zum Lehrangebot und zur Studienzufriedenheit. In K.-H. Sander (Hrsg.), *Schulpraktische Studien: Erfahrungen mit dem Braunschweiger Modell der Lehrerausbildung* (S. 211-231). Braunschweig: Seminar für Schulpädagogik der Technischen Universität.

Schwarzer, R. (1992). *Psychologie des Gesundheitsverhaltens.* Göttingen: Hogrefe.

Schwarzer, R. (1994). Optimistische Kompetenzerwartung: Zur Erfassung einer personellen Bewältigungsressource. *Diagnostica, 40*(2), 105-123.

Schwarzer, R. (2000). *Stress, Angst und Handlungsregulation* (4. Auflage). Stuttgart: Kohlhammer.

Schwarzer, R. & Jerusalem, M. (1999). Die Skala Kollektive Lehrer-Selbstwirksamkeitserwartung. In R. Schwarzer & M. Jerusalem (Hrsg.), *Skalen zur Erfassung von Lehrer- und Schülermerkmalen. Dokumentation der psychometrischen Verfahren im Rahmen der wissenschaftlichen Begleitung des Modellversuchs Selbstwirksame Schulen* (S. 84). Berlin: Freie Universität Berlin.

Schwarzer, R. & Jerusalem, M. (2002). Das Konzept der Selbstwirksamkeit. In M. Jerusalem & D. Hopf (Hrsg.), *Selbstwirksamkeit und Motivationsprozesse in Bildungsinstitutionen (Zeitschrift für Pädagogik, 44. Beiheft)* (S. 28-53). Weinheim: Beltz.

Schwarzer, R. & Schmitz, G. S. (1999). Skala zur Lehrer-Selbstwirksamkeitserwartung. In R. Schwarzer & M. Jerusalem (Hrsg.), *Skalen zur Erfassung von Lehrer- und Schülermerkmalen. Dokumentation der psychometrischen Verfahren im Rahmen der wissenschaftlichen Begleitung des Modellversuchs Selbstwirksame Schulen* (S. 60-61). Berlin: Freie Universität Berlin.

Schwerdtfeger, A., Konermann, L. & Schönhofen, K. (2008). Self-efficacy as a health-protective resource in teachers? A biopsychological approach. *Health Psychology, 27*(3), 358-368.

Schyns, B. (2001). *Determinanten beruflicher Veränderungsbereitschaft bei Arbeitnehmern und Arbeitnehmerinnen unterer Hierarchiestufen.* Leipzig: Universität Leipzig. Verfügbar unter: http://www.uni-leipzig.de/~apsycho/dissertation.pdf, 19.03.2010.

Seel, N. M. (2003). *Psychologie des Lernens: Lehrbuch für Pädagogen und Psychologen* (2. Auflage). München: Reinhardt.

Seemann, H. R. (1964). *Die Schulpraxis in der Lehrerbildung Eine historisch-systematische Untersuchung.* Weinheim: Beltz.

Seidel, T. (2009). Klassenführung. In E. Wild & J. Möller (Hrsg.), *Pädagogische Psychologie* (S. 135-148). Springer: Heidelberg.

Seidel, T., Prenzel, M., Duit, R. & Lehrke, M. (Hrsg.) (2003). *Technischer Bericht zur Videostudie „Lehr-Lern-Prozesse im Physikunterricht".* Kiel: Leibniz-Institut für die Pädagogik der Naturwissenschaften.

Seidel, T. & Shavelson, R. J. (2007). Teaching effectiveness research in the past decade: The role of theory and research design in disentangling meta-analysis results. *Review of Educational Research, 77*(4), 454-499.

Seifert, A., Hilligus, A. H. & Schaper, N. (2009). Entwicklung und psychometrische Überprüfung eines Messinstruments zur Erfassung pädagogischer Kompetenzen in der universitären Lehrerbildung. *Lehrerbildung auf dem Prüfstand, 2*(1), 82-103.

Seipp, B. (1999). Schulpraktische Studien aus der Sicht von Absolvent(inn)en des Lehramtes für die Primarstufe. In D. Höltershinken (Hrsg.), *Lehrerbildung im Umbruch: Analysen und Vorschläge zur Neugestaltung* (S. 53-82). Bochum: Projekt-Verlag.

Seipp, B. (2003). *Standards in der Lehrerbildung. Eine Befragung zur Vermittlung der Oserschen Standards in der Ersten Phase der Lehramtsausbildung.* Bochum: Projekt-Verlag.

Seligman, M. E. P. (1975). *Helplessness: On depression, development, and death.* San Francisco: Freeman.

Seyfried, C. & Seel, A. (2005). Subjektive Bedeutungszuschreibungen als Ausgangspunkt schulpraktischer Reflexion. *Journal für LehrerInnenbildung, 5*(1), 17-24.

Shamir, B. (1990). Calculations, values, and identities: The sources of collectivistic work motivation. *Human Relations, 43*(4), 313-332.

Shavelson, R. J. (1973). What is the basic teaching skill? *Journal of Teacher Education, 24*(2), 144-151.

Shavelson, R. J. (1976). Teachers' decision making. In N. L. Gage (Hrsg.), *The psychology of teaching methods* (S. 372-414). Chicago, IL: The University of Chicago Press.

Shavelson, R. J. (1987). Planning. In M. J. Dunkin (Hrsg.), *The international encyclopedia of teaching and teacher education* (S. 483-486). Oxford: Pergamon Press.

Shavelson, R. J. & Bolus, R. (1982). Self-concept: The interplay of theory and methods. *Journal of Educational Psychology, 74*(1), 3-17.

Shavelson, R. J., Hubner, J. J. & Stanton, G. C. (1976). Self-concept: Validation of construct interpretations. *Review of Educational Research, 46*(3), 407-441.

Shavelson, R. J. & Stern, P. (1981). Research on teachers' pedagogical thoughts, judgments, decisions, and behavior. *Review of Educational Research, 51*(4), 455-498.

Shelton, S. H. (1990). Developing the construct of general self-efficacy. *Psychological Reports, 66*(3), 978-994.

Sherer, M., Maddux, J. E., Mercandante, B., Prentice-Dunn, S., Jacobs, B. & Rogers, R. W. (1982). The self-efficacy scale: Construction und validation. *Psychological Reports, 51*(2), 663-671.

Shulman, L. S. (1986). Those who understand: Knowledge growth in teaching. *Educational Researcher, 15*(2), 4-14.

Shulman, L. S. (1987). Knowledge and teaching: Foundations of the new reform. *Harvard Educational Review, 57*(1), 1-22.

Skaalvik, E. M. & Hagtvet, K. A. (1990). Academic achievement and self-concept: An analysis of causal predominance in developmental perspective. *Journal of Personality and Social Psychology, 58*(2), 292-307.

Skaalvik, E. M. & Valas, H. (1999). Relations among achievement, self-concept, and motivation in mathematics and language arts: a longitudinal study. *The Journal of Experimental Education, 67*(2), 135-149.

Skinner, E. A., Chapman, M. & Baltes, P. B. (1988). Control, means-ends, and agency beliefs: A new conceptualization and its measurement during childhood. *Journal of Personality and Social Psychology, 54*(1), 117-133.

Snoek, M. (2008). Lehrerausbildung. Gemeinsame Verantwortung von Lehrerbildungsinstituten und Schulen. *Journal für Lehrerinnen- und Lehrerbildung, 8*(3), 22-29.

Somech, A. & Drach-Zahavy, A. (2000). Understanding extra-role behavior in schools: The relationships between job satisfaction, sense of efficacy and teachers' extra-role behavior. *Teaching and Teacher Education, 16*(5), 649-659.

Soodak, L. C. & Podell, D. M. (1993). Teacher efficacy and student problem as factors in special education referral. *The Journal of Special Education, 27*(1), 66-81.

Speck, K., Schubarth, W. & Seidel, A. (2007). Theorie-Praxis-Verhältnis in der zweiten Phase der Lehrerbildung. Empirische Befunde und theoretische Implikationen. In H. Giest (Hrsg.), *Lehrerbildung. Lern- und Lehrforschungs-Berichte* (S. 5-26). Potsdam: Universitätsverlag.

Spink, K. S. (1990). Collective efficacy in the sport setting. Special Issue: The group in sport and physical activity. *International Journal of Sport Psychology, 21*(4), 380-395.

Spink, K. S. (1990). Group cohesion and collective efficacy of volleyball teams. *Journal of Sport and Exercise Psychology, 12*(3), 301-311.

Spranger, E. (1944). *Zur Entstehungsgeschichte der deutschen Volksschule.* Berlin: Verlag der Akademie der Wissenschaften.

Stadelmann, M. (2006). *Differenz oder Vermittlung in der Lehrerbildung? Das Verhältnis von Theorie und Praxis im Urteil von Praktikumslehrpersonen der Primar- und Sekundarstufe I.* Bern: Haupt.

Stajkovic, A. & Luthans, F. (1998). Self-efficacy and work-related performance: A metaanalysis. *Psychological Bulletin, 124*(2), 240-261.

Steiger, J. H. (1990). Structural model evaluation and modification: An interval estimation approach. *Multivariate Behavioral Research, 25*(2), 173-180.

Stein, M. K. & Wang, M. C. (1988). Teacher development and school improvement: The process of teacher change. *Teaching and Teacher Education, 4*(1), 171-187.

Steindorf, G. (2000). *Grundbegriffe des Lehrens und Lernens* (5. Auflage). Bad Heilbrunn: Klinkhardt.

Steinhorst, H. (1985). Effektivität praxisnaher Ausbildung von Grundschullehrern. *Psychologie in Erziehung und Unterricht, 32*(4), 65-73.

Steltmann, K. (1979). Warum ist das Lehrstudium so ineffektiv? *Bildung und Erziehung, 32*(1), 65-73.

Steltmann, K. (1986). Probleme der Lehrerausbildung: Ergebnisse einer Lehrerbefragung. *Pädagogische Rundschau, 40*(3), 353-366.

Steyer, R., Eid, M. & Schwenkmezger, P. (1997). Modeling true individual change. True changes as a latent variable. *Methods of Psychological Research – Online, 2*(1), 21-33.

Steyer, R., Partchev, I. & Shanahan, M. (2000). Modeling true individual change in structural equation models: The case of poverty and children's psychosocial adjustment. In T. D. Little, K. U. Schnabel & J. Baumert (Hrsg.), *Modeling longitudinal and multiplegroup data: Practical issues, applied approaches, and specific examples* (S. 109-126). Hillsdale, NJ: Erlbaum.

Stiehl, F. (1854). *Die drei preußischen Regulative vom 1., 2. und 3. October 1854 über Einrichtung des evangelischen Seminar-, Präparanden- und Elementarschul- Unterrichts.* Berlin: Hertz. Verfügbar unter: http://www.bbf.dipf.de/retro-digibuch/ 57M1238/57M1238.pdf, 28.04.2009.

Stiensmeier-Pelster, J. (2009). Theorie Erlernter Hilflosigkeit. In V. Brandstätter & J. H. Otto (Hrsg.), *Handbuch der Allgemeinen Psychologie: Motivation und Emotion* (S. 197-203). Göttingen: Hogrefe.

Stiensmeier-Pelster, J. & Heckhausen, H. (2005). Kausalattribution von Verhalten und Leistung. In J. Heckhausen & H. Heckhausen (Hrsg.), *Motivation und Handeln* (3. Auflage) Heidelberg: Springer.

Stiensmeier-Pelster, J. & Schöne, C. (2008). Fähigkeitsselbstkonzept. In W. Schneider & M. Hasselhorn (Hrsg.), *Handbuch der Pädagogischen Psychologie* (S. 62-73). Göttingen: Hogrefe.

Stiensmeier-Pelster, J. & Schwinger, M. (2008). Kausalattribution. In W. Schneider & M. Hasselhorn (Hrsg.), *Handbuch der Pädagogischen Psychologie* (S. 74-83). Göttingen: Hogrefe.

Straka, G. A. & Macke, G. (2010). Sind das „Dogma vollständige Handlung" und der „Pleonasmus Handlungskompetenz" Sackgassen der bundesdeutschen Berufsbildungsforschung? Ein kritisch-polemischer Essay. In M. Becker, M. Fischer & G. Spöttl (Hrsg.), *Von der Arbeitsanalyse zur Diagnose beruflicher Kompetenzen* (S. 215-229). Frankfurt am Main: Peter Lang.

Strube, G. & Schlieder, C. (1996). Wissen und Wissensrepräsentation. In G. Strube (Hrsg.), *Wörterbuch der Kognitionswissenschaft* (S. 799-815). Stuttgart: Klett-Cotta.

Teddlie, C. & Reynolds, D. (Hrsg.) (2000). *The international handbook of school effectiveness research.* London: Falmer Press.

Tenorth, H.-E. (1987). Lehrerberuf und Lehrerbildung. In K. Jeismann & P. Lundgreen (Hrsg.), *Handbuch der deutschen Bildungsgeschichte Bd. 3: 1800 - 1870* (S. 250-270). München: Beck.

Tenorth, H.-E. (2002). Apologie einer paradoxen Technologie - über Status und Funktion von „Pädagogik". In W. Böhm (Hrsg.), *Pädagogik – wozu und für wen?* (S. 70-99). Stuttgart: Klett.

Terhart, E. (1991). Pädagogisches Wissen – Überlegungen zu seiner Vielfalt, Funktion und sprachlichen Form am Beispiel des Lehrerwissens. In J. Oelkers & H.-E. Tenorth (Hrsg.), *Pädagogisches Wissen (Zeitschrift für Pädagogik, 27. Beiheft)* (S. 129-141). Weinheim: Beltz.

Terhart, E. (1994). Lehrer/in werden – Lehrer/in bleiben: berufsbiographische Perspektiven. In J. Mayr & J. Mayr (Hrsg.), *Lehrer/in werden* (S. 17-46). Innsbruck: Österreichischer Studien-Verlag.

Terhart, E. (Hrsg.) (2000a). *Perspektiven der Lehrerbildung in Deutschland. Abschlussbericht der von der Kultusministerkonferenz eingesetzten Kommission.* Weinheim: Beltz.

Terhart, E. (2000b). Reform der Lehrerbildung. In E. Cloer, D. Klika & H. Kunert (Hrsg.), *Welche Lehrer braucht das Land? Notwendige und mögliche Reformen der Lehrerbildung* (S. 75-92). Weinheim: Juventa.

Terhart, E. (2001). *Lehrerberuf und Lehrerbildung. Forschungsbefunde, Problemanalysen, Reformkonzepte.* Weinheim: Beltz.

Terhart, E. (2002a). *Standards für die Lehrerbildung. Eine Expertise für die Kultusministerkonferenz.* Münster: Universität Münster, Institut für Schulpädagogik und Allgemeine Didaktik.

Terhart, E. (2002b). Fremde Schwestern. Zum Verhältnis von Allgemeiner Didaktik und empirischer Lehr-Lern-Forschung. *Zeitschrift für Pädagogische Psychologie, 16* (2), 77-86.

Terhart, E. (2005). Standards in der Lehrerbildung – ein Kommentar. *Zeitschrift für Pädagogik, 51*(2), 275-279.

Terhart, E. (2005b). Über Traditionen und Innovationen oder: Wie geht es weiter mit der Allgemeinen Didaktik? *Zeitschrift für Pädagogik, 51*(1), 1-13.

Terhart, E. (2006). Standards und Kompetenzen in der Lehrerbildung. In A. H. Hilligus & H. Rinkens (Hrsg.), *Standards und Kompetenzen – neue Qualität in der Lehrerausbildung? Neue Ansätze und Erfahrungen in nationaler und internationaler Perspektive* (S. 29-42). Münster: LIT Verlag.

Terhart, E. (2007). Erfassung und Beurteilung der beruflichen Kompetenz von Lehrkräften. In M. Lüders & J. Wissinger (Hrsg.), *Forschung zur Lehrerbildung: Kompetenzentwicklung und Programmevaluation* (S. 37-62). Münster: Waxmann.

Terhart, E. (2008). Allgemeine Didaktik: Traditionen, Neuanfänge, Herausforderungen. In M. A. Meyer, M. Prenzel & S. Hellekamps (Hrsg.), *Perspektiven der Didaktik (Zeitschrift für Erziehungswissenschaft, Sonderheft 9)* (S. 13-34). Wiesbaden: VS Verlag für Sozialwissenschaften.

Terhart, E. (2009). Erste Phase: Lehrerbildung an der Universität. In O. Zlatkin-Troitschanskaia, K. Beck, D. Sembill, R. Nickolaus & R. Mulder (Hrsg.), *Lehrprofessionalität. Bedingungen, Genese, Wirkungen und ihre Messung* (S. 425-437).

Terhart, E., Bennewitz, H. & Rothland, M. (Hrsg.) (2011). *Handbuch der Forschung zum Lehrerberuf.* Münster: Waxmann.

Terhart, E., Czerwenka, K., Ehrich, K., Jordan, F. & Schmidt, H. J. (1994). *Berufsbiographien von Lehrern und Lehrerinnen.* Frankfurt am Main: Lang.

Thierack, A. (2002). BA/ MA im Lehramtsstudium?! – Die bundesdeutsche Diskussion im Visier. In A. H. Hilligus, H. D. Rinkens & C. Friedrich (Hrsg.), *Europa in Schule und Lehrerausbildung: Entwicklungen – Beispiele – Perspektiven* (S. 129-148). Münster: LIT Verlag.

Tietze, W. (1988). Lehramtsstudium und Lehrerfortbildung aus Sicht von Absolventen der Universität für Bildungswissenschaften Klagenfurt. In P. Hübner (Hrsg.), *Lehrerbildung in Europa vor den Herausforderungen der 90er Jahre: Beiträge zum 12. Kongreß der Vereinigung für Lehrerbildung in Europa (A.T.E.E.) vom 7.9. bis 11.9. 1987 an der Freien Universität Berlin* (S. 303-312). Berlin: Freie Universität.

Tippelt, R. (2002). Qualifizierungsoffensive oder Bildungsziele? In E. Nuissl, C. Schiersmann & H. Siebert (Hrsg.), *Literatur- und Forschungsreport Weiterbildung, Jg. 49* (S. 48-58). Bielefeld: Bertelsmann.

Tipton, R. M. & Worthington, R. L. (1984). The measurement of generalized self-efficacy: A study of construct validity. *Journal of Personality Assessment, 48*(5), 545-548.

Tisher, R. P. (1990). One and a half decades of research in teacher education in australia. In R. P. Tisher & M. F. Wideen (Hrsg.), *Research in teacher education: International perspectives* (S. 67-87). London: Falmer Press.

Tiskak, J. & Meredith, W. (1990a). Descriptive and associative development models. In A. v. Eye (Hrsg.), *Statistical methods in longitudinal research. Vol. II: Time series and categorical longitudinal data* (S. 387-406). Boston: Academic Press.

Tiskak, J. & Meredith, W. (1990b). Longitudinal factor analysis. In A. v. Eye (Hrsg.), *Statistical methods in longitudinal research. Vol. I: Principles and structuring change* (S. 125-150). Boston: Academic Press.

Topsch, W. (2004a). *Grundwissen für Schulpraktikum und Unterricht* (2. Auflage). Weinheim: Beltz.

Topsch, W. (2004b). Schulpraxis in der Lehrerbildung. In S. Blömeke, P. Reinhold, G. Tulodziecki & J. Wildt (Hrsg.), *Handbuch Lehrerbildung* (S. 476-486). Bad Heilbrunn: Klinkhardt.

Trentham, L., Silvern, S. & Brogdon, R. (1985). Teacher efficacy and teacher competency ratings. *Psychology in Schools, 22*(3), 343-352.

Tschannen-Moran, M. & Woolfolk Hoy, A. (2001). Teacher efficacy. Capturing an elusive construct. *Teaching and Teacher Education, 17*(7), 783-805.

Tschannen-Moran, M. & Woolfolk Hoy, A. (2007). The differential antecendents of self-efficacy beliefs of novice and experienced teachers. *Teaching and Teacher Education, 23*(6), 944-956.

Tschannen-Moran, M., Woolfolk Hoy, A. W. & Hoy, W. K. (1998). Teacher efficacy: Its meaning and measure. *Review of Educational Research, 68*(2), 202-248.

Tulodziecki, G., Herzig, B. & Blömeke, S. (2004). *Gestaltung von Unterricht. Eine Einführung in die Didaktik.* Bad Heilbrunn: Klinkhardt.

Ulich, K. (1996). Lehrer/innen-Ausbildung im Urteil der Betroffenen. Ergebnisse und Folgerungen. *Die Deutsche Schule, 88*(1), 81-97.

Vonken, M. (2005). *Handlung und Kompetenz. Theoretische Perspektiven für die Erwachsenen- und Berufspädagogik.* Wiesbaden: VS Verlag für Sozialwissenschaften.

Wagner, H. (1998). *Eine Theorie pädagogischer Professionalität.* Weinheim: Deutscher Studien Verlag.

Wahl, D. (1991). *Handeln unter Druck. Der weite Weg vom Wissen zum Handeln bei Lehrern, Hochschullehrern und Erwachsenenbildnern.* Weinheim: Deutscher Studien Verlag.

Wahl, D. (2000). Das große und das kleine Sandwich. Ein theoretisch wie empirisch begründetes Konzept zur Veränderung handlungsleitender Kognitionen. In C. Dalbert, E. J. Brunner & G. L. Huber (Hrsg.), *Handlungsleitende Kognitionen in der pädagogischen Praxis* (S. 155-168). Baltmannsweiler: Schneider Verlag Hohengehren.

Wahl, D. (2001). Nachhaltige Wege vom Wissen zum Handeln. *Beiträge zur Lehrerbildung, 19*(2), 157-174.

Wahl, D. (2002). Mit Training vom trägen Wissen zum kompetenten Handeln? *Zeitschrift für Pädagogik, 48*(2), 227-241.

Wahl, D., Schlee, J., Krauth, J. & Murek, I. (1983). *Naive Verhaltenstheorie von Lehrern.* Oldenburg: Littmann.

Walberg, H. J. & Paik, S. J. (2000). *Effective educational practices.* Brüssel: International Academy of Education.

Wang, M. C., Haertel, G. & Walberg, H. J. (1993). Toward a knowledge base for school learning. *Review of Educational Research, 63*(3), 249-294.

Warner, L. M. & Schwarzer, R. (2009). Selbstwirksamkeit bei Lehrern. In O. Zlatkin-Troitschanskaia, K. Beck, D. Sembill, R. Nickolaus & R. Mulder (Hrsg.), *Lehrprofessionalität. Bedingungen, Genese, Wirkungen und ihre Messung* (S. 629-640). Weinheim: Beltz.

Wayne, A. J. & Youngs, P. (2006). Die Art der Ausbildung von Lehrern und die Lerngewinne ihrer Schüler. In C. Allemann-Ghionda & W. Terhart (Hrsg.), *Kompetenzen und Kompetenzentwicklung von Lehrerinnen und Lehrern: Ausbildung und Beruf (Zeitschrift für Pädagogik, 51. Beiheft)* (S. 47-70). Weinheim: Beltz.

Weiber, R. & Mühlhaus, D. (2010). *Strukturgleichungsmodellierung. Eine anwendungsorientierte Einführung in die Kausalanalyse mit Hilfe von AMOS, SmartPLS und SPSS.* Heidelberg: Springer.

Weiner, B. (1986). *An attributional theory of motivation and emotion.* New York: Springer.

Weiner, B. (2006). *Social motivation, justice, and the moral emotions: An attributional approach.* Mahwah, NJ: Erlbaum.

Weinert, F. E. (1999). *Konzepte der Kompetenz.* Paris: OECD.

Weinert, F. E. (2001a). Concept of competence. A conceptual clarification. In D. S. Rychen & L. H. Salganik (Hrsg.), *Defining and selecting key competencies* (S. 45-65). Göttingen: Hogrefe.

Weinert, F. E. (2001b). Vergleichende Schulleistungsmessung in Schulen – eine umstrittene Selbstverständlichkeit. In F. E. Weinert (Hrsg.), *Leistungsmessung in Schulen* (S. 17-31). Weinheim: Beltz.

Weinert, F. E. (2001c). Qualifikation und Unterricht zwischen gesellschaftlicher Notwendigkeit, pädagogischen Visionen und psychologischen Möglichkeiten. In W. Melzer & U. Sandfuchs (Hrsg.), *Was Schule leistet. Funktionen und Aufgaben von Schule* (S. 65-86). Weinheim: Juventa.

Weinert, F. E., Schrader, F. & Helmke, A. (1990). Unterrichtsexpertise – ein Konzept zur Verringerung der Kluft zwischen zwei theoretischen Paradigmen. In L. Alisch, J. Baumert & K. Beck (Hrsg.), *Professionswissen und Professionalisierung* (S. 173-206). Braunschweig: Technische Universität Braunschweig.

Weingart, G. (2003). Die Lehrerbildung in den USA. Kritik und Ansätze der Reform. In D. Lemmermöhle & D. Jahreis (Hrsg.), *Professionalisierung der Lehrerbildung: Perspektiven und Ansätze in internationalen Kontexten (Die Deutsche Schule, 7. Beiheft)* (S. 83-98). Weinheim: Juventa Verlag.

Weinstein, C. S. (1988). Preservice teachers' expectations about the first year of teaching. *Teaching and Teacher Education, 4*(1), 31-40.

Weiß, W. W. (1976). *Lehrerbildung zwischen Anspruch und Wirklichkeit.* München: Urban Schwarzenberg.

Wellenreuther, M. (2008). *Lehren und Lernen – aber wie? Empirisch-experimentelle Forschungen zum Lehren und Lernen im Unterricht* (4. Auflage). Baltmannsweiler: Schneider Verlag Hohengehren.

Wenner, G. (2001). Science and mathematics efficacy beliefs held by practicing and prospective teachers: A five-year perspective. *Journal of Science Education and Technology, 10*(2), 181-187.

Weresch-Deperrois, I., Bodensohn, R. & Jäger, S. (2009). Curriculare Standards in der Praxis: Einschätzung ihres Stellenwerts, ihrer Anwendungshäufigkeit, Schwierigkeit und Bedeutung in der Lehrerausbildung und universitären Vorbereitung im Bachelor-Studium der Lehrerbildung – eine Erkundungsstudie. *Lehrerbildung auf dem Prüfstand, 2*(2), 324-345.

Wernet, A. (2003). *Pädagogische Permissivität. Schulische Sozialisation und pädagogisches Handeln jenseits der Professionalisierungsfrage.* Opladen: Leske und Budrich.

Werres, W. & Wittenbruch, W. (1986). *Schulpraktikum: Untersuchungen zu schulpraktischen Studien an der Westfälischen Wilhelms-Universität Münster.* Oldenburg: Universität Oldenburg.

Wheatley, K. F. (2002). The potential benefits of teacher efficacy doubts for educational reform. *Teaching and Teacher Education, 18*(1), 5-22.

White, R. W. (1959). Motivation reconsidered: The concept of competence. *Psychological Review, 66*(5), 297-333.

Whitehead, A. N. (1929). *The aims of education.* New York: Macmillan.

Wiater, W. (2009). Analyse und Beurteilung von Unterricht. In K. Arnold, U. Sandfuchs & J. Wiechmann (Hrsg.), *Handbuch Unterricht* (2. Auflage, S. 524-530). Bad Heilbrunn: Klinkhardt.

Wiater, W. (2010). *Unterrichten und Lernen in der Schule. Eine Einführung in die Didaktik* (2. Auflage). Donauwörth: Auer.

Wideen, M., Mayer-Smith, J. & Moon, B. (1998). A critical analysis of the research on learning to teach. Making the case for an ecological perspective on inquiry. *Review of Educational Research, 68*(2), 130-178.

Wild-Näf, M. (2001). Die Ausbildung für Lehrkräfte der Deutschschweiz im Urteil der Studierenden: Ein Strukturmodell des Zusammenhangs von Person, Organisation und Ausbildungsprozess. In F. Oser & J. Oelkers (Hrsg.), *Die Wirksamkeit der Lehrerbildungssysteme. Von der Allrounderbildung zur Ausbildung professioneller Standards* (S. 141-214). Zürich: Rüegger.

Wildt, B. (2000). Beratung in Begleitung Schulpraktischer Studien - Ein Beitrag zur Professionalisierung. In M. Bayer, F. Bohnsack, B. Koch-Priewe & J. Wildt (Hrsg.), *Lehrerin und Lehrer werden ohne Kompetenz? Professionalisierung durch eine andere Lehrerbildung* (S. 226-238). Bad Heilbrunn: Klinkhardt.

Wildt, J. (1996). Reflexive Lernprozesse. In D. Hänsel & L. Huber (Hrsg.), *Lehrerbildung neu denken und gestalten* (S. 91-107). Weinheim: Beltz.

Wimmer, M. (1996). Zerfall des Allgemeinen - Wiederkehr des Singulären. Pädagogische Professionalität und der Wert des Wissens. In A. Combe & W. Helsper (Hrsg.), *Pädagogische Professionalität. Untersuchungen zum Typus pädagogischen Handelns* (S. 404-447). Frankfurt am Main: Suhrkamp.

Winkel, R. (1988). *Antinomische Pädagogik und kommunikative Didaktik. Studien zu den Widersprüchen und Spannungen in Erziehung und Schule* (2. Auflage). Düsseldorf: Schwann.

Winter, M. (2004). *Ausbildung zum Lehrberuf: zur Diskussion über bestehende und neue Konzepte der Lehrerausbildung für Gymnasium bzw. Sekundarstufe II*. Wittenberg: Institut für Hochschulforschung Wittenberg. Verfügbar unter: http://digital. bibliothek.uni-halle.de/ulbhalpc/urn/urn:nbn:de:gbv:3:2-3667, 04.05.2009.

Wolters, C. A. & Daugherty, S. G. (2007). Goal structures and teachers' sense of efficacy: Their relation and association to teaching experience and academic level. *Journal of Educational Psychology, 99*(1), 181-193.

Woolfolk, A. (2008). *Pädagogische Psychologie*. (10. Auflage). München: Pearson.

Woolfolk, A. E. & Hoy, W. K. (1990). Prospective teachers' sense of efficacy and beliefs about control. *Journal of Educational Psychology, 82*(1), 81-91.

Woolfolk Hoy, A. & Burke-Spero, R. (2005). Changes in teacher efficacy during the early years of teaching: A comparison of four measures. *Teaching and Teacher Education, 21*(4), 343-356.

Zeichner, K. M. (1986). Lehrersozialisation und Lehrerausbildung. Forschungsstand und Perspektiven. *Bildung und Erziehung, 39*(3), 263-277.

Zeichner, K. (1992). Rethinking the practicum in the professional development school partnership. *Journal of Teacher Education, 43*(4), 296-307.

Zeichner, K. M. & Tabachnik, B. R. (1985). The development of teacher perspectives: Social strategies and institutional control in the socialization of beginning teachers. *Journal of Education for Teaching, 11*(1), 1-25.

Zimmerman, B. J. (1995). Self-efficacy and educational development. In A. Bandura (Hrsg.), *Self-efficacy in changing societies* (S. 202-231). New York: Cambridge University Press.

Zimmerman, B. J. (1998). Academic studying and the development of personal skill: A self-regulatory perspective. *Educational Psychologist, 33*(2/3), 73-86.

Zimmerman, B. J. (2000). Self-efficacy: An essential motive to learn. *Contemporary Educational Psychology, 25*(1), 82-91.

Zlatkin-Troischanskaia, O., Beck, K., Sembill, D., Nickolaus, R. & Mulder, R. (Hrsg.) (2009). *Lehrprofessionalität. Bedingungen, Genese, Wirkungen und ihre Messung*. Weinheim: Beltz.

Anhang

Tabelle A.1: Skala zur Erfassung der allgemeindidaktischen Planungskompetenz (APK)

Faktor		Itemformulierung
Planungskomponenten	PK1	Ich begründe die Wahl der Unterrichtsmethoden.
(PK)	PK2	Ich nutze für die schriftliche Planung die didaktische Fachsprache.
	PK3	Ich orientiere meine Unterrichtsplanung am Kerncurriculum.
	PK4	Ich informiere mich über die Lernvoraussetzungen der Schüler.
	PK5	Ich berücksichtige die Wechselwirkung von Ziel-, Inhalts- und Methodenentscheidungen.
Aktueller Literaturbezug	AL1	Ich verwende allgemeindidaktische Literatur.
(AL)	AL2	Ich verwende aktuelle fachdidaktische Literatur.

Tabelle A.2: Standardisierte Intercepts, Residualvarianzen und R^2-Werte des Zwei-Faktorenmodells für die Skala APK-S, Messzeitpunkt 1

	Intercept (SE)	Residualvarianz (SE)	R^2 (SE)
PK1	5.47*** (.21)	.59*** (.07)	.41*** (.07)
PK2	4.15*** (.15)	.84*** (.06)	.16** (.06)
PK3	4.14*** (.15)	.75*** (.06)	.25*** (.06)
PK4	5.47*** (.21)	.75*** (.06)	.25*** (.06)
PK5	4.72*** (.19)	.81*** (.05)	.19*** (.05)
AL1	4.10*** (.17)	.47*** (.12)	.53*** (.12)
AL2	4.04*** (.16)	.14 (.18)	.86*** (.18)

Anmerkung. * p < .05, ** p < .01, *** p <. 001.

Tabelle A.3: Standardisierte Intercepts, Residualvarianzen und R^2-Werte des Zwei-Faktorenmodells für die Skala APK-S, Messzeitpunkt 2

	Intercept (SE)	Residualvarianz (SE)	R^2 (SE)
PK1	5.70*** (.23)	.59*** (.07)	.41*** (.07)
PK2	4.29*** (.14)	.79*** (.05)	.21*** (.05)
PK3	4.61*** (.19)	.77*** (.06)	.23*** (.06)
PK4	5.93*** (.27)	.75*** (.07)	.25*** (.07)
PK5	5.05*** (.21)	.80*** (.06)	.20*** (.06)
AL1	4.07*** (.15)	.45*** (.11)	.55*** (.11)
AL2	4.59*** (.18)	.22 (.15)	.78*** (.15)

Anmerkung. * p < .05, ** p < .01, *** p <. 001.

Tabelle A.4: Standardisierte Intercepts, Residualvarianzen und R^2-Werte des Zwei-Faktorenmodells für die Skala APK-S, Messzeitpunkt 3

	Intercept (SE)	Residualvarianz (SE)	R^2 (SE)
PK1	5.31*** (.30)	.58*** (.08)	.42*** (.08)
PK2	4.39*** (.22)	.56*** (.09)	.45*** (.09)
PK3	4.96*** (.28)	.72*** (.07)	.27*** (.07)
PK4	5.42*** (.31)	.88*** (.07)	.12 (.07)
PK5	4.96*** (.26)	.88*** (.07)	.12 (.07)
AL1	4.15*** (.23)	.48*** (.12)	.53*** (.12)
AL2	4.31*** (.22)	.26 (.15)	.74*** (.19)

*Anmerkung. * $p < .05$, ** $p < .01$, *** $p <. 001$.*

Tabelle A.5: Standardisierte Intercepts, Residualvarianzen und R^2-Werte des Zwei-Faktorenmodells für die Skala APK-F, Messzeitpunkt 2

	Intercept (SE)	Residualvarianz (SE)	R^2 (SE)
PK1	4.32*** (.23)	.38*** (.05)	.62*** (.05)
PK2	4.42*** (.22)	.61*** (.07)	.39*** (.07)
PK3	5.10*** (.29)	.59*** (.07)	.41*** (.07)
PK4	4.58*** (.28)	.61*** (.07)	.39*** (.07)
PK5	4.37*** (.26)	.35*** (.05)	.65*** (.05)
AL1	3.58*** (.20)	.30*** (.08)	.71*** (.08)
AL2	4.43*** (.23)	.29*** (.08)	.71*** (.08)

*Anmerkung. * $p < .05$, ** $p < .01$, *** $p <. 001$.*

Tabelle A.6: Standardisierte Intercepts, Residualvarianzen und R^2-Werte des Ein-Faktormodells für die Skala QBM

	Intercept (SE)	z-Wert/ p-Wert	Residual-varianz (SE)	z-Wert/ p-Wert	R^2 (SE)	z-Wert/ p-Wert
QBM1	3.80 (.21)	18.57/ < .001	.22 (.04)	5.01/ < .001	.78 (.04)	17.74/ < .001
QBM2	3.48 (.17)	20.25/ < .001	.17 (.02)	6.91/ < .001	.83 (.02)	34.22/ < .001
QBM3	3.76 (.20)	19.10/ < .001	.28 (.04)	7.09/ < .001	.72 (.04)	18.64/ < .001
QBM4	3.82 (.19)	20.54/ < .001	.27 (.03)	8.35/ < .001	.73 (.03)	22.54/ < .001
QBM5	3.92 (.21)	18.64/ < .001	.24 (.03)	7.87/ < .001	.76 (.03)	25.25/ < .001
QBM6	3.05 (.12)	25.00/ < .001	.39 (.04)	10.21/ < .001	.62 (.04)	16.35/ < .001
QBM7	2.94 (.11)	25.77/ < .001	.49 (.04)	11.24/ < .001	.51 (.04)	11.77/ < .001

Tabelle A.7: Standardisierte Faktorladungen des Ein-Faktormodells für die Skala QBM

	λ (SE)
QBM1	.88*** (.03)
QBM2	.91*** (.01)
QBM3	.85*** (.02)
QBM4	.85*** (.02)
QBM5	.87*** (.02)
QBM6	.79*** (.02)
QBM7	.72*** (.03)

Anmerkung. * p < .05; ** p < .01; *** p < .001.

Tabelle A.8: Standardisierte Intercepts, Residualvarianzen und R^2-Werte für das Latent-State-(LS)Modell für die Variable APK zu den drei Messzeitpunkten (T1-T3)

	Intercept (SE)	Residualvarianz (SE)	R^2 (SE)
PK-Mean(PK1-PK5)-T1	7.43*** (.33)	.52*** (.14)	.48*** (.14)
AL-Mean(AL1-AL2)-T1	4.38*** (.18)	.48*** (.11)	.52*** (.11)
PK-Mean(PK1-PK5)-T2	7.68*** (.30)	.38* (.18)	.62*** (.18)
AL-Mean(AL1-AL2)-T2	4.67*** (.17)	.51*** (.09)	.49*** (.09)
PK-Mean(PK1-PK5)-T3	7.48*** (.33)	.44*** (.11)	.56*** (.11)
AL-Mean(AL1-AL2)-T3	4.64*** (.23)	.34** (.10)	.66*** (.10)

Anmerkung. * *p < .05,* ** *p < .01,* *** *p <. 001.*

Tabelle A.9: Standardisierte Faktorladungen für das Latent-State-(LS)Modell für die Variable APK zu den drei Messzeitpunkten (T1-T3)

	λ (SE)
PK-Mean(PK1-PK5)-T1	.69*** (.10)
AL-Mean(AL1-AL2)-T1	.34*** (.07)
PK-Mean(PK1-PK5)-T2	.79*** (.11)
AL-Mean(AL1-AL2)-T2	.31*** (.07)
PK-Mean(PK1-PK5)-T3	.75*** (.07)
AL-Mean(AL1-AL2)-T3	.50*** (.07)

Anmerkung. * *p < .05,* ** *p < .01,* *** *p <. 001.*

Tabelle A.10: Standardisierte Intercepts, Residualvarianzen und R^2-Werte für das Neighbor-Change-
(NC)Modell für die Variable APK zu den drei Messzeitpunkten (T1-T3)

	Intercept (SE)	Residualvarianz (SE)	R^2 (SE)
PK-Mean(PK1-PK5)-T1	.00 (–)	.45*** (.09)	.55*** (.09)
AL-Mean(AL1-AL2)-T1	1.17* (.58)	.47*** (.05)	.52*** (.05)
PK-Mean(PK1-PK5)-T2	.00 (–)	.44*** (.08)	.56*** (.08)
AL-Mean(AL1-AL2)-T2	1.16* (.58)	.47*** (.05)	.53*** (.05)
PK-Mean(PK1-PK5)-T3	.00 (–)	.39*** (.07)	.61*** (.07)
AL-Mean(AL1-AL2)-T3	1.15* (.58)	.46*** (.05)	.54*** (.05)

*Anmerkung. * $p < .05$, ** $p < .01$, *** $p <. 001$.*

Tabelle A.11: Standardisierte Intercepts, Residualvarianzen und R^2-Werte für das Latent-State-
(LS)Modell für die Variable LSW zu den drei Messzeitpunkten (T1-T3) mit indikatorspezifischem Fak-
tor (IS_2) für den zweiten Indikator

	Intercept (SE)	Residualvarianz (SE)	R^2 (SE)
LSW-Mean(x1-x5)-T1	7.08*** (.32)	.28* (.12)	.72*** (.12)
LSW-Mean(x6-x10)-T1	7.73*** (.30)	.36*** (.08)	.64*** (.08)
LSW-Mean(x1-x5)-T2	7.64*** (.26)	.16 (.09)	.84*** (.09)
LSW-Mean(x6-x10)-T2	8.01*** (.32)	.34*** (.07)	.66*** (.07)
LSW-Mean(x1-x5)-T3	6.96*** (.39)	.19 (.11)	.81*** (.11)
LSW-Mean(x6-x10)-T3	8.10*** (.34)	.27** (.08)	.73*** (.08)

*Anmerkung. * $p < .05$, ** $p < .01$, *** $p <. 001$.*

Tabelle A.12: Standardisierte Faktorladungen für das Latent-State-(LS)Modell für die Variable LSW
zu den drei Messzeitpunkten (T1-T3) mit indikatorspezifischem Faktor (IS_2) für den zweiten Indikator

	λ (SE)
LSW-Mean(x1-x5)-T1	.85*** (.07)
LSW-Mean(x6-x10)-T1	.57*** (.06)
LSW-Mean(x1-x5)-T2	.92*** (.05)
LSW-Mean(x6-x10)-T2	.66*** (.05)
LSW-Mean(x1-x5)-T3	.90*** (.06)
LSW-Mean(x6-x10)-T3	.59*** (.06)

*Anmerkung. * $p < .05$, ** $p < .01$, *** $p < .001$.*

Tabelle A.13: Standardisierte Intercepts, Residualvarianzen und R^2-Werte für das Neighbor-Change-(NC)Modell für die Variable LSW zu den drei Messzeitpunkten (T1-T3)

	Intercept (SE)	Residualvarianz (SE)	R^2 (SE)
LSW-Mean(x1-x5)-T1	.00 (–)	.32*** (.07)	.68*** (.07)
LSW-Mean(x6-x10)-T1	2.56*** (.50)	.37*** (.05)	.63*** (.05)
LSW-Mean(x1-x5)-T2	.00 (–)	.14* (.07)	.86*** (.07)
LSW-Mean(x6-x10)-T2	2.53*** (.50)	.31*** (.04)	.69*** (.04)
LSW-Mean(x1-x5)-T3	.00 (–)	.30*** (.07)	.70*** (.07)
LSW-Mean(x6-x10)-T3	2.63*** (.54)	.29*** (.05)	.71*** (.05)

*Anmerkung. * $p < .05$, ** $p < .01$, *** $p < .001$.*

Tabelle A.14: Standardisierte Intercepts, Residualvarianzen und R^2-Werte für das Neighbor-Change-(NC)Modell für die Variable APK zu den drei Messzeitpunkten (T1-T3) mit den Mediatoren „schulpädagogisch-didaktisches Wissen (SDW)", „pädagogische Vorerfahrungen (PV)" und „Qualität der Beziehung zum Mentor (QBM)"

	Intercept (SE)	Residualvarianz (SE)	R^2 (SE)
PK-Mean(PK1-PK5)-T1	.00 (–)	.44*** (.09)	.56*** (.09)
AL-Mean(AL1-AL2)-T1	1.25* (.56)	.47*** (.05)	.53*** (.05)
PK-Mean(PK1-PK5)-T2	.00 (–)	.43*** (.08)	.57*** (.08)
AL-Mean(AL1-AL2)-T2	1.24* (.57)	.47*** (.05)	.53*** (.05)
PK-Mean(PK1-PK5)-T3	.00 (–)	.39*** (.07)	.61*** (.07)
AL-Mean(AL1-AL2)-T3	1.23* (.57)	.46*** (.04)	.54*** (.04)
APK-T1	10.77*** (1.10)	.97*** (.02)	.03 (.02)
APK-T2 – APK-T1	.13 (.53)	.98*** (.03)	.02 (.03)
APK-T3 – APK-T2	.77 (1.20)	.92*** (.17)	.07 (.17)
QBM1	3.78*** (.21)	.22*** (.04)	.78*** (.04)
QBM2	3.47*** (.17)	.17*** (.02)	.83*** (.02)
QBM3	3.75*** (.20)	.28*** (.04)	.72*** (.04)
QBM4	3.80*** (.19)	.27*** (.03)	.73*** (.03)
QBM5	3.91*** (.21)	.24*** (.03)	.76*** (.03)
QBM6	3.03*** (.12)	.38*** (.04)	.62*** (.04)
QBM7	2.93*** (.11)	.49*** (.04)	.51*** (.04)

*Anmerkung. * $p < .05$, ** $p < .01$, *** $p < .001$.*

Tabelle A.15: Standardisierte Intercepts, Residualvarianzen und R²-Werte für das autoregressive Modell zweiter Ordnung für die Variablen APK und LSW zu den drei Messzeitpunkten (T1-T3)

	Intercept (SE)	Residualvarianz (SE)	R^2(SE)
LSW-Mean(x1-x5)-T1	.00 (–)	.32*** (.07)	.69*** (.07)
LSW-Mean(x6-x10)-T1	2.47*** (.51)	.37*** (.05)	.63*** (.05)
LSW-Mean(x1-x5)-T2	.00 (–)	.19** (.06)	.81*** (.06)
LSW-Mean(x6-x10)-T2	2.47*** (.52)	.29*** (.04)	.71*** (.04)
LSW-Mean(x1-x5)-T3	.00 (–)	.30*** (.07)	.70*** (.07)
LSW-Mean(x6-x10)-T3	2.51*** (.53)	.30*** (.05)	.70*** (.05)
PK-Mean(PK1-PK5)-T1	.00 (–)	.40*** (.09)	.60*** (.09)
AL-Mean(AL1-AL2)-T1	1.48* (.59)	.48*** (.05)	.52*** (.05)
PK-Mean(PK1-PK5)-T2	.00 (–)	.39*** (.08)	.61*** (.08)
AL-Mean(AL1-AL2)-T2	1.48* (.59)	.47*** (.05)	.53*** (.05)
PK-Mean(PK1-PK5)-T3	.00 (–)	.35*** (.07)	.65*** (.07)
AL-Mean(AL1-AL2)-T3		.47*** (.05)	.53*** (.05)
APK-T2	3.02* (1.17)	.50** (.17)	.50*** (.17)
APK-T3	.32 (1.30)	.23 (.21)	.77*** (.21)
LSW-T2	2.65** (.91)	.63*** (.08)	.37*** (.08)
LSW-T3	.33 (1.08)	.32** (.11)	.68*** (.11)

*Anmerkung. * p < .05, ** p < .01, *** p <. 001.*

Pädagogische Psychologie und Entwicklungspsychologie

HERAUSGEGEBEN VON DETLEF H. ROST

Frühere Bände finden Sie unter www.waxmann.com

BAND 62

Uwe Heim-Dreger
IMPLIZITE ANGSTDIAGNOSTIK BEI GRUNDSCHULKINDERN
2007, 192 S., br., 25,50 €, ISBN 978-3-8309-1886-8

BAND 63

Erwin Beck, Matthias Baer, Titus Guldimann, Sonja Bischoff, Christian Brühwiler, Peter Müller, Ruth Niedermann, Marion Rogalla, Franziska Vogt
ADAPTIVE LEHRKOMPETENZ
Analyse und Struktur, Veränderung und Wirkung handlungsstreuenden Lehrerwissens
2008, 214 S., br., 25,50 €, ISBN 978-3-8309-1936-0

BAND 64

Nele McElvany
FÖRDERUNG VON LESEKOMPETENZ IM KONTEXT DER FAMILIE
2008, 298 S., br., 25,50 €, ISBN 978-3-8309-1899-8

BAND 65

Katrin Rakoczy
MOTIVATIONSUNTERSTÜTZUNG IM MATHEMATIKUNTERRICHT
Unterricht aus der Perspektive von Lernenden und Beobachtern
2008, 240 S., br., 25,50 €, ISBN 978-3-8309-1897-4

BAND 66

Katrin Lohrmann
LANGEWEILE IM UNTERRICHT
2008, 236 S., br., 25,50 €, ISBN 978-3-8309-1896-7

BAND 67

Tobias Ringeisen
EMOTIONS AND COPING DURING EXAMS
A dissection of cultural variability by means of the tripartite self-construal model
2008, 300 p., pb., 25,50 €, ISBN 978-3-8309-1898-1

BAND 68

Isabelle Hugener
INSZENIERUNGSMUSTER IM UNTERRICHT UND LERNQUALITÄT
Sichtstrukturen schweizerischen und deutschen Mathematikunterrichts in ihrer Beziehung zu Schülerwahrnehmung und Lernleistung – eine Videostudie
2008, 262 S., br., 25,50 €, ISBN 978-3-8309-2023-6

BAND 69

Zoe Daniels
ENTWICKLUNG SCHULISCHER INTERESSEN IM JUGENDALTER
2008, 426 S., br., 25,50 €, ISBN 978-3-8309-2022-9

BAND 70

Michel Knigge
HAUPTSCHÜLER ALS BILDUNGSVERLIERER?
Eine Studie zu Stigma und selbstbezogenem Wissen bei einer gesellschaftlichen Problemgruppe
2009, 276 S., br., 25,50 €, ISBN 978-3-8309-2089-2

BAND 71

Günter Ratschinski
SELBSTKONZEPT UND BERUFSWAHL
Eine Überprüfung der Berufswahltheorie von Gottfredson an Sekundarschülern
2009, 235 S., br., 25,50 €, ISBN 978-3-8309-2101-1

BAND 72

Detlef H. Rost
HOCHBEGABTE UND HOCHLEISTENDE JUGENDLICHE
Befunde aus dem Marburger Hochbegabtenprojekt
2009, 2. erweiterte Auflage, 508 S., br., 25,50 €, ISBN 978-3-8309-1997-1

BAND 73

Anja Zwingenberger
WIRKSAMKEIT MULTIMEDIALER LERNMATERIALIEN
Kritische Bestandsaufnahme und Metaanalyse empirischer Evaluationsstudien
2009, 218 S., br., 25,50 €, ISBN 978-3-8309-2147-9

BAND 74

Silke Hertel
BERATUNGSKOMPETENZ VON LEHRERN
Kompetenzdiagnostik, Kompetenzförderung, Kompetenzmodellierung
2009, 290 S., br., 25,50 €, ISBN 978-3-8309-2190-5

BAND 75

Anne Levin
QUALITÄTSPROBLEME MATHEMATISCHER VERGLEICHSARBEITEN
Erfassung mathematischer Kompetenzen und psychometrische Modellierung einer landesweiten Prüfungsarbeit in Klassenstufe 10
2009, 218 S., br., 25,50 €, ISBN 978-3-8309-2191-2

BAND 76

Claudia Leopold
LERNSTRATEGIEN UND TEXTVERSTEHEN
Spontaner Einsatz und Förderung von Lernstrategien
2009, 350 S., br., 25,50 €, ISBN 978-3-8309-2196-7

BAND 77

Yvonne Gassmann
PFLEGEELTERN UND IHRE PFLEGEKINDER
Empirische Analysen von Entwicklungsverläufen und Ressourcen im Beziehungsgeflecht
2010, 350 S., br., 25,50 €, ISBN 978-3-8309-2246-9

BAND 78

Manuela Keller-Schneider
ENTWICKLUNGSAUFGABEN IM BERUFSEINSTIEG VON LEHRPERSONEN
Beanspruchung durch berufliche Herausforderungen im Zusammenhang mit Kontext- und Persönlichkeitsmerkmalen
2010, 336 S., br., 25,50 €, ISBN 978-3-8309-2247-6

BAND 79

Jan Hochweber
WAS ERFASSEN MATHEMATIKNOTEN?
Korrelate von Mathematik-Zeugniszensuren auf Schüler- und Schulklassenebene in Primar- und Sekundarstufe
2010, 398 S., br., 25,50 €, ISBN 978-3-8309-2414-2

BAND 80

Gerda Hagenauer
LERNFREUDE IN DER SCHULE
2011, 384 S., br., 25,50 €, ISBN 978-3-8309-2480-7

BAND 81

Roumiana Nikolova
GRUNDSCHULEN ALS DIFFERENZIELLE ENTWICKLUNGSMILIEUS
Objektive und subjektive Kontextmerkmale der Schülerzusammensetzung und deren Auswirkung auf die Mathematik- und Leseleistungen
2011, 200 S., br., 25,50 €, ISBN 978-3-8309-2497-5

BAND 82

Christof Wecker
VOM SOLLEN ZUM KÖNNEN
Fading instruktionaler Skripts zur Förderung von Argumentationskompetenz
2012, 256 S., br., 25,50 €, ISBN 978-3-8309-2592-7

Beim computerunterstützten kooperativen Lernen können Lernende mit Hilfe sogenannter instruktionaler Skripts bei der Anwendung fachübergreifender Kompetenzen wie beispielsweise Argumentationskompetenz unterstützt werden. In dieser Arbeit wird untersucht, wie Lernende durch die allmähliche Reduzierung von Unterstützung (Fading) von angeleiteter zu selbstständiger Anwendung geführt werden können. Im Rahmen einer empirischen Studie wird insbesondere die für den Lernerfolg bedeutsame Rolle von Rückmeldungen durch Lernpartner herausgearbeitet.

BAND 83

Michael Grosche

ANALPHABETISMUS UND LESE-RECHTSCHREIB-SCHWÄCHEN

Beeinträchtigungen in der phonologischen Informationsverarbeitung als Ursache für funktionalen Analphabetismus im Erwachsenenalter

2012, 290 S., br., 25,50 €, ISBN 978-3-8309-2639-9

In dieser Arbeit wurde theoretisch analysiert und empirisch belegt, dass deutschsprachige erwachsene funktionale Analphabeten deshalb so schlecht lesen können, weil sie Probleme mit der Verarbeitung der Lautsprache haben. Solche Beeinträchtigungen sind eng mit Lese-Rechtschreib-Störungen assoziiert. Praktische Implikationen werden diskutiert.

BAND 84

Samuel Greiff

INDIVIDUALDIAGNOSTIK KOMPLEXER PROBLEMLÖSEFÄHIGKEIT

2012, 268 S., br., 25,50 €, ISBN 978-3-8309-2593-4

Dieses Buch rezipiert den theoretischen und empirischen Forschungsstand im Bereich des komplexen Problemlösens, beschreibt konzeptuelle Mängel bisheriger Tests und leitet einen neuen Messansatz ab, der anschließend einer empirischen Überprüfung unterzogen wird. Die Ergebnisse zeigen, dass komplexe Problemlösefähigkeit durchaus zuverlässig gemessen und in vielversprechende Beziehung zu anderen Konstrukten wie schulischer Leistung gesetzt werden kann.

BAND 85

Jana Groß Ophoff

LERNSTANDSERHEBUNGEN: REFLEXION UND NUTZUNG

2012, 380 S., br., 25,50 €, ISBN 978-3-8309-2778-5

Zur Untersuchung des Prozesses pädagogischer Nutzung der Rückmeldung von Leistungsergebnissen wurden in den Jahren 2004 bis 2008 begleitend zur Durchführung von Vergleichsarbeiten in der Grundschule (Projekt VERA) replikative Surveystudien bei teilnehmenden Lehrkräften durchgeführt. Hieraus werden in diesem Buch trend- und strukturanalytische sowie typologische Auswertungen vorgestellt und kritisch diskutiert: Insgesamt sind rückläufige Trends in der Auseinandersetzung mit und Nutzung von Rückmeldungen aus Vergleichsarbeiten zu beobachten. Zugleich erweisen sich v. a. motivationale Aspekte als bedeutsam für den Prozess pädagogischer Nutzung dieses Feedbacks.

BAND 86

Bernd Zinn

ÜBERZEUGUNGEN ZU WISSEN UND WISSENSERWERB VON AUSZUBILDENDEN

Empirische Untersuchungen zu den epistomologischen Überzeugungen von Lernenden

2013, 316 S., br., 25,50 €, ISBN 978-3-8309-2810-2

Ein zentraler Aspekt der Arbeit liegt auf der empirischen Untersuchung des Entwicklungsstandes der epistemologischen Überzeugungen von Auszubildenden in gewerblich-technischen Berufsfeldern in Abhängigkeit von Individualmerkmalen der Lernenden und Kontextmerkmalen der Ausbildung. Die Studie fokussiert die epistemologischen Dimensionen Sicherheit des Wissens, Struktur des Wissens, Anwendung des Wissens, Wissensbegründung und Wissensquelle. Neben der empirischen Untersuchung zum instrumentellen Charakter und Entwicklungsstand werden die wissensbezogenen Überzeugungen der Auszubildenden unter ihrem bildungstheoretischen Charakter und ihrer Relevanz für die berufliche Ausbildung analysiert.

Waxmann
Münster / New York / München / Berlin
www.waxmann.com